Grundwissen Ethik

von

Richard Geisen

Ernst Klett Verlag
Stuttgart Düsseldorf Leipzig

1. Auflage   1 6 5 | 2005

Alle Drucke dieser Auflage können im Unterricht nebeneinander benutzt werden; sie sind untereinander unverändert. Die letzte Zahl bezeichnet das Jahr dieses Druckes.
© Ernst Klett Verlag GmbH, Stuttgart 1995. Alle Rechte vorbehalten.
Internetadresse: http://www.klett-verlag.de
E-Mail: klett-kundenservice@klett-mail.de

Redaktion: Manfred Ott

Umschlaggestaltung: Ilona Arfaoui
Satz: Fotosatz Kaufmann, Stuttgart
Druck: Clausen & Bosse, Leck
ISBN 3-12-886530-2

Vorwort

Ein vollkommenes Leben gilt seit jeher als *Quadratur des Kreises*: Das Viereck symbolisiert dabei die Möglichkeiten und die Grenzen der Erde, der Kreis die „himmlische Sphäre", d.h. Harmonie, Vollkommenheit und Glück.

Der Renaissance-Künstler **Leonardo da Vinci** (1452-1519) verband beides in seiner berühmten graphischen Darstellung der menschlichen Ausmaße. Im Geist seiner Zeit setze er auf äußere und innere Ausgewogenheit. Sein Menschenbild faßte er in den Worten zusammen:
Jeder Teil ist so beschaffen, daß er mit dem Ganzen eine Einheit bildet und sich dadurch von seiner Unvollständigkeit befreien kann.

Ein in diesem Sinne gelingendes Leben und Zusammenleben ist seit jeher das Ziel der Ethik. Doch heute scheint dieses Ideal kaum mehr zu sein als ein schmückendes Bild: Grenzen, die früher als absolut galten, sind durchbrochen. Die Welt ist aus den Fugen geraten. Die Ungleichgewichte wachsen. Der Weg in die Zukunft ist offener denn je. Das gilt nicht nur für die Menschheit insgesamt, sondern auch für jeden einzelnen.

Ethische Bildung will für diesen Weg zeitgemäßes Orientierungswissen vermitteln und zur Auseinandersetzung herausfordern durch

- die Anregung und methodische Anleitung zur ethischen Denk- und Argumentationsweise;
- die Reflexion zahlreicher Alltagserfahrungen und Grenzsituationen menschlicher Verantwortung;
- den Einblick in Vorbedingungen und Prägungen einer sittlichen Haltung und Handlungsweise.

Die weit gespannte Perspektive der Ethik setzt Grenzen für die Darstellung: Ganze Problembereiche können nur exemplarisch behandelt werden; Überblickswissen erhält Vorrang vor der entfaltenden Theoriediskussion, Handlungs- und Praxisorientierung vor abstrakter Ethik-Begründung, Adressaten- und Gegenwartsbezug vor einer ausgeführten Ethikgeschichte.

Grundwissen Ethik wendet sich an Schüler/innen und Lehrer/innen des Faches Ethik und verwandter Fächer (Sozialwissenschaften, Politik, Religion, Lebenskunde), aber auch an Lernende in der Weiterbildung sowie an fachlich Interessierte.

Es bietet einen konzentrierten Einstieg in die wichtigsten Themen der Ethik. Durch die knappe Darstellungsweise eignet es sich aber auch zum Nachschlagen und wiederholenden Lernen. Kurze Zusammenfassungen nach jedem Teilkapitel ermöglichen einen schnellen Zugriff auf das Wesentliche. Das Register erschließt die vielen aktuellen Beispiele sowie die tragenden Begriffe und Personen ethischen Grundwissens.

Stuttgart, im Sommer 1995   Autor und Verlag

Inhalt

I. Quellen und Methodik der Ethik

1 Einführung 8
  1.1 Ausgangspunkt und Ziele der Ethik 8
  1.2 Begründung und Aufbau einer Ethikdarstellung 11

2 Gut und Böse unterscheiden 14
  2.1 Der Sprachgebrauch 14
  2.2 Grundsätze und Regeln guten Handelns 16

3 Sehen – Urteilen – Handeln 19
  3.1 Die Kunst der Wahrnehmung 19
  3.2 Die Struktur ethischer Urteile 21
  3.3 Verantwortlich handeln 23

4 Erinnern und Entwerfen 26
  4.1 Erinnerung 26
  4.2 Zukunft entwerfen 29

5 Sich verständigen und entscheiden 31
  5.1 Vielfalt und Übereinkunft 32
  5.2 Macht und Entscheidung 35

II. Menschliche Erfahrungen und ethische Orientierung

6 Glück und Wohlwollen 39
  6.1 Vorverständnis 39
  6.2 Wege zum Glück 41
  6.3 Grenzen des Glücks 44
  6.4 Mitleid und Wohlwollen 47

7 Angst und Mut 52
  7.1 Vorverständnis 52
  7.2 Angst und Vertrauen 54
  7.3 Mut und Tapferkeit 59
  7.4 Zivilcourage 61

8 Aggression und Gewaltlosigkeit 65
  8.1 Vorverständnis 65
  8.2 Aggression und Gewalt 68
  8.3 Gewalt im Alltag 75
  8.4 Gewalt als Instrument 78
  8.5 Widerstand und Gewaltlosigkeit 83

9 Leidenschaft und Besonnenheit 87
   9.1 Vorverständnis 87
   9.2 Konsum, Sucht und Genuß 89
   9.3 Verzicht und Freigebigkeit 95
   9.4 Selbstbegrenzung und Nachhaltigkeit 101

10 Wissen und Weisheit 106
   10.1 Vorverständnis 106
   10.2 Wissen und Wirklichkeit 108
   10.3 Wissen und Verantwortung 112
   10.4 Wissenschaft und Weisheit 115

11 Autorität und Selbstverwirklichung 122
   11.1 Vorverständnis 122
   11.2 Autorität und Gehorsam 124
   11.3 Kritik und Selbstverwirklichung 129

12 Freiheit und Verbindlichkeit 138
   12.1 Vorverständnis 138
   12.2 Freiheit zu leben 140
   12.3 Willensfreiheit 147
   12.4 Freiheit und Institutionen 152

13 Fortschritt und Verantwortung 158
   13.1 Vorverständnis 158
   13.2 Wachstum und Steuerung 160
   13.3 Folgenethik 165
   13.4 Gesinnung und Ergebnis 171

14 Recht und Gerechtigkeit 174
   14.1 Vorverständnis 174
   14.2 Personale Gerechtigkeit 176
   14.3 Soziale Gerechtigkeit 180
   14.4 Politische Gerechtigkeit 187

15 Eigennutz und Solidarität 190
   15.1 Vorverständnis 190
   15.2 Aufgeklärter Eigennutz 192
   15.3 Lernziel Solidarität 196

16 Menschsein und Humanität 201
   16.1 Vorverständnis 201
   16.2 Person und Menschenwürde 203
   16.3 Individualität und Achtung 206
   16.4 Beziehung und Fürsorge 213

17 Konflikte und Frieden.................................... 217
  17.1 Vorverständnis 217
  17.2 Konflikte und Konfliktbewältigung 219
  17.3 Krieg und Frieden 223
  17.4 Geschichte und Konzepte der Friedensethik............... 229

III. Prägungen und Bedingungen ethischen Handelns

18 Erziehung und Erfahrung................................. 234
  18.1 Entwicklungsstufen..................................... 234
  18.2 Familie und Freundschaft 237

19 Lebenswelt und Gesellschaft 239
  19.1 Tradition und Erneuerung 239
  19.2 Toleranz und Begegnung 243

20 Weltanschauung und Religion 247
  20.1 Weltbilder und Sprache................................. 247
  20.2 Ethik der Religionen 249

21 Zusammenfassung: Ein Modell ethischen Lernens 259

Ausgewählte Literatur 253
  – Grundlagentexte der Ethik
  – Allgemeine Einführungen und Nachschlagewerke
  – Weitere Literatur zu Einzelthemen

Register.. 255
  – Personen
  – Fachbegriffe
  – Problemfelder und Fallbeispiele

I. Quellen und Methodik der Ethik

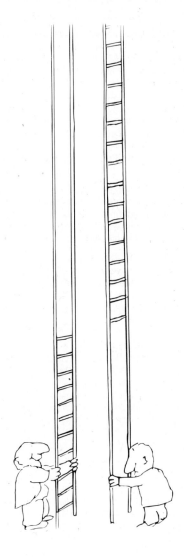

1 Einführung

1.1 Ausgangspunkt und Ziele der Ethik

> *Ein junger Mann, selbst in Eile, wird nach dem Weg zum Bahnhof gefragt. Da ihm die notwendigen Erklärungen zu kompliziert erscheinen, entschließt er sich, den Frager fünf Minuten durch die Stadt zu begleiten. Die restliche Wegstrecke ist für den Fremden nun kein Problem mehr; er ist erleichtert und dankbar.*

Wenn wir ein solches Verhalten wahrnehmen, haben wir keine Mühe, es als gut und richtig, im menschlichen Sinne auch als „lohnend" zu bewerten. Es handelt sich weder um ein sensationelles Ereignis noch um eine wohlbegründete Handlung. Und doch läßt es in uns ein Bild gelingenden menschlichen Lebens aufleuchten.

Die Frage aber, *wie* ein glückliches und gutes Leben gelingen kann, treibt die Ethik seit jeher um. Meist liegt die Antwort nicht so eindeutig auf der Hand wie bei dem zitierten kleinen Lebensausschnitt. Eine Regel für alle anderen Situationen läßt sich aus dieser einen nicht ableiten, sehr wohl aber die Sicherheit, daß es nicht prinzipiell unmöglich ist, gut und böse voneinander zu unterscheiden.

Die konkrete Vielfalt des Lebens führt die Menschen in ihrem Alltag allerdings zu sehr verschiedenen Handlungsweisen:
Während der eine z.B. mit dem Fahrrad zu seiner Arbeit fährt, entscheidet sich ein anderer unter vergleichbaren Bedingungen für das Auto. In der einen Familie kommt es im Streitfall zu stundenlangen Diskussionen, während in der anderen eher autoritär entschieden wird...

Beispiele für vorhandene Verhaltensalternativen lassen sich aus allen Lebensbereichen anführen. Der tatsächlichen Entscheidung für eine bestimmte Handlungsweise können äußere Gründe, aber auch bewußte oder unbewußte innere Motive zugrunde liegen. Gewöhnlich stellen wir jedoch nicht für jede Alltagshandlung eine ausführliche Entscheidungsbilanz auf. Wir handeln vielmehr aus unmittelbaren Sachgründen oder -zwängen heraus (es steht z. B. kein Auto zu Verfügung) oder aufgrund einer übergreifenden Vorentscheidung („der Umwelt zuliebe alle kurzen Wege mit dem Fahrrad"). Gleichzeitig wirkt aber in unseren Handlungsentscheidungen mehr oder weniger dominierend eine bestimmte sittliche Einstellung mit.

Bewußt oder unbewußt liegt dem Handeln ein **Ethos** zugrunde. Es ist dies unser „innerer Kompaß"; er enthält ein Bild dessen, was wir für gut und schön, für anständig und verpflichtend halten – das Bild eines guten, gelingenden Lebens. Diese sittliche Grundhaltung wird gespeist aus Gewohnheiten und Überzeugungen, Erfahrungen und Bewertungen, Charaktereigenschaften und seelischen Eigenheiten.

Das gezielte methodische (wissenschaftliche) Nachdenken über die Funktionsweise und das richtige Justieren dieses „inneren Kompaß" heißt **Ethik**. Um einem verbreiteten Mißverständnis vorzubeugen: Die Ethik beansprucht nicht, diesen Kompaß durch logische Argumentation zu konstruieren. Sie geht vielmehr von einem bereits vorhandenen **Wertebewußtsein** aus, sei es nun eher verschüttet oder bewußt, praxiserprobt oder durch Anpassung verdeckt.

Ethik betreiben heißt in erster Linie nicht, verschiedene Ethik-Modelle kennenzulernen, sondern sich mit den Mitteln der Vernunft **Rechenschaft** zu geben über die sittlichen Grundlagen des eigenen Urteilens und Handelns.

Sobald aber die sittliche Begründung meines Urteilens und Handelns von anderer Seite bestritten wird, ergibt sich in der Regel die Notwendigkeit zur **Verständigung**. Zwar kann der eingangs angeführte junge Mann auch dann weiterhin hilfsbereit sein, wenn andere sein Verhalten nicht für „gut", sondern für „dumm" halten, weil es die eigene Eile und damit das berechtigte und näherliegende eigene Interesse vernachlässigt. Doch ist das bloße Durchhalten einer persönlichen Moral nicht immer möglich oder sinnvoll:

- Wenn ich z. B. das **Foltern** von Menschen für schlecht halte und der Meinung bin, daß es durch nichts zu rechtfertigen ist, wird mir vermutlich niemand widersprechen. Meine Überzeugung wird dabei nicht einmal als besonders ehrenwert angesehen, sie gilt als selbstverständlich. Konfrontiere ich sie aber mit den Meldungen über Folter in zahlreichen Ländern, auch in solchen, mit denen das eigene Land ertragreiche politische und wirtschaftliche Beziehungen unterhält, wird es problematischer. Der Wille, meiner Überzeugung Wirksamkeit zu verleihen, führt vielleicht zu öffentlich wirksamen Aktionen, zu Anfragen an die Regierenden, zum Anprangern einzelner Wirtschaftsunternehmen usw. Durch den zu erwartenden Widerstand entsteht die Notwendigkeit

  - nachzuweisen, in welchen Fällen in dem betreffenden Land tatsächlich gefoltert worden ist,
  - darzulegen, aus welchen Gründen auch gegen die (vielleicht) schlimmsten Terroristen Folter nicht erlaubt sein kann,
  - zu unterscheiden, welches Maß an Verantwortung jeweils das Folterregime selbst, befreundete Regierungen, begünstigende Wirtschaftsbeziehungen, von diesen Beziehungen profitierende Verbraucher usw. haben.

- Wenn ich mich z. B. mit ethischer Begründung gegen jede Art von **Tierversuchen** wende, stoße ich sehr viel schneller auf Gegenstimmen, die ebenfalls ethisch argumentieren. Sie möchten Tierversuche evtl. auf medizinische Zwecke begrenzt sehen, ein Quälen der Tiere möglichst weit zurückdrängen usw. Möchte ich die eigene Position wirksam in die gesellschaftliche Debatte einbringen, bin ich genötigt,

  - die meiner Position zugrundeliegende Bewertung des Menschen und der ihn umgebenden Natur deutlich zu machen (**Wertehierarchie**),
  - ein oberstes Handlungsprinzip zu benennen, auf das sich meine Position zurückführen läßt und das auch von der Gegenseite nicht bestritten wird,
  - um die sachlich angemessenere und ethisch bessere (oder einzige) Vereinbarkeit mit dem obersten Prinzip zu streiten.

- Wenn der zu Beginn genannte junge Mann seine Hilfsbereitschaft nicht nur als persönliche Selbstverständlichkeit oder private Tugendhaftigkeit verstehen, sondern auch andere Menschen von ihrem Wert überzeugen will, ist er ebenfalls zur Begründung herausgefordert. Er wird
  - Erfahrungen und Motive, die seinem Handeln zugrunde liegen, angeben,
  - das Konzept des guten Lebens, dem sein Handeln entspricht (bzw. entspringt), verdeutlichen, und
  - aufzeigen, welcher Anteil vernünftiger Begründung für sein Verhalten möglich und welcher Anteil freier Entscheidung notwendig ist.

Die zwischenmenschliche, gesellschaftliche oder gar weltweite Verständigung über richtiges ethisches Urteilen und sittlich gutes Handeln bedarf also der differenzierten Begründung der alternativen Positionen sowie der Erkenntnis oder Vereinbarung einer obersten „Orientierungsmarke".

Zusammenfassung	Folgerungen
▷ Menschen handeln in vergleichbaren Situationen verschieden.	▷ Sie lassen sich offenbar von einem persönlichen Ethos, dem inneren (oft unbewußten) Wertempfinden leiten.
▷ Es gibt die Möglichkeit, Gut und Böse zu unterscheiden und sein Tun an einem Bild vom gelingenden Leben auszurichten.	▷ Es ist nicht beliebig vereinbar, was ethisch richtig, was falsch ist. Sittliche Urteile sind begründungspflichtig.
▷ Der Ethik geht es um die Vergewisserung und evtl. Korrektur der eigenen Wertorientierung.	▷ Sie hinterfragt Urteils- und Handlungsmaximen bis zum Rückgriff auf eine sog. „Letztbegründung".
▷ Die Ethik gibt Rechenschaft über das eigene Konzept des guten Lebens und die eigene Wertehierarchie.	▷ Dies geschieht anhand konkreter Lebens- und Entscheidungsfelder sowie in Auseinandersetzung mit ebenfalls wirksamen Alternativen.
▷ Möglich und notwendig ist die genaue Unterscheidung und Begründung der verschiedenen Grade persönlicher Verantwortung.	▷ Ethik erwächst aus dem lebendigen Verständigungsprozeß über – fruchtbare Erkenntniswege, – sinnvolle Handlungsziele, – günstige Bedingungen sittlichen Lernens.

1.2 Begründung und Aufbau einer Ethikdarstellung

▶ *Was ist Ethik? Welche Bedeutung hat sie in den verschiedenen Lebensbereichen? Welche Methoden verwendet sie? Was ist ihr Gegenstand? Kann tatsächlich von einer Ethik gesprochen werden? Wie ist der Zusammenhang zwischen Ethik und menschlichem Handeln?*

Eine grundlegende Darstellung der Ethik muß diese und weitere Fragen beantworten. Doch geht es ihr nicht nur um Wissensvermittlung, denn Ethik umfaßt mehr als Wissen. Ziel ethischen Lernens ist immer eine Erweiterung der Urteilsfähigkeit und eine Verbesserung der Handlungsorientierung.

In drei Schritten soll dieses Ziel angegangen werden:

– Darlegung und Erörterung, aber auch exemplarisches Einüben ethischer Erkenntniswege (***Teil 1***);
– systematische Befragung der wichtigsten menschlichen Erfahrungen und Aufgaben nach für sie sinnvollen Wertorientierungen (***Teil 2***);
– Aufhellung prägender Vorbedingungen ethischer Urteils- und Handlungsfähigkeit sowie Überlegungen zu ihrer bewußten Gestaltung (***Teil 3***).

Die Frage, wie unser ethischer Kompaß funktioniert, läßt sich nicht beantworten ohne Verständnis der uns leitenden Orientierungszeichen, der Werte und Normen. Sie ermöglichen es, gut und böse zu unterscheiden (***Kap. 2***).

Im Zentrum ethischen Nachdenkens steht die konkrete Anwendung dieser Unterscheidung. Dazu geht der Weg von der Situationswahrnehmung über das bewußte oder unbewußte Urteil bis zur tatsächlichen Handlung (***Kap. 3***).

Bei den „Orientierungszeichen" handelt es sich allerdings nicht um überzeitlich feststehende, bei genügendem Erkenntnisvermögen objektiv und sicher benennbare Prinzipien oder Verhaltensziele. Sie sind vielmehr immer geschichtlich vermittelt, d. h. nur versteh- und anwendbar, wenn ihre Entstehung und Wirkungsgeschichte mitbedacht wird. Solchem Erinnern entspricht auf der anderen Seite notwendig das Entwerfen *zukünftiger* Ziele (***Kap. 4***).

Begrenzt werden diese Zukunftsentwürfe in der Begegnung mit anderen. Ethische Urteile haben nur Bestand, wenn sie für andere nachvollziehbar sind. Nicht Konsens, aber doch Mitteilbarkeit und Verstehbarkeit sind Voraussetzungen und Grenze sinnvoller Urteile. In der Praxis wirksame Entscheidungen bedürfen darüber hinaus der Verständigung bzw. Übereinkunft, da menschliches Verhalten immer die soziale Umwelt mitbetrifft (***Kap. 5***).

Menschliches Urteilen und Handeln beruht weder allein auf bewußter Steuerung noch einzig auf vorgegebenen (gesellschaftlichen) Strukturen. Es fußt zu allererst auf unseren Erfahrungen, d. h. auf inneren und äußeren Gegebenheiten, die uns begegnen, die uns gleichsam zustoßen. Wir können sie verschieden bewerten und unterschiedlich, ja gegensätzlich mit ihnen umgehen. Erfahrungen sind für uns zwar bewertungs- und gestaltungsoffen, sie lassen uns aber nicht

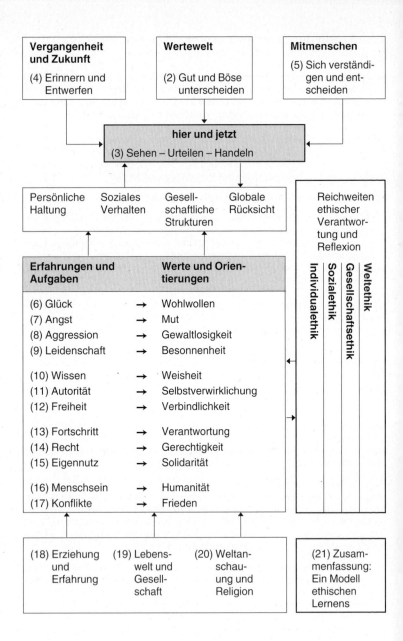

unberührt oder gleichgültig. D.h. sie werden für uns, indem sie uns „zustoßen", zur *Aufgabe*. Die angemessene und gute Bewältigung dieser Aufgaben wird traditionell mit dem Begriff der **Tugend** bezeichnet. Damit wird die Bedeutung der persönlichen Haltung und „Tüchtigkeit" für eine gelungene Lebensbewältigung hervorgehoben. Die Sammelbezeichnung *Werte und Orientierungen* umfaßt das mit Tugend Gemeinte. Sie hebt aber ein Weiteres hervor: Es ist z. B. nicht nur eine persönliche Tugend, gerecht zu sein, sondern Gerechtigkeit bietet auch eine inhaltliche Zielorientierung für das bessere, das gute Zusammenleben der Menschen (*Kap. 6–17*).

Ethische Verantwortung ist je nach Reichweite von Handlungsfolgen differenziert zu betrachten. Entsprechend ist zu unterscheiden:

– die persönliche Ebene der **Individualethik**
– die Beziehungs- und Begegnungsebene der **Sozialethik**
– die mittlere Ebene der **Gesellschaftsethik**
– die Fernebene der **Weltethik.**

Es wäre freilich ein Irrtum, einzelne Bereiche menschlicher Erfahrungen und Aufgaben nur einer oder zwei Wirkungsebenen zuzuordnen. Auch ganz persönliche Entscheidungen können Auswirkungen bis zur Fernebene haben. So bezeichnen die Grundbegriffe **Glück**, **Angst**, **Aggression** und **Leidenschaft** Erfahrungen, die primär im individuellen inneren Erleben angesiedelt sind. Als handlungsleitende Motive können sie allerdings, wie an Beispielen aufzuzeigen sein wird, sehr weitreichende Wirkungen haben. Das gleiche gilt für die ihnen zugeordneten ethisch qualifizierten Haltungen des **Wohlwollens**, des **Mutes**, der **Gewaltlosigkeit** und der **Besonnenheit** (*Kap. 6–9*).

Auf den Umgang mit der unmittelbaren Außenwelt bezogen sind die Erfahrungen von **Wissen**, **Autorität** und **Freiheit**. Entsprechend bergen die ihnen zugeordneten Werte der **Weisheit**, der **Selbstverwirklichung** und der **Verbindlichkeit** in erster Linie Gestaltungskraft für die individuelle und die soziale Ebene. Doch können auch sie darüber hinaus wirken (*Kap. 10–12*).

Fortschritt, **Recht** und **Eigennutz** markieren wichtige gesellschaftliche Strukturelemente und Gestaltungsaufgaben. Zugeordnet sind ihnen die Zielwerte der **Verantwortung**, der **Gerechtigkeit** und der **Solidarität** (*Kap. 13–15*).

Vor allem an den Grenzen des Lebens steht heute radikal infrage, was **Menschsein** bedeutet. Unsere **Konfliktfähigkeit** ist auf allen Ebenen mitmenschlichen Umgangs herausgefordert. Ihre Orientierung an den Werten der **Humanität** und des **Friedens** wird durch die zunehmende Internationalisierung aller Lebensbereiche dringlicher und zugleich schwieriger (*Kap. 16f.*).

Wodurch wird unser ethisches Denken und Handeln vornehmlich bestimmt? In welcher Weise wird es durch Erziehung und Erfahrung geprägt? Welcher Einfluß geht von der jeweiligen Lebenswelt und und Gesellschaft aus? Welche Rolle können Weltanschauung und Religion für ein sicheres ethisches Orientierungsvermögen spielen? Erste Antworten auf diese Fragen geben entscheidende Hinweise auf die möglichen Wege ethischen Lernens (*Kap. 18–21*).

2 Gut und böse unterscheiden

2.1 Der Sprachgebrauch

> Wir wünschen uns einen „Guten Tag" oder „Gutes Gelingen" bei einer Prüfung. Wir sprechen von „guter" Musik oder ganz allgemein von einem „guten" Menschen. Wir sind einmal „gut drauf", ein anderes Mal „nicht gut auf jemanden zu sprechen". Andererseits machen wir „schlechte" Erfahrungen oder erwischen einen „schlechten" Tag. Wir können auf andere Menschen „böse" werden und erleben „böse" Überraschungen. Manche haben regelrechte Angst vor dem „Bösen" und wittern Bosheit hinter allem, was nicht in ihrem Sinne verläuft.

▶ *Was meinen wir, wenn wir etwas „gut", etwas anderes „schlecht" oder „böse" nennen? Sollten wir uns besser solcher Urteile enthalten? Sind „gut" und „böse" nicht bloß relativ?*

Um den spezifisch ethischen Sprachgebrauch einzugrenzen, ist es sinnvoll, zunächst zwischen **Mittel- und Zweckbewertung** zu unterscheiden.

● Ich frage meinen Nachbarn nach einer guten Autowerkstatt.

Gefragt ist hier nach einem möglichst angemessenen Mittel (Werkstatt) zur Erlangung des von mir gesetzten Zieles (Autopflege oder -reparatur). Die Antwort wird in der Regel auf selbstgemachter oder gehörter Erfahrung beruhen. Bewertungskriterien könnten sein: Zuverlässigkeit, Schnelligkeit usw.
Eine moralische Bewertung kommt dabei nicht in den Blick. Der Begriff „gut" wird in einem rein instrumentellen Sinn gebraucht.

● Ich frage einen Spendensammler an der Tür, für welche Organisation er sammelt und welchem Projekt das Geld zugute kommen soll.

Gefragt ist zunächst nach dem Zweck der Aktion. Ob ich den genannten Zweck für „gut" halte, hängt von meinen Bewertungsmaßstäben ab. Vielleicht halte ich nur die Dinge für „gut", die mir persönliche Vorteile bringen. Der Spendensammler vertritt dagegen möglicherweise die Ansicht, daß die Linderung von bitterer Not in einem Katastrophengebiet völlig unabhängig von persönlichen Vorlieben oder Vorteilen als „gut" zu bezeichnen ist.
Bei der Auseinandersetzung zwischen diesen beiden Positionen geht es um eine moralische Auseinandersetzung. Gestritten wird um die Möglichkeit, den Begriff „gut" objektiv zu verwenden.
Beschränkt sich der Streit aber auf die Frage, ob das Sammeln an der Tür eine geeignete und gute Methode sei, um den Zweck der Nothilfe zu erreichen, handelt es sich wieder um eine instrumentelle Bewertung.

Weitere und genauere Unterscheidungen des Sprachgebrauchs von „gut" sind in folgendem Schema aufgelistet. Eine moralische Qualität haben nur der objektive und der normative Gebrauch des Begriffs. (Die Abgrenzung von der übrigen Verwendungsweise ist jedoch nicht immer leicht möglich.)

Verwendungsweisen von „gut"	Bedeutungsmöglichkeiten
instrumentell	… etwas taugt für eine begrenzte *Funktion*, z. B.: „Dies ist ein *guter* Dosenöffner."
	…etwas/jemand dient einem angestrebten *Ziel*, z. B.: „Herr F. ist ein *guter* Fremdenführer."
	… etwas/jemand nützt einem vorgegebenen *Interesse*, z. B.: „Ruth ist eine *gute* Klassensprecherin."
subjektiv	…etwas entspricht persönlichem *Bedürfnis*, z. B.: „Ich habe eine *gute* Busverbindung herausgefunden."
	…etwas entspricht persönlichem *Wertempfinden*, z. B.: „Ich habe ein *gutes* Buch gelesen."
	…etwas entspricht persönlichem *Wollen*, z. B.: „Mir ist ein *guter* Entwurf gelungen."
relativ	Eine *Vorgabe* wird genau *ausgeführt*, z. B.: „Du hast es dem Trainer *gut* nachgemacht."
	Ein *Ideal* wird konsequent *umgesetzt*, z. B.: „Er ist ein *guter* Christ."
	Ein Teil der *Wirklichkeit* wird getreu *abgebildet*, z. B.: „Das ist eine *gute* Theorie."
objektiv	meint einen personunabhängigen *Wert*, z. B.: „Auf *gute* Nachbarschaft."
	benennt ein vernünftig begründbares *Allgemeinziel*, z. B.: „Es wäre *gut*, wenn kein Kind auf der Welt hungern müßte."
	gibt eine situationsunabhängige *Bewertung*, z. B.: „Marco ist ein *guter* Kerl."
normativ	benennt einen höchsten *Handlungsmaßstab*, z. B.: „Es ist *gut*, andere nicht schlechter zu behandeln, als du selbst behandelt werden möchtest."
	benennt eine allgemein gültige *Regel*, z. B.: „Es ist *gut*, Streit gewaltfrei auszutragen."
	benennt eine verallgemeinerbare *Pflicht*, z. B.: „Es ist *gut*, dankbar zu sein."

Der Sprachgebrauch von „schlecht" und „böse" ist ganz geprägt von ihrem Gegensatz zu „gut":
– „Schlecht" ist als Gegenbegriff zu allen Verwendungsweisen von „gut" einsetzbar. Es wird nicht zwingend im moralischen Sinne verwendet.
– „Böse" ist dagegen nur als Gegenbegriff zum objektiven und normativen Gebrauch von „gut" verwendbar. D. h., es geht hier um das „Böswillige".

2.2 Grundsätze und Regeln guten Handelns

Die allgemeinste aller ethischen Normen lautet: *„Das Gute ist zu tun, das Böse zu lassen."* Sie kann und braucht nicht begründet zu werden, weil sie letztlich nichts anderes enthält als eine Definition der Begriffe „gut" und „böse". Diese Norm ist aber nur sinnvoll, wenn „gut" und „böse" unterscheidbar sind, wenn es also einen Maßstab gibt, nach dem sich die konkreten Einzelheiten bewerten lassen. Die dazu notwendigen allgemeinen **Wertaussagen** sind in den normativen Regeln und Prinzipien enthalten. Solche Regeln und Prinzipien können
- inhaltlicher Art (z. B. *„Es ist gut, die Natur zu schützen."*)
- oder formaler Art sein (z. B. *„Es ist gut, Verträge einzuhalten."*).

Schon diese beiden Beispiele werfen zahlreiche Fragen auf:

▶ *Stehen solche Regeln ein für allemal fest? Woher kennen wir sie? Gilt nicht in jedem Jahrhundert etwas anderes als besonders gut bzw. schlecht? In welchem Verhältnis stehen allgemeine Prinzipien und das Alltagshandeln?*

Ein relativ neues inhaltliches Prinzip lautet z. B.: *„Wir haben auch Tieren gegenüber eine moralische Verpflichtung."* Dieser Grundsatz ist heftig umstritten. Um solchem Streit zu entgehen, ziehen sich manche seiner Verfechter auf die veränderte Formulierung zurück: *„Für mich sind auch Tiere soziale Gegenüber, über die ich nicht verfügen darf und deren Mißhandlung mir unerträglich ist."* In diesem Fall liegt kein allgemeiner Grundsatz mehr vor, sondern eine persönliche Wertäußerung.

Ein ethisches Kriterium für „gutes" Handelns enthält unausgesprochen immer die Aufforderung, wenigstens als Prinzip allgemein anerkannt zu werden, auch wenn sich praktisch noch nicht alle an diese Regel halten.

Das bekannteste formale Prinzip stammt von dem Philosophen **IMMANUEL KANT** (1724–1804) und lautet sinngemäß:
„Handele immer so, daß du dir gleichzeitig wünschen kannst, die Regel deines Handelns würde allgemeines Gesetz."

In diesem von Kant sog. **kategorischen Imperativ** (unbedingtes Gebot) ist die Erkenntnis formuliert, daß wir nur dann im ethischen Sinne von „gut" oder „schlecht" reden, wenn wir ein verallgemeinerbares Sollensurteil abgeben. Wir stellen uns und jeden anderen damit unter einen gleichen Anspruch bzw. die gleiche Norm. Man spricht daher von einem **universellen Moralgesetz.**

Die allgemeinen Grundsätze (Prinzipien), die als oberster Maßstab guten Handelns oder als Grenzmarke schlechten Handelns gelten, haben sich im Laufe der Ethikgeschichte gewandelt. Im Blick auf die vielfältigen Akzentverschiebungen werden aber drei Hauptstränge sichtbar, die bis heute miteinander konkurrieren: Die erste Linie orientiert sich am objektiv Richtigen, die zweite am subjektiv Angenehmen, die dritte am vertraglich Vereinbarten.

Orientierung am objektiv Richtigen	... am subjektiv Angenehmen	... am vertraglich Vereinbarten

traditionelle (antike) Grundsätze

SOKRATES/PLATON 4.Jh.ff. v. Chr.	**STOIKER** 3. Jh.ff. v. Chr.	**SOPHISTEN** 5. Jh.ff. v. Chr.
Gut ist das ewig Wahre und Schöne. Es wird durch Nachdenken erkannt.	Gut ist die affektfreie innere Übereinstimmung mit dem Lauf von Natur u. Schicksal	Was gut sein soll, ist Sache freier Vereinbarung.
ARISTOTELES (*384 v. Chr.)	**EPIKUREER** 3. Jh.ff. v. Chr.	**SKEPTIKER** 2. Jh.ff. v. Chr.
Gut ist der goldene Mittelweg zur Verwirklichung menschlicher Möglichkeiten.	Gut ist, was die meiste Lust bereitet (schließt dazu notwendigen Verzicht ein).	Es gibt keine feststehenden Werte. Das Gute ist relativ.

jüdisch-christliche Grundsätze

biblische Ausrichtung	**kirchliche Ausrichtung**	**sozialeth. Ausrichtung**
Gut ist es, nach dem Gebot Gottes zu leben und den Nächsten wie sich selbst zu lieben.	Gut ist, was die Erlösung bzw. Vermeidung von Sünde und Schuld bewirkt und den Weg zum ewigen Leben öffnet.	Gut ist das Zusammenspiel persönlichen Freiheit, sozialer Gerechtigkeit und verteilter Verantwortung in einem Gemeinwesen.

neuzeitliche Grundsätze

I. KANT (*1724)	**EMPIRISTEN** 16. Jh.ff.	**FRANZ. AUFKLÄRUNG** 18. Jh.ff.
Gut ist es, die gleiche Würde aller Menschen anzuererkennen und entsprechend zu handeln	Gut ist, was sich als nützlich erweist.	Gut ist es, in Freiheit, Gleichheit und Brüderlichkeit zu leben.
A. SCHWEITZER(*1875)	**F. NIETZSCHE** (*1844)	**DISKURSETHIK** (20. Jh.)
Gut ist, was der Ehrfurcht vor allem Leben entspringt.	Gut ist, was Macht verschafft und der Lebensentfaltung des Stärkeren dient.	Gut ist es, gewaltfreie, vernünftige und zustimmungsfähige Lösungen zu suchen.
E. FROMM (*1900)	**UTILITARISTEN** 18.Jh.f.	**J. RAWLS** (*1921)
Gut ist die Ausgewogenheit zwischen Geben und Nehmen, zwischen Eigenem u. Miteinander.	Gut ist, was einen möglichst hohen Nutzen verschafft.	Gut im Sinne von gerecht ist, was auf einem fairen Vertrag beruht.
H. JONAS (*1903)	**Konsumdenken**	**Vertragsfreiheit**
Gut ist es, die Bedingungen für echtes menschliches Leben zu erhalten.	Gut ist, was reichlich und schnell Genuß verschafft.	Alles Beliebige ist frei vereinbar und gilt unter den Vertragspartnern als gut.

Konkrete Regeln (**Normen**) für „gutes" Verhalten lassen sich am besten aus dem Alltagsleben ablesen, bei Kollegen, Freunden oder in der Familie.

Allgemeine Geltung und Beachtung finden diese Regeln nur in dem Maße,
- in dem der sie leitende oberste Grundsatz anerkannt ist;
- in dem sie sich in der Praxis widerspruchsfrei bewähren;
- in dem sie als allgemein zustimmungsfähig erachtet werden.

Die folgenden Beispiele orientierender **Handlungsregeln** beruhen vor allem auf den Grundsätzen der Gleichheit und Würde aller Menschen. Sie genießen weitgehende Anerkennung, doch nur eingeschränkte Beachtung in der Praxis:

- Achte jeden Menschen gleich.
- Instrumentalisiere niemanden, d. h.: Behandle weder Dich selbst noch andere Menschen als bloßes Mittel für irgendwelche Ziele.
- Respektiere die Bedürfnisse und Interessen des anderen so, wie Du Deine Bedürfnisse und Interessen respektiert sehen möchtest.
- Schade anderen nicht.
- Lebe ehrlich und halte Versprechen.
- Hilf anderen, wenn Mitleid oder Vernunftgründe Dich dazu drängen.

Diese Regeln beziehen sich primär auf den Nahbereich des Zusammenlebens. Neue globale Problemfelder haben aber inzwischen unseren Blickwinkel erweitert: Das wachsende Armutsgefälle zwischen Industrie- und Entwicklungsländern; die langfristigen Folgen des modernen Technikeinsatzes und des steigenden Ressourcenverbrauchs; die Verschmutzung und Zerstörung der Natur. Drei neuentdeckte Handlungsregeln stehen daher heute im Vordergrund:

- Beachte bei Deinem Handeln die indirekten, teils weltweiten Folgen.
- Handele so, daß nachfolgende Generationen noch leben können.
- Nimm Rücksicht auf den Eigenwert aller belebten und unbelebten Natur.

Zusammenfassung	Folgerungen
▷ Gutes Handeln orientiert sich teils am objektiv Richtigen, teils am subjektiv Wünschenswerten, teils am bloßen Vertrag.	▷ Jedes Werturteil muß diese drei Perspektiven mitbedenken und die wichtigsten Regeln (Normen) guten Handelns kennen.
▷ Die (Selbst)Aufklärung über Prinzipien und Normen guten Verhaltens kann zu allgemeingültigen und unsere Urteile leitenden Wertvorstellungen führen.	▷ Gutes Alltagshandeln und ethische Reflexion bedingen sich. Das Wissen um die Kriterien des Guten verstärkt die Sicherheit im Urteilen und Handeln.
▷ Gutes Verhalten muß sich im Alltagsleben bewähren.	▷ Verhaltensregeln unterliegen einem entsprechenden Wandel.

3 Sehen – Urteilen – Handeln

3.1 Die Kunst der Wahrnehmung

Wahrnehmung bedeutet: einer Sache oder Situation Aufmerksamkeit schenken. Sie umfaßt unseren Sinneseindruck, aber auch das Verständnis und die Vorstellung, die wir uns daraufhin bilden, sowie die begleitenden Empfindungen und Erinnerungsbilder, die uns selbst in ein Verhältnis setzen zu dem Wahrgenommenen. In Ethik-Diskussionen wird diese erste Voraussetzung für jedes verantwortliche Urteil oft vernachlässigt. Wahrnehmung und Aufmerksamkeit bedürfen aber der Einübung und der Lernbereitschaft, der Sachkunde und der überlegten Vorgehensweise.

Sehe ich z. B. einen PKW mit hoher Geschwindigkeit durch ein Wohngebiet fahren, urteile ich vielleicht unmittelbar: Die Fahrerin gefährdet andere Menschen. Will ich aber das Verhalten dieser Fahrerin ethisch beurteilen, genügt Zufallswahrnehmung nicht. Ich muß meine Aufmerksamkeit aktiv auf den Vorfall und die begleitenden Umstände richten. Ich muß mich kundig machen über das tatsächliche Tempo, über die geltende Geschwindigkeitsbegrenzung, über die Gründe für das schnelle Fahren usw.

Je komplexer ein Sachverhalt ist, umso wichtiger und vielfältiger wird die Aufgabe, eine hinreichende Wahrnehmungsgrundlage für die Beurteilung zu schaffen. Fach- und Situationskenntnisse können dazu ebenso wichtig sein wie der gewissenhafte Umgang mit den Regeln ethischen Wertens.

▶ *Wie läßt sich aber mit widerstreitenden Wahrnehmungen und Wertungen umgehen? Wie lassen sich unsere unbewußten Wertmaßstäbe wahrnehmen und für bewußte Urteile nutzen?*

Es müssen zunächst die jeweiligen Situationsumstände berücksichtigt und wichtige **Unterscheidungen** getroffen werden: *Zweck* und *Mittel* sind getrennt zu bewerten; ihr Verhältnis zueinander und zu ihren jeweiligen Alternativen sind mitzubedenken; Ergebnis und Nebenfolgen müssen in Bezug auf alle Beteiligten überprüft werden; verschiedene Bewertungsperspektiven und -ebenen sind gegeneinander abzuwägen.

Auf diesem Wege kann zwar kein vorbehaltloses Gut/Schlecht-Urteil erreicht werden, sehr wohl aber die **Rechtfertigung** eines bestimmten Verhaltens, d. h. seine hinreichende Begründung. Da sehr viele Situationen keine ausschließlich „guten" oder „schlechten" Handlungsalternativen zulassen, bleibt das lebensnahe ethische Einzelurteil meist auf die Frage beschränkt, ob eine Entscheidung oder Handlungsweise *gerechtfertigt* ist.

Oft stehen auch verschiedene positive Werte in **Konkurrenz** zueinander. So sind etwa die beiden Regeln „*Es ist gut, die Wahrheit zu sagen*" und „*Es ist gut, jemandem in Not zu helfen*" gleichermaßen anerkannt.
Wer aber z. B. in der Zeit des Nationalsozialismus jüdische Mitmenschen verstecken wollte, konnte sich nicht an beide Regeln gleichzeitig halten.

- Eine gerechtfertigte Entscheidung kann in diesen und vielen anderen Situationen nur durch Abwägung erreicht werden. Voraussetzung dazu ist, daß wir wissen, welcher Wert einem anderen notfalls vorzuziehen ist. Wir orientieren uns dabei an einer mehr oder weniger bewußten „Vorzugsskala", die in einem höchsten Wert mündet. Ethik macht diese Skala bewußt und überprüft ihre Gültigkeit. Sie befähigt uns dadurch, bewußte und begründete **Wertvorzugsentscheidungen** zu treffen.

- Umgekehrt kann sich die Rechtfertigung einer Handlung auch aus einer Negativskala ergeben: durch eine Entscheidung für das **geringere Übel**. Gemeint ist das *Vermeiden* oder *Unterbrechen* eines Unrechts, oder Unglücks durch eine an sich schlechte Tat. Diese Form der ethischen Rechtfertigung wird meist für die Begründung militärischer Aktionen mit herangezogen. Doch z. B. auch bei Protestaktionen, die legale Grenzen überschreiten, spielt das Abwägen verschiedener „Übel" eine wichtige Rolle.

Häufiger orientieren wir uns allerdings an unserem unmittelbaren **moralischen Empfinden** (*moral sense*) und seinem oft unbewußten Urteil. Deutlich wird dies z. B. in alltäglichen Gefühlsempfindungen oder -äußerungen: In den Gefühlen der Empörung oder Entrüstung ist unschwer das negative Urteil über das Verhalten eines anderen erkennbar. Schuld- und Schamgefühle beinhalten ein negatives Urteil über eigenes Tun. In Lob oder Tadel, in Stolz oder Selbstzweifel finden diese Urteile oft recht eindeutigen Ausdruck.

Erst wenn wir uns genötigt sehen, solche Urteile zu begründen, nehmen wir die eigenen **Wertmaßstäbe** wahr. Gleichzeitig können wir uns kritisch von ihnen distanzieren. Sie werden fragwürdig und unsicher. Evtl. kommen wir zu der Einsicht, daß es besser ist, unsere Wertmaßstäbe hier und da zu verändern. Oder wir erkennen umgekehrt ihren weiten, von unserer Erfahrung unabhängigen Geltungsbereich: So gilt z. B. naturgemäßes, lebenförderndes, freundschaftliches oder dankbares Verhalten nicht nur in unserem Kulturkreis als „gut".

Zusammenfassung	Folgerungen
▷ Voraussetzung eines ethischen Urteils ist die aktive Situationswahrnehmung.	▷ Hinschauen, zuhören, erkunden und abwägen sind erste Schritte zu einem begründeten Urteil.
▷ Intuitiv treffen wir ständig Wertvorzugsentscheidungen. Ihre Regeln der Abwägung und Unterscheidung, der Übelvermeidung und relativen Rechtfertigung können wir auch bewußt anwenden.	▷ Die bewußte Wahrnehmung und genaue Beschreibung praktizierter Wertentscheidungen eröffnen Wege, begründet zwischen konkurrierenden Werten zu wählen.
▷ Unsere persönliche „Werteskala" richtet sich nach eigenen Erfahrungen und allgemein Gültigem.	▷ Die Aneignung und Veränderung dieser Skala ist eine persönliche Gestaltungsaufgabe.

3.2 Die Struktur ethischer Urteile

Nicht nur im persönlichen und zwischenmenschlichen Bereich, sondern auch auf öffentlichem und politischem Feld urteilen wir vielfach moralisch. Wir treffen also Wertentscheidungen und nicht nur Sachentscheidungen. Ob über soziale Gerechtigkeit und wachsende Armut diskutiert wird, ob über das Asylrecht oder die Grenzen von Abtreibung und Euthanasie, über Gentechnik oder ökologische Fragen entschieden wird – immer spielt die ethische Argumentation eine große Rolle. Selbst in den vielen Bereichen, in denen die Macht- oder Mehrheitsverhältnisse de facto für eine Entscheidung den Ausschlag geben, besteht offenbar ein Bedürfnis nach ethischen Diskussionen und Ethikkommissionen. Die wachsende Tragweite politischer Entscheidungen drängt zur verantwortungsethischen Überprüfung von Zielen, Folgen und Nebenfolgen. Doch auch schon im einfachen Alltagshandeln läßt sich, falls es mit dem Anspruch der Verantwortlichkeit verbunden ist, die Struktur ethischer Urteile erkennen.

▶ *Worin besteht aber die Eigenart eines ethischen Urteils? In welchem Zusammenhang steht es mit dem Sachurteil? Wie ist bei schwierigen Handlungsentscheidungen vorzugehen?*

Ethische Urteile sind Werturteile. Sie sind andererseits immer situationsbezogen. Dadurch unterliegen sie einem doppelten **Wahrheitsanspruch**:

– dem Anspruch, der Situation gerecht zu werden (Sachebene),
– dem Anspruch, den bewußten Wertmaßstäben zu genügen (Wertebene).

Soll ein ethisches Urteil Grundlage praktischer Entscheidung werden, sind darüber hinaus die gesetzlichen Rahmenbedingungen zu beachten (Legalitätsprüfung). D. h., das persönliche Urteil muß mit dem abgeglichen werden, was in der Gesellschaft als richtig und rechtmäßig vereinbart ist.

Diese drei Ebenen unterliegen der Möglichkeit des Wandels. Notwendig ist

– die je neue Situationswahrnehmung und Aktualisierung der Sachkenntnis;
– ein lebendiger Prozeß des Wertewandels als Aufgabe persönlicher Gestaltung und gesellschaftlicher Übereinkunft;
– eine ständige kritische Überprüfung und nötigenfalls auch Veränderung des gesetzlichen Rahmens.

Das folgende Schema zeigt, wie diese Elemente eines Urteils
– in Form differenzierter Fragen durchgearbeitet werden
– und trotzdem nach dem Prinzip eines Regelkreises miteinander verbunden bleiben können.

Die Trennung und gelegentliche Konfrontation von Sachorientierung und Wertorientierung kann bei diesem Vorgehen vermindert werden. Sie können so zum Zentrum schwieriger Handlungsentscheidungen und zum Thema kommunikativen Aushandelns werden.

Ob über den Ausstieg aus der Atomenergie entschieden werden soll oder über neue Methoden der Gentherapie, ob die persönliche Teilnahme an einer Protestaktion gegen Müllverbrennung zu entscheiden ist oder eine Kommune das Obdachlosenproblem angehen will – die im folgenden „Regelkreis" zusammengestellten Fragen bieten eine differenzierte **Check-Liste** und Entscheidungshilfe.

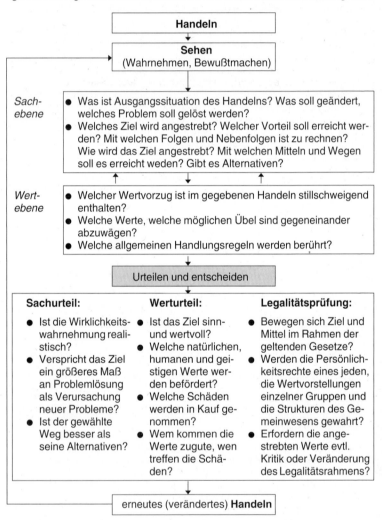

3.3 Verantwortlich handeln

> *Kirchenasyl*
> Eine kurdische Familie hat lange auf die Entscheidung ihres Asylantrages gewartet. Jetzt ist er endgültig abgelehnt; die Türkei gilt als „Nichtverfolgerstaat". Die Abschiebung steht kurz bevor. Der Pfarrer einer evangelischen Gemeinde hat die Familie Ü. in dem Übergangswohnheim für Asylbewerber kennen- und schätzengelernt. Das Containerheim war vor zwei Jahren auf seinem Gemeindegebiet errichtet worden. Jetzt heißt es schnell handeln: Die Gemeinde könnte der Familie Kirchenasyl gewähren, wie es viele andere Kirchengemeinden in ähnlichen Fällen getan haben. Während zahlreiche Gemeindemitglieder diesen Vorschlag sofort aufgreifen möchten, warnen andere: „Das geht nicht, wir machen uns strafbar."

▶ *Wer ist in diesem und in ähnlichen Fällen verantwortlich? Was ist zu bedenken und zu prüfen? In welchem Verhältnis steht die Handlungsentscheidung zur Situationswahrnehmung und -beurteilung? Welche Rolle spielt bei einem solchen Handlungsdruck das Gewissen?*

Rechtfertigung
Das angeführte Beispiel ist tausendfach realistisch. Es ist aber auch besonders problematisch. Denn die **Legalitätsprüfung** zeigt sehr schnell: Bei einer rechtskräftig gewordenen Abschiebeentscheidung würde sich die Gemeinde durch die Gewährung von „Kirchenasyl" tatsächlich rechtswidrig und damit evtl. strafbar verhalten. Im eigentlichen Sinne kann es „Kirchenasyl" in einem Rechtsstaat nicht geben. Allein das staatliche Asylrecht regelt die Bedingungen der Asylgewährung. Streitigkeiten werden gerichtlich entschieden.

Setzt man einmal voraus, daß die angeführte Gemeinde den Rechtsstaat, seine Gesetze und Organe nicht grundsätzlich in Frage stellt, kann rechtsverletzendes „Kirchenasyl" nur unter drei Bedingungen ethisch gerechtfertigt sein:

– Es geht um den Schutz eines Wertes mit höchstem Vorrang (**Werturteil**). Dies wäre z. B. der Fall, wenn Leib und Leben der betroffenen Familie bei Abschiebung akut bedroht ist.
– Es handelt sich um eine auf das nötigste beschränkte (befristete) Aktion. Sie beruht auf sorgfältig erwogener Personen- und Situationskenntnis einschließlich genügender Kenntnis der Zustände in der Heimatregion der Betroffenen. Berücksichtigt werden müssen die absehbaren persönlichen und gesellschaftlichen Folgen einer Gesetzesübertretung (**Sachurteil**). Ziel kann eine erneute Einzelfallprüfung sein.
– Es handelt sich um eine Gewissensentscheidung. D. h., die Verantwortlichen entscheiden nach der zweifelsfreien inneren Überzeugung, *nur so* richtig und gut handeln zu können (**Gewissensurteil**).

Gewissen
In unseren Handlungen ist immer (unbewußt oder ausdrücklich) neben dem Wert- und Sachurteil ein Gewissensurteil enthalten. Gerade bei schwierigen Handlungsentscheidungen spielt das Gewissen eine besondere Rolle:

- Es ist nicht wie das Sachurteil, das Werturteil und die Legalitätsprüfung auf die Umstände, Menschen oder Wertvorgaben außerhalb unserer selbst gerichtet, sondern auf das eigene Innere.
- Es handelt sich um ein inneres, ganz persönliches „Mitwissen" (lat. *conscientia*) darüber, ob wir selbst wirklich und ehrlich zu dem stehen können, was wir tun und sagen.
- Es kann Argumente, Informationen, zwischenmenschliche Übereinkünfte usw. nicht ersetzen. Doch kann es als „innere Stimme" unsere nicht ausdrücklich durchdachten Handlungsentscheidungen leiten und in der Auseinandersetzung um problematische Handlungsweisen (z. B. gegen die allgemeinen Gepflogenheiten oder gar gegen ein geltendes Gesetz) Orientierung geben.

Der besondere Schutz der **Gewissensfreiheit** in allen sog. „Rechtsstaaten" (s. z. B. Art. 4 Absatz 1 GG) besagt: Es soll niemand gezwungen werden, etwas gegen seine innerste Überzeugung zu tun.

Damit das Gewissen nicht zum bloßen Vorwand verkommt, um sich allgemein geltenden Regeln oder Verpflichtungen zu entziehen, ist es immer wieder notwendig

- die im Gewissen erlebte Wertausrichtung im Nachdenken und in der gemeinschaftlichen Abstimmung zu überprüfen und weiterzubilden;
- die Wirklichkeitsorientierung des Gewissens zu stärken;
- die eigene Empfindsamkeit für die Gewissensstimme zu pflegen.

In vielen Situationen kann unser nur begrenztes Wissen und Urteilsvermögen, das endlose Austauschen von Gründen und Gegengründen jede Handlungs- und Entscheidungsmöglichkeit blockieren. Uns würde nur das Schulterzucken bleiben, das Nicht-Handeln, das Zweifeln, das „Laufen-lassen". Die geprüfte **Gewissensentscheidung** ermöglicht es dagegen, zu handeln, Verantwortung zu übernehmen, aktiv zu werden.

Um die Echtheit einer Gewissensentscheidung kann nur jeder selbst wissen. Von außen läßt sie sich erst dann erkennen, wenn der Betroffene bereit ist, für seine Handlungsweise notfalls auch negative Folgen selbst zu tragen.

Die Fähigkeit, sich frei gegen äußere Gründe oder Verlockungen, gegen das allgemein Übliche oder Vorteilhafte entscheiden und um höherer Werte willen handeln zu können, macht die besondere Würde des Menschen aus. Soweit sein Handeln in diesem Sinne frei ist, steht er ganz in der Verantwortung für sein Tun. Menschliches Handeln ist jedoch niemals vollkommen frei. Es unterliegt zahlreichen Einflußfaktoren.

Schematisch dargestellt wirken im spezifisch menschlichen Handeln (im Gegensatz zum „Verhalten" der Tiere) die wichtigsten Faktoren folgendermaßen zusammen:

Handlungsschritte	jeweils wirksame Bedingungen und Begrenzungen
Wahrnehmen	← situative Aufmerksamkeit, Umsicht
↓ Empfinden	← persönliche Prägung, Vorerfahrung
↓ Nachdenken (Urteil) ↙ ↓ ↘ Sache Werte Gewissen	← Wissen, Sachkenntnis, Phantasie, Lernbereitschaft, Gesprächsfähigkeit, Wertorientierung, Gewissensbildung
Handlungsalternativen	← Freiraum innerhalb der (gegebenen) Macht- und Entscheidungsstrukturen
↓ Entscheidung Handlungswille	← Entscheidungsfähigkeit, Maß der Freiheit und Verantwortungsbereitschaft
Ziele a) Gestaltungsziele b) Verständigungsziele	← zu a) gegebene Strukturen zu b) Ausdrucksfähigkeit
↓ Handeln	← Einengung durch Gesetze, gegebene Mittel, Mitmenschen
Prüfen ↙ ↘ Folgen Verständigung	← Sensibilität für Mitmenschen, das Gemeinwesen, die Natur; lebendiger sozialer Kontakt

Zusammenfassung	Folgerungen
▷ Jeder trägt für sein Handeln Verantwortung. Es genügt nicht, sich legal zu verhalten. Wichtige Fragen erfordern das eigene Urteil.	▷ Auch rechtswidriges Handeln kann ethisch verantwortlich sein. Es bedarf der sorgfältigen Abwägung und Rechtfertigung.
▷ Das Gewissen kann als „innere Stimme" zur ethischen Orientierung verstanden werden. Es bedarf der Bildung und Pflege und ermöglicht persönliche Handlungssicherheit.	▷ Bei schwer entscheidbaren Handlungsalternativen ist es hilfreich, dem eigenen Gewissen zu folgen. Es erleichtert die Übernahme von Handlungsverantwortung einschl. negativer Folgen.
▷ Menschliches Handeln kann in unterschiedlichem Maß, doch nie absolut frei sein. Auch selbstverantwortete Handlungsentscheidungen sind von unterschiedlichen Einflußfaktoren geprägt.	▷ Es entspricht der Würde des Menschen, nach seinem Gewissen zu handeln. Tue was Du willst! – D. h. es ist Deine Entscheidung und Verantwortung.

4 Erinnern und Entwerfen

4.1 Erinnerung

Steht noch dahin
Ob wir davonkommen, ohne gefoltert zu werden, ob wir eines natürlichen Todes sterben, ob wir wieder hungern, die Abfalleimer nach Kartoffelschalen durchsuchen, ob wir getrieben werden in Rudeln, wir haben's gesehen. Ob wir nicht noch die Zellenklopfsprache lernen, den Nächsten belauern, vom Nächsten belauert werden, und bei dem Wort Freiheit weinen müssen. Ob wir uns fortstehlen rechtzeitig auf ein weißes Bett oder zugrunde gehen am hundertfachen Atomblitz, ob wir es fertig bringen, mit einer Hoffnung zu sterben, steht noch dahin, steht alles noch dahin.

Marie Luise Kaschnitz

Verantwortliches Handeln entsteht nicht nur aus vernünftiger Überlegung, der Anwendung allgemeiner Regeln und Prinzipien oder begründetem Verstandesurteil. Auch die aufmerksame Wahrnehmung all dessen, was uns „hier und jetzt" begegnet, genügt nicht. M. L. Kaschnitz (1901–1974) rückt mit ihrem Gedicht einen anderen Teil des Lebens in den Blick: die Gefahr. Es handelt sich nicht um für die Zukunft vermutete oder phantasierte Gefahren, sondern um (teilweise von ihr selbst) erlebte Katastrophen der jüngeren Vergangenheit, um **Leidenserinnerungen**.

▶ *Welche Bedeutung haben Leiden der Vergangenheit? Gibt es eine Ethik der Erinnerung? Welche Chancen, welche Gefahren liegen im Erinnern?*

Betteln
Die 79-jährige Frau G. erzählt, daß sie bis heute an keiner bettelnden Frau vorbeigehen könne, ohne ihr wenigstens eine Kleinigkeit zu geben. In den 50er und 60er Jahren habe an ihrer Haustür in einem kleinen Dorf in der Eifel fast jede Woche mal eine Zigeunerfrau oder ein umherziehender „Berber" (Nichtseßhafter) angeklopft. Sie habe nicht ein einziges Mal jemanden abgewiesen. Eine warme Suppe oder ein kräftiges Butterbrot habe es bei ihr immer gegeben.
Das könne sie sich nicht erlauben, erklärt ihre ca. 40jährige Tochter. In den Städten sei soviel Gutherzigkeit heutzutage nicht mehr möglich. Viele clevere Bettler machten mit diesem „Job" wahrscheinlich einen guten „Tagesschnitt". Die alte Dame erzählt weiter: Von ihrer Flucht mit zwei kleinen Kindern am Ende des 2. Weltkrieges. Innerhalb von Stunden habe man das Dorf im umkämpften Westwallgebiet verlassen müssen. In einem belgischen Dorf habe man schließlich Aufnahme und Brot, Verständnis und Mitsorge gefunden. Das habe sie nie vergessen. Sie habe Hunger erlebt und die Entwürdigung des Bettelns, aber auch die rettende Güte von Mitmenschen; da könne man keinen Bettler stehen lassen.

Diese Frau vermag **Mitleid** zu empfinden, weil sie sich an eigenes Leiden erinnert. Sie stellt keine vernünftigen Überlegungen an, was angesichts eines Bettlers richtiges Handeln ist. Sie handelt spontan und sicher, weil sie sich an selbst erfahrene Hilfe erinnert. Sie praktiziert eine **Erfahrungs-** bzw. **Erinnerungsethik,** die sich aus anderen Quellen speist als die vorher beschriebene **Werte-** und **Gegenwartsethik.**

Ihre Bedeutung als ethische Orientierung wird in der Gegenüberstellung deutlich:

Die Ethik der Normen und Werte	Die Ethik der Erinnerung
• zielt auf allgemeine, d. h. jederzeit und überall gültige Aussagen; → *beansprucht Universalität*	• zielt auf Mitbedenken der besonderen Umstände eines Erlebens oder einer Handlung; → *beansprucht Kontextualität*
• verpflichtet ohne Ansehen von Personen und Situationen; → *ist abstrakt*	• formuliert ihre Ansprüche anhand bestimmter Situationen; → *ist konkret*
• wird meist in ein System von Regeln und Gründen „gegossen"; → *ist theoretisch*	• wird in erzählten Geschichten weitergegeben; → *ist narrativ*
• fordert gedanklichen Nachvollzug und argumentative Absicherung; → *ist rational*	• beansprucht das persönliche Einfühlen und Nachempfinden; → *ist emotional*
• orientiert sich am überlieferten Ethos, an überkommenen Normen und der gegebenen Ordnung; → *ist konservativ*	• orientiert sich an bisher Unterdrücktem, vergangenem Leiden und den Schattenseiten des Gegebenen; → *ist kritisch*
• geht von der Perspektive allgemeiner Werte oder Sollensverpflichtungen aus; → *ist objektiv*	• bringt die Perspektive aller Betroffenen zur Geltung – möglichst mit deren eigenen Stimme; → *ist subjektiv*
• steht in der *Gefahr,* die individuelle bzw. gruppenspezifische sinnliche Erfahrung und Erkenntnis zu vernachlässigen und dadurch der Ethik das Motiv des Mitleids zu entziehen.	• steht in der *Gefahr,* notwendige Verständigungsprozesse und jede allgemeine Verbindlichkeit zu vernachlässigen durch den Vorrang persönlicher Betroffenheiten.

Die Hauptlinie der abendländischen Ethik hat sich seit ihren Anfängen in der griechischen Tradition bis heute meist stärker am überlieferten **Ethos** (gr. *Gewohnheit, geltende Sitten*), d. h. an den traditionellen Werten und bewährten Normen orientiert.

Daneben gibt es eine ebenfalls lange Geschichte der Erinnerungsethik. Sie reicht zurück bis zu dem uralten Mythos vom Leiden des israelitischen Volkes in ägyptischer Sklaverei und von seiner glücklichen Befreiung unter der Führung des Mose. Dieser Mythos gehört zu den ältesten Erzählungen der hebräischen Bibel. Auf ihm beruht das jüdisch-christliche Gebot, Fremde nicht zu unterdrücken, sondern ihnen Gastfreundschaft zu gewähren. So heißt es beispielsweise im Buch Exodus:
Einen Fremden sollst du nicht ausnutzen oder ausbeuten, denn ihr selbst seid in Ägypten Fremde gewesen.

Eine solche **anamnetische Ethik** wiederholt nicht die vergeßliche Rede von der „guten alten Zeit". Sie will gerade nicht beschönigen, wie es z. B. Kriegsveteranen typischerweise tun, wenn sie am Stammtisch ihre Kriegserfahrungen austauschen. Eher besteht für sie die Gefahr, erlittenes Unrecht nicht zu verzeihen, sondern sich von ihm überwältigen und zur Rache antreiben zu lassen. Beispielhaft dafür ist die grenzenlos brutale Austragung von ethnischen Konflikten im ehemaligen Jugoslawien und vielen anderen Regionen der Welt.

Zusammenfassung	Folgerungen
▷ Persönliche und gesellschaftliche Gefährdungen für Gegenwart und Zukunft können am ehesten durch unsere Leidenserinnerungen erkannt werden.	▷ Leidenserinnerung ist eine wichtige Quelle des Mitleids wie auch der ethischen Einsicht.
▷ Werte und Normen begründen eine auf Allgemeingültigkeit bedachte Pflicht- und Verstandesethik. Erinnerungs- und Erzählgemeinschaften begründen dagegen eine kritische Mitleidsethik.	▷ Sowohl objektive Pflicht als auch erlebtes Leid und persönlich empfundenes Mitleid können zum sittlichen Handeln motivieren.
▷ Die Werte- und Normenethik ist „vergeßlich" gegenüber einzelnen Leiden. Die Erinnerungsethik kann unversöhnlich werden gegenüber einer anderen (konkurrierenden) Erzähl- und Leidensgemeinschaft.	▷ Universelle Werteethik und kontextuelle Erinnerungsethik stehen je für sich in der Gefahr von Vereinseitigung. Sie können sich aber gegenseitig ergänzen.

4.2 Zukunft entwerfen

> Zur (selbst)kritischen Erinnerung an Vergangenes gehört, gleichsam als andere Seite der Medaille, das Entwerfen einer besseren Zukunft. Dies gilt für den persönlichen wie für den gesellschaftlichen und politischen Bereich:
>
> *Die schulmüde Jugendliche träumt von ihrem beruflichen Weg oder zukünftigen Familienglück; der Arbeitslose hofft auf einen neuen Arbeitsplatz und der Kranke auf Genesung; Frauen erläutern, wie sie sich wirkliche Gleichberechtigung vorstellen; die „grüne Bewegung" zeichnet die Konturen einer alternativen Gesellschaft; Südafrikaner entwickeln Visionen von einem friedlichen und gleichberechtigten Miteinander zwischen Schwarzen und Weißen; das kurdische Volk kämpft für Freiheit und ein eigenes Land…*
>
> Doch nicht nur in Situationen der Benachteiligung, der Hilflosigkeit und Unterdrückung entwerfen Menschen (vermeintlich) bessere Alternativen. Die Fähigkeit, Zukunft gedanklich vorwegzunehmen (lat. *antizipieren*), ist etwas spezifisch Menschliches. In den Formen von Traum, Phantasie, Vision, Utopie oder Kunst lassen sich ihre Möglichkeiten konkret entfalten.

▶ *Was steht hinter diesem Drang, Vorstellungen zu entwerfen, die weit über die Wirklichkeit hinausreichen? Gehört solches Entwerfen notwendig zu einem gelingenden Leben? Oder ist es gerade Quelle von Mißlingen? Welche Formen des Entwerfens können ethisch fruchtbar werden, welche führen erfahrungsgemäß in die Sackgasse?*

1516 veröffentlichte der englische Politiker und Humanist **THOMAS MORUS** einen Roman über die erdachte Insel *Utopia* (gr *-ou* = nicht, *topos* = Ort; „Nirgendsort"). Das Werk begründete eine ganze Literaturgattung. Der Titelbegriff ist sprichwörtlich geworden für das konkrete Ausmalen von Wunschvorstellungen, als seien sie eine auch mögliche oder zukünftig umsetzbare Wirklichkeit. Das Eigenschaftswort *utopisch* erhält heute meist den negativen Sinn von „übersteigert" und „realitätsblind". Das Utopia des Th. Morus war als Kritik an der sozialen Misere im damaligen christlichen Europa gedacht:

> *Auf* **Utopia** *sind die Menschen glücklich, weil sie in einem friedlichen und gut organisierten Gemeinwesen zusammenleben. Das Privateigentum ist zugunsten des gemeinschaftlichen Besitzes aufgehoben. Die Menschen leben maßvoll und im Einklang mit der Natur. Tugend und Wissen haben eine leitende Bedeutung. Es herrscht völlige Religionsfreiheit, die Bildungsmöglichkeiten stehen auch den Frauen offen. Konsum, Gesundheitspflege, Kinderbetreuung und viele andere Bereiche sind für alle befriedigend geregelt. Die hierarchisch gegliederten Ämter werden demokratisch besetzt, die Gesetze sind klar formuliert und auf das Nötigste begrenzt.*

Bis heute haben sich immer wieder sozialpolitisch motivierte Utopien von diesem klassischen Entwurf anregen lassen. Im letzten Jahrhundert waren es vor allem die sog. „utopischen Sozialisten", die den Gegensatz zwischen wenigen Reichen und der Verelendung großer Bevölkerungsgruppen anklagten. Sie stellten dagegen ein neues, von Gemeinschaftseigentum und genossenschaftlicher Produktionsweise geprägtes Gesellschaftsmodell. In der ersten Hälfte des 20. Jahrhunderts entwarfen Autoren wie **Aldous Huxley** und **George Orwell** *Negativ-Utopien.* Ihre Welt ist geprägt durch totalitäre Herrschaftstechniken und eine fortschreitende Entmündigung der Menschen.

Als wichtigster Verteidiger des utopischen Denkens hat sich in unserem Jahrhundert der Philosoph **ERNST BLOCH** (1885–1977) erwiesen. In der künstlerischen, wissenschaftlichen und religiösen Vorwegnahme einer menschlicheren Zukunft sah er den Motor für Fortschritt und Freiheit.

Den großen Utopien stehen Fehlformen und innere Widersprüche gegenüber:

- Die **Rechtsutopie** der Freiheit und Gleichheit aller Menschen hat ihren Ausdruck u. a. in der Französischen Revolution, in der amerikanischen Unabhängigkeitserklärung und in der Allgemeinen Erklärung der Menschenrechte gefunden. Sie hat ungeheure gesellschaftliche Gestaltungskräfte mobilisiert. Ihre Früchte in den Verfassungen der demokratischen Rechtsstaaten können nicht überschätzt werden, wenn man die Ausgangslage in den menschenverachtenden Diktaturen bedenkt. Voll verwirklicht ist sie nirgendwo, in vielen Ländern nicht einmal in Ansätzen. Sie entfaltet freilich auch heute noch eine große verändernde Kraft.

- Die Entfremdung zwischen der „politischen Klasse" und der Bevölkerung nimmt heute auch in demokratischen Staaten bedenkliche Formen an. Die Prägung der Gesellschaft wie des individuellen Alltags durch die Massenmedien, neue soziale Probleme wie Massenarbeitslosigkeit, wachsende Konsumorientierung bei sehr ungleicher Verteilung der Konsummöglichkeiten usw. unterhöhlen die Glaubwürdigkeit sozialer Rechtsstaaten.

- Die **Sozialutopie** der Gerechtigkeit und Brüderlichkeit stammt aus den gleichen Quellen und hat ebenfalls eine reiche Geschichte politischer Umsetzungsversuche angestoßen. Im Vergleich zur massenhaften Verelendung im letzten Jahrhundert haben die modernen Sozialstaaten auch in dieser Hinsicht Beträchtliches erreicht. In einer weltweiten Perspektive zeigt sich allerdings eine weiterwachsende Verarmung. Gleichzeitig gibt es unendlich viele sozialutopische Aufbrüche in den verschiedensten Ländern.

- Für das Scheitern der kommunistischen Form ist vor allem ihre Verbindung mit einem totalitären Durchsetzungs- und Herrschaftsanspruch verantwortlich. Das Wahrheitsmonopol einer geschlossenen Machtelite ließ keine neuen Einsichten, keine individuelle Freiheit und Kreativität mehr zu. Dadurch wurde die Chance zur Weiterentwicklung vertan.

- Die **Fortschrittsutopie** gründet vor allem in der immer schnelleren Entfaltung von Wissenschaft und Technik in den letzten 200 Jahren. Unbegrenztes

Wirtschaftswachstum und die endgültige Überwindung von Hunger und Armut schienen eine Zeitlang möglich. Die Erleichterung des persönlichen Lebens durch verschiedenartigen Komfort wurde zum Massenphänomen und schreitet in den reichen Ländern noch immer voran.

o Die durch die endliche Natur gegebenen Grenzen des Wachstums ließen seit Ende der 60er Jahre eine erste Ernüchterung eintreten. Endgültig ist das Ideal unbegrenzten Fortschritts zerstört durch die Erkenntnis seiner sozialen Grenzen: Viele der zunächst von Minderheiten genossenen Errungenschaften (sei es das Auto, die Wohnung in Stadtrandlage usw.) verlieren ihren Wert, wenn sie zu Massengütern werden; sie verursachen zudem oft große ökologische und soziale Schäden.

Zukunftsentwürfe können unserem Handeln Richtung und Ziel geben. Sie bedürfen freilich selbst der immer neuen Rechtfertigung vor der sich wandelnden Wirklichkeit und den Kriterien gelingenden Lebens.
Die gegenteilige Haltung ist bei **Bert Brecht** prägnant beschrieben:

Wenn Herr K. einen Menschen liebte	*"Was tun Sie", wurde Herr K. gefragt, "wenn Sie einen Menschen lieben?"* *"Ich mache einen Entwurf von ihm", sagte Herr K., "und sorge, daß er ihm ähnlich wird."* *"Wer? Der Entwurf?"* *"Nein" sagte Herr K., "der Mensch."* **Bert Brecht**

Zusammenfassung	Folgerungen
▷ Zukunftsentwürfe, Utopien, Visionen gedeihen besonders bei Benachteiligten und Unzufriedenen. Die Nutznießer der gegebenen Verhältnisse haben eher das Bestreben, diese in die Zukunft hinein auszudehnen.	▷ Utopien sind Ausdruck menschlicher Zukunftshoffnung. Als kritische Gegenbilder zur vorhandenen Wirklichkeit werden sie immer notwendig bleiben.
▷ Zukunft zu entwerfen bedeutet, Alternativen zur gegebenen Wirklichkeit gedanklich vorwegzunehmen. Dies birgt die Gefahr der Realitätsvergessenheit.	▷ Utopien können Entwicklungsmöglichkeiten eröffnen. Sie können aber auch von der Gegenwart ablenken oder in Gewalt umschlagen.
▷ Sinnvolle Entwicklung ist ohne Utopien nicht denkbar. Starre Zukunftsentwürfe werden der Geschichtlichkeit (d. h. der nicht festgelegten und daher nicht vorhersehbaren) Entwicklung menschlicher Gemeinschaft nicht gerecht.	▷ Utopien müssen als systematisch entfaltete Handlungsziele verstanden, begründet und (soweit gesellschaftlicher Art) demokratisch legitimiert werden. Keine Utopie kann gegenwärtiges Unrecht mit zukünftigen Zielen rechtfertigen.

5 Sich verständigen und entscheiden

5.1 Vielfalt und Übereinkunft

> *Streit*
> *Der fünfzehnjährige Sohn kommt wiederholt betrunken nach Hause. Die Eltern sind bestürzt. Sie haben Angst, er könne auf den Weg eines sich allmählich verfestigenden Alkoholismus geraten. Beide Eltern möchten wirksam gegensteuern. Die Mutter versucht es mit Gesprächen, denen der Sohn sich aber weitgehend entzieht; sie mahnt ihren Mann, sich bei ihrem Bemühen zu beteiligen. Er hält das für nutzlos und möchte durch langfristiges und konsequentes Sperren des Taschengeldes reagieren. Es entwickelt sich ein heftiger Elternstreit. Streitpunkt ist schließlich nicht mehr nur die Frage, welches die wirksamere Maßnahme ist. Es geht um „richtiges", bzw. moralisch verantwortbares Erziehungsverhalten. Dabei stehen sich beide Positionen unvereinbar gegenüber.*
>
> *Seit den Siebziger Jahren stehen sich in der Bundesrepublik Deutschland Gegner und Befürworter der Kernenergie unversöhnlich gegenüber. Die Gegner weisen auf das nichtkalkulierbare Risiko von Unfällen und die nicht begrenzbaren Folgewirkungen für Mensch und Natur bei Katastrophen wie der Reaktorkatastrophe von Tschernobyl hin. Dies und die Hinterlassenschaft von jahrtausendelang strahlendem radioaktiven Abfall halten sie für ethisch unverantwortlich. Die Befürworter halten dagegen, daß ein Ausstieg mit Blick auf den wachsenden Energiebedarf, vor allem in den Ländern der Dritten Welt, menschenverachtend und damit ethisch nicht verantwortbar sei. Die Kernenergie sei außerdem umweltfreundlicher als die Nutzung fossiler Energieträger. Die Sicherheitsstandards beim Kraftwerksbetrieb wie bei der Abfallagerung würden zudem ständig verbessert.*
>
> Diese beiden Beispiele aus unterschiedlichen Bereichen führen vor Augen, daß das Argument der ethischen Verantwortung mit gegensätzlichen Positionen verbunden sein kann. Nimmt man weitere betroffene Menschen oder Gruppen hinzu, kommt eine entsprechende Vielzahl von unterschiedlichen Bewertungen und Handlungsoptionen zusammen.

▶ *Worin gründet die Vielfalt ethischer Positionen? Wie läßt sich bei gegebenem Entscheidungs- und Handlungsdruck sinnvoll damit umgehen? Gibt es allgemeine Regeln der Verständigung?*

Bedenkt man die beiden genannten und weitere Konfliktbeispiele des persönlichen und politischen Alltags, treten zahlreiche Wurzeln für unterschiedliche ethische Haltungen ins Blickfeld. Besonders deutlich wird ihre mögliche Wirkungsbreite, wenn man die jeweils möglichen Haltungspole gegenüberstellt:

Quellen der Vielfalt	Pole der möglichen Haltungen
individuelle Charakterprägung	optimistisch – pessimistisch autoritätsorientiert – selbständig kreativ – ordnungsorientiert kommunikativ – eigensinnig
Geschlecht, Herkunft	typisch Frau – typisch Mann jüngere Generation – ältere Generation Großfamilie – Single Arbeiterschicht – Mittelschicht
kulturelle und weltanschauliche Bindung	christlicher – islamischer Kulturkreis usw. weltanschauungsgebunden – -frei fortschrittsorientiert – traditionsverbunden Vereinsbindung – Parteibindung
Sachperspektive	Betroffenenperspektive – Außenperspektive Interessenvertreter – Kritiker Fachmann/-frau – „Otto Normalverbraucher" Entscheidungsträger – Gutachter

Ein wichtiger Schritt zur Verständigung ist bereits getan, wenn diese Bandbreite möglicher Vorprägungen gesehen wird. Sich selbst und andere in einem umfassenderen Sinne zu verstehen, führt aber nicht notwendig zu einer **Übereinkunft** im Werten und Handeln. Es müssen weitere Stationen eines Einigungsweges hinzukommen, der selbst ethischen Wertmaßstäben standhält. Das gegenwärtig wichtigste und weitgehend anerkannte Modell eines solchen Einigungsweges hat die **Diskursethik** entwickelt. Diskurs (lat. *discursus* – das Umherlaufen) meint vielfältige Erörterung und argumentativ-dialogische Prüfung von strittigen Bewertungen und Entscheidungsvorhaben mit dem Ziel der Einigung.

- Ihr Vorbild hat die Diskursethik in der dialogischen Methode des **SOKRATES**. Auf dem Wege des Fragens, Prüfens und Zweifelns entlarvte er das Scheinwissen seiner Gesprächspartner, um dann gemeinsam eine vertiefte, argumentativ abgesicherte Erkenntnis der Wirklichkeit zu entwickeln.

- Begründer der modernen Diskursethik sind der Philosoph **KARL OTTO APEL** und der Soziologe **JÜRGEN HABERMAS** (geb. 1929). Sie verstehen das Diskursprinzip als kultur- und zeitunabhängig, für alle vernünftigen Wesen in gleicher Weise geltend, also universalistisch.

Die folgende Graphik stellt das Diskursmodell als vielsprossige Leiter dar. Es ist vereinfacht auf nur zwei gegensätzliche Positionen, die durch die beiden Holmen repräsentiert sind. Die Holme stehen fest in einem gemeinsamen Fundament. Die tragfähige Verbindung wird durch die Gesamtheit der Sprossen, nicht erst durch die oberste „verbindliche Übereinkunft" gewährleistet. D. h., das Ganze bildet ein System, das sich bei aller Meinungsverschiedenheit als zusammenhängende **Kommunikationsgemeinschaft** darstellt. Nach oben hin ist die Leiter offen für neue Erfahrungen und neue Übereinkommen.

Position A	verbindliche Übereinkunft	Position B
von wahrheits- und zustimmungsfähigen Personen vertreten	argumentative Erarbeitung von Einsicht und Akzeptanz bei allen Beteiligten	von wahrheits- und zustimmungsfähigen Personen vertreten
	Aushandeln der bestbegründeten Lösung	
	Suche nach Lösungen, die für alle zustimmungsfähig sein könnten	
	wechselseitige Anerkennung der Gleichberechtigung und Freiheit aller Beteiligten	
	offene und ehrliche Entfaltung der eigenen Interessen und Bedürfnisse	
	Einbeziehen aller vertretenen Positionen und betroffenen Personen in den Diskurs	

Basisregeln:
- Argumentiere vernünftig!
- Strebe nach einer gewaltfreien, zustimmungsfähigen Lösung!

Grundvoraussetzung:
- Menschen haben die praktische Fähigkeit, im Dialog zustimmungsfähige Lösungen zu suchen und zu finden.

Zusammenfassung	Folgerungen
▷ Bei wichtigen Fragen gibt es meist eine Vielfalt von unterschiedlichen Positionen. Sie erwachsen aus verschiedenen Erfahrungen und Perspektiven, Vorprägungen und Bindungen.	▷ Die Pluralität (Vielfalt) von Meinungen und Positionen ist gut, weil menschengemäß. Sie ist Erschwernis, aber gleichzeitig Fundus für konkrete Lösungen.
▷ Alle Diskursregeln und Verhandlungsschritte orientieren sich an den Prinzipien der Gegenseitigkeit und Fairneß, der Wahrhaftigkeit und Offenheit.	▷ Verständigung ist nicht Aufheben, sondern Nutzen der Vielfalt. Am Anfang der „Verständigungsleiter" steht die Bereitschaft zum Diskurs, am Ende die konkrete Übereinkunft.

5.2 Macht und Entscheidung

> Das Diskursmodell erhebt einen hohen moralischen und demokratischen Anspruch. In der Praxis gilt es aber seine Grenzen mitzubedenken und seine Schwächen auszugleichen.

▶ *Wo liegen diese Schwachpunkte, wie läßt sich ihnen begegnen? Wie läßt sich vorhandenes Machtstreben sinnvoll einbinden? Welche Absicherungen für Fehlentscheidungsfälle sind ethisch gefordert?*

Bei einem größeren **Machtgefälle**, bei völlig ungleicher Sachkompetenz oder bei einseitig unmoralischem Verhalten (Verlogenheit, Hinterlist) bekommt die „Leiter" sehr schnell Schlagseite und kippt. Dann ist es notwendig, gegenzusteuern: durch bewußte Machtzuteilung, gezielte Sacherkundung, ausreichende Kontrolle.

Bei diskursiven Entscheidungen von Verantwortlichen, durch die andere mitbetroffen sind, ohne in den Diskurs einbezogen zu sein, ergeben sich weitere Probleme. Dabei ist es gleichgültig, ob sie nicht einbezogen sein wollen (der Jugendliche im ersten Beispiel) oder nicht beteiligt werden können (die nachfolgenden Generationen im zweiten Beispiel). Notwendig werden in solchen Fällen ausführliche **Zumutbarkeitserwägungen**. Bei diesen kann den „Anwälten" der Betroffenen (etwa ein Freund des Jugendlichen oder ein Erziehungsberater im ersten Beispiel) eine besondere Rolle zukommen. Sie geben den Betroffenen stellvertretend eine Stimme. Bei den großen gesellschaftlichen Diskursen der vergangenen Jahrzehnte haben sich viele Dritte Welt-, Antikernkraft-, Umwelt- und Friedensgruppen in diesem Sinne als Anwälte der Sprachlosen und Armen aus anderen Kontinenten verstanden oder im Namen ihrer Kinder und Enkel gesprochen.

Ein gleichberechtigter Diskurs kann das persönliche **Werturteil** nicht ersetzen oder nachträglich aufheben. So ist z. B. zu keiner möglichen gesetzlichen Regelung des Schwangerschaftsabbruchs eine allgemeine gesellschaftliche Zustimmung erreichbar. Hielte man an der Voraussetzung allgemeiner Konsensfähigkeit fest, wäre die politische Entscheidungsfähigkeit auf absehbare Zeit blockiert. Einen anderen Weg gehen totalitäre, d. h. bis in das persönliche Denken hinein regierende Staaten: Sie erzwingen eine allgemeine „Zustimmung", um ihre „volksdemokratische" Ideologie aufrechterhalten zu können.
Ein ethisch verantwortliches Diskursmodell wird dagegen immer die abweichende persönliche Gewissensentscheidung und das entsprechende **Minderheitenverhalten** respektieren und schützen.

Das dargestellte Diskursmodell kann auch durch ein Übermaß an Rationalität und Ausgewogenheit scheitern. Der Jugendliche unseres Beispiels braucht möglicherweise weniger die Beteiligung am pädagogischen Gespräch als einseitig beschlossene Aktionen des Miteinanders. D. h., oft führt erst der Mut zur **Einseitigkeit** aus einem ethischen Dilemma heraus.

Unumgänglich für den Weg von den vielfältigen Lösungsmöglichkeiten eines Problems zur tatsächlichen Übereinkunft sind daher folgende Faktoren:

- Die Diskursethik stellt allgemeine jederzeit und auf jedes Problem anwendbare **Auseinandersetzungsregeln** zur Verfügung.
- Jeder Einzelne bringt eigene, innerste, nicht diskursiv verhandelbare Überzeugungen (**Gewissen**) mit ein.
- Auf bestimmte **Grundwerte** (z. B. die Menschenwürde jeder Einzelperson) und Prinzipien (z. B. persönliche Zurechnung aller Handlungsverantwortung) muß der Diskurs aufbauen. Er kann aber nicht über sie verfügen.
- Jede ethische Entscheidung findet im Rahmen nur schwer veränderbarer **Institutionen**(Einrichtungen) statt. Gemeint sind damit allgemein gültige Regeln der Sprache, des Umgangs, der Höflichkeit, der Fairneß oder Konkurrenz, aber auch gesellschaftliche Rechts- und Ordnungsstrukturen.

Ein ausbalanciertes Zusammenspiel dieser Entscheidungsfaktoren läßt sich folgendermaßen vorstellen:

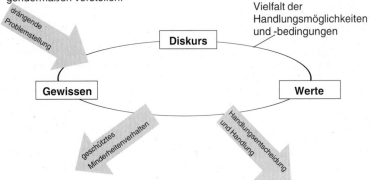

Ein solches Entscheidungssystem hält die Gefahr gering, daß hohe ethische Ideale zum bloßen Deckmantel für Herrschaftsentscheidungen werden oder Machtverhalten beschönigen:

- Ziel ist nicht Aufhebung, sondern Pflege und Nutzung von Pluralität.
- Es besteht eine hohe **Irrtumsverträglichkeit**, weil „Abweichler" oder Minderheiten toleriert werden. Ihr theoretisches und praktisches Kritikpotential bleibt für später evtl. notwendige Korrekturen erhalten.
- Oft bleiben Benachteiligte einer Gemeinschaft bewußt oder unbewußt von wichtigen Entscheidungen ausgeschlossen. So könnte z. B. die gut versorgte Zweidrittel-Mehrheit einer marktwirtschaftlich orientierten Gesellschaft das verarmte Drittel durchgehend überstimmen und vernachlässigen – ohne demokratische Regeln zu verletzen. Nur über die in jeder Phase zugelassene Gewissensäußerung einzelner oder sozialer Organisationen wird die direkte menschliche Begegnung mit den „übersehenen" Opfern einer Entscheidung oder Entwicklung eingebracht. D. h., das Korrektiv der direkten **Anschauung** und **Begegnung** ist systematisch vorgesehen.

Die Vernachlässigung des letztgenannten Punktes führt zu menschenverachtenden Verschiebungen des Systems. So war z. B. an ein- und demselben Tag in der Zeitung zu lesen:

- *Eine Horde gewalttätiger Jugendlicher schlägt einen jungen Afrikaner krankenhausreif, während zahllose Passanten ungerührt vorbeigehen.*
- *Der englische Premier erklärt, die Bettler in den Straßen Londons seien eine Beleidigung für das Auge. Man solle sie entfernen, notfalls einsperren, da sie die Kauflust negativ beeinflußten und Touristen abschreckten.*
- *Auf einem Platz am City-Rand einer deutschen Großstadt sollen die Wagenburgen der Obdachlosen verschwinden; sie stören das Stadtbild.*
- *Chefärzte und ihre Abteilungen erhalten in etlichen Krankenhäusern massive finanzielle Zuwendungen seitens ihrer Lieferanten medizintechnischer Produkte. Auf beiden Seiten sind entsprechende Summen fest in den Etat eingeplant; alle haben bisher einvernehmlich geschwiegen.*

Schon diese wenigen Beispiele zeigen die Gefahr einer wachsenden **Doppelmoral**: Ethischer Anspruch und eigene bzw. insgesamt hingenommene Praxis driften auseinander. Gegensteuern läßt sich durch:

- die Bereitschaft, sich von Leid oder Unrecht anrühren zu lassen;
- den Mut, Verdrängtes bewußt zu machen, Ungleichgewichte aufzuzeigen;
- ehrlichen, offenen Umgang mit eigenem und fremdem Tun und Denken.

Zusammenfassung	Folgerungen
▷ Viele Verständigungsprozesse werden durch ein Gefälle von Macht oder Sachkompetenz entschieden. Betroffene werden nicht beteiligt, „Zustimmung" wird erzwungen oder „herbeidiskutiert".	▷ Ethisch angemessen wären die Herstellung eines weitgehenden Gleichgewichts, ausführliche Zumutbarkeitserwägungen, die Achtung vor Gewissensentscheidungen und Minderheitenverhalten.
▷ Nicht alle Auseinandersetzungen oder Dilemma-Situationen sind diskursiv entscheidbar.	▷ Oft führt allein der Mut zum engagierten zugewandten Handeln weiter.
▷ Diskursmethode, persönliches Gewissen und das Festhalten an unverfügbaren Werten dürfen nicht gegeneinander ausgespielt werden.	▷ Der Königsweg zur Entscheidung schwieriger Probleme ist eine lebendige Balance zwischen diesen drei Kristallisationspunkten.
▷ Macht oder Vorteilsnahme verstecken sich oft hinter hohen Idealen. Ethischer Anspruch und Alltagsverhalten sind meist nicht deckungsgleich.	▷ Als Korrektiv gegen Herrschafts- und Doppelmoral wirken: die unbedingte Anerkennung von Pluralität sowie die direkte Anschauung.

II. Menschliche Erfahrungen und ethische Orientierung

> *Gott*
> *gebe mir die*
> *Gelassenheit,*
> *Dinge hinzunehmen,*
> *die ich*
> *nicht ändern kann;*
> *den Mut,*
> *Dinge zu ändern,*
> *die ich*
> *ändern kann;*
> *und die*
> *Weisheit,*
> *das eine*
> *von dem anderen*
> *zu*
> *unterscheiden.*

6 Glück und Wohlwollen

6.1 Vorverständnis

Seit dem Mittelalter wird das Zufällige, Schicksalhafte, Unvorhersehbare des **Glücks** im Bild vom Rad dargestellt: Die Schicksalsgöttin Fortuna dreht das Rad; wer heute oben ist (Glück hat), kann morgen unten sein (Pech haben).

Dieses alte Bild verbindet zwei Bedeutungsebenen des Glücksbegriffs, die in unserem Sprachempfinden getrennt sind. In vielen Sprachen gibt es entsprechend zwei Begriffe für unser Wort Glück:
- Glück im Sinne von „Glücklichsein" (gr. -*eudaimonia*; lat. -*felicitas* od. *beatitudo*; engl. -*happiness*; frz. -*bonheur*) bezeichnet den inneren Zustand des Wohlbefindens oder der Glückseligkeit.
- Glück im Sinne von „Glück haben" (gr. -*entychia*; lat. -*fortuna*; engl. -*luck*; frz. -*fortune*) bezeichnet den angenehmen Zufall, die äußerlich günstige Fügung der Geschehnisse bzw. des Schicksals.

Für die Frage nach dem guten und richtigen Handeln scheint das Glück zunächst kein geeignetes Kriterium zu sein. So kann z. B. jemand eine Zeitlang „Glück haben" mit seiner Steuerbetrügerein, d. h. er wird nicht erwischt. Als „gut" ist sein Tun trotzdem nicht zu bezeichnen. Jemand anders fühlt sich sehr unglücklich, vielleicht aufgrund gesundheitlicher Probleme; wir werden ihm trotzdem nicht die Möglichkeit absprechen, gut zu handeln.

Andererseits scheint es doch einen Zusammenhang zu geben: Wir sprechen vom „Glück des Tüchtigen". Allerdings verfolgt der rücksichtslose Egoist wohl dasselbe Ziel; offenbar nicht selten mit dem gewünschten Erfolg. Daraus ergibt sich, daß der Umkehrschluß vom Glück eines Menschen auf seine Redlichkeit nicht zulässig ist.

Wohlwollen (gr. -*eunoia*; lat. -*benevolentia*; engl. -*benevolence*) ist dagegen unmittelbar einsichtig als Kriterium und Ziel sittlichen Handelns. Gemeint ist eine Haltung oder ein Tun,

– das von unserem Willen und Bewußtsein ausgeht und das damit auch unserer Verantwortung zurechenbar ist;
– das auf andere Menschen (evtl. auch auf Wesen und Dinge der umgebenden Natur) gerichtet ist als selbstlose Zuwendung;
– das Freude, Wohlbefinden, Glück weitergeben, beim anderen befördern oder mit ihm teilen will.

Als *Motive* und typische *Formen* des Wohlwollens lassen sich unterscheiden:

spontane *Sympathie*	------->	Gesten der Zuwendung
erwidernde *Dankbarkeit*	------->	Geschenke und Verbundenheit
überströmendes *Glück*	------->	Weitergeben und Feiern
einfühlendes *Mitleid*	------->	Begleitung, Hilfe und Schutz
bewußte *Solidarität*	------->	Unterstützung und Mitsorge

Wohlwollen ist eine Form der Beziehung unter dem Leitmotiv des Glücks. Sie kann unterschiedliche Schwerpunkte haben. Bei den drei erstgenannten Möglichkeiten liegt der Akzent auf dem Glück des Gebenden. Bei den beiden folgenden auf dem beabsichtigten „Mehr" an Glück auf der Adressatenseite.

Glück ist ein Erfahrungsinhalt, dessen vollkommene Form wir nicht kennen. Als Glück der anderen, als vergangenes Erlebnis oder als Gegenteil konkreten Unglücks läßt es sich am ehesten beschreiben. Als faszinierendes Ziel ist es ein überaus wirksamer Antrieb. In der Perspektive des Erlebens wie auch in der Perspektive des Beobachters entzieht es sich letztlich unserem Zugriff:

F. Pesoa
A. Caeiro
Du Hirte des Berges, so fern von mir mit deinen Schafen –
Was ist das für ein Glück, das du zu genießen scheinst –
ist es Dein oder Mein?
Der Friede, den ich bei Deinem Anblick spüre,
gehört er mir oder Dir?
Nein, Hirte, weder Dir noch mir.
Er gehört nur dem Glück und dem Frieden.
Du hast ihn nicht, denn Du weißt nicht, daß Du ihn hast.
Ich habe ihn auch nicht, denn ich weiß, daß ich ihn nicht habe.
Er ist nur er und fällt auf uns wie die Sonne.

6.2 Wege zum Glück

> Viele Menschen hoffen ein Leben lang auf das große Glück beim Lotto-Spiel, sie halten Reichtum für das größte Glück. Andere sind geradezu glückstrunken, weil „ihre" Fußballmannschaft den Klassenerhalt doch noch geschafft hat. Viele europäische Auswanderer der letzten 200 Jahre sind in Amerika eingewandert, um dort „ihr Glück zu machen", d. h. in Ansehen, Wohlstand und Freiheit zu leben. Die Werbung verspricht, uns glücklicher zu machen mit einer bestimmten Zigarettenmarke oder der neuesten Kreation eines bekannten Modeschöpfers. Immer mehr Menschen schwören auf die Meditation als Weg zum inneren Glück...
>
> Ein überraschender Weg zum Glück ist in dem Volksmärchen „Hans im Glück" überliefert: Er führt über den Eintausch eines Goldklumpens (also eines hohen materiellen Wertes) in immer geringere, doch augenblicklich genehmere Werte bis hin zum Verlust des zuletzt verbliebenen Schleifsteines. Hans erlebt das als Befreiung und sich selbst als „den glücklichsten Menschen unter der Sonne".

Solche völlig verschiedenen Glückserfahrungen und -wünsche zeigen, daß der Glücksbegriff keinen einheitlichen Inhalt hat. „Glück" ist ein formaler Wertungsbegriff. Das Glückserleben ist eine Empfindungsform, die mit sehr verschiedenen Inhalten gefüllt sein kann. Glück ist gleichsam eine Begleiterscheinung des Gelingens sinnvoller Unternehmungen, letztlich des Lebens. Was aber konkret als Glück angesehen wird, hängt vom jeweiligen Sinn- und Lebenskonzept ab.

▶ *Welche Glücksgüter und Glückswege haben im Laufe der Jahrhunderte eine wichtige Rolle gespielt? Auf welchen Voraussetzungen kann Glücklichsein am ehesten wachsen?*

Innere und äußere Glücksgüter
In der Geschichte der Ethik stehen sich zwei Konzepte deutlich gegenüber:

- Die **Pflichtethik**, die in herausragender Weise von **IMMANUEL KANT** vertreten wurde. Sie fordert die Lebens- und Handlungsorientierung an dem, was das allgemeine moralische Gesetz verlangt – sei es gelegen oder ungelegen.

- Der **Eudämonismus**, der seit der griechischen Antike von zahlreichen ethischen Schulen vertreten wird: Er bezeichnet die Orientierung des Lebens und allen Handelns am Glücklichsein.

Die Wege zum Glücklichsein, sowie die Güter und Ziele, von denen man die Begleiterscheinung des Glücks am ehesten erwartet, unterliegen allerdings einem ständigen Wandel. Zwischen zwei Polen bewegt sich die ethische Konkurrenz um die richtige „Lebenskunst": die größtmögliche Befriedigung von Interessen und Bedürfnissen durch *äußere* Glücksgüter einerseits, das *innere* Glücksempfinden durch Selbstentfaltung und äußere Enthaltsamkeit andererseits.

als wichtigste äußere Glücksgüter gelten...	als wichtigste Wege zum inneren Glücksempfinden gelten...
archaische Vorstellungen	**frühgriechische Denkweise**
Reichtum, Macht, Prestige	Ausgeglichenheit der Seele
aristotelisches Lebenskonzept	**platonisches Ideal**
ausgewogene Lebensgestaltung im Rahmen der *polis*	Weisheit des Philosophen
epikureische Lebenshaltung	**stoische Lebensweisheit**
persönlicher Genuß und größtmögliche Lust	gleichmütiges Einfügen in die Weltordnung
humanistisches Ideal	**christliches Mittelalter**
Vervollkommnung der Lebensart durch innerweltliche Wissenschaft, Bildung, Kunst, Politik	gottgefällige Lebensführung in der Hoffnung auf ewige Glückseligkeit nach dem Tode
Empirismus des 17. Jh. und Utilitarismus des 19. Jh.	**rationalistische Denkweise des 17. Jh.**
fortschreitende Befriedigung von Begierden und gesellschaftliches Glückskalkül nach der Handlungsmaxime *„the greatest happiness of all"*	leidenschaftsloses Leben und Handeln nach den bleibenden Notwendigkeiten und Gesetzen der Weltordnung
Fortschrittsdenken und Konsumismus im 20. Jh.	**Alternativ- bzw. Gegenbewegung seit Beginn der 70er Jahre**
wissenschaftlicher und technischer Fortschritt; Besitz und Genuß lustbringender Dinge; Erlebnissteigerung durch Fitneß, Freizeit, Medien, Drogen usw.	Konsumverzicht zugunsten „wirklicher" Bedürfnisse und vertiefter Selbsterfahrung; Betonung kleiner sozialer Wohn- und Arbeitseinheiten; freie Kultur und Religiosität; Schutz der Natur

Das Gemeinsame der neuzeitlichen Glücksvorstellungen liegt in ihrer Loslösung von der religiösen Hoffnung auf das (Seelen-)Heil. Glück wird zu einem Gegenwartsgut, das für alle erreichbar scheint. Den Wendepunkt hin zu dieser *Säkularisierung* („Verweltlichung") aller Glückserwartungen markiert die Unabhängigkeitserklärung der Vereinigten Staaten von Amerika am 4. Juli 1776: Sie zählt das „Streben nach Glück" (*pursuit of happiness*) erstmals zu den unveräußerlichen Menschenrechten.

Zufriedenheit

Für die konkrete Lebensgestaltung sind folgende Grundlinien hilfreich:
- Glück und Zufriedenheit sind zu unterscheiden: „Der Zufriedene" begnügt sich mit der Befriedigung der wichtigsten Bedürfnisse. „Der Glücksuchende" ist ausgerichtet auf ein „Mehr" an Freude, an Erfahrung, an Erfüllung.
- Für den jederzeit möglichen Aufbruch aus genügsamer Zufriedenheit zu größerem Glück gibt es drei hauptsächliche Pfade: die Gestaltungs- oder Leistungsfähigkeit, die Beziehungs- oder Liebesfähigkeit sowie die Erlebnisfähigkeit.
- Ohne eine religiöse Perspektive ist jeder individuelle Weg zum Glück einerseits begrenzt durch Sterben und Tod und andererseits bedroht durch Unglück und Leid. Gegen beides kann sich allerdings auch nicht der Vorsichtig-Zufriedene abschotten.

Zusammenfassung	Folgerung
▷ Menschen binden ihre Glückserwartungen an unterschiedliche Dinge und Lebenswege. Etliche der genannten Güter und Wege ergänzen sich, andere stehen zueinander in Konkurrenz oder direktem Widerspruch.	▷ Für den einzelnen wie für die Gemeinschaft gilt es zu entscheiden, woran man sein Glücksstreben orientieren will: An äußeren oder innerem Gütern; an geistiger Entwicklung, sozialem Gestalten oder persönlichem Genuß usw.
▷ Wir können verschiedene Pfade zum Glück bewußt beschreiten. Seine Grenzen in Sterben und Tod sowie die mögliche Beeinträchtigung durch Unglück und Leid entziehen sich weitgehend unserem Einfluß.	▷ Glückserleben setzt nicht die Beseitigung aller Sorgen und Probleme voraus. Als Überbietung des gewöhnlichen Lebens ist es jederzeit möglich. Ewiges Glück bleibt dagegen der religiösen Hoffnung vorbehalten.

6.3 Grenzen des Glücks

> *Ehescheidung*
> *Ein junges Ehepaar, seit vier Jahren verheiratet, steht vor dem Scheidungsrichter. Der Streit um die Verteilung der Vermögenswerte wird mit Verbissenheit geführt. Selbst um das Sorgerecht für die beiden Kinder wird gekämpft. In den gegenseitigen Beschuldigungen kommt ein teilweise lächerlich erscheinender „Alltagskrieg" ans Licht. Dabei schien doch alles Glück in dieser Partnerschaft zu liegen. Gerade das war der Grund für ihre „Liebesheirat" gewesen: die Glückseligkeit miteinander und aneinander für alle Ewigkeit festzuhalten. Doch alltägliche Streitereien, die überfordernde Mühe mit zwei im Abstand von einem Jahr geborenen Kindern, verschiedene Freizeitinteressen usw. hatten die Liebe schnell abgekühlt. Unzufriedenheit, Abneigung, Feindschaft sind schließlich an ihre Stelle getreten.*
>
> Jede 3. Ehe wird heute in Deutschland wieder geschieden, ca. 7% davon im 4. Jahr. Bei wievielen Ehepaaren, die zusammenbleiben, die Liebe zerbrochen ist, wird nicht statistisch erhoben. Weiterhin wünschen sich die meisten jungen Menschen nichts mehr als eine glückliche Partnerschaft.

▶ *Gibt es verallgemeinerbare Gründe für das häufige Scheitern persönlicher Glückserwartungen? Wo liegen die Grenzen menschenmöglichen Glücks? Welches Maß an Verantwortung für das Gelingen oder Scheitern eigenen und fremden Glücks müssen wir übernehmen?*

Scheitern einer Partnerschaft

Gerade mit Liebe und Partnerschaft verbinden wir meist das, was wir als Inbild vollkommenen Glücks in uns tragen. Dieses Ideal kann aber prinzipiell nicht umfassend verwirklicht werden. Unsere eigene Schwäche und die des Partners, materielle, soziale, zeitliche und persönliche Grenzen stehen uns im Wege, wenn wir die *eudaimonia* (das vollkommene Glück) anstreben. Wir können zwar in der Liebe Augenblicke höchster Seligkeit erleben. Doch vermögen wir dieser Gegenwart des Glücks keine Dauer zu verleihen.

Die weit verbreitete Überforderung der Liebe für unsere Glückserwartungen hat aber einen weiteren Grund: Nur im Augenblick der Glückseligkeit (z. B. der überwältigenden Verliebtheit) leben wir ganz in der Gegenwart. Zu allen anderen Zeiten haben wir neben dem inneren Erleben gleichzeitig einen Ausblick auf den gesamten Wirklichkeitsraum und den eigenen Weg darin.

Im Bild gesprochen: Wir segeln auf einem unendlichen Ozean; immer befinden wir uns gleichsam im Mittelpunkt der kreisförmigen Wasserfläche, die wir überblicken. Jeder von uns erlebt sich in dieser *subjektiven Perspektive* selbst als Mittelpunkt der Welt. Gleichzeitig läßt sich auf der Schiffskarte täglich die *objektive Position* des Schiffes markieren und die zurückgelegte Strecke überblicken.

D. h., wir leben nicht nur nach bestimmten Motiven, Zielen usw., sondern wir können zudem in eine Außenperspektive treten zu unserem Leben und die zurückliegende Strecke im Zusammenhang beurteilen.

Ob ein Leben insgesamt gelungen ist, läßt sich daher erst an seinem Ende sagen. In diesem Sinn ist der Satz des antiken römischen Dichters **OVID** zu verstehen: *Niemand darf vor seinem Tod glücklich genannt werden.*

Wer die „Außenansicht" der eigenen Liebesbeziehungen, d. h. den Blick auf die Geschichte von Höhen und Tiefen, von Freude, Enttäuschung und Alltäglichkeit nicht ertragen kann, sieht im Ende der Glückseligkeit das Ende der Liebe.

Dauerhafte Partnerschaft lebt dagegen von der Bereitschaft und Fähigkeit
– die Endlichkeit und Begrenzung von Beziehungsglück anzuerkennen;
– die Erlebnisse innerster Glückseligkeit auszukosten;
– den Wert der eigenen Beziehungsgeschichte gleichsam von außen wahrzunehmen und anzunehmen.

Die Kunst des Liebens
Diese Bedingungen menschlicher Beziehungen können wir zwar mehr oder weniger offen annehmen, doch bleibt unser Verhältnis zu ihnen ein vornehmlich *passives*: Eine gelingende Liebesbeziehung oder Lebenspartnerschaft erleben wir als Geschenk, eine zerbrochene Beziehung als unabwendbares Unglück.

Vernachlässigt wird meist der Gegenpol, die aktive Möglichkeit und Verantwortung, bis in jedes einzelne Wort und jedes Tun hinein Beziehungen selbst zu gestalten. Besonders klar hat diese Seite der Sozialpsychologe **ERICH FROMM** herausgearbeitet. Seine bereits in den 50er Jahren zu diesem Thema geschriebene und bis heute aktuelle Schrift nannte er: *Die Kunst des Liebens*. Er kritisiert darin die verbreiteten Fehlhaltungen,
– das Problem des Liebens vor allem im Selbst-geliebt-werden und nicht in der eigenen Fähigkeit zur Liebe zu sehen sowie
– die Meinung, Liebesbeziehungen scheiterten gewöhnlich am falschen oder ungenügenden „Objekt", also an einer verfehlten Partnerwahl, statt den Mangel bei der aktiven Fähigkeit zur Liebe zu suchen.

Als Schritte zur aktiven Verantwortung einer Liebesbeziehung schlägt er vor:

- Liebe als eine soziale Kunst zu verstehen, deren Ausübung einen theoretischen und praktischen Lernweg voraussetzt;
- die Eigenständigkeit und jeweilige persönliche Reifung des Partners nicht zu vernachlässigen und gegenseitig dafür Sorge zu tragen;
- Disziplin, Konzentration und Geduld ebenso wichtig zu nehmen wie beim Erlernen jeder anderen anspruchsvollen Kunst;
- der verbreiteten Abhängigkeit von Stimmungen, Zerstreuung und schnell-lebiger Abwechslung entgegenzuwirken;
- sich von den Marktregeln der Bezahlung („*was du gibst, gebe ich zurück*") oder des Profitdenkens („*Was habe ich davon?*") zu verabschieden;
- sich dem Partner gegenüber nicht nur fair zu verhalten, d. h. ihn zu respektieren, sondern sich für ihn verantwortlich und mit ihm eins zu fühlen.

Nachlässigkeit

Fromms Vorschläge bewegen sich auf dem Vorfeld des Glücks, auf dem sich durchaus von einer ethischen Verantwortung für das eigene Liebesglück, für das Gelingen von Beziehungen sprechen läßt. Angewendet auf das eingangs beschriebene Paar bedeutet das:
Das Scheitern der Partnerschaft beruht offenbar nicht auf irgendwelchem spektakulären Verhalten oder Verschulden eines Partners (z. B. Gewalttätigkeit, außereheliche Beziehungen), sondern auf einem sog. allgemeinen „Auseinanderleben" und wachsender Abneigung. Ohnehin fragt das Ehescheidungsrecht nicht nach der anteiligen Verantwortung der beiden Partner für das Scheitern. Sie ließe sich vermutlich auch nicht angemessen „verteilen". Trotzdem ist das Liebesglück auch nicht schicksalhaft abhanden gekommen.

Die gegenseitigen Beschuldigungen zeugen von dem Wissen, daß es sich um die Verantwortung der Beteiligten handelt; lediglich über die Zuweisung ist man sich nicht klar. Die gegenseitige Unterstellung der Böswilligkeit bzw. Nachlässigkeit trifft allerdings nicht den Kern.

Daß aus einer Liebesbeziehung ohne weiteres eine gelingende Lebenspartnerschaft erwächst, ist nämlich auch bei beiderseitigem (meist vorhandenem) guten Willen keineswegs die Regel; im Gegenteil. Das Versäumnis beider Partner liegt in der Verdrängung oder Vernachlässigung eines aktiven selbstgestalteten Lernweges zu den Aufgaben von Partnerschaft und Elternschaft.

Wer die Kunst des Liebens unterschätzt, läuft Gefahr, zu scheitern und muß neben den schmerzlichen Folgen auch die ethische Verantwortung tragen.

Zusammenfassung	Folgerungen
▷ Menschliche Glückserwartungen sind überschwenglich. Die konkreten Glücksmöglichkeiten dagegen sind zeitlich und inhaltlich begrenzt.	▷ Zeiten und Lebensbereiche des relativen Glücks stehen immer in der Gefahr, von weitertreibenden Erwartungen überfordert zu werden.
▷ Der Augenblick der Glückseligkeit macht blind für seine Grenzen. Im Alltag verbinden wir dagegen die Innenperspektive gegenwärtigen Erlebens mit dem Blick auf unsere Lebensgeschichte.	▷ Augenblicke der Glückseligkeit entbinden nicht von der Aufgabe, die Endlichkeit des Beziehungsglücks anzuerkennen und die eigene Geschichte von Glück und Schmerz insgesamt anzunehmen.
▷ Partnerschaft und Elternschaft sind anspruchsvolle Lernwege, fortdauernde Liebe ist eine Kunst. Grundfertigkeiten zu ihrer Ausübung sind: Disziplin, Konzentration und Geduld, Fürsorge und die Überwindung von Abhängigkeiten.	▷ Partner tragen Verantwortung für ihr Beziehungsglück. Sie können seine Gestaltung zwar nicht vollkommen bestimmen. Sie vermögen aber Wege des Gelingens zu ebnen oder zu verbauen.

6.4 Mitleid und Wohlwollen

> *Ein vermutlich weit über 80 Jahre alter Herr nähert sich auf seinen Stock gestützt und im unsicheren Schlurfschritt der mäßig befahrenen Straße. Jedesmal, wenn er ansetzt, die Straße zu überqueren, taucht irgendwo das nächste Fahrzeug auf und er weicht unsicher zurück. Schließlich spricht ihn ein junger Mann an, faßt ihn unter, gibt dem Verkehr mit der freien Hand ein Haltezeichen und führt den Greis auf die andere Straßenseite.*
>
> Man kann dies für eine Selbstverständlichkeit halten. Die kleine Aktion kostet den jungen Mann vielleicht ein oder zwei Minuten. Er erntet zudem die Dankbarkeit des Alten und vielleicht ein Gefühl der Zufriedenheit. Wahrscheinlich hat er aber keine solche Rechnung aufgestellt, sondern sich einfach von der Not des Alten anrühren lassen. Er empfand Mitleid und handelte entsprechend.

▶ *Welche Motive stecken hinter unserem Mitleidshandeln? Ist Mitleid eine Frage der Ethik oder eine Frage psychischer Eigenart? Welche Reichweite kann unser Mitleid haben? Wie hängen Mitleid und Wohlwollen zusammen, wessen Wohl wollen wir gewöhnlich?*

Neigung oder Pflicht
Mitleid (gr. *-sympatheia*; lat. *-compassio*) entspringt der unmittelbaren Anschauung von Leid, Schmerz oder Not anderer. Die spontane Neigung in einer solchen Situation zu helfen, ist aber durchaus nicht jedem zu eigen. Es gibt z. B. auch die passive Schaulust beim Unglück oder Unfällen anderer. Mitleid muß gelernt, in der tätigen Hilfe erprobt und erlebt werden. Die Voraussetzung dazu ist die menschliche Fähigkeit, sich in andere einzufühlen. Wir können zudem wissen, daß wir selbst einmal alt und unbeholfen werden, wir können uns erinnern an unser Unvermögen der Kindheit, an viele Situationen der **Hilfsbedürftigkeit**. Mitleid ist auch indirekte Selbsterkenntnis.

Doch selbst wenn man die Fähigkeit zum Mitleid für ein Zeichen seelischer Gesundheit hält, läßt sich sein Wert als ethische Richtschnur bezweifeln. **KANT** hat dies getan. Er vertrat die Meinung, daß wir lediglich ein Schlupfloch aus dem allgemeinen moralischen Gesetz suchen, wenn wir unsere Handlungen mit persönlichen Neigungen (z. B. des Mitleids) begründen. Wer dem Notleidenden nur aus **Mitgefühl** hilft, so der Gedanke Kants, wird diese Hilfe unterlassen, wenn ihm das entsprechende Gefühl abhanden gekommen ist. Die moralische Pflicht zur Hilfe könne aber nicht von persönlichen Gefühlen abhängig sein.

Wie berechtigt Kants Einwand gegen eine Ethik der persönlichen Neigungen und Gefühle ist, läßt sich an einem weiteren Beispiel verdeutlichen. Die volkstümliche „Goldene Regel" der persönlichen Gegenseitigkeit lautet:

„Was du nicht willst, das man dir tu, das füg auch keinem anderen zu."

Gegenseitiges Mitgefühl und Wohlwollen aufgrund eigener Erfahrungen und Wünsche scheinen hier mit einer gesunden Selbstliebe verbunden.

Da aber jede feststehende moralische Verankerung in dieser Beziehungsregel fehlt, kann sie durchaus zum bloßen Geschäft verkommen:
„Störe meine Vorteile nicht, dann störe ich deine auch nicht."
Oder: „*Eine Hand wäscht die andere*".
Im Rahmen der Goldenen Regel bewegt sich auch noch die Vereinbarung:
„*Verrate nicht meinen Betrug, dann verrate ich den deinen ebenfalls nicht.*"
Gegen die Zufälligkeit des Mitleids und die Beliebigkeit vereinbarten Wohlwollens setzte Kant die allgemeine Pflicht des moralischen Gesetzes.

Fremdes Leid
Eine bis heute wirksame Gegenposition vertrat der Philosoph **ARTHUR SCHOPENHAUER** (1788–1860). Er entwickelte eine **Ethik des Mitleids**. Zum Schlüsselerlebnis wurde dem erst 16jährigen ein Besuch des Kerkers in Toulon, über den er in seinem Reisetagebuch berichtet:
Er sieht Strafgefangene in ihrem endlosen Leid an eine Bank gekettet, bei Wasser und Brot, zu schwerer Arbeit gezwungen, in ekelhaftem Schmutz, keine Hoffnung vor sich als den fernen Tod.

Die Frage, wie Bosheit und endlosem Leid zu begegnen sei, wurde zum bleibenden Motiv für Schopenhauers ethische Überlegungen. Doch reagierte er nicht wie Kant mit allgemeinen Sollens-Geboten, sondern mit dem Versuch, tatsächliches menschliches Verhalten in seiner Tiefe und Vielfalt zu verstehen. Drei Triebfedern des Handelns machte er aus:

– einen grenzenlosen, auf das eigene Wohl bedachten **Egoismus**;
– eine grausame, auf das Wehe des anderen zielende **Bosheit**;
– das großmütige, um das Wohl des anderen besorgte **Mitleid**.

Unter Mitleid versteht er nichts anderes als das unmittelbare betroffen und bewegt sein durch das Leiden des anderen. Es ist Grundlage der Moral. Schopenhauer erkennt die Vieldeutigkeit des Menschen an, einschließlich der negativen Möglichkeiten seiner Freiheit: Der einzelne kann sich durch die Anschauung von Not und Leid zu Mitleid anregen lassen; er kann aber auch den Motiven des Egoismus oder der Bosheit folgen.

In Zeiten und an Orten großen Unrechts und Leidens stehen sich diese verschiedenen Möglichkeiten meist sehr drastisch gegenüber:

*In den Jahren der **Judenverfolgung** und -vernichtung in Deutschland lebten entsprechend motivierte Menschen in direkter und „unauffälliger" Nachbarschaft zusammen: Die einen versteckten unter Gefährdung des eigenen Lebens jüdische Mitmenschen oder bemühten sich um andere, oft hilflose Gesten des Mitleids. Die Mehrheit sah weg und verhielt sich still, in dem egoistischen Interesse, nicht „irgendwie mit hineinbezogen" zu werden; mancher genoß auch die Ausschaltung eines unbequemen Konkurrenten. Die dritte Gruppe unterstützte mit kleinen oder großen Taten der Bosheit den Vernichtungsapparat der Nazis: Durch Nachsprechen der offiziellen Rassenideologie oder durch konkrete Denunziation.*

Mitleid wurde zu einer wichtigen Triebfeder der Moral, doch nur für eine kleine Minderheit. Weithin siegten Egoismus und Bosheit. Der Grund war jedoch nicht die ethische Schwäche des Mitleids, eher seine mangelnde Verbreitung.

Heute werden wir fernsten menschlichen Elends und schlimmster Grausamkeiten über die Fernsehbilder gewahr. Die Spendenfreudigkeit bei Aufrufen zugunsten ferner Katastrophengebiete scheint darauf hinzudeuten, daß Mitleid zu einem Gefühl mit Fernwirkung werden kann. Doch handelt es sich hier nicht mehr um einen aus unmittelbarer Begegnung wirksamen Handlungsantrieb. Mitleid wird zum Inhalt eines gezielten Appells an unseren Verstand und unser Gefühl. Wie wir reagieren, hängt von vielen Rahmenbedingungen ab: von der Glaubwürdigkeit der jeweiligen Sendung oder der Massenmedien allgemein, von der Überflutung mit Elendsbildern aus aller Welt, von eigenen Leiderfahrungen und der dadurch gegebenen Identifikationsfähigkeit usw. Jedenfalls kann Mitleid als typische *Tugend des Nahbereichs* nicht ohne weiteres über unseren direkten Anschauungshorizont hinauswirken.

> *Tötung auf Verlangen*
> Neben der Reichweite gibt es andere beachtliche Grenzen des Mitleids:
> *Eine an tötlichem Hautkrebs leidende 74jährige Frau bittet ihren Sohn im Endstadium ihres Leidensweges um aktive Sterbehilfe. Der Sohn, als Arzt in einer Behörde beschäftigt, widersetzt sich zunächst. Angesichts der äußeren Entstellung, der wachsenden Schmerzen, der offensichtlichen Unumkehrbarkeit des langsamen Sterbens und des hilflosen Drängens der Mutter gibt er schließlich nach. Aus Mitleid entschließt er sich, ihr eine tödliche Injektion zu geben. Das zuständige Gericht verurteilt ihn später zu einer Freiheitsstrafe auf Bewährung.*

Mitleid hat hier zu einem Tötungsdelikt motiviert. Juristisch problematisch ist bei diesem Beispiel die Abgrenzung der Tat gegenüber der straffreien Beihilfe zur Selbsttötung und die angemessene Würdigung des Mitleidmotivs.
Ethisch ist hier die Grenze überschritten, bis zu der wir gleichsam blind unserem Mitgefühl folgen und stellvertretend für die Leidende in ihrem Sinne handeln dürfen. Nicht jeder Hilfewunsch eines Leidenden ist ethisch gerechtfertigt. Und nicht allein das ehrenwerte Motiv des Mitleids kann jedwedes Handeln rechtfertigen. Mitleid ersetzt nicht die Regeln verantwortlichen ethischen Urteilens.

Im genannten Fall hängt eine ethische Beurteilung z. B. von den Fragen ab,
– ob die Situation der Sterbenskranken und ihr Todeswunsch von ihrem Sohn richtig wahrgenommen wurde,
– ob die Abwägung zwischen Tötungsverbot und dem Wunsch nach Leidensverkürzung zwingend zu der getroffenen Entscheidung führen mußte,
– ob alle anderen Wege der Leidensverminderung (Schmerzbekämpfung, persönliche Zuwendung) tatsächlich ausgeschöpft waren,
– ob die Legalitätsschranke nicht leichtfertig überschritten wurde,
– ob die eigene Unfähigkeit, das lange Sterben der Mutter mitanzusehen, eine entscheidende Rolle gespielt hat.

Im Zweifel müssen die Möglichkeiten der Krankenbetreuung und Sterbebegleitung dort ihre Grenze haben, wo sie sich in eine **aktive Sterbehilfe** zu verwandeln drohen. Weder das Motiv des Mitleids noch die Beurteilung eines Lebens als menschenunwürdig rechtfertigen das Überschreiten dieser Grenze.

Stufen: Vom Selbstmitleid bis zur Anteilnahme

- *Wenn ich den Schmerz eines anderen miterlebe, bin ich vielleicht sehr unangenehm berührt, ich leide mit; ich habe aber die Möglichkeit wegzuschauen, um mein altes Wohlbefinden wiederherzustellen.*

- Mein Mitleid erweist sich als **Selbstmitleid,** mein Bestreben ist auf das eigene Wohlsein gerichtet.

- *Die Zehnjährige bringt einen kleinen Vogel mit gebrochenem Flügel nach Hause. Sie hat ihn beim vergeblichen Versuch zu fliegen beobachtet. Sie konnte nicht weitergehen, obwohl der Anblick sie schmerzte. Nun möchte sie unbedingt helfen; der Vogel soll gepflegt werden, bis er wieder fliegen kann.*

- Das Mitleid des Kindes ist auf das **Wohlergehen eines** nichtmenschlichen **Lebewesens** gerichtet. Es setzt einen Eigenwert des Wohlbefindens von Tieren voraus (in der Erwachsenenwelt ist dies nicht selbstverständlich).

- *Mein Kollege erzählt mir verzweifelt seine Eheprobleme. Ich bin ziemlich mitgenommen von seiner Erzählung und merke erst jetzt, wie sehr mir sein Wohlergehen am Herzen liegt. Ich spreche ihm Mut zu und vergesse über das gemeinsame Nachdenken, was jetzt zu tun sei, die Zeit.*

- Mein Mitleid ist Ausdruck des **Mitempfindens** mit dem Kollegen, im Gespräch wird meine **Mitsorge** deutlich.

- *Jede Woche einmal besuche ich meine schwerkranke, ans Bett gefesselte Nachbarin. Ich sitze eine Zeitlang bei ihr, wir sprechen nur wenig. Ihre Hilflosigkeit ist manchmal erschütternd. Kleine Handreichungen zur Erleichterung ihrer Lage nimmt sie dankbar an.*

- Mein Mitleid kann ihre Situation nicht ändern, doch begleite ich sie in ihrem Leiden; es ist **aktive Anteilnahme** an ihrem Weg, getragen von dem Bemühen, ihr gut zu tun.

Die Stufung ergibt sich daraus, ob das Mitleidsmotiv stärker bei dem eigenen Wohl oder dem des anderen angesiedelt ist, ob es beim passiven Mitempfinden bleibt oder ob Wohlwollen zum aktiven Wohl-Tun wird.

Selbstlosigkeit und Selbstbezogenheit
Bei keiner der genannten Stufen des Mitleids ist die tragende Haltung des Wohlwollens rein selbstlos. Die Anteile eigener Bedürfnisse (Selbstbezogenheit) und die Anteile selbstloser Zuwendung (Altruismus) können freilich sehr unterschiedlich verteilt sein. Manchmal verbirgt sich gar hinter extremer Selbstlosig-

keit ein beschädigtes Selbstwertgefühl, das einen Ausgleich in der Helferrolle sucht.

Daß die **Tugend des Wohlwollens** dem einseitigen Altruismus vorzuziehen ist, kann man sich in einem kleinen Gedankenexperiment leicht deutlich machen: Wenn ich mir vorstelle, von jemandem in völlig uneigennütziger Liebe geliebt und umsorgt zu werden, hat das für mich den Beigeschmack unnütz zu sein. Wirklich freuen an der Liebe des anderen kann ich mich erst, wenn ihm für sich selbst daran liegt, mit mir zu tun zu haben.

Ob wir, wie es bei Kindern meist selbstverständlich ist, auch den **Tieren** mit Wohlwollen begegnen, ist eine wichtige Entscheidung: In ihr zeigt sich, ob wir den Tieren die Fähigkeit zum eigenständigen Empfinden von Wohl und Wehe und das Recht auf ein ihrer jeweiligen Art entsprechendes Wohl zugestehen. Zur Zeit scheint noch eher das Gegenteil vorzuherrschen: Tiere werden wie andere Produkte bzw Produktionsmittel lediglich als sachgerecht zu behandelnde Mittel für menschliches Wohlergehen eingestuft.

Zusammenfassung	Folgerungen
▷ Mitleid kann uns zu moralischem Handeln motivieren, bei dem nicht nur das eigene, sondern auch das Wohl des anderen angestrebt ist. Eindeutige Handlungsanweisungen lassen sich aus ihm nicht ableiten.	▷ Mitleidsfähigkeit erhöht zwar nicht das ethische Wissen oder Erkenntnisvermögen. Sie erweitert aber entscheidend die situationsangemessene moralische Reaktions- und Handlungsmöglichkeit.
▷ Mitleid ist nur eine der widersprüchlichen Triebfedern menschlichen Handelns: Schopenhauer nennt sie zusammen mit Egoismus und Bosheit.	▷ Auch mit den negativen Antrieben menschlichen Handelns zu rechnen scheint realistischer als die Wiederholung rigoroser moralischer Gebote.
▷ Mitleid ist eine Tugend der direkten Begegnung; gegenüber Ungerechtigkeit und Leiden im Fernbereich ist sie nur begrenzt wirksam.	▷ Mitleid kann globale sozialethische Überlegungen und politische Maßnahmen zur Minderung des weltweiten Elends nicht ersetzen, doch sehr wohl antreiben.
▷ Mitleid kann auch zu ungerechtfertigtem Handeln verleiten.	▷ Mitleidshandeln bedarf im Zweifel der differenzierten ethischen Rechtfertigung.
▷ Mitleid beruht auf der Haltung des Wohlwollens. Sie verbindet Selbstinteresse und Selbstlosigkeit miteinander. Das läßt unterschiedliche Schwerpunkte zu.	▷ Da wir soziale Wesen sind, kann unser Glücksstreben sein Ziel nur erreichen, wenn es gleichzeitig das Wohl des anderen (einschl. der Tiere) will.

7 Angst und Mut

7.1 Vorverständnis

Ein kleines Kind rennt in verbissenem Ernst um sein Leben – unter dem Feuerschutz eines UNO-Soldaten, offenbar mitten im somalischen Kriegsgebiet des Jahres 1992. Die Todesangst im Herzen des Kindes läßt sich unschwer erahnen und ebenso der verzweifelte Mut seines Laufens. Wir werden spontan in den unbändigen Lebenswillen des Kindes mithineingezogen. Der Gedanke drängt sich auf: Welch eine Schande, zahllosen Kindern in der Welt täglich ähnliche Beweise ihres Mutes abzuzwingen.

Auch wenn es nicht in dieser dramatischen Weise um Leben und Tod geht, gilt: Angst und Mut liegen eng zusammen, Verzweiflung und Ausbruch folgen aufeinander; Risiko und Einsatzbereitschaft scheinen der Preis des Mutes zu sein, die Befreiung aus Angst oder Gefahr sein Lohn.

Angst (verwandt mit lat. *angustus* – eng) als Zustand der äußeren oder auch innerseelischen Bedrohung oder Beklemmung wird in jedem menschlichen Leben erfahren. Denn es gibt kein Leben ohne Gefahren oder Zeiten der Niedergeschlagenheit. Das Erleben der Angst tritt dabei als inneres Alarmsignal auf: Es zeigt an, daß wir uns an der Grenze unserer Belastbarkeit befinden.

Die lebensnotwendige Fähigkeit zur Angstempfindung kann sich zu krankhaft übersteigerten Ängsten (Phobien) vor an sich ungefährlichen Dingen verfestigen. Sie kann aber auch aufgrund tatsächlicher Gefahren zum prägenden Lebensgefühl werden (z. B. die Angst vor Einsamkeit, vor Arbeitslosigkeit, vor Leistungsversagen, vor der atomaren Bedrohung, vor politischer Verfolgung usw.). In totalitären Staaten wird die Angst vor willkürlicher Verfolgung und Bestrafung als Machtinstrument der Herrschenden genutzt.

Auf den ersten Blick scheint es, daß das Maß und die Auslöser menschlicher Angst ganz von der jeweiligen Person und Situation abhängen. Doch zeigt bereits ein kurzer geschichtlicher Rückblick unterscheidbare Formen typischer Angsterfahrung in den verschiedenen Epochen:

Epoche	vorherrschende Formen der Angst	Bewältigung der Angst...
griech. Antike	Ängste (Furcht) vor einzelnen Gefahren (z. B. Feinde oder Naturgewalten)	...durch Vertrauen in die schützende kosmische Ordnung
Spätantike und christl. Mittelalter	allgemeine Weltangst: Verlorenheit in der von Gott abgefallenen Welt (Angst vor Sünde und ewiger Verdammnis, vor bösen Geistern und negativem Schicksal)	...durch religiöse Erlösungshoffnung und Gottvertrauen
Beginn der Neuzeit	Angst vor Seuchen und Krankheit, gewalttätigen Herrschern und Eroberern	...durch Vertrauen auf eine vernünftige und erkennbare Weltordnung
Moderne und Gegenwart	Angst vor der menschlichen Freiheit u. Unberechenbarkeit; vor wachsender Macht und Verantwortung (Kriegsangst, Zukunftsangst, Angst vor Unüberschaubarkeit und Überforderung)	...durch Einsicht in die Bedeutung der Angst; durch Fortschritt und Wohlstand

Diese Übersicht, aber auch unsere eigene Erfahrung, macht deutlich: Rettender Gegenpol zur Angst ist unsere Fähigkeit zum **Vertrauen**. Vertrauen bezeichnet die letztlich unbegründbare innere Sicherheit, nicht unterzugehen, wenn wir auf andere Menschen, auf unsere Umwelt und auf den eigenen Lebensweg offen zugehen. Vertrauen baut auf die Verläßlichkeit und die guten Absichten der Umgebung. Nur blindes Vertrauen versäumt es, deren Grenzen auszuloten und zu beachten.

Beispiel: Der bei jungen Menschen zu Recht verbreiteten Angst vor einer Aids-Infizierung begegnet man nicht sinnvoll durch blindes Vertrauen, sondern durch einen angemessenen Schutz und offenes Sprechen. Ganz ohne Vertrauen kann aber die Aids-Angst so übermächtig werden, daß sie die sexuelle Erlebnisfähigkeit zerstört.

Während das Vertrauen unsere Angst gleichsam „zähmt" und den Weg zu vernünftigem Verhalten freimacht, scheint der **Mut** die entschlossene Überwindung von Angst und Gefahr zu ermöglichen. Die „Mutprobe" stellt gar eigens eine Gefahrensituation her, um den übermäßigen Einsatzwillen beweisen und erproben zu können. Mut erwächst aus Selbstvertrauen, aus dem eigenen Kraft- und Wertgefühl, aber auch aus dem Druck einer Notsituation.

Unter den derzeitigen Verhältnissen einer westeuropäischen Gesellschaft ist kaum einmal Mut erforderlich im Sinne des Einsatzes von Leben oder Gesundheit. Sehr wohl aber kann von uns **Zivilcourage** gefordert sein, das Eintreten für andere Menschen, für Überzeugungen und Ideale unter Inkaufnahme handfester persönlicher Nachteile und Schwierigkeiten.

7.2 Angst und Vertrauen

Einsamkeit
Ein 22jähriger erzählt: „Jetzt sind es wohl 10 Jahre her, daß mir so richtig bewußt geworden ist, daß ich homosexuell bin. Das hat mich unheimlich einsam gemacht, das Gefühl, mit niemandem darüber reden zu können, nicht zu den „Normalen" dazuzugehören, minderwertig zu sein. Ich dachte, ich kann nicht weiterleben. Meine innere Einsamkeit wurde immer größer, und die Angst davor. Erst als ich mich viel später getraut habe, darüber zu reden, fing es an, besser zu werden. Ich hab nicht mehr vor mir selbst Verstecken gespielt. Einige lehnen mich zwar ab, bis heute. Aber ich habe auch Verständnis gefunden. Jetzt lebe ich in einer festen Beziehung mit einem Mann."

Verzweiflung
Manfred R., 25 Jahre, ist Verfahrensmechaniker und arbeitet in drei Schichten. Noch schlimmer war für ihn nur die Zeit beim Bund. Gehorchen nach oben, treten nach unten, beim Gruppenakkord mindestens mithalten, cool sein, zeigen, daß man ein Mann ist, keine Wehleidigkeit an den Tag legen – das alles kann er nicht. Statt dessen kann und muß er viel aushalten: Spott und böse Streiche der Kollegen; Schlaflosigkeit und Kopfschmerzen, wenn er Nachtschicht hat; peinliche Tränen, wenn er von seiner Not redet; Verzweiflung und Depression, weil er aus dieser Situation keinen Ausweg sieht. „Ich steh mir selbst im Weg, weil ich nicht selbstbewußt bin. Ich habe Angst, daß ich es nicht schaffe. Irgendwann mache ich Schluß."

Mehr als fünfzehntausend Menschen beenden jährlich allein in Deutschland ihr Leben durch **Suizid** (lat. -*Selbsttötung*). Angst und Ausweglosigkeit, Einsamkeit und Verlassenheit sind die Hauptgründe. Die weitaus meisten Menschen aber, die in den Zustand scheinbar ausweglose Lebensangst hineingeraten, lernen wieder, das Leben zu bejahen oder doch zumindest auszuhalten.

▶ *Wo liegen die wichtigsten Gründe für Angst und Verzweiflung? Wie läßt sich sinnvoll mit dem Gefühl der Angst umgehen? Woraus schöpfen wir Vertrauen? Wie läßt sich Angst bewältigen?*

Formen der Angst und ihre Gegenkräfte
In jeder Angst steckt ein doppelter Hinweis:
– auf tatsächliche Hindernisse und Bedrohungen auf unserem Lebensweg. So kann Homosexualität zu einem schweren Hemmnis werden bei der Identitätsfindung und beim Aufbau tragender Sozialbeziehungen. Depression und Außenseiterverhalten können die Arbeitsfähigkeit zerstören.
– auf die, individuell an sehr unterschiedlichen Stellen auftretenden, persönlichen Überforderungen.

Dadurch ist menschliche Angst an sehr unterschiedliche objektive Lebensprobleme und subjektive Erlebensformen gekoppelt. So verschieden die persönlichen Anlagen und die Lebensbedingungen, so verschieden sind auch unsere Erfahrungen mit Angst und Verzweiflung. Und doch gibt es typische Auslöser der Angst und Auswege aus ihr.

Der Entwicklungspsychologe **FRITZ RIEMANN** hat die vier wichtigsten in seinem Buch *Grundformen der Angst* beschrieben:

- Die **Existenzangst** entsteht in der ersten Lebensphase, in der wir uns dem Leben und unserer Umgebung öffnen. In dieser Zeit sind wir der Umwelt hilflos ausgeliefert. Not- und Mangelerlebnisse sind zugleich lebensbedrohend. Nur im Vertrautwerden mit einem oder mehreren Menschen können wir die Gegenkraft des **(Ur-)Vertrauens** erlernen, die auch später über die allgemeine Daseinsangst hinweghilft. Durch Unzuverlässigkeit oder Reizüberflutung in dieser frühen Zeit wird die Haltung des Mißtrauens, der menschlichen Distanz und der Einsamkeit grundgelegt.

- Die **Trennungsangst** entsteht in der zweiten Phase der tief empfundenen Abhängigkeit von der Mutter (bzw. der ersten Bezugsperson). Das Erfordernis, sich anfanghaft zu einem eigenständigen Individuum zu entwickeln, ist begleitet von der Angst, die Mutter oder ihre Liebe zu verlieren. Nur durch die Verläßlichkeit der Mutter bzw. der Umgebung erlernen wir die Gegenkraft der **Hoffnung:** Sie trägt auch im späteren Leben über Trennungen, Enttäuschungen und Frustrationen hinweg ohne uns verzweifeln zu lassen. Unzuverlässigkeit oder die gegenteilige Überversorgung in dieser Zeit führen zu einer pessimistischen und bedrückten Grundhaltung.

- Die **Gewissensangst** oder Angst vor Schuld und Strafe entsteht in der darauffolgenden Zeit, in der das Kind seinen eigenen Willen ausbildet und kennenlernt. Die Fähigkeiten zu Entscheidung und Selbstverantwortung, zu Wagnis und Veränderung (persönlichem Wandel) werden in dieser Zeit gelernt. Die Eigenentscheidung schließt jetzt auch die Möglichkeiten von Ungehorsam und „böse sein" mit ein, sie sind mit der Angst vor Strafe verbunden. Durch einen lebendigen Mittelweg in der Erziehung, der notwendige Grenzziehungen und kritisches Verständnis miteinbezieht, kann die Gegenkraft eines eigenständigen **Wertbewußtseins** grundgelegt werden.

- Mit dem Entdecken des eigenen Geschlechts, der Konkurrenz zu anderen, der eigenen „Persönlichkeit" wächst auch die Angst vor der Zukunft, vor eigener Minderwertigkeit, vor Blamage, vor der Möglichkeit, nicht geliebt zu werden: die **Versagensangst**. Die Gegenkraft erwächst aus **Vorbildern** (zunächst der Eltern), die einen möglichen Weg in die Zukunft weisen. Werden die Erwachsenen als unglaubwürdig erlebt, z. B. durch eine doppelte Moral, die verbietet, ohne daß man sich selbst daran hält, werden die fälligen Reifungsschritte erschwert oder verhindert. Die eigene Wunsch- und Scheinwelt behält dann Vorrang vor dem Annehmen der Notwendigkeit und den Gesetzmäßigkeiten des Lebens.

Diese frühen Formen des Angsterlebens prägen unser ganzes folgendes Leben. Sie legen uns aber nicht vollkommen fest:

Die Minderwertigkeitsangst im Beispiel des homosexuellen jungen Mannes birgt auch eine positive Kraft: den Antrieb, eine früher gesetzte Grenze zu überschreiten. Offenbar ist dieser große Entwicklungsschritt gelungen durch kleine Schritte zur Einübung des Selbstvertrauens, durch allmählich gelernte Offenheit.
Die mangelnde Lebenshoffnung und Depression im Fall von Manfred R. läßt sich möglicherweise nur verstehen im Blick auf früh erlittene Trennungsängste.
Ansatzpunkte für den verantwortlichen Umgang mit seiner Angst bieten:

– die persönliche Einübung emotionaler Eigenständigkeit, ohne allen Halt bei (einem) anderen Menschen und ihrer Zuwendung zu suchen;
– der verläßliche, doch auf eine gesunde Distanz bedachte Umgang seiner Kollegen und sonstigen (Gesprächs-)Partner mit Manfred R.;
– falls notwendig die professionelle Hilfestellung (z. B. einer Beratungsstelle) beim Betreten des Weges zur Annahme der Angst.

Die Erfahrung der Angst beinhaltet eine doppelte ethische Aufgabe: ihren Grund ernst zu nehmen und Vertrauen einzuüben.
Weder **Resignation** (*„Ich bin halt nicht selbstbewußt."*) noch **Verdrängung** (*„Nein, ich kenne keine Angst."*) werden dieser Aufgabe gerecht.

Resignation und Selbsttötung
Resignation führt zur Einschränkung der eigenen Lebensmöglichkeiten, teilweise bis zum Selbsttötungswunsch oder zum ausgeführten Suizid. Die Pflicht zur Achtung der menschlichen Würde schließt aber die eigene Person mit ein.
Eine entsprechende Ablehnung des Suizid ist allerdings nicht selbstverständlich für die gesamte Ethikgeschichte:

Platon/ Aristoteles	lehnen die Selbsttötung ab, da sich der Mensch in ihr gegen das höchste Sein (Gott) wendet.
Stoa Epikureer	gestatten bzw. rühmen die Selbsttötung als letzten Weg der Freiheit, wenn es keinen Ausweg aus menschlichem Leiden gibt.
Christentum	Selbsttötung widerspricht der Schöpfungsordnung und verletzt das Gebot Gottes. Sie ist schwere Sünde.
Renaissance	**TH. MORUS** (u.a.) verteidigt die Selbsttötung in der Tradition der Epikureer als letzten selbstverantworteten Ausweg.
Aufklärung	**VOLTAIRE, D. HUME, A. SCHOPENHAUER** u. a. rechtfertigen die Selbsttötung in kritischer Wendung gegen das christliche Moralgesetz und als Akt der Freiheit. **KANT** lehnt die Selbsttötung als Verletzung der Pflicht zur Achtung der Menschenwürde ab.
Nietzsche	Selbsttötung ist eine Tat der Freiheit.
Existenzialismus	**A. Camus**: Selbstmord überwindet nicht die Absurdität des Daseins. Für andere bewährt sich Freiheit im Recht auf Freitod.
Gegenwart	Der Suizidwunsch wird weitgehend als (teils krankhafte) schwere Lebenskrise angesehen. Betroffene bedürfen der Hilfe. Eine Minderheit propagiert die Idee des Freitodes (besonders bei Totkranken).

Verdrängung und Zerstörung
Verdrängung als gegenteilige Fehlform der Angstbewältigung wird heute in vielfältigen individuellen und gesellschaftlichen Weisen praktiziert. Der Sozialpsychologe **HORST EBERHARD RICHTER** nennt in seinem Buch „Umgang mit der Angst" als wichtigste Mechanismen der Angstverdrängung:

individuelle Formen der Verdrängung von Angst, Leiden, Trauer	gesellschaftliche Formen der Verdrängung von Angst, Zerstörung und Gefahr
• Konsum von Rauschmitteln und Psychopharmaka gegen alle Formen persönlicher Verstimmung	• Ausbau der Medienunterhaltung unter Einbeziehung eines abwechslungsreichen Katastrophenjournalismus gegen die länger andauernde Wahrnehmung von Armuts- oder Kriegsgebieten und ihrer elenden Entwicklung
• Fitness-, Mode- und Jugendlichkeitsinszenierungen gegen die Angst vor Alter und Tod	• politische Werte- und Beschwichtigungsrhetorik gegen die Angst vor sozialen und ökologischen Problemen
• Nutzung einer breiten Zerstreuungs-, Erlebnis- und Freizeitindustrie aus Angst vor Alleinsein, Ruhe und innerer Leere	• ghettoisierende Versorgungsformen gegenüber körperlich und psychisch Kranken, Alten, Behinderten oder Asylbewerbern
• egoistisches Anhäufen eines maximalen Lebenskomforts für die eigene Familie – gegen die Angst vor dem evtl. Chaos durch zukünftige Flüchtlingsströme und weltweite Verteilungskriege	• Produktion von Massenvernichtungswaffen und immer riskanteren Hochtechnologien zur Sicherung einer weltweiten Vormachtstellung und gegen die Last natürlicher Abhängigkeiten
• ausuferndes Versicherungswesen gegen die Angst vor den Wechselfällen eines persönlich riskierten Lebens	• kollektiv organisierte Flüchtlingsabwehr als Verdrängung der Erkenntnis des eigenen selbstsüchtigen Anteils an der Verelendung in sog. Dritte-Welt-Ländern.

Verloren geht dabei die Hinweisfunktion der Angst auf wirkliche Schäden und Gefahren, der Impuls zu rettender Vorsorge und möglicher Anpassung an neue Gegebenheiten. Die Tabuisierung der Angst führt zu schädlichen Abwehrmechanismen und nicht durchschauten Überreaktionen. Nach außen tritt verdrängte Angst meist als übertriebene Zuversicht auf. Echtes Vertrauen, das nicht trügerische Sicherheit vorgaukelt, sucht dagegen den Weg in eine bessere Zukunft unter ehrlicher Einbeziehung gegenwärtiger „Schattenseiten".

Erich Fried   Zweifle nicht an dem,   Aber hab Angst vor dem,
                 der dir sagt, er hat Angst.   der dir sagt,
                                                      er kennt keine Zweifel.

Zusammenfassung	Folgerungen
▷ Angst entsteht durch die verschiedenen Bedrohungen unseres Lebens und unseres Glücks. In prägender Weise lernen wir die Erfahrung der Angst bereits in der frühen Kindheit kennen. Je nach dem Maß der früh erfahrenen Zuwendung, Zuverlässigkeit, Vorbildlichkeit und Grenzziehung erwerben wir aber auch die Gegenkräfte des Vertrauens, der Hoffnung, des Wertbewußtseins und der Fähigkeit zum Wagnis.	▷ Eine gesunde Erziehung kann unnötige spätere Ängste ersparen, Wege zu ihrer Bewältigung grundlegen und vor Verzweiflung schützen. Ganz ohne die Fähigkeit zur Angstempfindung würden uns jedoch wichtige Warnsignale vor Bedrohungen und individueller Überforderung fehlen.
▷ Jede Angst enthält den Impuls zu einem Entwicklungsschritt oder zur Bewältigung einer Gefahr. Ein Mangel an Selbstvertrauen oder Lebenshoffnung erschwert solche Schritte und kann zu Minderwertigkeitsgefühl, Versagen, Depression, ja bis zum Suizid führen. Fehlende Gegenkräfte oder mangelnde Reifungsschritte können jedoch nachgeholt werden.	▷ Das nachholende Erwerben von Vertrauen, Eigenständigkeit und Wagemut kann den Einzelnen überfordern. Gerade in Situationen lähmender Angst und Verlassenheit ist die Hilfe anderer Menschen notwendig. In jedem Fall aber läßt sich die Möglichkeit der Angstbewältigung nicht auf eine Frage des Kindheitsschicksals reduzieren. Sie bleibt ethische Aufgabe.
▷ Der mögliche Weg in tödliche Resignation (Suizid) ist einer ethischen Bewertung nicht gleichgültig, weil er Leben und Würde eines Menschen zerstört. In der Geschichte der Ethik ist allerdings immer auch die Position vertreten worden, der Mensch habe ein Recht auf seinen Freitod.	▷ Selbsttötung ist ein endgültiges Mißlingen des Versuchs, menschliche Angst durch die Gegenkraft des Vertrauens und durch die angezeigte Problembewältigung zu überwinden. Die Selbstmordraten in zahlreichen Wohlstandsländern sollten als Problemanzeiger ernstgenommen werden.
▷ Die Verdrängung der Angst kennt gegenwärtig viele Formen auf individueller und gesellschaftlicher Ebene. Etliche von ihnen treten als übertriebene Zuversicht und Lebenslust auf.	▷ Realistisches Vertrauen in die Zukunft und angemessene Vorsorge führen über die Anstrengung der Angst und eine angemessene Problembewältigung.

7.3 Mut und Tapferkeit

> Die französische Widerstandskämpferin **Cypora Gutnic** erzählte einmal folgende Mutgeschichte aus dem Konzentrationslager Auschwitz. Es geht um eine junge Frau, die die Blockälteste wegen einer geringfügigen Regelverletzung zu 25 Stockschlägen verurteilt hatte.
> „Sie kommt also mit dem Hocker, über den sich die zu Marternde legen und an dem sie sich festhalten sollte, um die Schläge auszuhalten. Viele Opfer starben während oder nach der Folterung daran, weil man manchmal zu 50 Schlägen verurteilt wurde, das hing von der Grausamkeit der Blockältesten ab. Wir waren eine Gruppe, die sich aus 16 Frauen zusammensetzte. ...
> Als die Blockälteste ihren Stock erhob, stieß eine Genossin -sie hieß Rose Beserman- plötzlich einen Schrei aus: „Nein! ...", und alle anderen schrien ebenfalls: „Nein! Nein! Nein!", und der ganze Block mit uns. Wir haben so sehr gebrüllt, daß die Furie rot wie eine Tomate wurde, nach fünf oder sechs Schlägen warf sie den Stock fort, stürzte hinaus und kam nicht wieder zurück."
> aus: Mut. Wiederentdeckung einer persönlichen Kategorie, hrsg. v. R. Stäblein, Bühl/Moos 1993

Es handelt sich hier nur um einen kleinen Ausschnitt einer jahrelangen Geschichte des Leidens, des zähen Überlebenskampfes, des inneren und äußeren Widerstandes innerhalb einer unmenschlichen Vernichtungsmaschinerie.
Mit der kriegerischen Tapferkeit des Soldaten, mit dem Mut der Bungee-Springerin, mit den Helden antiker Epen und den modernen Filmrambos hat die Haltung der beschriebenen Frauen wenig gemein. Ihr Mut und ihre Tapferkeit bezieht ihren Wert und unsere Hochachtung aus anderen Quellen.

▶ *Was unterscheidet Mut und Tapferkeit? Wie sind beide vom heroischen Draufgängertum abzugrenzen? Was macht sie zur Tugend?*

Kardinaltugenden
Mut bezeichnet den entschlossenen Einsatz in einer schwierigen Situation, auch bei drohender Gefahr. Mut setzt Selbstvertrauen und eine sichere Zielbewertung voraus.

Tapferkeit (gr. *-andreia*; lat. *-fortitudo*) umfaßt mehr. Sie wird seit der Antike zu den sog. Kardinaltugenden (lat. *cardo* - die Türangel) gezählt. Diese gelten als herausragende Haltungen und Verhaltensweisen, in denen andere Formen und Wege des sittlich Guten verankert werden können.

Für unser Jahrhundert hat der Philosoph **JOSEF PIPER** (* 1904) die alte „Tugendlehre" neu belebt. Seine eingängigen Beschreibungen der Kardinaltugenden (Klugheit, Gerechtigkeit, Tapferkeit und Besonnenheit) sind in dem Buch *Das Viergespann* zusammengestellt. Er nennt sie die „vier Angeln, in denen das Tor zum Leben schwingt."

Lebensrettung

Tapferkeit ist weder in der antiken noch in der christlichen Tradition auf eine militärische Tugend eingegrenzt. Tapferkeit ist auch nicht unbedachte Kühnheit oder zur Schau gestellte Furchtlosigkeit. Wagemut, der sich an beliebigen Gefahren erprobt, gilt dieser Tradition als Unsinn. Ihren Sinn erhalten Mut und Tapferkeit erst durch die Dinge, um deretwillen sie gelebt werden.

Andere Situationen, in denen ein kollektives und regelverletzendes „Nein" jemanden an der Ausführung einer Absicht hindert, sind nicht durch mutige oder tapfere Verhaltensweisen geprägt. Eine Schülergruppe, die z. B. auf diese Weise und aus dem Motiv der Bequemlichkeit heraus die Absicht des Lehrers vereitelt, mit seiner Klasse eine notwendige Sonderaufgabe für die Schulgemeinschaft zu übernehmen, handelt nicht mutig, sondern feige. Denn niemand in der Gruppe orientiert sich an dem als richtig oder vernünftig Erkennbaren, sondern an eigener Bequemlichkeit oder billigem Beifall.

Es geht der Tapferkeit niemals um das bloße Erleben oder Bestehen einer Gefahr, sondern um die Verwirklichung des als gut und richtig Erkannten. Drei Voraussetzungen solcher Verwirklichung des Guten gegen Widerstände und Gefährdungen sind im Begriff der Tapferkeit zusammengefaßt. In unserem Sprachgebrauch werden diese drei Teiltugenden meist getrennt benannt:

- Die **Angst** oder **Furcht**. Nur bei ausgehaltener Angst lassen sich das Ausmaß einer Gefahr oder eines Unrechts erkennen und die Opfer ermessen, die es kosten kann, dagegen anzukämpfen. **H. JONAS** fordert daher als Voraussetzung jeder ethischen Zukunftsverantwortung „*die bewußte Anstrengung zu selbstloser Furcht*".

- Die **Geduld** oder **Treue** als Fähigkeit, zu seiner Überzeugung zu stehen. Wer in der heutigen verweltlichten Gesellschaft z. B. ein religiöses Bekenntnis ohne Abstriche leben will, braucht ein hohes Maß an Standvermögen und Geduld gegenüber dem Unverständnis vieler anderer. Für das Überleben von Cypora Gutnic im KZ waren durchgehaltene Charakterstärke, das Festhalten an Idealen und überlebensnotwendigen Grundsätzen (z. B. andere Frauen nicht zu hintergehen oder unter keinen Umständen verdorbene Abfälle zu essen), die zuverlässige gegenseitige Unterstützung usw. wichtiger als die einzelne heroische Tat.

- Der **Mut** oder das **Engagement** als die aktive „Zwillingsschwester" der Geduld kann im richtigen und notwendigen Moment zu kraftvollem, vielleicht auch zornigem Zupacken antreiben. Wenn z. B. ein Ausländer in der Straßenbahn beschimpft wird, ist nicht Geduld gefordert, sondern der Mut zum Einspruch. Als die Leidensgenossin von Cypora Gutnic halbtot geprügelt werden sollte, half nur noch der mutige Widerstand. In diesem Fall war der bewiesene Mut allerdings mit dem Risiko einer brutalen Bestrafung verbunden. Vor allem dieser hohe Einsatz ist es, der uns Bewunderung und vielleicht auch Dankbarkeit empfinden läßt. Denn er macht gerade im Kontrast zur extremen Entmenschlichung augenfällig, welchen Wert der Schutz eines Menschen und seiner Würde haben.

Furcht – Geduld – Einsatz
Tapferkeit darf sich selbst nicht trauen – heißt eine alte Regel. Sie ist auf das richtige Justieren angewiesen durch
- die Klugheit (oder Weisheit), die Ziele und Sinn eines besonderen Einsatzes einzuschätzen und zu bewerten weiß;
- die Gerechtigkeit, die alleine den übermäßigen Einsatz rechtfertigt, der eigene Verletzungen und Schäden, im Extremfall den eigenen Tod in Kauf nimmt.

Zusammenfassung	Folgerungen
▷ Tapferkeit meint weder blinden Wagemut noch Heldentum als Selbstzweck. Zur Tugend wird sie erst durch ein gerechtes Ziel und den klugen Einsatz der gegebenen Mittel.	▷ Die Haltungen von Mut und Tapferkeit können nur die kennenlernen, denen nicht alles gleichgültig ist. Durch das Werte- und Solidaritätsbewußtsein werden sie herausgefordert.
▷ Tapferkeit umfaßt die realistische Furcht vor eigenen Verletzungen oder Nachteilen, das geduldige und treue Festhalten an einer Überzeugung und den Mut zum gewagten Einsatz für das als richtig Erkannte.	▷ Mut und Tapferkeit sind in der Regel nicht mit ohnehin vorhandener Macht verbunden. Sie bewähren sich in der Situation der Unterlegenheit und im Dienst eines zu erstreitenden oder zu schützenden Gutes.

7.4 Zivilcourage

> Bismarck soll das Wort „Zivilcourage" als erster Deutscher gebraucht haben, um den Unterschied zur Tapferkeit zu verdeutlichen:
> *„Wenn ich einem preußischen Leutnant den Befehl erteile, einen von den Feinden besetzten Hügel zu stürmen, wird er, ohne mit der Wimper zu zukken, aufspringen, seine Brust dem feindlichen Geschoßhagel entgegenhalten und für das Vaterland sterben. Wenn ich ihn aber darum bitte, seiner Frau den Kinderwagen zu schieben, wenn es bergan geht, wird er diese Zumutung entrüstet ablehnen."*

In der damaligen Zeit einer weitgehenden Trennung und Festlegung der Geschlechterrollen hätte ein abweichendes Verhalten zwar nicht das Leben, aber doch das Männlichkeitsimage empfindlich beschädigt. Individuelle Verhaltensabweichung von solchen Normen erforderten eine couragierte Haltung und eine entsprechende innere Unabhängigkeit.

▶ *Wozu ist der Bürgermut des einzelnen (Zivilcourage) heute noch gefordert? Was unterscheidet ihn von der alten Tugend der Tapferkeit? Was macht Zivilcourage heute so schwierig?*

Widerspruchsgeist und Gewissen
In einem Rechtsstaat scheinen Tapferkeit und Mut weitgehend überflüssig zu sein. Die militärische „*Tapferkeit vor dem Feind*" bleibt auf Kriegszeiten beschränkt. Individuelle Rollenabweichungen scheinen in einer pluralistischen Gesellschaft selbstverständlich zu sein. Die Unterstützung von *Amnesty International* (z. B.) wird zum symbolischen Ausdruck für die eigene demokratische Gesinnung und Freiheitsliebe. Wo es in einem freiheitlichen Rechtsstaat zu massiven Ungerechtigkeiten oder Übergriffen durch die Staatsgewalt und ihre Organe kommt, gibt es Einspruchs- und Klagemöglichkeiten, Wege des öffentlichen Protestes, der gemeinschaftlichen Bürgerinitiative usw.

So wurde im Jahresbericht 1994 von Amnesty International Polizistenwillkür in mehreren deutschen Städten angeprangert, die u. a. bis zu regelmäßigen gewalttätigen Übergriffen gegenüber Ausländern und Obdachlosen reichte. Gleichzeitig wurden diese Fälle aber von etlichen kritischen Journalisten ausführlich recherchiert und in den entsprechenden Medien veröffentlicht. Sonderkommissionen wurden mit der Untersuchung beauftragt, Staatsanwälte erhoben Anklage, Politiker und Parlamente diskutierten über Konsequenzen...

Fast scheint es, daß die gesellschaftlich notwendige Portion an Widerspruchsgeist und Kritikermut bei Journalisten und bei einschlägigen, halbprofessionellen sozialkritischen Gruppen genügend gut aufgehoben ist.

Bei genauerem Hinsehen zeigt sich aber der Wert, ja die Unverzichtbarkeit der **Zivilcourage** gerade in den „kleinen" Alltagssituationen:

Nonkonformismus
Es beginnt bei dem Gruppengespräch, das zum Klatsch über Abwesende abdriftet: Wer verweigert ausdrücklich sein Mitmachen, auch wenn andere die Nase rümpfen?
Viele Menschen geben sich gegenüber Autoritätspersonen, Lehrern, Vorgesetzten usw. freundlich und entgegenkommend: Wer erhebt Einspruch, wenn die selben Mitschüler oder Kollegen hinter dem Rücken der Betroffenen maßlos über sie herziehen und so ihre gespaltene Zunge unter Beweis stellen?
Oft wird in Gruppen und Cliquen denen nach dem Mund geredet, die die größte Lippe riskieren, sei es auch auf Kosten von Schwächeren. Wer wendet sich bewußt ab, auch auf die Gefahr hin, an den Rand zu geraten?
Wer Augen und Ohren offenhält, begegnet immer öfter einer offenen oder versteckten Hetze gegen Ausländer, manchmal auch wieder gegen Juden. Wer hat den Mut und die Energie, öffentlich zu widersprechen, – auch auf die Gefahr hin, wenig Unterstützung zu finden?
Auch zu Ländern, in denen menschenverachtende Unrechtsregime herrschen, pflegt die Bundesrepublik Deutschland ertragreiche wirtschaftliche und unterstützende politische Beziehungen (Beispiel China). Wer ist bereit, dagegen öffentlich und lautstark aufzubegehren, auch wenn die offizielle Politik versucht, ihn ins Abseits zu drängen?

Die Reihe solcher Beispiele läßt sich fast beliebig fortsetzen. Immer ist der Mut zum eigenen Urteil gefragt. Und der kraftvolle Entschluß, hier und jetzt nach der Stimme seines Verstandes und seines Herzens (Gewissens) zu reden und zu handeln.

Treue und Aufbegehren
Die Tapferkeit kennt ihren Feind, sie tritt ihm mit Ausdauer und kluger Überlegung entgegen. Bei der Zivilcourage stehen andere Akzente im Vordergrund. Mit Blick auf die genannten Beispiele und in Gegenüberstellung zur Tapferkeit werden sie deutlich:

Tapferkeit erfordert ...	Zivilcourage erfordert eher ...
– kluge Abwägung, Planung, evtl. auch vorsichtiges Taktieren	– reaktionsschnelles Aufbegehren gegen akutes Fehlverhalten
– Geduld, innere Ruhe, Standhalten und Beschränkung der Aktion auf den Moment ihrer zwingenden Notwendigkeit	– den freien Aufbruch statt distanzierten Gleichmuts; Überwindung von Selbstzweifeln und sachlichen Bedenken
– einen Einsatz auf Leben oder Tod, auf Bewältigung einer Krise oder Untergang	– die Überwindung von Angst und Heuchelei, den Aufbruch aus Wohlbefinden und Ruhe
– das Festhalten an Überzeugungen, an tragenden Regeln und Hoffnungen	– von Gewohnheiten und Zeittendenzen abzuweichen, Rufschädigung und Liebesentzug zu riskieren
– die langfristige Treue zu den eigenen Werten und Zielen, auch wenn sie Umwege oder gar Tarnung erforderlich machen	– das Aufdecken von verborgenen Interessen und Privilegien, von verschwiegenen Formen der Anmaßung oder Ausbeutung
– Ermutigung, Unterstützung, Einbindung in eine Gemeinschaft Gleichgesinnter	– Redefreiheit und einen öffentlichen „Resonanzboden" für Einsprüche und Protestaktionen

Eine andere Perspektive zur Unterscheidung ergibt sich aus der Frage: In welchen Situationen ist jeweils die Haltung der Zivilcourage notwendig, wann die des Mutes, wann die der Tapferkeit?

- Tapferkeit ist vor allem erforderlich gegenüber einem überlegenen Feind, in einer verfestigten Unrechtssituation oder bei nur schwer erträglichen Leidensumständen.
- Mut wird immer dann zur wichtigsten Tugend, wenn sich Auseinandersetzungs-, Unrechts- oder Leidenssituationen kritisch zuspitzen. Mutiges Eingreifen sucht katastrophalen Entwicklungen eine Wende zu geben.
- Zivilcourage ist eine besondere Form des Mutes. Sie ist in einer scheinbar freien Situation oder Gesellschaft gegen die herrschende Macht und Meinung gerichtet.

Wachsamkeit und Selbstachtung

Zivilcourage ist der Mut für zivile Zeiten, d. h. für eine demokratische Gesellschaft, in der jeder Verantwortung trägt für die praktische Stärkung des Gemeinsinns und für die Behebung alltäglicher Unrechts- und Ungerechtigkeitstendenzen. Eine ausgeprägte Kultur der Zivilcourage kann eine Demokratie in Bewegung halten und Entwicklungen hin zum autoritären Staat oder zur intoleranten Gesellschaft frühzeitig aufspüren und gegensteuern. Die jeweils Mächtigen und Privilegierten stehen ihr daher meist kritisch oder abweisend gegenüber.

Heinrich Böll	*Je mehr Bürger mit Zivilcourage unser Land hat, desto weniger Helden wird es einmal brauchen.*

Zivilcourage ist andererseits nicht abrufbar. Und sie kann schon gar nicht befohlen werden. Nur durch Erziehung und Einübung kann sie zur Selbstverständlichkeit werden, die nicht nach Beifall oder äußeren Effekten schielt, sondern aus der Achtung vor sich und den anderen Menschen entsteht.

Vorbild für diese Art von Selbstverständlichkeit ist die russische Frau, die 1968 auf dem Roten Platz gegen den Einmarsch der russischen Armee in der Tschechoslowakei demonstrierte. Als sie vor Gericht gefragt wurde, warum sie sich der Demonstration angeschlossen habe, anwortete sie: „Ich habe es für mich getan, anders hätte ich nicht weiterleben können."

Zusammenfassung	Folgerungen
▷ Zivilcourage ist die in einer freiheitlichen Gesellschaft mögliche und notwendige Form des Mutes.	▷ Auch mit ausgiebig praktizierter Zivilcourage riskieren wir nicht Leib und Leben, sondern evtl. Ruhe, Ansehen, Vorteile.
▷ Zivilcourage wendet sich durch persönliches Verhalten oder durch ausdrücklichen Einspruch und gezielte Aktion gegen die herrschende Macht und Meinung.	▷ Zivilcourage setzt weitgehende Rede- und Verhaltensfreiheit voraus. Sie wirkt durch öffentliche Resonanz und persönliche Überzeugung.
▷ Zivilcourage ist unmittelbar gegen Unrecht, Ungerechtigkeit und Unmenschlichkeit gerichtet. Durch direktes und massives Aufbegehren aus gegebenem Anlaß kann sie die Verfestigung entsprechender Tendenzen frühzeitig verhindern.	▷ Für ihre Träger ist Zivilcourage mit Opfern verbunden, für die Mächtigen und Privilegierten mit Verunsicherung, für die Benachteiligten oder Bedrängten mit Hoffnung und für die Gesellschaft mit einer Stärkung von Freiheit und Demokratie.
▷ In einer offenen Gesellschaft, in der „fast alles" erlaubt und damit scheinbar gleichgültig ist, gilt Zivilcourage als überflüssig.	▷ Erziehung und Ermutigung zur Zivilcourage setzen Rechts-, Gerechtigkeits- und Demokratiebewußtsein voraus.

8 Aggression und Gewaltlosigkeit

8.1 Vorverständnis

Albrecht Dürer: Kain und Abel

Das erste Buch der hebräischen Bibel erzählt in einer menschheitlichen Urgeschichte von Kain und Abel:
Die beiden Brüder Kain und Abel entwickelten unterschiedliche Lebensformen: Kain wird seßhafter Akkerbauer, sein jüngerer Bruder umherziehender Schafhirte. Das Wohlwollen Gottes ruht allein auf Abel. Als Kain sieht, wie Gott ein Opfer seines Bruders annimmt, sein eigenes aber nicht, packt ihn der Neid und er erschlägt Abel. Die Verantwortung für seine Tat verweigert Kain und wird daraufhin von Gott verflucht.

Dieser Mythos benennt typische menschliche Erfahrungen:
- die Erfahrung gegensätzlicher Lebensformen, die das Verständnis füreinander erschweren;
- die Erfahrung unterschiedlichen Erfolgs und Ansehens, ob diese nun gedeutet werden als Wohlwollen Gottes (wie bei Kain und Abel), als Gunst des Schicksals oder als Folge eigener Leistung;
- die Erfahrung von Gewalttätigkeit, die sich oft vordergründig durchsetzt (Abel stirbt, Kain überlebt), die aber ebenso oft vielfältiges Unheil und weitere Gewalttätigkeit nach sich zieht (Kain wird von Gott verflucht);
- die Erfahrung verweigerter Verantwortung für die Folgen der Gewalt. Kains Antwort auf die Anklage seines Gottes ist sprichwörtlich geworden für diese Verweigerung: *„Bin ich denn der Hüter meines Bruders?!"*

- **Gewalt** (lat. -*violentia*; engl. -*violence*) wird hier im Sinne des *Kain und Abel-Mythos* verstanden als
  - bedrohende, nötigende, verletzende, quälende oder gar tötende Einwirkung auf andere Menschen (= direkte **Gewalt gegen Personen**).
  - Einbezogen ist die unmittelbare Zerstörung oder gewollte Beschädigung von natürlichen oder menschengemachten Dingen (= direkte **Gewalt gegen Sachen**).
  - Ausgeschlossen ist dabei die sog. **strukturelle Gewalt**: ungerechte Verteilung von Macht, Besitz und Entwicklungschancen, die für viele Menschen die volle Entfaltung ihrer Möglichkeiten verhindert. (vgl. Kap. 14).
  - Ausgeschlossen ist hier auch die positive Bedeutung des Wortes Gewalt als Durchsetzungsfähigkeit (lat. -*potestas*; engl. -*power*).

- **Gewaltlosigkeit** ist demnach der Verzicht auf quälendes und zerstörendes Verhalten gegenüber Menschen und Dingen. Wird Gewaltlosigkeit zum Prinzip des Zusammenlebens auf den verschiedenen Ebenen erhoben, schließt der Begriff das Bemühen ein, Gewalttätigkeit anderer zu verhindern und (gesellschaftliche) Räume der Gewaltlosigkeit zu schaffen.

Beläßt man es bei dieser Gegenüberstellung, ergibt sich ein Schwarz-weiß-Bild, auf dem sich die Gegensätze von Täter und Opfer, von Gut und Böse eindeutig voneinander abheben. Die ethische Bewertung scheint einfach. Die Wirklichkeit sieht jedoch meist komplizierter aus:

- Oft erleben sich Gewalttäter gleichzeitig als Täter und Opfer;
  so z. B. der Schläger auf dem Schulhof, der zahlreiche erniedrigende und verletzende Hänseleien eingesteckt hat, bevor er irgendwann zuschlägt, oder auch der Revolutionär, der sich gegen ein Folterregime wendet.
- Viele erleben sich als Zuschauer von Gewalt und doch als mitschuldig;
  so z. B. die Mutter, die zur Gewalttätigkeit ihres Mannes gegenüber den eigenen Kindern schweigt.
- Andere bleiben gleichgültig gegenüber der eigenen Gewalttätigkeit und ihren Folgen, verteidigen ihr Verhalten aber als berechtigt oder notwendig;
  das gilt für manche jugendliche Gewalttäter (Brandstifter) gegen Ausländer, aber z. B. auch für den „Drängler" auf der Autobahn, der andere Verkehrsteilnehmer nötigt und in Gefahr bringt.
- Für andere wird vorgeführte Gewalt (Medien) zur Unterhaltung oder zur Lust.
  Entsprechende Gewalttätigkeit wird nicht nur in grausamen Horrorfilmen, in Kriegsberichten oder in der Berichterstattung über jugendliche Gewalttätigkeit gegen Ausländer vorgeführt. An den gleichen Bedürfnissen orientiert sich der verbale Schlagabtausch, den einige Fernsehsendungen zu ihrem (erfolgreichen) „Markenzeichen" machen.
- Wieder andere erleben sich selbst als Gewalttäter wider Willen;
  z. B. der Triebtäter oder derjenige, der im Affekt zugeschlagen hat.
- Nicht zuletzt aber kann bewußt eingesetzte Gewalt der Durchsetzung eigener wirtschaftlicher oder politischer Interessen dienen.
  Aus dem Bereich der klassischen Kriminalität gilt das z. B. für Raub, Erpressung oder Menschenhandel. Politische Ziele werden z. B. durch Terrorismus oder (staatlicherseits) durch Kriegführung verfolgt.

Einen Zugang zum besseren Verständnis dieser verschiedenen Phänomene bietet die allgemein menschliche Anlage zur **Aggression** (lat. -*aggreddi*- herangehen, sich an jemanden wenden, angreifen).

- Aggression wird meist in negativer Färbung verstanden: als spontane und heftige Reaktion mit zerstörerischer Wirkung (z. B. das wutentbrannte Anschreien eines Menschen, das jedes Gespräch zerstört).

- In positiver Bedeutung ist Aggression Triebfeder
  - für voranschreitenden Tatendrang (z. B. bei der Bearbeitung eines widerspenstigen Werkstücks oder der Erschließung neuer Märkte);
  - für gesunden Wettstreit (z. B. beim Fußball oder beim Boxkampf);
  - für die aktive Klärung von Sozialbeziehungen (z. B. bei der Distanzierung eines Jugendlichen von den 'Vorschriften'der Eltern).

- In keinem Fall kann Aggression durch moralisierende Ächtung aus der Welt geschafft werden kann.

In Beziehung zueinander haben die genannten Begriffe folgende Wertigkeit:

- **Gewalt** ist die negative und zerstörerische Form menschlicher Aggression, gleichsam ihre „häßliche Fratze".

- **Aggression** ist eine zwiespältige Antriebskraft: einerseits unberechenbar, schwer steuerbar und gewaltanfällig; andererseits Energiequelle für schwierige Aufgaben.

- **Gewaltlosigkeit** gilt als positives, erstrebenswertes Ziel. Ist sie mit der Fähigkeit zum begründeten und durchgehaltenen Widerstand gegen Unrecht verbunden, verliert sie den Beigeschmack des Unterlegenen, Kleinmütigen oder gar Feigen. Bleibt Gewaltlosigkeit mit der Postition des bloßen Opfers verbunden, gewinnt sie weder Anziehungskraft noch Gestaltungskompetenz.

Bertold Brecht
Der hilflose Knabe

Herr K. sprach über die Unart, erlittenes Unrecht stillschweigend in sich hineinzufressen und erzählte folgende Geschichte: Einen vor sich hin weinenden Jungen fragte ein Vorübergehender nach dem Grund seines Kummers. „Ich hatte zwei Groschen für das Kino beisammen", sagte der Knabe, „da kam ein Junge und riß mir einen aus der Hand". „Hast du denn nicht um Hilfe geschrien?" fragte der Mann. „Doch", sagte der Junge und schluchzte ein wenig stärker. „Hat dich denn niemand gehört?" fragte der Mann weiter, ihn liebevoll streichelnd. „Nein", schluchzte der Junge. „Kannst du denn nicht lauter schreien?" fragte der Mann. „Nein", sagte der Junge, und blickte ihn mit neuer Hoffnung an. Denn der Mann lächelte. „Dann gib auch den her", sagte er, nahm ihm den letzten Groschen aus der Hand und ging unbekümmert weiter.

8.2 Aggression und Gewalt

Bei einem Gespräch über das wachsende Gewaltproblem an seiner Schule formulierte ein jugendlicher Schüler: „Leben ist treten und getreten werden." Und tatsächlich hat Gewalt (nicht nur in der Schule) viele Gesichter: Da ist der prügelnde Skinhead und die Selbstjustiz übende Ausländergang, da sind die jugendlichen Brandstifter und die Beifall klatschenden Erwachsenen, die angetrunkenen Fußballrowdies und die gezielt zuschlagenden „Schwulenjäger", da ist der verbal dreinschlagende Fernsehmoderator und der brutal rächende Filmrambo, da ist der hemmungslos prügelnde Familienvater und die emotionslos tötende Kinderbande, da sind die randalierenden Schulkinder und die auf Demonstranten dreinschlagenden Polizisten, da sind die vielen brutalen Vergewaltiger und die auf eine Gruppenschlägerei erpichten Neonazis, da ist die Gewalt verherrlichende Rockgruppe und der vom starken Führer faselnde Stammtisch ...

Grausame Gewalt war aber auch früheren Jahrhunderten nicht fremd:

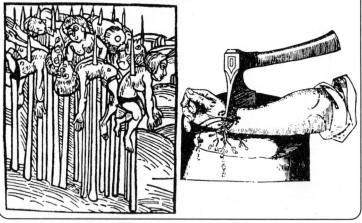

▶ *Wie entsteht die der Gewalt zugrunde liegende Aggression? Unter welchen Bedingungen schlägt Aggression in Gewalt um? Welche besonderen Gegenwartbedingungen begünstigen das starke Anwachsen direkter Gewalt? Wo kann eine Gegensteuerung ansetzen?*

Entstehung und Bedeutung von Aggression

Die erste Frage läßt sich nicht knapp und eindeutig beantworten. Verschiedene Betrachtungen heben unterschiedliche, teils widersprüchliche Entstehungsgründe dieser vielschichtigen menschlichen Anlage hervor und ordnen sie in das jeweilige Menschenbild ein. Obwohl solche Theorien meist gegeneinander entwickelt wurden, ist es hilfreich, die wichtigsten als sich ergänzende Annäherungen an das Aggressionsphänomen nebeneinander zu stellen.

Aggressionstheorien

	Menschenbild und Aggression	Umgang mit Aggressionen
Empirismus Hauptvertreter: **THOMAS HOBBES**, engl. Philosoph, 1588–1679	Der Mensch ist von Natur aus egoistisch und aggressiv. Es herrscht Krieg aller gegen alle.	Selbsterhaltungs-Streben führt zum freien Gesellschaftsvertrag, der die Aggression Gesetz und Staatsgewalt unterordnet.
Romantik Hauptvertreter der Frühromantik: **JEAN JACQUES ROUSSEAU**, franz. Aufklärer und Pädagoge, 1712–1776	Der Mensch lebt im Naturzustand im Einklang mit sich selbst und der natürlichen Ordnung – im gesunden Mitleid gegenüber den Mitmenschen. Arbeitsteilung, Privateigentum bewirken Konkurrenz und Selbstsucht, Aggression und Krieg.	Durch Erinnerung an den natürlichen Ursprung soll die weitere Verschlimmerung verhindert werden. Später wurde diese Mahnung als „Zurück zur Natur!" mißverstanden.
Psychoanalyse Hauptvertreter: **SIGMUND FREUD**, österr. Nervenarzt, 1886–1939	Der Mensch wird geprägt von Lebenstrieb und Todestrieb. Die Gefahr der Selbstzerstörung vermeidet er durch nach außen gerichtete Aggressivität.	Da unterdrückte Aggressivität krankmachend wirken kann, ausgelebte Aggressivität aber zerstörend, bewegt sich der Mensch auf einem schmalen Grad einer erträglichen Balance.
Verhaltensforschung Hauptvertreter: **KONRAD LORENZ**, österr. Zoologe u. Verhaltensforscher, 1903–1989	Der Mensch besitzt wie die höheren Tiere einen angeborenen Aggressionsinstinkt. Er dient der Arterhaltung gegen Widerstände, Feinde, Konkurrenten.	Da die Aggression einer inneren Triebquelle entspringt, ergibt sich eine „Dampfkessel-Situation": Es bedarf regelmäßiger Entladung sich aufstauender Energie an einem beliebigen Objekt; andernfalls droht eine explosionsartige Entladung.
Erbtheorie zuerst vertreten durch: **CESARE LOMBROSO**, ital. Mediziner, 1836–1909	Der Mensch ist in seinem Erbgut auf ein Aggressionspotential festgelegt. Der Defekt bestimmter Gene bzw. Genabschnitte ist für krankhafte Aggressivität bzw. auffällige Gewalttätigkeit verantwortlich.	Die Konsequenz dieser Hypothese ist die Annahme, daß die Neigung zur Gewalttätigkeit gentherapeutisch behandelt werden könnte.

Frustrations-Aggressions-Theorie Hauptvertreter: **JOHN DOLLARD,** amerik. Psychologe, 1900–1980	Der Mensch erlebt jede Blockierung seiner natürlichen Antriebe, ob durch äußere Hindernisse oder inneres Versagen, als Zwang und Enttäuschung (Frustration). Je größer die Frustration, desto stärker die ausgelöste Aggression. Dieses Erleben führt zur aggressiven Handlung gegen die Frustrationsquelle.	Die aggressive Handlung führt zu einer gefühlsmäßigen Befreiung und evtl. zur Beseitigung des äußeren Hindernisses. Eine pädagogische Konsequenz aus dieser Theorie war das Bestreben in der antiautoritären Bewegung, schon das Kleinkind möglichst vor jeder Frustration zu bewahren.
Soziale Lerntheorie Hauptvertreter: **ALBERT BANDURA** amerik. Psychologe, geb. 1925	Der Mensch lernt aggressives Verhalten wie jedes andere Verhalten auch durch Beobachtung, gleichsam am Modell. Erfolg und Belohnung verstärken aggressive Einzelhandlungen und führen zur Übertragung dieses erfolgreichen Verhaltensmodells auf neue Situationen.	Das Ausmaß aggressiven Handelns in einer Gesellschaft wird durch die Anzahl und die Anziehungskraft negativer „Vorbilder" (in der sozialen Wirklichkeit wie in der Mediendarstellung) mitbestimmt.

Gegen jede der genannten Theorien gibt es Einwände:

– Bei *Hobbes* ist die Staatsautorität in gleichem Maße überbewertet, wie das persönliche Vermögen zu Fairneß und Ausgleich unterbewertet ist.

– Bei *Rousseau* werden die natürlichen menschlichen Fähigkeiten überschätzt und die gesellschaftlichen Einrichtungen abgewertet.

– Die Existenz eines Todestriebes wird in der heutigen Psychoanalyse meist bezweifelt oder bestritten. Die Abhängigkeit des Menschen von seinen Triebimpulsen ist zudem begrenzt. Dies zeigt sich in seiner Fähigkeit, in gleichen oder ähnlichen Ausgangssituationen unterschiedlich zu reagieren.

– Die von *Lorenz* angenommene Quelle der Aggressionsenergie läßt sich beim Menschen nicht aufspüren. Der für sonstige Triebbefriedigungen typische Nachfolgezustand der Entspannung oder Erschöpfung ist ebenfalls nicht nachweisbar. Der Vergleich mit dem Jagd- oder Sexualtrieb gilt daher als ebenso fragwürdig wie die Herleitung aus der Tierbeobachtung.

- Obwohl die jüngsten Fortschritte in der Entschlüsselung von genetischen Informationen der Erbtheorie neue Nahrung geben, gilt diese als grundsätzlich unzureichend zur Erklärung des vielgestaltigen Aggressionsphänomens.
- Gegen die Hypothese von *Dollard* spricht die Beobachtung, daß Frustrationen ebenso oft zu ängstlichem Rückzug wie zu Aggression führen. Umgekehrt können aggressive Handlungen auch anders als durch Frustrationen angestoßen werden; z. B. durch Angst- oder Streßsituationen.
- Die „Soziale Lerntheorie" richtet ihren Blick vor allem auf den äußeren Kontext aggressiver Handlungen. Über die vorausgesetzte innere Anlage zur Aggression und die persönlich-individuellen Möglichkeiten ihrer Steuerung gibt sie kaum Aufschluß.

Nimmt man diese Erklärungsmodelle zusammen, ergibt sich trotzdem ein vorläufiges Verständnis der Aggressionsentstehung. Zahlreiche Differenzierungen und Ergänzungen werden ständig durch die aktuelle Aggressionsforschung beigetragen. Unbestritten bleibt dabei: Ein begrenztes Maß an Aggressivität braucht der Mensch zum Überleben.

Von der Agression zur Gewalt
Zur Frage, wann und warum es zur Umsetzung aggressiver Energie in gewalttätige Handlungen kommt, haben u. a. die Vertreter der „Sozialen Lerntheorie" durch zahlreiche Untersuchungen beigetragen:

- Versuche mit Kindern zeigen, daß sie dem erwachsenen Vorbild den gewalttätigen Umgang mit Dingen wie selbstverständlich nachahmen.
- Prügelnde Eltern, martialische Comic-Figuren oder brutale Fernsehsendungen können junge Menschen zu Nachahmung anregen. Straftäter im Jugend- oder Kindesalter erklären ihre gewalttätigen Handlungen auch mit Film-Vorbildern.
- In Familien, Milieus oder Stadtteilen mit besonders hoher Gewaltrate wird diese Verhaltenstendenz an die jeweils folgende Generation weitergegeben.
- Besonders ausgeprägte Aggressivität in der Kindheit (wodurch auch immer gelernt oder ausgelöst) erhöht die Wahrscheinlichkeit erwachsener Gewalttätigkeit.
- Führt Gewalt unter Kindern zum Erfolg und unterbleibt eine Bestrafung, wird immer öfter zu dieser offenbar nützlichen „Durchsetzungshilfe" gegriffen.

Die sozialwissenschaftliche Konfliktforschung nennt als weitere Rahmenbedingungen, die die gegenwärtig vermehrte Gewaltanwendung begünstigen:

- die „Alltäglichkeit" brutaler Gewalt in den visuellen Medien;
- die öffentliche Rechtfertigung von Verachtung und Gewalt gegenüber Ausländern, aber auch gegenüber Homosexuellen, Behinderten, Obdachlosen und anderen Minderheiten;
- das zunehmende Wohlstandsgefälle zwischen Armen und Reichen, zwischen Arbeitslosen und Beschäftigten usw.;
- das offensichtliche und dadurch enthemmende Mißlingen gesellschaftlicher Verbrechensbekämpfung;

- die Auflösung der primären Wertegemeinschaften (insbesondere Familie und Glaubensgemeinschaften), in denen die gewaltlose oder gewaltarme Aggressionsregulierung erlernt werden konnte und in denen auf die Einhaltung grundlegender sozialer Fairneßregeln und Gewalttätigkeitsschranken geachtet wurde.

Diese Faktoren, die die Umsetzung menschlicher Aggressivität in gewalttätiges Handeln begünstigen, lassen sich in einem Schema der **Gewaltverstärker** folgendermaßen zuordnen:

Von der Aggression zur Gewalt	
wachsende Gewalttätigkeit	**Gewaltverstärker**
Entgrenzung der Gewalt ▲ ←	Auflösung von Wertegemeinschaften u. Gewaltschranken
Rechtfertigung der Gewalt ▲ ←	Bezug auf autoritäre radikale Ideologien
Erfolg der Gewalt ▲ ←	Zurückweichen vor Gewalt-Belohnung, Beifall für Gewalt
Praxis der Gewalt ▲ ←	Ausgrenzung von Ausländern und Minderheiten
Alltäglichkeit der Gewalt ▲ ←	Darstellung und Berichterstattung in den Medien
Vorbilder der Gewalt ▲ ←	Gewalttätigkeit in Familie, Schule, Stadtteil
Alternative der Gewalt ▲ ←	Macht- und Vertrauensverlust der Politik
Herausforderung zur Gewalt ▲ ←	Soziale Gegensätze
menschliche Aggression	

Umgekehrt gibt es vielfältige Möglichkeiten, gewaltvermindernd auf die aggressiven menschlichen Antriebe einzuwirken. Eine offizielle und allgemeine Tabuisierung der Gewalt kann diese konkreten und auf unterschiedlichen Stufen wirksamen **Gewaltverminderer** nicht ersetzen. Die stärkste Wirksamkeit und gleichzeitig die geringste Reichweite besitzen die „Gewaltverminderer" der individuellen Ebene; auf den umfassenderen Ebenen verringert sich jeweils die unmittelbare Wirksamkeit, während sich die potentielle Reichweite vergrößert.

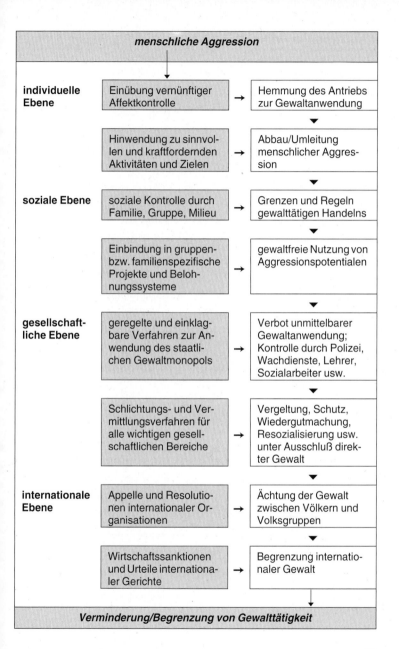

Zusammenfassung	Folgerungen
▷ Menschliche Aggressivität kann wie z. B. auch Intelligenz guten oder verwerflichen Zielen dienen.	▷ Aggressivität an sich kann nicht ethisch bewertet werden.
▷ Aggressivität kann wie z. B. auch die Sexualität eine hohe Eigendynamik entwickeln. Um sie als positive „Energiequelle" nutzen zu können, ist es notwendig, die Mechanismen ihrer Entstehung und Wirkungsweise zu verstehen	▷ Die Entstehung von Aggressivität kann nicht verhindert werden. Wie sie ausgelebt wird, kann durch Erziehung, Selbsterziehung und gesellschaftliche Rahmenbedingungen beeinflußt werden.
▷ Zerstörende und quälende Gewalttätigkeit wird offenbar von der aggressiven Energie gespeist. Gewalttätigkeit ist andererseits nicht die einzige Form, Aggressivität auszuleben. Sie wird vielmehr in Nachahmung entsprechender Verhaltensmodelle erlernt.	▷ Für die Verminderung gewalttätiger Formen der Aggressivität tragen alle Verantwortung, die den Einflußrahmen, in dem junge Menschen aufwachsen, mitgestalten können. Die in der sozialen Umgebung praktizierten und in den Medien dargestellten Handlungsmodelle bieten jungen Menschen entscheidenden „Lernstoff".
▷ Werden gewalttätige Handlungen geduldet, akzeptiert oder gar belohnt, wirkt dies verstärkend.	▷ Wichtige ethische Forderungen sind daher: Ächtung statt Achtung gewalttätigen Durchsetzungsvermögens; Einspruch statt Wegschauen bei eskalierenden Auseinandersetzungen; Eindeutigkeit statt Herumreden bei der Beurteilung selbsterlebter Alltagsgewalt.
▷ Wichtige Ansatzpunkte zur Gewaltverminderung sind: stärkere (Selbst)Kontrolle der Medien; wirksamer Minderheitenschutz in Wort und Tat; Verbrechensvorbeugung und entkriminalisierende Drogenprävention; Abbau des Wohlstandsgefälles, d. h. Vorrang für die Bekämpfung von Armut und Arbeitslosigkeit in der Wirtschafts- und Sozialpolitik.	▷ Gewaltverminderung ist eine gesamtgesellschaftliche Lernaufgabe, die von unterschiedlichen Bereichen her angegangen werden kann. Die genannten gesellschaftspolitischen Schritte gewinnen an Glaubwürdigkeit durch eine Beschränkung der politischen „Werte-Rhetorik" auf das tatsächlich Gewollte und in überschaubarer Zeit Umsetzbare.

8.3 Gewalt im Alltag

> Zwei Positionen stehen sich bei der öffentlichen Diskussion des Gewaltphänomens gegenüber. Die eine setzt die folgende, scheinbar unstrittige Botschaft voraus: „Wachsende Gewaltbereitschaft und -tätigkeit hat unsere Gesellschaft wie eine Krankheit befallen, die mit allen Kräften therapiert werden muß. Wenn wir erst die Ursachen, die Krankheitserreger, dingfest gemacht haben, finden wir auch schnell die richtigen Gegenmittel."
>
> Die andere Grundannahme lautet: „Gewalt ist keine 'Krankheit', sie gehört zum Alltag.Und sie wurde nie allgemein abgelehnt. Ausgeweitet hat sich heute die allgemeine Wahrnehmung von Gewalttaten. Zum Beispiel hat es Mißhandlungen und sexuellen Mißbrauch von Kindern auch früher gegeben. Heute werden diese Gewalttaten verstärkt aufgedeckt und diskutiert."

Diskussionen, die sich entlang solcher Positionen bewegen, zeigen die Grenzen quantitativer Erhebungen und verallgemeinerter Psychologisierung oder Historisierung.
Zur differenzierten Bewertung gegenwärtiger Gewalt ist aber ein genaueres Augenmerk auf die verschiedenen Formen und Qualitäten von Gewalt notwendig.

▶ *Wann ist Gewaltanwendung verständlich oder unvermeidbar? Welche Formen der Gewaltanwendung sind gerechtfertigt? Gibt es „gute" Gewalt? Gibt es eine Pflicht, Gewalt im Alltag zu vermindern oder zu vermeiden?*

> *Körperliche Züchtigung*
> *Ein Vater versetzt seinem zwölfjährigen Sohn, der seiner Anweisung nicht folgt und ihm statt dessen mit höhnischem Widerspruch entgegentritt, einen Faustschlag. Der Sohn gibt sich (im doppelten Sinn) geschlagen und zieht ab.*

Erziehung und Gewalt
Rechtlich gesehen handelt der Vater an der Grenze des Erlaubten. Zwar beschreibt das Gesetz (*§ 1626 ff BGB*) das Verhältnis der Eltern zu ihren Kindern seit 1980 nicht mehr als *„elterliche Gewalt"* mit einer Betonung der Unterstellung des Kindes unter die elterliche Macht, sondern als *„elterliche Sorge"* mit einer Betonung der elterlichen Pflicht gegenüber dem Kind.

Doch bleiben begrenzte und angemessene körperliche Züchtigungsmittel (z. B. eine gelegentliche Ohrfeige) weiterhin erlaubt; entwürdigende Methoden wie Einsperren und Verprügeln sind dagegen rechtswidrig. Dieses begrenzte Züchtigungsrecht ist auf die eigenen Kinder beschränkt; es steht z. B. nicht, wie in früheren Zeiten üblich, dem Lehrer zu. Ein Lehrer, der wie der beschriebene Vater handelt, macht sich u. U. strafbar.

Unter ethischem Gesichtspunkt ist die Handlungsweise des Vaters nur zu rechtfertigen, wenn sie einem sinnvollen und menschenwürdigen Erziehungsziel dient (hier z. B. der Bereitschaft zur anteiligen Übernahme von Gemeinschaftsaufgaben). Ob dies gegeben ist, ließe sich nur unter Berücksichtigung aller besonderen Fallumstände entscheiden.

Der Wille des Vaters, einem solchen Erziehungsziel zu dienen, reicht freilich nicht aus: Wenn das gewählte Mittel für den angegebenen Zweck objektiv untauglich ist und zudem die Würde des Kindes verletzt, kann nicht mehr von ethischer Rechtfertigung gesprochen werden. Der gute Wille oder die Affektsituation machen jedoch das Handeln des Vaters verstehbar und moralisch entschuldbar. Die hohe Zahl massiv verletzender und seelisch zerstörender Kindesmißhandlungen mahnen zu einer engen Grenzziehung bei der Hinnahme körperlicher Züchtigung von Kindern durch ihre Eltern.

Rowdytum
Autofahrer A hält sich auf breiter Vorortstraße bei freier Fahrbahn und guter Sicht an die vorgeschriebene Tempobegrenzung von 70 km/h. Der nachfolgende Fahrer B möchte schneller fahren, kann aber aufgrund des Gegenverkehrs nicht überholen. Seinen aufkommenden Ärger bringt er durch enges Auffahren und Betätigen der Lichthupe zum Ausdruck. Schließlich hält A unvermittelt an. B ist zur Vollbremsung gezwungen. Beide Fahrer springen aus ihren Wagen. B steigert sich in immer wüstere Beschimpfungen hinein. Schließlich versetzt A einen gezielten Fausthieb. B gibt sich zunächst geschlagen, erstattet aber Anzeige.

Selbstjustiz
Sowohl die Tätlichkeit von A als auch die vorausgehende Nötigung und Beschimpfung durch B überschreiten strafrechtliche Grenzen.

Ethisch hat der beschriebene Fausthieb eine ganz andere Qualität als der im vorangehenden Beispiel diskutierte. Es wird mit der gewalttätigen Aktion weder ein „höheres" Ziel angestrebt, noch besteht eine besonders geschützte Beziehung zwischen A und B. Obwohl manch einer für A's Handlungsweise Sympathie entwickeln mag, ist sie ethisch durch nichts gerechtfertigt. Sie mag begründet sein in der Unfähigkeit, kommunikative Streß- und Konfliktsituationen auszuhalten oder mit Worten auszutragen. Die von B erzeugte bedrohliche Zwangssituation macht A's affektive Handlung erklärlich, sie macht die gewalttätige Antwort aber weder notwendig (Notwehr), noch kann die vorausgehende Provokation die negative Wertigkeit der gewalttätigen Reaktion aufheben.

Randale
Herr D., Polizist, hat zusammen mit anderen Polizeibeamten die Aufgabe, einen politisch umstrittenen Redner zu schützen. Eine Gruppe von sog. Autonomen beschimpft den Redner als Faschisten und versucht schließlich, ihn mit Gewalt am Sprechen zu hindern. Beim Bemühen, die Randalierer abzudrängen und schließlich festzunehmen, spart Herr D. nicht mit Faustschlägen.

Polizeigewalt
In diesem Beispiel kommt ein neues Moment hinzu: Das staatliche Gewaltmonopol. Es besagt, daß die Macht und Gewalt des Stärkeren in einem demokratischen Rechtsstaat ersetzt sein soll durch die Übertragung des Rechtes auf Gewaltanwendung an den Staat und seine Organe (hier die Polizei). Diese Gewaltanwendung darf nur der Durchsetzung demokratisch legitimierter Rechtsnormen dienen; ihre Methoden und die jeweiligen Anwendungssituationen unterliegen der juristischen Kontrolle. Der Einzelne kann sich gegen den Mißbrauch des Gewaltmonopols unter Berufung auf seine Grundrechte zur Wehr setzen.
Herr D. handelt also im Rahmen der Legalität. Er handelt aber auch legitim, d. h. ethisch gerechtfertigt, da das Grundrecht der Meinungsfreiheit des nachhaltigen Schutzes bedarf. Dieser Schutz muß notfalls mit begrenzten Gewaltmitteln durchgesetzt werden. Ob Fausthiebe in der geschilderten Situation notwendig und angemessen waren, entscheidet sich an den genauen Fallumständen.

Auch für demokratische Staaten stellt sich die Frage von **CICERO**: *„Denn was könnte gegen Gewalt ohne Gewalt getan werden?"*

Mißbrauch
Bei dem angeführten Beispiel handelt auch die Gruppe der Autonomen nicht aus niederen Motiven. Mit Blick auf die deutsche Geschichte wende man sich gegen rechte Parolen und Parteien, nach dem Prinzip: *Wehret den Anfängen.*
Die erste Schwäche dieser Argumentation liegt darin, daß man hier und jetzt das Grundrecht auf Meinungsfreiheit untergräbt, um eine Entwicklung hin zum autoritären Staat zu verhindern.
Die zweite ethische Schwäche liegt in der Gewalttätigkeit. Ohne Not werden hier die Möglichkeiten der direkten argumentativen Auseinandersetzung, des rechtlichen Einspruchs, der öffentlichen Widerrede usw. übersprungen.

Zusammenfassung	Folgerungen
▷ Gewaltanwendung ist aus ethischer Sicht in jedem Fall ein Übel. Dennoch kann sie manchmal als das geringere Übel hinnehmbar sein, z. B.: als Notwehr, als letztes Mittel zur Durchsetzung von Gesetzen und zum Schutz der Freiheitsrechte des Einzelnen.	▷ Auch in diesen Fällen ist Gewaltanwendung nur legitim, wenn – der angezielte Zweck keinesfalls verzichtbar ist; – dieses Ziel nicht mit anderen Mitteln erreicht werden kann; – die Gewaltmittel situationsangemessen minimiert wurden.
▷ Zwangssituationen, Provokationen, erlittenes Unrecht oder auch ehrenwerte politische Ziele rechtfertigen an sich keine Anwendung von Gewaltmitteln.	▷ Nur bei Bedrohung oder Zerstörung menschlichen Lebens, menschlicher Freiheit und Würde kann bewußte Gewaltanwendung gerechtfertigt sein.
▷ Gewalt im Alltag ist in der Regel nicht gerechtfertigt. Mangelnde Selbstkontrolle und Streitfähigkeit sind ihre Hauptursachen.	▷ Vermeidung oder Verminderung der Alltagsgewalt sind vorrangig Aufgabe der Erziehung und der fortdauernden Selbsterziehung.

8.4 Gewalt als Instrument

> Gewalt im Alltag ist meist getragen von einem emotional-aggressiven Anteil. Oft bestimmt ein von den Beteiligten nicht beherrschbarer Affekt oder eine unberechenbare Situationsdynamik das Geschehen. Gewalttätigkeit kann im Gegensatz dazu aber auch völlig unabhängig sein von momentanen Stimmungen. Gewalt kann als kalkuliertes Instrument eingesetzt werden im Rahmen überlegten strategischen Handelns und im Dienst unterschiedlichster Ziele.

▶ *Welche Zwecke rechtfertigen den Einsatz eines Gewaltinstrumentes? Wer oder was kann zur Gewaltanwendung legitimieren? Welche Verantwortungskriterien sind bei bewußter Gewaltanwendung zu beachten? In welchem ethischen Verhältnis stehen Gewalt und Gewaltlosigkeit, wenn beide einem positiven Wert dienen?*

Gewaltexperiment
In Anlehnung an eine Testserie des amerikanischen Psychologen **Stanley Milgram** *im Jahre 1961 führte der Bayerische Rundfunk 1970 in Zusammenarbeit mit dem Münchener Max Planck-Institut folgendes Experiment durch: 120 repräsentativ ausgewählte Menschen (Männer und Frauen, Alte und Junge, Arbeiter und Beamte) wurden aufgefordert, sich an einem bedeutenden Versuch zur Entwicklung verbesserter Lernmethoden zu beteiligen. Aus einem geschlossenen Raum heraus, in dem sie jeweils zusammen mit dem Versuchsleiter saßen, sollten sie einer anderen Versuchsperson im Nebenraum eine Gedächtnisaufgabe stellen (das richtige Zuordnen vorher verlesener Wortpaare). Nach jedem Fehler des „Schülers" sollte der „Lehrer" ihm durch Knopfdruck einen Stromstoß versetzen, und zwar in wachsender Stärke (von 15 bis 450 Volt). Das erschreckende Ergebnis: 85% der Versuchspersonen waren bereit, ihre Bestrafungen bis 450 Volt zu steigern – auch nachdem der „Versuchsschüler" begonnen hatte, vor Schmerzen zu schreien, zu bitten, zu flehen und schließlich – ab der vermutlich tödlichen Grenze – verstummt war. Daß der „Schüler" im Nebenraum seinen Schmerz nur simulierte, konnten die Versuchspersonen nicht wissen. Diejenigen, die sich so stark durch die Schreie im Nebenraum anrühren ließen, daß sie zwischenzeitlich nicht weiter machen wollten, konnten meist durch eine einfache und autoritäre Erklärung des Versuchsleiters zum Weitermachen bewegt werden: Sie sollten in ihrer Aufgabe fortfahren; sonst sei das ganze Experiment gefährdet.*

Wissenschaft und Gewalt
Auch wenn dieses Experiment keine wirkliche Gewaltanwendung beinhaltet, deckt es Strukturen und Gefährdungen unserer Bewertung von Gewalt auf. Zwei Bedingungen sind es, die auch extreme und direkte Gewaltanwendung in den Augen der Versuchsteilnehmer gerechtfertigt erscheinen lassen:

- Sie glauben, alle Verantwortung für ihr Tun an die unmittelbar beteiligten wissenschaftlichen Experten abgeben zu können.
- Sie glauben an eine ungemein weit gespannte Nützlichkeit ihres an sich unzulässigen Tuns.

Es kommt hier der gleiche Bewertungsmechanismus zum Zuge, der auch die schlimmsten Verbrechen mitprägt: Wenn jungen SS-Männern befohlen wurde, jüdische Kindern zu töten, so haben das nicht alle ohne Bedenken getan. Ausschlaggebend waren aber die unbedingte Autorität des Systems (des Führers) und die Überzeugung, der Menschheit durch die Ausrottung der Juden von höchstem Nutzen zu sein. Weder das persönliche Gewissen noch das universelle Tötungsverbot hatten dagegen eine Chance.

Diese beiden Beispiele zeigen: **Gehorsam** und **Nutzenüberlegungen** können nicht zur Rechtfertigung von Gewalt führen. Verantwortlicher Gehorsam setzt immer das eigene Urteil voraus und kann es keineswegs ersetzen. Auch an Autoritäten oder Experten kann diese Urteilspflicht nicht abgetreten werden.

Tyrannenmord
Unter dem Eindruck der Judenpogrome und der brutalen Eroberungs- und Vernichtungspolitik wandelte sich der hohe Offizier und Anhänger der Außenpolitik Hitlers, Graf Schenk von Stauffenberg, zum Widerstandskämpfer. Er beteiligte sich maßgeblich an einem Umsturzplan gegen Hitler und verübte selbst am 20. 7. 1944 ein (mißlungenes) Bombenattentat auf den Diktator.

In diesem Fall war die Ausgangslage so negativ, daß allein die Hoffnung, die völkervernichtende Mordmaschinerie des Nazi-Regimes aufhalten zu können, die Tat rechtfertigte. Dieses Beispiel zeigt die zwei Bedingungen, unter denen Gewaltanwendung, auch Menschenleben vernichtende Gewalt, als „nützlich" und ethisch gerechtfertigt angesehen werden kann:

- Die Ausgangssituation ist von so schlimmer und weitreichender Gewalttätigkeit geprägt, daß nicht nur unermeßliches Leid über zahllose Menschen gebracht wird, sondern auch jedes gewaltfreie Veränderungspotential erstickt ist: Der Tyrannenmord ist das einzige und *letztmögliche Mittel.*
- Angesichts millionenfachen Mordens, das es zu stoppen bzw. für die Zukunft zu verhindern gilt, ist auch die Voraussetzung erfüllt, die *Verhältnismäßigkeit der Mittel* zu wahren.

„Ethnische Säuberung"
Nach dem Zerfall Jugoslawiens kommt es u. a. in Bosnien-Herzegowina zum bewaffneten Konflikt zwischen verschiedenen Volksgruppen. Die größten Gruppen sind die bosnischen Moslems (ca 38%) und die Kroaten (ca. 18%). In den Jahren 1992 und 1993 eskaliert der Bürgerkrieg. Die militärisch überlegenen Serben erobern große Teile des Landes, um andere

Gebiete und Städte wird erbittert gekämpft, doch ohne Aussicht auf ein baldiges Ende.
Gleichsam unter den Augen der Weltöffentlichkeit schließen sich grausame Aktionen, sog. „ethnische Säuberungen" an: In Vernichtungslagern werden Tausende der unterlegenen Volksgruppen gefoltert und ausgehungert, Frauen werden gezielt und brutal vergewaltigt. Unvorstellbares Gemetzel, Elend und Zerstörung prägen die Situation. Die UN versucht auf dem Verhandlungswege sowie mit Hilfe von Friedenstruppen (sog. „Blauhelme") Schutzzonen um belagerte Städte zu errichten und einen Waffenstillstand zu erreichen. Alle Abkommen scheitern aber nach kurzer Zeit.

In Europa, aber auch in anderen Teilen der Welt fordern viele ein direktes und massives militärisches Eingreifen der UN und der NATO. Begründet wird dies meist mit ethischen Argumenten: Das Bombardement serbischer Stellungen sei das letzte und längst überfällige Mittel, diesen grausamen Krieg zu stoppen. Gegenstimmen verweisen darauf, daß der Verlauf einer solchen Aktion nicht abzuschätzen sei; wahrscheinlich komme es zur militärischen Eskalation, zu langwierigen Bodenkämpfen und hohen Verlusten ohne die Garantie des Erfolges.

Gewaltunterbrechung
Dieses Beispiel zeigt, daß die ethische Rechtfertigung von Gewaltanwendung in Extremsituationen sich nie allein auf ethische Prinzipien stützen kann. Situationsbezogene (politische und militärische) Abwägung und Klugheit müssen zu verantwortlichem Urteil beitragen. Einzubeziehen sind die absehbaren Folgen sowie die nichtmilitärischen Alternativen des Einwirkens, die noch nicht ausgeschöpft sind. Zu beurteilen ist die Frage, ob die Verhältnismäßigkeit der Mittel gewahrt, d. h. ob eine Militäraktion eng begrenzt bleiben kann.

Eindeutigkeit und Gewißheit des Urteils sind in einem solchen Fall freilich nur schwer oder überhaupt nicht erreichbar.
Jedes Verhalten bedeutet andererseits eine eindeutige Entscheidung. Das gilt auch für das Nicht-Eingreifen oder Hinauszögern von Maßnahmen. So besteht die Gefahr, daß das ethische Urteil zur bloßen nachträglichen Rechtfertigung des tatsächlich Gegebenen verkommt.

Notwendig und möglich ist daher ein begleitender Prozeß ethischer Reflexion, gleichsam als Ersatz für das handlungsleitende klare ethische Urteil. Dieser Prozeß muß folgende Mindestanforderungen erfüllen:

- Er muß *offen* sein für alle, die sich beteiligen können (Sachbezogenheit) und wollen (subjektive Betroffenheit). Sachbezogenheit zeigt sich z. B. durch Kenntnisse der tatsächlichen Geschehnisse und ihrer Hintergründe. Betroffenheit zeigt sich z. B. im Engagement für politische Konfliktlösungen oder in der Beteiligung an humanitärer Hilfe für die Bevölkerung vor Ort oder für Kriegsopfer und -flüchtlinge.

- Er muß *öffentlich* sein, damit der gleiche informative und argumentative Fortschritt für alle ermöglicht wird. Ein Fortschritt könnte die Eröffnung neuer Handlungsalternativen sein (z. B. vollkommene Grenzöffnung für Kriegsopfer, -flüchtlinge. -deserteure; oder z. B. konsequente Verhinderung aller Rüstungsexporte; massiver Schutz und Unterstützung der Friedensgruppen und humanitären Helfer vor Ort; Auflösung von vereinfachenden Feindbildern durch Aufklärung und Begegnung).

- Er muß *kritisch* sein, damit evtl. verdeckte Eigeninteressen der Entscheidungsbeteiligten aufgedeckt werden. Zum Beispiel. können dies Interessen der Rüstungsindustrie und ihrer politischen Vertreter sein; oder argumentative und machtpolitische Interessen für die innenpolitische Auseinandersetzung um die zukünftige Bedeutung und Höhe des Militärhaushaltes usw.

Folter
Die Folter ist heute ein weltweit angewandtes Instrument zur politischen Verfolgung und Unterdrückung. Nach Angaben von Amnesty International werden jährlich in ca. siebzig Ländern etwa 500 000 Menschen gefoltert. Folter ist der von Trägern staatlicher Gewalt oder auf ihre Veranlassung ausgehende Zwang auf Menschen zur Erlangung bestimmter Aussagen oder Verhaltensweisen. Dieser Zwang wird durch Zufügung massiver Schmerzen und Leiden ausgeübt.
Die verbreitetsten Foltermethoden sind Schläge mit Fäusten, Knüppeln, Peitschen oder Gewehrkolben auf den ganzen Körper – besonders aber auf die empfindlichen Fußsohlen; Verbrennungen mit glühenden Eisen; gezielte Unterkühlung; Eintauchen in Wasser bis zum Rande des Ertrinkens; Elektrofolter, besonders an empfindlichen Körperteilen wie den Geschlechtsorganen; Brechen von Gliedmaßen; Aufhängen in schmerzhafter Haltung; Vergewaltigung. Hinzu kommen u. a. psychische Folter (z. B. Scheinhinrichtungen) und psychiatrisch-pharmakologische Methoden (z. B. medikamentöse Erzeugung von Wahnvorstellungen).

Ächtung der Folter
Aus ethischer Sicht ist die Ablehnung der Folter, ja sogar der Ruf nach einer allgemeinen Ächtung aller Foltermethoden eine Selbstverständlichkeit. Seit der Anerkennung allgemeiner Menschen- und Bürgerrechte (seit der Unabhängigkeit der Vereinigten Staaten und der Französischen Revolution) hat sich diese Einsicht mehr und mehr durchgesetzt. Internationale Ächtung erfuhr die Folter in der *Allgemeinen Erklärung der Menschenrechte von 1948* sowie präziser in den völkerrechtlich verbindlichen *Genfer Konventionen von 1949* und der *Antifolterkonvention von 1987*. Für Europa schaffte die *Europäische Menschenrechtskonvention* die Folter 1950 rechtsverbindlich ab.

Entspräche die Praxis den eindeutigen Erklärungen, brauchte weder das ethische noch das rechtliche Verbot der Folter diskutiert zu werden. So aber drängen sich die Fragen auf,

– warum das Ausmaß der Folter trotz allgemeiner Ächtung weiter ansteigt,
– auf welcher Begründung die eindeutige ethische Ablehnung der Folter fußt,
– ob es nicht doch ganz ausnahmsweise (ähnlich wie bei der Anwendung militärischer Gewalt) eine Rechtfertigung der Folter geben kann.

- Foltermethoden kommen trotz weltweiter Ächtung deshalb zur Anwendung,
  - weil die Folterer und ihre Auftraggeber nach dem Grundsatz handeln: Der Zweck heiligt die Mittel;
  - weil Ziele wie Machterhaltung, Kriegsgewinn oder Durchsetzung der eigenen gesellschaftlichen Utopie über den Menschen gestellt werden;
  - weil Menschen mit der Fähigkeit oder gar Lust zu quälen sich zu Instrumenten der Macht deformieren lassen;
  - weil Folterregimes nicht mit ethischer Argumentation beizukommen ist, sondern nur mit Druckmitteln, die den mit der Folter verbundenen Preis buchstäblich unbezahlbar machen.

- Folter kann nie und *unter keinen Umständen gerechtfertigt* werden,
  - weil sie den höchsten und unveräußerlichen Selbstzweck der menschlichen Person einem niedrigeren Ziel opfert;
  - weil sie nicht nur menschliches Leben vernichtet, sondern zudem darauf abzielt, das Innerste und Eigenste eines Menschen (seine Überzeugung, sein Gewissen) zu zerstören;
  - weil sie anders als z. B. Krieg, Gefängnis, Todesdrohung und Tötung darauf abzielt, den Menschen zu „entpersönlichen", d. h. seinen freien Willen zu brechen, sein Empfinden zu martern und seinen Verstand zu verwirren;
  - weil sie jeden kleinsten Freiraum zu eigener Entscheidung und Verantwortung raubt, den selbst noch jemand besitzt, der unter Todesdrohung zu einem Tun gezwungen wird: er kann sich für den eigenen Tod entscheiden.

Zusammenfassung	Folgerungen
▷ Persönliches Entscheiden und Handeln ist immer mit Verantwortung verbunden. Das gilt vor allem, wenn an sich schlechte Mittel für ein hohes Ziel eingesetzt werden sollen.	▷ Handlungsverantwortung kann auch in schwierigen Situationen nicht abgegeben werden. Autoritäten und Experten können die ethische Urteilsbildung lediglich unterstützen.
▷ Gewalt als Instrument ist gerechtfertigt, wenn es als begrenztes und letztmögliches Mittel zur Unterbrechung einer vielfach schlimmeren und andauernden Gewaltsituation eingesetzt wird.	▷ Realistisches Ziel der Gewaltanwendung kann nur die Unterbrechung eines Krieges oder einer Tyrannei sein, nicht die Herbeiführung von Frieden und Demokratie.
▷ In einer Kriegs- oder Bürgerkriegssituation kann der Prozeß ethischer Reflexion zur Eröffnung von Handlungsalternativen beitragen.	▷ Ein solcher Prozeß ist der „unterbrechenden" Gewaltaktion wo immer möglich vorzuziehen. Denn auch „nützliche" Gewalt zerstört und schafft Opfer.
▷ Folter geht von der totalen Verfügbarkeit des Menschen aus. Ausgangspunkt der Ethik ist dagegen seine Würde.	▷ Folter zerstört diese Würde in jedem Fall radikal. Sie kann daher niemals gerechtfertigt werden.

8.5 Widerstand und Gewaltlosigkeit

Weder der persönliche Wunsch, geborgen und in gewaltlosen Verhältnissen zu leben, noch die Erhebung der Gewaltlosigkeit zur ethischen und gesellschaftlichen Norm bringen uns dem Ziel gewaltfreier Lebensräume entscheidend näher. Beides kann zum bloßen Trost, zum naiven Traum inmitten herrschender Gewalt werden. Der jüdische Schriftsteller *Erich Fried* (1938 aus Wien nach London emigriert) schrieb zeitlebens gegen dieses schleichende „Gift" an:

Entwöhnung

Ich soll nicht morden
Ich soll nicht verraten
Das weiß ich
Ich muß noch ein Drittes lernen
Ich soll mich nicht gewöhnen

Denn wenn ich mich gewöhne
verrate ich
die, die sich nicht gewöhnen

Denn wenn ich mich gewöhne
morde ich
die, die sich nicht gewöhnen
an das Verraten
und an das Morden
und an das Sich-Gewöhnen

Wenn ich mich auch nur an den Anfang
gewöhne
fange ich an
mich an das Ende zu gewöhnen

Erich Fried

▶ *Wo finden sich heute die „Anfänge" alltäglich hingenommener Gewalt? Wie kann ich/wie kann eine Gesellschaft diesen Anfängen widerstehen? Kann nicht auch Widerstand zu Unrecht werden? Welche Leitbilder gerechtfertigten Widerstandes bieten Orientierung?*

„Wehret den Anfängen"
Der Weg bewußten und gezielt eingesetzten Widerstandes beschränkt sich nicht auf bloßes Ausweichen oder Verweigerung. Er kann auch mit Gemeinschaftserleben, Erfolgsaussichten und hohem Erlebniswert verbunden sein.
Die uns am nächsten liegenden Beispiele notwendigen Widerstandes beinhalten allerdings meist wenig Heroisches oder Aufsehen erregendes:

- *Wer sich der „Ellbogenmentalität" in seinem Betrieb entzieht und z. B. einer eher langsamen und unbeliebten Kollegin bewußt den Vortritt läßt, erntet meist wenig Beifall. Leicht kann er selbst ins Hintertreffen geraten.*
- *Wer sich der verbreiteten aggressiven Fahrweise im Straßenverkehr verweigert, wird heute schnell als „fahrendes Hindernis" verhöhnt oder wüst beschimpft. Zudem kommt er später an sein Ziel.*
- *Wer die von verbaler oder körperlicher Gewalttätigkeit geprägten Fernsehsendungen meidet, wird zum Außenseiter, der „nicht mitreden" kann.*
- *Wer Skrupel hat, in einem Betrieb zu arbeiten, der Rüstungsexportgüter produziert, verliert vielleicht seinen vorher sicheren Arbeitsplatz. Auf großartige Solidarität kann er kaum hoffen.*

Fast scheint es unmöglich, der Alternative zwischen Mitmachen oder Verlieren, Opfer-werden oder Täter-sein zu entkommen. Wer nicht mit den üblichen Mitteln agiert, oder doch wenigstens stiller Nutznießer oder passiver Zuschauer ist, wird zum Spielverderber. In manchen Gruppen gilt schon der, der sich dem vielzitierten „Erlebniskick" der direkten gewalttätigen Aktion entzieht, als langweilig und feige.

Die genannten **Formen persönlichen Widerstehens** können im günstigsten Fall als Vorbildverhalten „ansteckend" wirken und dadurch Veränderungsprozesse anstoßen. Oft bleibt ihnen jedoch solche Anerkennung versagt. Sie bleiben begrenzt auf die Ebene individueller Tugendhaftigkeit. Eine Veränderung der jeweiligen Gesamtsituation ist manchmal nicht einmal vom Handelnden gewollt oder erwartet – so als handele es sich nur um das Ausleben einer persönlichen Verhaltensvorliebe.

Das „Nein" im Alltag
Eine neue Qualität gewinnt dieses Widerstehen, wenn es mit offenem Widerspruch, aktiver Verweigerung und gezielter Veröffentlichung verbunden ist:

- Durch den **offenen Widerspruch** ist das abweichende Verhalten aus der Beliebigkeit herausgehoben. Es zwingt zur Auseinandersetzung. Die Chance zur begründeten Kritik der vorher allgemein „übersehenen" Gewalt ist eröffnet.
- Mit der **aktiven Verweigerung** ist notwendig ein abweichendes Verhalten verbunden. Dies zeigt, daß es Alternativen gibt zum scheinbar „Normalen".
- Die **gezielte Veröffentlichung** schafft die Voraussetzung zur Verbindung mit Gleichgesinnten. Dies stärkt den eigenen Weg, aber auch den Mut zur Selbstkritik und zum Aufbruch aus eigener Einseitigkeit oder Gewalttätigkeit.

Wie schwierig der Einstieg in diesen Weg, d. h. der Ausstieg aus der Anpassung sein kann, hat der österreichische Schriftsteller *Peter Turrini* verdeutlicht:

> *Das Nein*
> *das ich endlich sagen will*
> *ist hundertmal gedacht*
> *still formuliert*
> *nie ausgesprochen.*
>
> *Es brennt mir im Magen*
> *es nimmt mir den Atem*
> *wird zwischen meinen Zähnen*
> *zermalmt*
> *und verläßt*
> *als freundliches Ja*
> *meinen Mund.*
>
> **Peter Turrini**

Gelingt aber das „Nein", kann ein dynamischer Veränderungsprozeß in Gang gesetzt werden. Er läßt sich folgendermaßen schematisch darstellen:

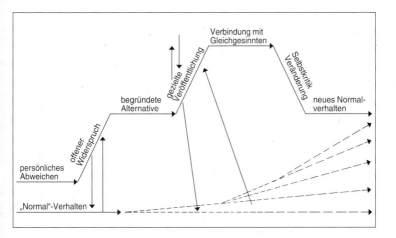

Solche Widerstands- und Veränderungsprozesse, die gegen Gewalt- und Unrechtphänomene in der privaten Lebens- und Arbeitswelt gerichtet sind, haben einen unbestritten ethischen Wert, wenn sie sich keiner an sich unerlaubten Mittel bedienen und in ihrer Zielbestimmung kritikoffen bleiben.

Protest und Gesetzesverletzung
Problematischer sind die Formen gewaltfreien Widerstandes, die bewußte Gesetzesverletzungen in ihre Strategie mit einbeziehen: z. B. Straßenblockaden, Besetzung öffentlicher Einrichtungen, symbolische Beschädigung oder Zerstörung militärischer Anlagen oder Geräte. Solche Aktionen sind in den Protestbewegungen und Bürgerinitiativen der letzten Jahrzehnte populär geworden. Aus ethischer Sicht sind sie in jedem Fall nach vier Seiten hin zu befragen:

- Sind die in einer demokratischen Gesellschaft durchaus vielfältigen Möglichkeiten der Einflußnahme tatsächlich ausgeschöpft?
- Wird der Selbstanspruch der Gewaltfreiheit gewahrt und werden die rechtlichen Folgen der Gesetzesverletzung akzeptiert?
- Handelt es sich um sittlich hochstehende Motive und verallgemeinerbare Ziele?
- Stellen sich die Akteure der öffentlichen Kritik und Diskussion?

Können diese Fragen alle eindeutig bejaht werden, ist auch der Widerstand, der Gesetzesgrenzen überschreitet, der sog. **zivile Ungehorsam,** ethisch gerechtfertigt. Werden diese hohen Anforderungen nicht erfüllt, kann gewaltfreier Widerstand auch im ethischen Sinne zum Unrecht werden.

Nichtbeteiligung und Boykott

Entwickelt wurden Vorstellungen und Praxis des gewaltfreien Widerstandes in unserem Jahrhundert u. a. durch **MAHATMA GANDHI** und **MARTIN LUTHER KING**, und zwar als bewußtes Gegenkonzept zur gewalttätigen Revolution:

- Gandhi wandte bei seinem Kampf gegen die britische Kolonialregierung in Indien u. a. folgende Mittel an: Initiierung einer massenhaften Bewegung der Nichtbeteiligung an den Institutionen der Regierung (von der Verwaltung bis zum Schulwesen); Boykott britischer Firmen und Produkte; gesetzesverletzende Massendemonstrationen; persönliches Fasten.

- M. L. King entwickelte innerhalb der amerikanischen Bürgerrechtsbewegung der Schwarzen ebenfalls sehr erfolgreiche Formen des zivilen Ungehorsams. Zum Beispiel organisierte er 1956 einen Aufsehen erregenden Omnibusboykott, der zur Aufhebung der Rassentrennung in den öffentlichen Verkehrsmitteln führte.

Diese und viele kleine und große Bewegungen in den Ländern Lateinamerikas, Osteuropas und anderer Erdteile haben gezeigt, daß gewaltfreier Widerstand gegen noch so großes Unrecht möglich ist und erfolgreich sein kann. Die uns begegnende Alltagsgewalt und die weltweite Instrumentalisierung der Gewalt zu politischen, ökonomischen und ideologischen Zwecken kann ebenfalls nur durch möglichst viele phantasievolle Gewaltunterbrechungen zum Besseren gewendet werden.

Zusammenfassung	Folgerungen
▷ Nur bewußter und gezielt eingesetzter Widerstand kann die Alternative aufbrechen, Gewalttäter oder Gewaltopfer zu sein.	▷ Wirkung und Wert des gewaltfreien Widerstandes gegen Gewalt und Ungerechtigkeit gehen über die Tugend der persönlichen Gewaltlosigkeit weit hinaus.
▷ Der Weg vom persönlichen „Nein" zur Gewalt bis zu einer spürbaren Veränderung der eigenen Lebenswelt führt über die offene Auseinandersetzung, den Mut zu eigenen Wegen, die Veröffentlichung entsprechender Erfahrungen und die Solidarisierung mit Gleichgesinnten.	▷ Phantasievolle Aktionen der Unterbrechung von Alltagsgewalt oder Instrumentalgewalt haben durchaus Aussicht auf Erfolg. Sie erfordern Mut, Standfestigkeit, Bereitschaft zu außergewöhnlichem Handeln, zur Selbstkritik und zu vielseitigem Dialog.
▷ Die Widerstandsform des zivilen Ungehorsams hat sich den Kriterien der Öffentlichkeit, der Verallgemeinerungsfähigkeit, der Sittlichkeit, der Gewaltfreiheit und der Notwendigkeit zu stellen.	▷ Die von Gandhi u. M. L. King praktizierten Formen gewaltlosen Widerstandes gelten zu Recht als vorbildlich. Sie sind aber in ihrer konkreten Ausprägung nicht übertragbar.

9 Leidenschaft und Besonnenheit

9.1 Vorverständnis

Kritische Darstellungen des modernen Genußmenschen heben in der Regel das Zwanghafte und Süchtige, das Getriebene und Übertriebene seines Erlebnis- und Konsumhungers hervor.
Das gegenteilige Lebensmodell eines Menschen, der sich von nichts mehr mitreißen läßt, der abgeklärt und ohne Kraftverschwendung im Ordnungsrahmen seines Alltags verharrt, scheint allerdings ebenfalls nicht sehr attraktiv. Das Wort vom „engstirnigen Spießer" möchte kaum jemand auf sich bezogen wissen.
Der Weg zu gelingendem Leben findet sich offenbar zwischen den Extremen von leidenschaftsloser Erstarrung und zügelloser Leidenschaftlichkeit.

Leidenschaft, verstanden als starker und unersättlicher Antrieb unseres Empfindens und Handelns, ist also keineswegs verzichtbar für ein gelingendes menschliches Leben. Entscheidend ist, ob sie zur Gier wird, die uns abhängig macht und die Rücksicht auf anderes oder andere verbaut. Oder ob sie uns im Sinne von Begeisterung lebendig und sensibel macht.
Zum Beispiel kann die Spielleidenschaft einen Jugendlichen in die süchtige Abhängigkeit von Spielautomaten hineintreiben. Den anderen verwandelt seine Spielleidenschaft in die mitreißende „gute Seele" in seiner Hockey-Mannschaft.

Entsprechend unterschiedlich werden die Leidenschaften bewertet. Soll man mehr der Vernunft oder mehr den Leidenschaften gehorchen? Seit der Antike erscheinen drei Antworten grundsätzlich möglich:

	Leidenschaften müssen beherrscht und begrenzt bzw. unterdrückt werden.	Leidenschaften müssen in ein vernünftiges Streben eingebunden werden.	Leidenschaften müssen anerkannt und ausgelebt werden.
herausragende Vertreter	Platon; Stoa; Kant; rigorose Vertreter kirchlicher Moral	Aristoteles; Hauptstrom des Christentums; moderne Psychologie und Pädagogik	Nietzsche; Rousseau; 68er Bewegung; antiautoritäre Erziehung
Begründung	Leidenschaften sind widervernünftig. Sie stören das persönliche Glück und die objektive Pflicht zu sittlichem Handeln.	Es bewirkt einen menschengemäßen Ausgleich zwischen verantwortlicher Zielüberlegung und spontaner Lebendigkeit	In den Leidenschaften steckt die eigentliche Stärke und Natur des Menschen, in der Moral seine Versklavung.
Problematik	Verdrängung kann zu seelischen Störungen, zu Doppelmoral oder unkontrollierter Freisetzung der Leidenschaft führen (z. B. in Gewalt und Krieg).	Der vernünftigen Selbstbestimmung gelingt es nicht ohne weiteres, bis zu den unbewußten Handlungsantrieben und Quellen der Leidenschaften vorzudringen.	Die Weigerung oder Unfähigkeit zur Beherrschung von Leidenschaften kann das Zusammenleben erschweren und die Bindungsfähigkeit zerstören.

Besonnenheit (gr. – *sophrosyne*; lat. – *temperantia*) als vierte der alten Kardinaltugenden ist die genauere Bestimmung der mittleren Umgangsweise mit den menschlichen Leidenschaften und Stimmungen (Affekten; lat. – *afficere*: einwirken; in eine Stimmung versetzen). Sie bezeichnet ganz allgemein den „gesunden Sinn", das rechte Maß.

Bei unbändigem Erlebnishunger scheint es allerdings schwierig, das individuell richtige Maß zu bestimmen; oft setzen die finanziellen Möglichkeiten eine harte äußere Grenze. Wer von maßloser Wut übermannt wird, hat die Chance zur Besonnenheit bereits vergeben. Und wo könnte überhaupt die *„gehörige Mitte"* der sexuellen Leidenschaft liegen?

FRIEDRICH SCHILLER hat in seiner Schrift „*Über die ästhetische Erziehung des Menschen*" (1793/94) bereits über einen Weg nachgedacht, Sinnlichkeit und Vernunft ohne einseitige Unterdrückung zu versöhnen. Sein Ziel ist die größere menschliche Freiheit. Sein Modell für die richtige Verbindung von Leidenschaft und vernünftigem Streben ist das ***Spiel***. Es wird um der zwecklosen Freude willen gespielt, ohne die überlegte Zielstrebigkeit auszuschließen. Diese Bindung des guten und richtigen Verhaltens an das Erfreuliche und Schöne wird auch **ästhetische Moral** genannt. In ihr hat die Tugend der Besonnenheit eine moderne Fassung erhalten:

– Mit der Betonung der *Wahrnehmung* steht sie im deutlichen Gegensatz zur fordernden und urteilenden Prinzipienmoral.

– Mit der Orientierung am *Schönen* übertrifft sie die bloße Selbstbeherrschung.

9.2 Konsum, Sucht und Genuß

> **ERNST BLOCH** prägte das Wort von der *„Melancholie der Erfüllung"*, die ständige Wegbegleiterin des menschlichen Glücks sei.
>
> *Wiedererkennen läßt sich dieser Zusammenhang in relativ banalen Dingen: im körperlichen und seelischen „Kater" nach durchfeierter Nacht; im inneren Leeregefühl nach bestandener Prüfung, das oft stärker ist als die Freude; in der häufigen Enttäuschung, wenn der Ferienort endlich erreicht ist, auf den das ganze Jahr „hingedacht" wurde; in dem flauen Gefühl, das nach so mancher „Kauforgie" eher übrigbleibt als wirkliche Befriedigung.*
> *Ähnliches zeigt auch der Blick auf größere Lebensabschnitte: Einem glücklichen Schulabschluß ist meist ein Schuß Abschiedstrauer und Angst vor der Zukunft beigemischt. Die junge Familie, die endlich in das eigene Haus einziehen kann, hat damit längst nicht ihr Glück perfekt, wie die Werbung glauben machen will. Gerade erfolgreiche Menschen werden in der Mitte ihres Lebens oft von dem Gedanken gequält, alles könnte sinnlos sein.*

Beim Versuch, jede Sehnsucht zu stillen, Glückserlebnisse zu wiederholen, zu steigern und ihnen Dauer zu verleihen, stehen wir in der Gefahr, das uns zuträgliche Maß zu überschreiten. Gleichzeitig bleibt der *„Vorrat unbefriedigter Träume"* (**Robert Musil**) unerschöpflich, auch wenn wir uns noch so hetzen.

▶ *Welches Maß an Konsum und Genuß ist uns und der Mitwelt angemessen? Wo liegen die Grenzen zur Sucht? Wie läßt sich ein besonnenes Streben und Genießen einüben?*

Lust- und Nutzenkalkül

Auf die erste Frage wird ein konsumfreudiger Zeitgenosse vielleicht antworten, Ziel sei die kontinuierliche Steigerung von Lust und Genuß. Eine ähnliche Antwort gab **JEREMY BENTHAM** (1748–1832). Er schlug in seinem Hauptwerk vor, die Genußmaximierung zur Zielidee der Gesellschaft zu erheben: Sie solle den höchstmöglichen Genuß für eine größtmögliche Zahl von Menschen anstreben. Nicht von Werten und Normen her sei menschliches Handeln zu beurteilen, sondern vom bewirkten Nutzen für die Glückssteigerung.

Der so begründete **Utilitarismus** (Nützlichkeitsdenken; lat. *utilitas* – der Nutzen) wurde eine Generation später von dem Philosophen und Volkswirtschaftler **JOHN STUART MILL** (1806–1873) weiter ausgebaut: Mit dem Prinzip des größten Glücks der größten Zahl waren Unglück und Unterdrückung einer Minderheit vereinbar; Sklaverei und Indianerausrottung machten das drastisch sichtbar. Daher setzte Mill an die Stelle des Glücks der Mehrzahl als Ziel das *„allgemeine Glück"*. Damit begründete er einen Universal-Utilitarismus, der bis heute die Grundidee moderner Ökonomie und Sozialstaatlichkeit ist.

Einbegriffen in eine solche **Erfolgsethik** sind folgende Handlungsregeln:

- Jeder möge nach seinen egoistischen Interessen handeln; im Zusammenspiel werden sich die Einzelinteressen zu einem guten Ganzen fügen.
- Keine Handlungsweise ist von vorneherein als unmoralisch ausgeschlossen; allein der Erfolg rechtfertigt das Tun, Mißerfolg führt zu Handlungsänderung. Letztlich bedeutet dies: *Der Zweck (Nutzen) heiligt die Mittel.*
- Bewertet wird nicht das Motiv oder der innere Wert einer Tat, sondern ihr Stellenwert im Kalkül des allgemeinen Glücks; die Korrektheit des Kalküls ist dabei immer wieder zu überprüfen.

Der deutsche Philosoph **ROBERT SPAEMANN** (* 1927) hat diesen **Konsequentialismus** (Bewerten alleine von den Konsequenzen, den Folgen her) in den vergangenen Jahrzehnten nachhaltig kritisiert. Seine Argumente sind:

- Das Nutzenkalkül beschränkt die Ethik auf die Frage, ob jemand letztlich das Beste will und ob die angewandten Mittel zu Recht als dafür geeignet angesehen werden können. Auf diese Weise könnten aber auch kriminelle Handlungen gerechtfertigt werden.
  So rechtfertigten z. B. in der Nachkriegszeit mehrere Ärzte ihre Beteiligung an der Aussonderung von Geisteskranken für die Euthanasie mit folgendem Argument: Sie hätten das Leben möglichst vieler Menschen retten wollen und die Aussonderungskriterien daher besonders milde gehandhabt. Der Bundesgerichtshof verurteilte sie trotzdem: Weder die gute Absicht (die Rettung von Menschenleben) noch die Anwendung dazu geeigneter Mittel (relativ gering gehaltene Zahl von Aussonderungen) kann die Beteiligung am System des Massenmordes an Geisteskranken rechtfertigen.

- Das Nutzenkalkül kann an sich gute Handlungsziele in Frage stellen oder als beliebig erscheinen lassen.
  Die weltweite Senkung der Kindersterblichkeit könnte z. B. durchaus zu katastrophalen Folgen führen und daher als ungeeignet angesehen werden. Nicht mehr die einzelnen Menschen und ihr Elend stünden im Blick, sondern das große Ganze der Menschheitsentwicklung.

- Das Nutzenkalkül zerstört die unbedingte gegenseitige Anerkennung in menschlichen Beziehungen.
  Wenn ich z. B. ein Versprechen gegenüber einem ganz bestimmten Menschen dem nachträglichen Nutzenkalkül unterziehe und die Einhaltung vom Ergebnis abhängig mache, zerstöre ich den Sinn von Versprechen. Über den Tod hinausreichende Versprechen an Sterbende würden in jedem Fall hinfällig; ihr Bruch könnte niemandem mehr schaden und wäre daher bereits beim kleinsten Vorteil gerechtfertigt.

- Beim Vorrang des Nutzenkalküls ist nicht mehr die Moralität der einzelnen Person, sondern das Sachurteil von Experten entscheidend.
  Wer etwa aus Gründen der Humanität Widerstand leistet gegen bestimmte Errungenschaften von Wissenschaft und Technik (z. B. gegen umstrittene Praktiken bei der Organverpflanzung) sieht sich leicht dem Argument gegenüber, er stelle sich gegen den Fortschritt der Menschheit und gegen das Urteil der Experten.

- Das Nutzenkalkül überfordert den Menschen, da Zukunftsentwicklungen nur in sehr begrenztem Maß wißbar und die Folgen von Handlungen nicht umfassend kalkulierbar sind.
  Wer z. B. bei roter Ampelschaltung für Fußgänger eine Straße überquert, um einem mit der Bordsteinkante überforderten Rollstuhlfahrer auf der anderen Seite zu Hilfe zu kommen, scheint trotz des Regelverstoßes verantwortlich zu handeln. Er kann allerdings nicht wissen, ob sein Beispiel vielleicht bei einem zuschauenden Kind den Sinn für Verkehrsregeln schwächt und dadurch später zu einem Unfall führt. Sein Verhalten könnte in diesem Fall einen unkalkulierbaren Schaden anrichten.

- Die Nützlichkeitsregel unterfordert des sittliche Vermögen des Menschen. Wendet er sie nämlich auf sich selbst als einem Teil der zu verbessernden Welt an, besagt sie lediglich: Laß es dir möglichst gut gehen.
  Selbst die Liebesbeziehung zu einem anderen Menschen wird in der Konsequenz reduziert auf die Frage, ob sie Genuß und Wohlsein „bringt". Der Blick auf das zwecklose Selbstsein das Anderen bleibt ausgeschlossen. Liebe zu einem Schwerstpflegebedürftigen z. B. wäre nach dieser Logik kaum vorstellbar.

Trotz solcher Bedenken sind die Steigerung des persönlichen Genusses und das allgemeine Nutzenkalkül weithin handlungsleitend. Dies ist mit zwei Gefahren verbunden:
– der inneren Gefahr, in süchtiges Verhalten abzugleiten,
– der äußeren Gefahr, wichtige Lebensgrundlagen zu zerstören.

Vom Genuß zur Sucht
Die Gefahr der Sucht ist dabei keineswegs auf den Mißbrauch legaler und illegaler **Drogen** beschränkt. Nicht nur bestimmte Stoffe, sondern jedes genußvermittelnde Tun kann süchtig machen. Dies ist dann der Fall, wenn

– eine Abhängigkeit, d. h. ein unbezwingbares Verlangen besteht, ein bestimmtes Verhalten unter allen Umständen zu wiederholen;
– die unumkehrbare Tendenz zur Steigerung der „Dosis" wirksam ist;
– deutliche Entzugserscheinungen körperlicher oder seelischer Art bei freiwilliger oder erzwungener Enthaltsamkeit auftreten;
– von einer allgemeinen Schädlichkeit oder Gefährlichkeit des Suchtmittels ausgegangen werden kann.

Gerade die Lebensvollzüge, die für die Selbsterhaltung und Selbstverwirklichung zentral sind, bergen die Gefahr, bei fortdauerndem Versuch der Lustmaximierung in süchtigmachender Weise auszuarten:

- Die Lust am Essen kann sich in **Eß- oder Magersucht** verwandeln und lebensgefährliche Formen annehmen.
- Die Freude am sexuellen Erleben kann zum zwanghaftem Erlebnishunger (**Sex-Sucht**) werden und eine feste Partnerbindung unmöglich machen.

- Der urwüchsige Spieltrieb kann zur **Spielsucht** ausarten und u. a. Verschuldung und sozialen Abstieg bewirken.
- Sinn und Wert der Arbeit können in einer regelrechten **Arbeitssucht** erstickt werden.

Geschwindigkeitsrausch

Auch unsere Bewegungslust, das Bedürfnis nach persönlicher Mobilität und Schnelligkeit können sich im modernen Straßenverkehr zu einer gefährlichen Geschwindigkeitssucht auswachsen.
Eine TÜV-Studie von 1991 dokumentiert u. a. den Geschwindigkeitsrausch eines Autofahrers mit folgenden Worten:

„*Fahren bei 200 ist ein Rausch, ein Hochgenuß. ... Da fange ich an, nur noch zu kichern... Ich erzähle dann total viel, bin besonders gut gelaunt und völlig überdreht, und schließlich meine ich, daß ich der Schnellste und der Größte wäre... Man ist wie in einer anderen Welt, in einer anderen Dimension, in der man unverletzbar und unsterblich ist.*"

Diesem Höhenrausch entspricht auf der anderen Seite eine grenzenlose Wut und Frustration bei unerwünschten Störungen:
„*180 ist ganz normal, und dann ist vor einem ein Idiot, solche Leute gehören wirklich von der Straße. ... Wer im Leben keine Steuern zahlt, sollte von der Überholspur verbannt werden, weil er die behindert, die ihn am Leben erhalten. ... Am liebsten hätte ich in solchen Situationen eine Kanone auf dem Dach, um die LKWs und Stauverursacher abzuschießen.*"

Die zwanghafte Maßlosigkeit solcher Gefühls- und Erlebnisweisen deuten die geheimen Wünsche an, mit denen das Autofahren überfrachtet wird:
Allmachtsphantasien, Unsterblichkeitswünsche, Flucht aus den Niederungen des Alltags, Ausleben des urmenschlichen Konkurrenz- und Jagdtriebes.

Sucht und Zerstörung

> *Sie sägten die Äste ab, auf denen sie saßen*
> *Und schrieen sich zu ihre Erfahrungen*
> *Wie man schneller sägen könnte, und fuhren*
> *Mit Krachen in die Tiefe, und die ihnen zusahen*
> *Schüttelten die Köpfe beim Sägen und*
> *Sägten weiter.*
>
> **Bert Brecht**

Auch die Gefahr der **Zerstörung** von Leben und Lebensgrundlagen ist beim Beispiel Geschwindigkeit besonders augenfällig:

- *Zehntausende Verkehrstote durch überhöhte Geschwindigkeit,*
- *Landschaftsverbrauch durch immer bessere Straßen,*
- *Luftverschmutzung mit all ihren Folgen.*

Mäßigung und Besonnenheit

Die Tugend der Mäßigung und Besonnenheit zielt nicht auf eine willkürliche, möglichst weitgehende Beschneidung des mit Lust- und Rauschzuständen verbundenen Erlebens, sondern auf ein angemessenes Zusammenspiel der verschiedenen äußeren Bedingungen und inneren Antriebe. Dies erfordert:

Beispiel Geschwindigkeit	allgemein
– Entlastung des Autofahrens von allen sachfremden Bedürfnissen	– Aufmerksamkeit für Mechanismen der Ersatzbefriedigung
– Zügelung gefährlicher Tempowünsche; begrenztes Ausleben der Geschwindigkeitslust auf geschlossenen Übungsstrecken	– Schutz der Mehrheit vor den negativen Folgen ausgefallener Genußwünsche einer Minderheit
– konsequente Tempobegrenzungen auf öffentlichen Straßen im Dienst von Lebens- und Naturschutz	– Eingrenzung der persönlichen Genußmöglichkeiten auf ein verallgemeinerungsfähiges Maß
– persönliche und gesellschaftliche Bemühung um verträglichere Formen, die Lust an schneller Fortbewegung zu befriedigen	– Ergänzung der notwendigen quantitativen Begrenzungen durch die Offenheit und Erprobung anderer, angemessener Qualitäten

Lustexperiment

Bei all dem ist aber zu bedenken: Lust gehört notwendig zu unserem Leben, doch Lustgewinn ist in Wahrheit nicht der eigentliche Sinn des Lebens. **SPAEMANN** macht das in einem Gedankenexperiment deutlich:

Stellen wir uns einen Menschen vor, der in einem Operationssaal auf einem Tisch festgeschnallt ist. Er steht unter Narkose. In seine Schädeldecke sind einige Drähte eingeführt. Durch diese Drähte werden genau dosierte Stromstöße in bestimmte Gehirnzentren geleitet, die dazu führen, daß dieser Mensch sich in einer Dauereuphorie befindet. Sein Gesicht spiegelt den Zustand äußersten Wohlbehagens. Der Arzt, der das Experiment leitet, erklärt uns, daß dieser Mensch mindestens weitere zehn Jahre in diesem Zustand bleiben wird. Wenn es nicht mehr möglich sein wird, den Zustand zu verlängern, werde man ihn mit dem Abschalten der Maschine unverzüglich schmerzlos sterben lassen.
Der Arzt bietet uns an, uns sofort in die gleiche Lage zu versetzen. Und nun frage sich jeder, ob er freudig bereit wäre, sich in diese Art von Seligkeit versetzen zu lassen?

(aus: R. Spaemann, Moralische Grundbegriffe)

Maßlosigkeit und Verzweiflung

Das Experiment macht deutlich: Niemand will auf Gedeih und Verderb Lustgewinn oder Genußsteigerung. Wir möchten die Wirklichkeit erfahren und *dabei* glücklich werden. Schmerz und Lust gehören zusammen, ebenso Trauer und Freude, Widerständigkeit und Leichtigkeit, Sorge und Erfüllung.

Wer Freizeitspaß pur, Nervenkitzel um seiner selbst willen, Sex ohne menschliche Beziehung genießen will, muß scheitern. Am Ende stehen Frustration oder Verzweiflung. Dies ist gemeint, wenn **JOSEF PIPER** davon spricht, daß Maßlosigkeit und Verzweiflung *„durch einen verborgenen Kanal miteinander verbunden"* seien.

Der Ausweg aus einer solchen Sackgasse ist nicht leicht. Er führt meist über einen der vielen **Reinigungswege**. In der christlichen Tradition ist es der Weg über Einsamkeit, Fasten und Gebet. Bei vielen ausgesprochenen Süchten führt er heute über verschiedene psychotherapeutisch begleitete Stationen von Entzug, Entwöhnung und Einübung neuer Verhaltensweisen. Manchmal führen schwere Krankheit oder andere dramatische Lebenskrisen zu einer wahrhaften Ernüchterung und neuen Besonnenheit. **ARISTOTELES** war der Meinung, daß das Miterleben einer Tragödie die Reinigung der Seele bewirken könne.

Bei keinem dieser Wege geht es um das bloße Zurückdrängen oder Beherrschen eines Triebes, sondern um die Suche nach einer ausgewogenen Ordnung der inneren Antriebe und der äußeren Lebenspraxis.

> *Vergebens werden ungebundene Geister*
> *nach der Vollendung reiner Höhe streben.*
> *In der Beschränkung zeigt sich der Meister*
> *und nur die Ordnung wird uns Freiheit geben.*   **J. W. v. Goethe**

Zusammenfassung	Folgerungen
▷ Genußstreben und Nutzenkalkulation führen allein weder zu einem glücklichen Leben noch zu verantwortlichem Handeln. Trotzdem ist der Utilitarismus weithin leitend für Konsumverhalten und Wirtschaftsleben.	▷ Wo „Nutzen" als blindes „Mehr" an Konsum und Produktion mißverstanden wird, ist das Innere des Menschen und auch die äußere Welt mit ihren begrenzten Ressourcen überfordert.
▷ Die für Selbsterhaltung und Selbstverwirklichung entscheidenden Lebensvollzüge sind besonders anfällig für süchtiges Verhalten.	▷ Die notwendige Gegensteuerung kann bei äußerer Begrenzung oder bei innerer Besinnung ansetzen. Sie deckt Schein- und Ersatzbefriedigung auf.
▷ Letztlich sieht niemand seinen Lebenssinn in der bloßen Genußsteigerung. Wer allerdings in den Teufelskreis von Sucht, Frustration und Verzweiflung gerät, kann den Weg der Besinnung und „Reinigung" nur unter Mühen und Schmerzen bestehen.	▷ Die frühzeitige Einübung eines ausgewogenen Verhältnisses zwischen Luststreben und Realitätssinn kann Lebenskrisen vermeiden helfen. Andererseits beruht Reife oft auf durchlebten Krisen und dadurch gefundener innerer Ordnung.

9.3 Verzicht und Freigebigkeit

> *Den Gürtel enger schnallen!* lautet ein salopper Aufruf aus Politikermund; besonders oft ist er zu hören in Zeiten verlangsamten Wachstums oder wirtschaftlicher Rezession. Eine solche Forderung ist in sich zweideutig:
> - Sie kann die gemeinschaftliche Opferbereitschaft der ohnehin schon Armen stärken, um das Genießen der Wohlhabenden abzusichern.
> - Sie kann sich aber auch an den tatsächlichen wirtschaftlichen Grenzen einer Gesellschaft orientieren und von allen Abstriche verlangen – entsprechend ihres jeweiligen Wohlstands.
>
> In der Vergangenheit wurden Verzichtsforderungen oft und meist zu Recht verdächtigt, zur ersten Variante zu gehören. Teilweise wurde die lebenslange Opferbereitschaft ermöglicht durch religiöse Vertröstungen auf jenseitigen, d. h. nach dem Tod zu erwartenden Lohn. Kritische Stimmen und Vertreter neuer und freier Gesellschaftsmodelle haben deshalb immer wieder die Befreiung von der Verzichtsmoral und die Orientierung am Luststreben gefordert.
> Der Philosoph **HERBERT MARCUSE** (1898–1979), einer der wichtigsten geistigen Wegbereiter der Studentenbewegung der Sechziger Jahre, entwickelte z. B. in jüngerer Zeit das Leitbild einer hochentwickelten Gesellschaft, in der für jeden Freiheit, Glück und persönliche Entfaltung möglich sei.

Heute sprechen vor allem zwei Argumente für eine neue **Verzichtskultur**:
- Das *Überlebensargument*: Nur vernünftige Selbstbeschränkung in den reichen Ländern und eine entsprechende Umverteilung ermöglichen ein menschenwürdiges Leben in den armen Ländern. Sie sichern zudem die Überlebensgrundlage der kommenden Generationen.
- Das *Erlebensargument*: Die spezifisch menschlichen Formen der Welterfahrung in der kreativen Arbeit, im Spiel, in der Beziehung zu anderen Menschen, in der geistigen Betrachtung usw. können intensiver erlebt werden, wenn wir unser Leben nicht antreiben lassen von wachsendem Konsum und schneller Bedürfnisbefriedigung.

▶ *Worauf sollte man sinnvollerweise verzichten? Was gibt es dabei zu „gewinnen"? In welchem Verhältnis stehen Freigebigkeit und Verzicht?*

> *Partnersuche*
> *Anläßlich eines Seminars zum Thema Partnerschaft und Sexualität erzählt Birgit, 22 Jahre, Sekretärin in einem großen Betrieb:*
> *„Ich habe mit Männern nur Pech. Vor einem Jahr habe ich mit meinem Freund Schluß gemacht. Wir waren fast vier Jahre zusammen. Die erste Zeit mit ihm war sehr schön. Auch in sexueller Hinsicht klappte das ganz toll. Alles war aufregend, manchmal auch schwierig. Jörg hat immer viel Rücksicht auf mich genommen. Aber in letzter Zeit fand ich's nur noch lang*

weilig. Wir waren schon wie ein altes Ehepaar. Im Betrieb gleichen sich die Tage ja schon wie ein Ei dem anderen. Ich wollte mich nicht zuhause auch noch auf einen Trott festlegen lassen. Na ja, und dann fing er ständig von Heiraten und Kinderkriegen an. Da hab ich einfach Schluß gemacht. Krach hatten wir eigentlich nicht.
Der Mann, mit dem ich dann zusammen war, ist verheiratet. Er arbeitet im selben Betrieb wie ich, als Abteilungsleiter. Er wollte sich wegen mir scheiden lassen. Ich dachte, es ist die ganz große Liebe. Aber nach drei Monaten kühlte die Leidenschaft schnell ab. Er hatte kaum noch Zeit für mich, wegen der Familie. Nach einem halben Jahr war alles vorbei. Die haben jetzt ihr zweites Kind. ... Eigentlich bin ich ziemlich attraktiv, glaube ich. Jedenfalls habe ich keine Probleme, einen Mann kennenzulernen. Zweimal hatte ich noch eine ganz kurze Beziehung. Aber was bringt's? Ich glaub', ich werde von den Männern nur ausgenutzt."

Partnerschaft und Sexualität
Dieser Bericht zeugt von einem recht freien und doch nicht geglückten Umgang mit Partnerschaft und Sexualität. Von bewußtem Verzicht oder einer Einengung durch gesellschaftliche Konventionen ist nicht die Rede.

Bis in die Sechziger Jahre hinein hätte ein solches Bekenntnis sehr anrüchig geklungen: Jedes Ausleben der Sexualität außerhalb der Ehe wurde als unmoralisch bewertet. Dies galt für die Selbstbefriedigung, für die Homosexualität, für die sexuelle Verletzung der ehelichen Treue, aber auch für den vorehelichen Geschlechtsverkehr. Im Sinne einer letztlich nicht haltbaren Doppelmoral gab es allerdings weitgehende Verhaltensabweichungen von dieser moralischen Norm. Die Kehrseite zeigte sich in einem mannigfachen inneren Gewissensdruck und äußeren Sanktionen (z. B. durch Familienausschluß oder gar durch Strafverfolgung – etwa im Falle homosexueller Beziehungen).

Heute ist die individuelle Gestaltung des eigenen Sexuallebens weitgehend von einer solchen Bedrohung entlastet. Gleichzeitig sind konventionelle Leitlinien für das eigene Verhalten entfallen. Das rechte Maß und die persönlich beglückenden Formen von Sexualität und Partnerschaft zu finden, ist ganz in die Verantwortung des Einzelnen gelegt.

Erschwert wird dabei die Besinnung auf einen eigenständigen Weg durch die vielfache Vermarktung von Sexualität. Diese wird als Mittel der leicht erreichtbaren Lustgewinnung und Frustrationsbewältigung, als Tor zur erfüllten Partnerschaft und als sichere Strategie gegen Einsamkeit und Isolierung „verkauft". Der Blick ist dabei in isolierter Weise auf die Möglichkeiten der Sexualität gerichtet, nicht auf eine bestimmte Person. Der Sexpartner bleibt belanglos bezüglich seiner nicht-sexuellen Eigenschaften. Er wird austauschbar.

Der *fünffache Sinn und Wert der Sexualität* läßt sich aber nicht ohne Freigabe und Verzicht verwirklichen:

Gelingende Sexualität	Voraussetzung dazu ist …
	– Anerkennung und Achtung der gegengeschlechtlichen Eigenheiten
stärkt die geschlechtliche Identität als Frau oder als Mann	– Verzicht auf übertriebenes Männlichkeitsgehabe bzw. eine klischeehafte Frauenrolle
	– Befreiung von sexistischen Vorurteilen, d. h. von unterschwelligen oder offenen Abwertungen des jeweils anderen Geschlechts
	– Verzicht auf „Sofort-Sexualität" („*one-night-stands*") zugunsten einer Sexualität, die Ausdruck gewachsener Liebesbeziehung ist
ermöglicht intensives Erleben von Lust und Leidenschaft	– Befreiung von verbreitetem Anspruchs- und Leistungsdenken zugunsten der Hingabe an den jeweiligen Augenblick
	– Wahrnehmung und Anerkennung der Bedürfnisse des Partners/der Partnerin
	– Anerkennung und Achtung des Bedürfnisses nach Verläßlichkeit und Ehrlichkeit
vermittelt Nähe und Geborgenheit, Trost und Erfüllung	– gegenseitige Freigabe für die nicht absehbaren Verschiedenheiten und Entwicklungskrisen im jeweiligen Lebenslauf
	– Verzicht auf eingefahrene Gewohnheiten; Offenheit für gemeinsame Reifungsschritte und neue Formen des Miteinanders
	– Anerkennung und Einsatz für eine vielfältige personale Beziehung (z. B. Gesprächsebene, Zärtlichkeit, gemeinsames Erleben, Erinnern, Erfinden)
vermag Liebe und Hingabe auszudrücken	– Befreiung von der Illusion, Sex sei Kitt für eine zerbrochene Liebe oder Ersatz für andere Formen der Zuwendung
	– Verzicht auf eine egoistische Erwartungshaltung zugunsten der Hingabe an das „Miteinander" und an den Partner/die Partnerin
	– Anerkennung und Achtung der Zeugungsfunktion der Sexualität und Beachtung verantwortlicher Regeln der Familienplanung
sichert das Weiterleben in den Nachkommen	– Verzicht auf egoistischen Lustgewinn zugunsten der notwendigen Pflege- und Zuwendungsgefühle und -mühen gegenüber Kindern
	– Freigebigkeit und Freude gegenüber den Entwicklungsmöglichkeiten der Kinder sowie Offenheit zu mitgestalteter Familiengeschichte

Im angeführten Beispiel der 22-jährigen Birgit wird die Sehnsucht nach einer verläßlichen und zugleich aufregenden Partnerschaft und Sexualität deutlich. Ihr fehlte in der ersten Partnerschaft die Bereitschaft oder Fähigkeit, das notwendige Maß an „Beziehungsarbeit" und Verzicht zu leisten, den Blick auf einen ganz bestimmten Liebespartner zu richten, Krisen als Reifungs-Chance anzusehen usw. In den folgenden Beziehungen fehlte offenbar vor allem auf Seiten der jeweiligen Partner das freiwillige Geschenk der Liebe; sie blieben weitgehend auf Erlebnisse der sexuellen Lust beschränkt.

Insgesamt steht die Haltung der **Freigebigkeit**, des selbstlosen Gebens ohne Hintergedanke oder Tauschinteresse, unter den Bedingungen der Marktwirtschaft in Gefahr, verloren zu gehen.
Symptomatisch ist auf einer anderen, der gesellschaftlichen Ebene, die Entwicklung des sog. *Sponsoring*. Während sich das traditionelle Mäzenatentum und Spendenwesen am Gemeinwohl orientierte, ist diese moderne Form der „Freigebigkeit" ein Marketing-Instrument erfolgreicher Wirtschaftsunternehmen. Es dient in erster Linie dem Eigennutz; weniger wichtig ist die Unterstützung der ausgewählten Projekte. Nach dem gleichen Modell scheint zunehmend auch im Privatleben und in den menschlichen Beziehungen eine „Nutzenrechnung" vor jedem persönlichen Engagement zu stehen. *„Was bringt mir das?"* ist zur wichtigsten Frage geworden.

Umgang mit der Zeit
Im Hintergrund dieser Frage schwingt der veränderte Umgang mit unserer Lebenszeit mit: Niemand möchte seine Zeit verschwenden oder freigebig verschenken. In Arbeit und Freizeit stehen wir unter Druck, die Zeit möglichst intensiv zu nutzen. Gelingt dies nicht, haben wir ein schlechtes Zeit-Gewissen. Tempo, Hektik und Streß scheinen beständig zu wachsen. Manche schmücken sich mit ihrem engen Terminkalender oder mit dem Spruch *„Leider keine Zeit!"* wie mit einer Trophäe. Sie leiden nicht nur unter Zeitdruck, sondern betreiben diesen gleichzeitig als Leidenschaft.

Unterstützt wird dieser unmenschliche Zeitdruck durch ein Paradox: Moderne Beschleuniger wie die immer schnelleren Verkehrsmittel, Telefax, Mobilfunk, Computer usw. müßten den Zeitaufwand für notwendige Arbeitsabläufe und Informationsaustausch eigentlich verkürzen und uns zu Freiräumen der Muße verhelfen. In Wirklichkeit werden gleichzeitig die Entfernungen, die Informationsmengen, die Produktionszahlen, die Vernetzungsdichte, die Freizeitangebote usw. so stark erhöht, daß sich die Hektik nur weiter steigert. Das Alltagsleben ist davon durchdrungen:

- Die Zeit für Mahlzeiten und Gespräche schwindet (Fast-Food-Kultur).
- Die Zeit für Abschied und Trauer fehlt (Ablenkung ist angesagt).
- Die Zeit für ruhiges Zuhören oder Betrachten wird gekappt (zunehmende Kürzung der Wortbeiträge in den elektronischen Medien).
- Die Zeit für Zärtlichkeit und zwecklose Zweisamkeit wird verkürzt (Erfolg der Unterhaltungsindustrie und schnelle Partnerwechsel).

Die Gegenbewegung hin zu einem *menschengemäßen Zeitmaß* kann nur schrittweise auf den Weg gebracht werden:

Erste Stufe: Orientierung der Lebensgestaltung an *natürlichen Rhythmen*, in deren Phasen sich Denken, Tun und Fühlen charakteristisch unterscheiden:
- Tag – Nacht   • Sommer – Winter
- Kindheit – Jugend – Erwachsenenzeit – Alter.

Zweite Stufe: Berücksichtigung einer angemessenen *Lebenszeit-Kultur,* deren Phasen sich in „Tempo" und Schwerpunkt unterscheiden:
- Zeit der Weltoffenheit: Erwerb von grundlegenden Kulturtechniken und Ausbildung persönlicher Begabungen; Berufseinstieg und Ausweitung der Sozialbeziehungen.
- Zeit der Weltgestaltung: Ausgestaltung der eigenen Lebenswelt (Beruf, Lebensgemeinschaft, Kindererziehung, Freizeitaktivitäten); Austarieren der Lebenszeitverteilung zwischen den Polen von Konsum – Kreativität, Ruhe – Unternehmungen, Alleinsein – Miteinander, private Vorsorge – gesellschaftliches Engagement usw.
- Zeit der Weltbetrachtung: „Ruhestand" - Weitergabe von Erfahrungen, Werten und Weltanschauung – Lebensabschluß und -abschied.

Dritte Stufe: Aneignung einer maßvollen *persönlichen Zeitordnung:*
- regelmäßige Aufsteh- und Schlafenszeiten;   • Essen als Mahlzeiten;
- Familien- und Beziehungszeiten; Berufsarbeit – Privatarbeit;
- Verfügungszeiten für Entspannung oder Begegnung, für Medienkonsum oder Naturerleben, für Sport oder Lektüre, für religiöse oder kulturelle Aktivität.

Vierte Stufe: freigebiger Umgang mit der Zeit (*geschenkte Zeit*):
- Verzicht (z. B. auf Fernsehkonsum)
  ⇒ Zeitfreigabe für Begegnungen, Gespräche, Natur- oder Musikerleben ;
- persönliche Zeitordnung
  ⇒ verschenkte Zeit führt nicht zu Hektik oder persönlichem Zeitchaos;
- Blick auf Lebenszeit-Bogen
  ⇒ Entlastung der Gegenwart, Freigabe des Augenblicks für die wenigen Menschen und Dinge, die mir jetzt am nächsten sind;
- Orientierung an natürlichen Rhythmen
  ⇒ Die Angst, das Wichtigste ja nicht zu verpassen, schwindet: es kehrt wieder.

Zusammenfassung	Folgerungen
▷ Der Aufruf zum Verzicht kann mißbraucht werden, z. B. zur Sicherung ungleicher Lebensverhältnisse oder religiöser Machtpositionen. D. h., Verzicht ist an sich weder als „gut" noch als „schlecht" zu bewerten. Entscheidend sind Anlaß und Ziel.	▷ Eine allgemeine Verzichtsmoral erfordert zwingende Gründe. Solche sind im alle Menschen betreffenden Überlebensargument und im den Einzelnen betreffenden Erlebensargument gegeben.
▷ Sexualität kann in sehr verschiedenen Formen als lustvoll und beglückend erfahren werden. Soll sie als Ausdruck von Liebe und Partnerschaft kultiviert werden, sind gestufte Voraussetzungen der gegenseitigen Achtung und Anerkennung, der Offenheit für beiderseitige Entwicklung, der Freigabe und des Verzichts notwendig.	▷ Partnerschaft und Sexualität werden heute kaum noch durch gesellschaftliche Konvention reglementiert. Gewachsen ist die Verantwortung der Paare, eine auf Dauer und Verläßlichkeit angelegte Liebe mit Leidenschaft und Intensität zu füllen. Durch Beziehungspflege, Krisenbereitschaft und gemeinsame Reifungsschritte kann diese Verbindung gelingen.
▷ Bloße Sexualität ist vornehmlich am (beiderseitigen) Lustgewinn orientiert. Liebe zeigt sich dagegen in der Haltung der Freigebigkeit, der Zuwendung ohne „Tauschinteresse".	▷ Sexualität kann leicht zur Vermarktung mißbraucht werden. Liebe steht in der Gefahr, unzeitgemäß zu werden. Sie bleibt oft reduziert auf den Wunsch, selbst geliebt zu werden.
▷ Im wirtschaftlichen wie im privaten Bereich wächst der Trend zu einer möglichst effizienten Zeit-Nutzung. Bezogen auf die Qualität des Lebens und Zusammenlebens führt das zu gegenläufigen Ergebnissen: Tempo, Hektik und Streß wachsen; die Zeiten für Muße und Ruhe, für Zärtlichkeit und Zweisamkeit schwinden.	▷ Die Suche nach einem menschlichen Zeitmaß erfordert eine bewußte Gegensteuerung. Sie führt über die Stufen der Orientierung an natürlichen Rhythmen, an einer angemessenen Lebenszeit-Kultur und an einer persönlichen Zeitordnung hin zur Haltung der Freigebigkeit.
▷ Ziel ist der freigebige und souveräne Umgang mit meiner Zeit. Nur wer auf die Fülle der Möglichkeiten verzichtet, wer die Trauer des Loslassens aushält und wer Menschen und Dinge freigibt für die ihnen mögliche Entwicklung, gewinnt Zeit und sein eigenes menschliches Maß.	▷ Wer auf optimales Ausnutzen, Genießen, Besitzen usw. aus ist, bindet sich an Mechanismen der Effizienz und des Marktes. Hektik und Chaos treten an die Stelle von Muße und Ordnung. Menschliches Maß meint nicht Mittelmäßigkeit: Es schafft Raum für Außergewöhnliches.

9.4 Selbstbegrenzung und Nachhaltigkeit

> Die *Konferenz der Vereinten Nationen für Umwelt und Entwicklung in Rio de Janeiro* (Mai 1992) stand unter dem Leitmotiv des *substainable development,* der nachhaltigen Entwicklung. Erstmals im globalen Sinn formuliert wurde das Prinzip der **Nachhaltigkeit** im sogenannten Brundtland-Bericht der Weltkommission für Umwelt und Entwicklung von 1987. Der Begriff ist dort definiert als eine
> *„Entwicklung, die die Bedürfnisse der Gegenwart befriedigt, ohne zu riskieren, daß künftige Generationen ihre eigenen Bedürfnisse nicht befriedigen können."*

Längst bekannt ist die Idee des *nachhaltigen Wirtschaftens* aus der Forstwirtschaft. Sie bezeichnet die langfristige Regel, nicht mehr an Holz zu ernten, als jeweils nachwachsen kann.

Sich dem Prinzip der Nachhaltigkeit zu verpflichten, setzt Wachstumsgrenzen. Es wahrt aber gleichzeitig die Zukunftsfähigkeit gegenwärtiger Entwicklung und ein menschlich verkraftbares Entwicklungstempo.

Zu einer Zeit, als noch niemand von den äußeren Grenzen des Wachstums sprach, notierte der Schweizer Schriftsteller **MAX FRISCH** in seinem Tagebuch: *Es gibt ein Maß des Menschlichen, das wir nicht verändern, sondern nur verlieren können.*

Heute scheint dieses Maß ausgereizt. Verzicht und Selbstbegrenzung werden zur überlebensnotwendigen Forderung an die reichen Gesellschaften des Nordens. Denn nicht nur die Natur, sondern auch die ärmeren Dreiviertel der Weltbevölkerung leiden unter der Maßlosigkeit der Industrieländer. Ja, das menschliche Überleben scheint insgesamt gefährdet.

▶ *Gibt es eine allgemeine ethische Pflicht zur Selbstbegrenzung? Welche Methoden und Mittel erscheinen zugleich erfolgversprechend und verantwortlich? Was bedeutet Besonnenheit in weltweiter Perspektive?*

Naturverbrauch

Das Erfordernis, den Lebensstandard der Wohlhabenden dieser Erde zu begrenzen, wird beim Blick auf einige Beispielzahlen unmittelbar einleuchtend:

Ein Durchschnittsamerikaner mit einer Lebenserwartung von achtzig Jahren verbraucht unter gegenwärtigen Bedingungen 200 Millionen Liter Wasser, 20 Millionen Liter Benzin, 10 000 Tonnen Stahl und das Holz von 1000 Bäumen. Oder: Für jeden Katalysator in einem der ca. 40 Millionen Autos in Deutschland werden zwei bis drei Gramm Platin benötigt, dessen Gewinnung die Bewegung und Bearbeitung von etwa 1 Tonne Gestein erforderlich macht. Der aus Übersee nach Deutschland eingeführte Orangensaft erfordert eine Anbaufläche, die dreimal so groß ist wie die Gesamtheit deutscher Obstanbauflächen – das Gebiet würde etwa der Größe des Saarlandes entsprechen.
(aus: Fritz Vorholz, Die Last der Hedonisten, in: DIE ZEIT, Nr. 20, 1994)

Wollte man jedem der ca. 5,5 Milliarden Menschen einen ähnlich verschwenderischen Lebensstil zugestehen und könnte man das tatsächlich ermöglichen, wäre der Planet Erde in kürzester Zeit ausgeblutet, vergiftet, zerstört.

Es bleiben daher nur drei mögliche **Zukunftsoptionen**:

- Abhängigkeit und Armutsgefälle zwischen der Nord- und der Südhalbkugel werden durch politische, ökonomische und militärische Strategien stabilisiert. Begrenzte Entwicklungschancen und -hilfen für einzelne ärmere Länder dienen der ideologischen Absicherung des Status quo.
- Die Armut und der Kampf um die begrenzten Ressourcen dieser Erde eskalieren. Es kommt zum erbitterten Vernichtungskrieg um das Begrenzte.
- In den reichen Ländern gelingt es in absehbarer Zeit, Lebensstil und Naturverbrauch auf ein Maß zu beschränken, das prinzipiell auf alle übertragbar wäre. Gleichzeitig gelingt in den armen Ländern eine entscheidende Verringerung des Bevölkerungswachstums.

Ethisch verantwortlich ist allein die dritte Möglichkeit, denn

- sie ist *realistisch*, weil sie sich auf natürliche und soziale Grenzen besinnt;
- sie ist *menschenwürdig*, indem sie das Lebensrecht aller höher bewertet als das Recht einer Minderheit auf wachsenden Luxus;
- sie ist *zukunftsorientiert*, indem sie die Möglichkeiten eines lebenswerten Lebens auf der Erde auch für kommende Generationen offenhält.

Chancen und Irrwege der Selbstbegrenzung
Hält man allein den dritten Weg für umsetzbar, so stellt sich die Frage, warum er bisher scheitert. Der Tübinger Ethiker **OTFRIED HÖFFE** (*1942) hat die wichtigsten Antwortversuche in seinem Buch „*Moral als Preis der Moderne*" kritisch beleuchtet:

Nutzung der technischen Möglichkeiten

○ nicht genügende Problembeschreibungen:
  - Der Mensch setzt sich zum Maß der Natur und überfordert sie dadurch.
  - Die Eigendynamik der entfesselten Technikentwicklung führt zwangsläufig zur wachsenden Naturzerstörung.

● genauere und weiterführende Ansätze:
  - Weil die Reichen immer mehr haben wollen, verfallen sie in jeder Hinsicht der Maßlosigkeit. Durch die Möglichkeiten der Technik wird ihre daraus folgende Überbeanspruchung der Natur umfassend.
  - An sich wäre der Fortschritt der Technik aber auch zu anderen Zielen nutzbar. Das bedarf freilich einer bewußten Steuerung.

Nutzung des ökonomischen Prinzips

○ nicht genügende Problembeschreibungen:
  - Die auf Profit und Effizienz ausgerichtete wirtschaftliche Denkweise hat kein Empfindungsvermögen für ökologische Erfordernisse.
  - Die Umwelt heilende bzw. schonende Kräfte und Mechanismen sind dagegen nur in der Natur selbst zu finden.

- genauere und weiterführende Ansätze:
  - Das sogenannte ökonomische Prinzip besagt: Wirtschaftliche Effizienz zielt entweder auf die Verwirklichung eines gegebenen Zieles mit möglichst sparsamem Mitteleinsatz oder bei vorgegebenen Mitteln auf ein möglichst hohes Ziel. Eine fortschreitende Kostensenkung durch die verbesserte Ausnutzung von Material und Arbeitskraft steigert den Profit.
  - Diese wirtschaftliche Rationalität ist ethisch neutral. Sie kann auch zur sparsamen Nutzung der Natur eingesetzt werden. Dient sie aber der **Habsucht**, d. h. entfesselten Bedürfnissen und Interessen einer Minderheit, wird Natur über die Maßen ausgebeutet.

Nutzung der Fähigkeit zu Besonnenheit und Mäßigung

○ nicht genügende Problembeschreibungen:
  - Neid und Habsucht sollten nicht mehr als Konkurrenzdenken und Geschäftssinn beschönigt werden. Sie müssen als Laster gebrandmarkt und durch Bescheidenheit und Besonnenheit ersetzt werden.
  - Armut sollte nicht als Übel verteufelt werden. Relative Armut aller könnte Elend auf der einen und Überfluß auf der anderen Seite ersetzen.
  - Die bescheiden und im Einklang mit der Umgebung lebenden Naturvölker sind Vorbild für die Zukunft.

- genauere und weiterführende Ansätze:
  - Solange Besonnenheit und Genügsamkeit die Tugend von Einzelnen bleiben, können diese die Entwicklung nicht stoppen oder umkehren. Eine entsprechende neue Formung „des" Menschen, d. h. aller, ist aber Illusion. Armut und wirtschaftlicher Mangel können für niemanden, der sie erlebt hat, ein Ideal sein. Naturvölker sind nicht Vorbild, weil ihr Lebensstil nicht auf bewußter Mäßigung beruht, sondern auf äußerem Zwang.
  - Die Haltungen von Besonnenheit und Mäßigung müssen nach und nach immer größere Gruppen erfassen und zur tragenden Säule in einem neuen **Weltethos** werden. Gleichzeitig muß die Natur den Rang der großen Lebensspenderin zurückerhalten. Nach ihrer Maßgabe müssen schließlich menschliches Begehren, Produzieren und Konsumieren, aber auch die Bevölkerungsentwicklung in einen Prozeß des Gesundschrumpfens eintreten.

Nutzung von Aufklärung und Gesetzgebung

○ nicht genügende Problembeschreibungen:
  - Bei vernünftigem Nachdenken müßte jeder Interesse haben an einer Entschärfung der ökologischen Krise. Wer die Umwelt schädigt, entzieht sich letztendlich selbst die Lebensgrundlage.
  - Diese Botschaft muß mit allem moralischen Nachdruck vermittelt werden. Mißlingt das, gibt es keinen Ausweg.

- genauere und weiterführende Ansätze:
  - Saubere Luft und reines Grundwasser lassen sich nicht in Parzellen gliedern und zuteilen, so daß jeder mit seinem Vorrat sorgsam umgehen müßte. Natur ist grundsätzlich ein öffentliches Gut, sie ist unteilbar. Verbraucht

oder schädigt ein Einzelner sie zu seinem Vorteil, belastet er alle. Wer z. B. vom Fahrrad auf das Auto umsteigt, erzielt einen großen persönlichen Mobilitätsfortschritt; die damit verbundene Steigerung der Luftverschmutzung tragen alle, der eigene Anteil ist nur ein Bruchteil. Wer beim Fahrrad bleibt, verzichtet auf den persönlichen Vorteil und trägt die Umweltbelastung durch den Autoverkehr doch voll mit.

- Die **Nutzen-Schaden-Bilanz** fällt für den Autofahrer positiver aus als für den umweltbewußten Fahrradfahrer. Viele ziehen daraus die Konsequenz und argumentieren ökologisch (gegen das Auto), handeln aber zum eigenen Nutzen gegen die Natur (d. h. sie fahren Auto). Notwendig wäre eine dahingehende Veränderung der Rechtsordnung, daß jedem Nutznießer einer Umweltbelastung die entsprechenden Kosten möglichst vollständig aufgebürdet werden. Dadurch würde die verbundene Selbstschädigung spürbar und könnte zur Verhaltensänderung motivieren.

Für die Frage, auf welche Weise der Verbrauch der Ressource Natur direkt an die verbundenen „Kosten" gekoppelt werden kann, gibt es inzwischen differenzierte Vorschläge. Ihre Umsetzung kann aufgrund der genannten Zusammenhänge nicht durch moralische Appelle, sondern nur auf politisch-rechtlichem Weg gelingen. Wirtschaftspolitische Phantasie, wirtschaftliche Kreativität und bewußtes Verbraucherverhalten würden durch gesetzlich verankerte ökologische Rahmenbedingungen herausgefordert.

Weltweite Perspektiven
Aufgabe der Ethik bleibt es vor allem, Blickverengungen aufzubrechen und

- die Wahrnehmung der katastrophalen Zuspitzung zu stärken;
- den Wert der Selbstbegrenzung und die Tugend der Besonnenheit für alle Ebenen anzumahnen;
- die von Fachleuten neu entwickelten Modelle unter die Kriterien der ökologischen Zukunftsfähigkeit und der weltweiten Gerechtigkeit zu stellen;
- nach weltethisch qualifizierten Leitideen einer maßvollen Bewirtschaftung des begrenzten Planeten Erde Ausschau zu halten.

Beachtenswerte Leitlinien, die es weltweit einzufordern gilt, sind z. B.:

- Das Prinzip des **nachhaltigen Wirtschaftens**. Verallgemeinert bedeutet es
  - daß in keinem Bereich der Natur die Entnahme größer sein darf als die Regeneration des Bestandes;
  - daß Erdöl, Mineralien und andere nicht erneuerbare Ressourcen nur in dem Maße und Tempo ausgebeutet werden wie erneuerbare Alternativen geschaffen werden;
  - daß Luft, Wasser und Boden nur entsprechend ihrer Selbstreinigungskräfte mit Schadstoffen belastet werden dürfen.

- Das Prinzip der anhaltenden **Natursparsamkeit** ist notwendig, wenn Nachhaltigkeit erreicht und der Zugang zu den natürlichen Ressourcen nicht auf wenige gegenwärtig Reiche und Mächtige beschränkt sein soll.

Es kann z. B. durchgesetzt werden
- durch feststehende Verbote bestimmter Schadstoffabgaben oder Produktionsverfahren, durch die Zuteilung genau begrenzter Kontingente von natürlichen Produktionsfaktoren usw.
- durch eine intelligente Besteuerung des Naturverbrauchs (Energie, Rohstoffe) und des Schadstoffausstoßes bei der Produktion (Emissionen) sowie der Naturbelastung durch Ge- und Verbrauch der Produkte (u. a. Müll).

Besonders knappe Naturgüter müssen entsprechend stark geschützt bzw. verteuert werden, um ihren Verbrauch hinreichend zu verlangsamen.
Überdurchschnittlicher Naturverbrauch einzelner Personen, einzelner Produktionsstätten, einzelner Branchen oder Länder muß mit einem überproportional wachsenden Preis belastet werden, um in jedem Fall eine Begrenzung zu erzwingen und dadurch die Basis für eine bessere Verteilung zu schaffen.

Zusammenfassung	Folgerungen
▷ Besonnenheit und Maß sind zunächst Tugenden der persönlichen Reife. Angesichts der ökologischen Krise und der Verelendung weiter Teile der Erdbevölkerung werden sie zur allgemeinen Menschheitspflicht.	▷ Notwendig ist ein Weltethos, das wesentlich geprägt ist durch die Besinnung auf ein zukunfts- und gerechtigkeitsfähiges Maß des Wohlstands, des Wirtschaftens, der Naturbelastung.
▷ Das neue menschliche Maß muß sich an der begrenzten Realität, an der allen zustehenden Menschenwürde und am Lebensrecht kommender Generationen orientieren. Moralische Appelle, Technik- und Kapitalismuskritik oder eine übertriebene Armuts- und Naturromantik genügen dazu nicht.	▷ Notwendig ist der systematische Einsatz von technischer und wirtschaftlicher Rationalität. Voraussetzung ist die Begrenzung der entfesselten Bedürfnisse und Interessen der Wohlstandsminderheit; dazu bedarf es bindender und weltweit wirksamer Rechtsstrukturen.
▷ Ziel ist es, in einen Prozeß des Gesundschrumpfens einzutreten bezüglich Produzieren und Konsumieren in den reichen Ländern, bezogen auf das Bevölkerungswachstum in den armen Ländern.	▷ Die Belastungen von Natur und Zukunft müssen in alle Kosten-Nutzen-Rechnungen direkt eingebracht werden. Dadurch wird jedes Übermaß zur Selbstschädigung und motiviert zur Verhaltensänderung.
▷ Neuere Modelle einer angepaßten Wirtschaftsweise und eines maßvollen Lebensstils orientieren sich an den Leitideen der Nachhaltigkeit und Natursparsamkeit.	▷ Sie erfordern einen flexiblen Prozeß der Umsetzung. Das heißt, sie müssen entworfen, erprobt und immer wieder fortgeschrieben werden.

10 Wissen und Weisheit

10.1 Vorverständnis

Das Streben nach **Wissen** ist ein natürlicher menschlicher Antrieb. Bereits das Kleinkind sucht die Welt zu erkunden, zu verstehen und für sich zu nutzen. Die Schule ist zu einer gigantischen Veranstaltung der Wissensvermittlung geworden; ihre Erziehungsaufgabe hat sie dafür in den Hintergrund geschoben. Zudem gewinnt das Schlagwort vom *„lebenslangen Lernen"* an Bedeutung: Kaum jemand kann heute ein Arbeitsleben lang im zuerst erlernten Beruf verbringen.

Die beständig angebotene Informationsmenge aus den **Wissenschaften** übersteigt längst unser Fassungsvermögen. Neues Wissen kann zugleich in Angst und Schrecken versetzen. Denn es umfaßt neben neuen Möglichkeiten, tieferem Verständnis oder Erweiterung des Blickwinkels auch Einsichten in gefährliche oder katastrophale Folgen des Fortschritts.

Da mag es für manchen verführerisch sein, *„den Kopf in den Sand zu stecken"*, die Augen zu verschließen vor den negativen Seiten oder dem schieren Umfang dessen, was professionelle Wissensvermittler täglich präsentieren.
– Sich nicht vorschnell beunruhigen zu lassen,
– Distanz zu halten zum Wust des Informationsangebotes,
– „hochbrisante Erkenntnisse" mit einem gehörigen Schuß Ironie abzufedern,
das alles muß jedoch keineswegs ein Zeichen für Naivität oder Ignoranz sein.

Weisheit, die auf Lebenserfahrung und umfassendem Verstehen beruhende Grundhaltung des Betrachtens, scheut die Aufgeregtheiten um jede Neuigkeit. Kindliche Naivität und Weisheit des Alters sind zwar an den weit auseinander liegenden Grenzen des Lebens angesiedelt, doch erweisen sie sich als nahe Verwandte. Denn beide sind nicht (die eine noch nicht – die andere nicht mehr) so stark wie die übrige Lebensspanne eingetaucht in den Strom der Ereignisse und Erfindungen, der Erkenntnisse und Veränderungen. Der Blick wird freier für das Bleibende und das Einfache, das Sinngebende und das Schöne.

Beide Erkenntnis- und Verstehensweisen sind aber notwendig:

- Je mehr Wissen wir erwerben, desto wichtiger wird der distanzierte Überblick.
- Je vielfältiger die Einzelergebnisse der Wissenschaften, desto bedeutsamer werden allgemeines Orientierungswissen und bewußte Beschränkung.
- Je schneller sich die Methoden von Wissenschaft und Technik verändern und verfeinern, desto unverzichtbarer wird die weise Voraussicht auf ihre möglichen Folgen.
- Je mehr Wege sich auftun zur vermeintlichen Lösung der großen Menschheitsprobleme, desto notwendiger sind verläßliche Wegweiser.

Stellt man die verschiedenen Grundbegriffe zusammen, ergeben sich folgende Unterscheidungen und Wertfragen:

- **Information** (lat. – Auskunft, Belehrung) bezeichnet sowohl den Vorgang als auch den Inhalt von Mitteilungen. Es gehört zu den Grundfähigkeiten des Menschen, Informationen bewußt zu speichern (Gedächtnis), zu bearbeiten (Verstand) und zu übermitteln (Kommunikation). Erst ihre fast beliebige quantitative Ausweitung mit Hilfe elektronischer Datenverarbeitung hat die ethischen Probleme der
  - Überforderung durch Unübersichtlichkeit,
  - Beschädigung oder Verdrängung direkter sozialer Beziehungen,
  - des Mißbrauchs persönlicher Daten

  dringlich werden lassen.

- **Wissen** bezeichnet die persönliche Kenntnis einer Information, über die das Denken souverän verfügen kann. Im Gegensatz zur Meinung oder Vermutung umfaßt das Wissen die sichere Übereinstimmung seiner Inhalte mit der Wirklichkeit und vermag diese auch zu begründen. Wissen kann zur bloßen Anhäufung von Information verkommen, sei sie bedeutsam oder nicht. Wissen kann sich aber auch an den Erfordernissen einer verantwortlichen Daseinsgestaltung orientieren. Dadurch erhält es ethische Qualität.

- **Wissenschaft** als Höchstform von Wissen und Wissenserweiterung hat zusammen mit ihrer unmittelbaren „Tochter", der Technik, die neuzeitliche Welt entscheidend verändert. Die ethische Beurteilung fragt nach ihrer Orientierung an der Wahrheit, an der Humanisierung menschlicher Lebensbedingungen und an der Bewahrung der natürlichen Lebensgrundlagen.

- **Weisheit** bezeichnet die Fähigkeit zur Bewertung des an sich bewertungsoffenen Wissens (z. B. neuer wissenschaftlicher Erkenntnisse) von einem „höheren" Gesichtspunkt her. Sie gehört damit zu den Kardinaltugenden, oder, modern gesprochen, zu den „Schlüsselqualifikationen". Sie ist der Schlüssel zur Unterscheidung von gut und böse, richtig und falsch.

- **Klugheit** ist die praktische Zwillingsschwester der Weisheit. Sie darf nicht mit Schläue oder Cleverness verwechselt werden. Klugheit leitet das angemessene Handeln in der Einzelsituation. Sie bezieht die Einsichten der Weisheit ebenso mit ein wie andererseits das Kriterium der Machbarkeit.

10.2 Wissen und Wirklichkeit

Angesichts der allgemein zugänglichen Informationsmenge könnte man meinen, das heutige Wissen habe einen nie dagewesenen Hochstand erreicht. Wie das Wasser in der Wasserleitung scheint der Strom aller Informationen jederzeit präsent. Wir brauchen demnach nur das richtige Ventil zu öffnen, d. h. uns an die entsprechende Sparte der Massenmedien anzuschließen oder bei fachlichen Fragen die richtige Datenbank anzuzapfen, und schon steht das gesuchte „Wissen" in der gewünschten Menge zur Verfügung. In Wahrheit verhält es sich anders:

Der eine kann die Börseninformation, die ihm zur Verfügung steht, beim besten Willen nicht verstehen. Die andere entdeckt, daß die scheinbar objektiv belegte Umweltbilanz des Autos ganz unterschiedlich ausfällt – je nachdem, von wem sie erstellt wurde. Wieder andere sind erstaunt, daß der Medienbericht über eine Großveranstaltung, an der sie selbst teilgenommen haben, nichts mit dem gemein hat, was sie vor Ort erlebt haben. Nach einem medial umfassend ausgeschlachteten Weltraumereignis (der Einschlag eines riesigen Asteroiden auf dem Jupiter) erhebt sich plötzlich die Frage, ob das „Ereignis" vielleicht gar nicht wirklich stattgefunden habe, und die ganze Welt einer genialen Computersimulation aufgesessen sei.

Solche Beispiele zeigen, daß einzelne Wahrnehmungen in ganz unterschiedlichen Beziehungen zur Wirklichkeit stehen, sich aber nie ganz mit dieser decken. Wissen und Wirklichkeit driften durch die Medienvermittlung auseinander:

- Einerseits überfordert der anschwellende Strom möglichen Wissens menschliches Fassungsvermögen. Denn Information wird für den einzelnen erst zum Wissen, wenn sie innerlich erfaßt bzw. angeeignet ist.
- Andererseits bewirken die Medien die Aneignung des von ihnen Präsentierten. In der Folge wird die Medienbotschaft gewußt, nicht die Wirklichkeit.

▶ *Welche „Wissen" können Medien vermitteln? Wie läßt sich die Verbindung mit der Wirklichkeit stärken? Wodurch gelingt wirkliches Leben?*

Medien
1984 schrieb der Pädagoge **HARTMUT VON HENTIG** (* 1925) ein Buch mit dem Titel: *„Das allmähliche Verschwinden der Wirklichkeit"*. Darin kritisiert er die bevorstehende Einführung von Kabel- und Satellitenfernsehen und setzt sich mit der beginnenden Veränderung von Schule und Alltagswelt durch Computertechnik und Telekommunikation auseinander. U. a. erzählt er:

„Man setze einen heutigen Achtjährigen vor einen interessanten Film über einen Igel und lasse ihn nach einigen Minuten wissen, einen solchen gebe es leibhaftig in diesem Raum: Das Kind läßt unfehlbar das Gerät stehen und läuft zu dem Tier mit seinen Flöhen, seinem Gestank und seiner hartnäckigen Weigerung, sich für den Zuschauer zu entrollen. Wenn ich diesem dann alles, was ich aus dem Film über den Igel weiß, auch noch selber erzähle, hat kein Film eine Chance mehr."

Diese Erfahrung läßt sich verallgemeinern: Wo immer die direkte Begegnung mit der Wirklichkeit (der Natur, den Mitmenschen, der Technik, der Kunst usw.) möglich ist, wirkt sie auf Kinder anziehender, lehrreicher und einprägsamer als ihre mediale Vermittlung. Die Wirklichkeit erhält oft keine echte Chance mehr, ihre Faszination zu entfalten: Das Fußballspiel am Fernsehschirm ersetzt die eigene sportliche Betätigung, die abendliche Talkshow wird langen Gesprächen mit Kollegen und Freunden vorgezogen, Stunden am Computer verdrängen kreatives Technikspielzeug.

Auch bei den Kindern haben sich die Akzente inzwischen verschoben: Wenn Jugendliche heute volljährig werden, haben sie weit mehr Zeit vor dem Bildschirm verbracht (im Schnitt ca. 18000 Stunden) als im Schulunterricht (ca. 15000 Stunden). Phantasie und Eigenaktivität drohen gerade bei den Schwächeren unterzugehen in der Flut von Werbebildern und Gewaltszenen, Spielfilmen und Talkshows, Betroffenenberichten und Sportübertragungen.

Umgang mit Medien
Vor allem im sogenannten *Reality-TV* verschwimmen die Grenzen zwischen Wahrheit und Fiktion: Angebliche Augen- und Ohrenzeugenberichte, die seriös klingende Stimme des Kommentators und die bewußt unscharfen Aufnahmen sollen dokumentarische Echtheit vortäuschen. Selbst tatsächliche Unfälle, Verbrechen oder Katastrophen erweisen sich manchmal als mediengerechte Inszenierung. Bekannt ist z. B., daß manch einer der Minderjährigen, die mit aufgebrochenen Autos durch Hamburg oder Berlin rasen, die Zeitungsausschnitte über seine Taten wie Trophäen sammeln. Gleichzeitig kursieren Preislisten unter Schülern, was Reporter für gutgestellte Aufnahmen und einschlägige Interviews zu zahlen bereit sind. Es lassen sich inzwischen viele Beispiele dafür anführen: Die Phantasie produziert die Realität.

Gefragt ist in dieser Situation eine vernünftige (weise) Orientierungsmarke für das richtige Verhältnis zwischen Medienkonsum und Wirklichkeitserfahrung. Sie kann nicht lauten: Die Freizeit sollte ausgewogen zwischen beiden verteilt werden. Denn „gut" im moralischen Sinn ist nicht die Ausgewogenheit zwischen an sich Beliebigem, sondern das *Wirklichkeitsgemäße*. Orientierung gibt daher der Grundsatz: *Die Wirklichkeit finden und verantwortlich in ihr leben.*

> **Fern-Seh-Verhalten**
> *In einer Straßenbahn fällt eine Horde von Jungen über ein Mädchen her und macht Anstalten, es zu vergewaltigen. Die übrigen Fahrgäste legen perfektes Fernsehverhalten an den Tag: Wie auf Verabredung sehen alle weg; nur eine Mutter raunt ihrem Kind noch zu: „Guck da nicht hin."*

Der Ein/Aus-Knopf bestimmt hier die Verhaltensmöglichkeiten. Wegschauen ist wie das Drücken des Aus-Knopfes oder der nächsten Programmtaste auf der Fernbedienung: Was nicht wahrgenommen wird, ist nicht geschehen; wer nichts wahrnimmt, ist nicht in die Sache verwickelt.

Aus ethischer Sicht ist es *Pflicht*, in der angesprochenen Situation einzugreifen. Wichtig aber ist: Diese Pflicht wird nicht versäumt, weil sie nicht akzeptiert würde, oder weil sich die Zuschauer aktiv gegen sie stellten, sondern weil die Empfindungsfähigkeit verstümmelt, die Wahrnehmung einer solchen Pflicht verlernt ist.

Die Erkenntnis solcher Zusammenhänge macht deutlich: Verantwortung für die Mitmenschlichkeit beginnt nicht erst (in unserem Beispiel) in der Straßenbahn, sondern bereits bei der Einübung einer wachen Hinwendung zur unmittelbaren Umgebung. Diese Hinwendung kann demjenigen nicht gelingen, der an der bunten Verpackung aller Wirklichkeit, am Fernsehschirm, „klebt".

Andererseits können wir weite Teile der Wirklichkeit nur mit Hilfe der Medien wahrnehmen. Ohne ihre Vermittlung wären wir auf den kleinen Gesichtskreis direkter Erfahrung eingeschränkt und blieben blind für weltweite Zusammenhänge, für die Fernwirkungen unserer Lebensweise; die demokratische Einwirkung auf überregionale oder internationale politische Debatten und Entscheidungen blieben ausgeschlossen.

Eine allgemeine Medienabstinenz ist daher nicht sinnvoll, notwendiges Ziel ist vielmehr eine gesellschaftliche und persönliche **Medienökologie,** d. h.

- direkte Begegnung mit Menschen und Umwelt, wo dies möglich ist – mediale Vermittlung von Wirklichkeiten und Zusammenhängen, die sonst verschlossen bleiben würden;

- ausgewogene Abstimmung zwischen Medienkonsum, Eigenaktivität und direkter Kommunikation nach persönlichem Zeitmaß;

- Ergänzung der direkten Wahrnehmung und persönlichen Urteilsfähigkeit durch den weiteren Blickwinkel der Medien – Korrektur der Medienberichte durch eigene Erkundung und Erprobung.

Zusammenfassung	Folgerungen
▷ Viele öffentlich zur Verfügung stehende Informationen sind für den einzelnen weder wissenswert noch verstehbar.	▷ Wer sein Wissen erweitern will, muß sich ausgewählte Informationen persönlich aneignen.
▷ Medien vermitteln eine oft undurchschaubare Mischung von Scheinwelt und Wirklichkeit. Sie bleiben das „Dazwischen", das Sender und Empfänger verbindet und zugleich trennt.	▷ Wo immer möglich, ist Wirklichkeitserfahrung dem Medienkonsum vorzuziehen; denn Ziel eines gelingenden Lebens ist es, die Wirklichkeit zu finden und in ihr zu leben.
▷ Zuschauen und Eingreifen sind sich gegenseitig ausschließende Verhaltensweisen: Wer von der Faszination medialer Scheinwelten gefangen ist, wer „Ereignissen" als Fernsehzuschauer beiwohnt, kann nicht gleichzeitig sein Leben gestalten oder nachhaltig in das Geschehen seiner Umwelt eingreifen.	▷ Eine weise Nutzung der Medien beschränkt sich auf die Inhalte und das Ausmaß, das der eigenen Lebensgestaltung zuträglich ist. Leitend ist dabei die jeweils eigene Entscheidung, welche Information, Entspannung oder Erläuterung usw. von einem geeigneten Medium „abgefragt" wird.
▷ Die Gestaltung persönlicher oder familiärer Tages-, Wochen- und Jahresabläufe nach dem „Drehbuch" und der Abfolge der angebotenen Medienereignisse birgt die Gefahr der Entmündigung und sozialen Abstumpfung.	▷ Medienökologie ist heute ein vorrangiges pädagogisches Ziel: Es beschreibt die weise Abstimmung zwischen Medienkonsum einerseits sowie direkter menschlicher Kommunikation und persönlicher Eigenaktivität andererseits.
▷ Andererseits genügen eigene Beobachtungen z. B. nicht für ein begründetes politisches Urteil: Wir sind auf die Medien angewiesen, können ihnen aber nicht blind vertrauen.	▷ Unser Urteil muß sich auf eine bedachte Auswahl möglichst unabhängiger Medien stützen. Eigene Beobachtungen und Erkundungen im jeweiligen Nahbereich bieten Korrektur und Ergänzung.

10.3 Wissen und Verantwortung

> **Risikoschwangerschaft**
> Ulrike Sch., 38 Jahre alt, erwartet ihr drittes Kind. Der Arzt hat ihr soeben das positive Ergebnis des Schwangerschaftstests mitgeteilt. Ulrike Sch. freut sich, es ist eine Wunschschwangerschaft.
> Ein Schrecken durchfährt sie, als der Arzt fortfährt: In ihrem Alter gebe es ein deutlich erhöhtes Risiko für das „Down-Syndrom", eine Chromosomenstörung bei der Keimzellenbildung; diese verursache den sog. Mongolismus, eine sehr schwere Behinderung. Durch eine Fruchtwasseruntersuchung (Amniozentese) oder die bereits ab der 7. Schwangerschaftswoche mögliche Gewebeuntersuchung der mittleren Eihaut (Chorionbiopsie) sei eine sichere Früherkennung möglich; der rechtzeitige Schwangerschaftsabbruch sei ggf. kein Problem.
> Ulrike Sch. geht sehr bedrückt nach Hause: Mit einem Schwangerschaftsabbruch könnte sie sich nie anfreunden. Doch sich auf ein „mongoloides" Kind einzulassen, das könnte sie doch den beiden anderen Kindern nicht zumuten.

Dieses Beispiel ist kein Einzelfall. Eine Erweiterung des Wissens zieht in vielen Fällen eine Ausweitung der Verantwortung nach sich. Der Volksmund begegnet diesem Zusammenhang mit der allzu einfachen Aufforderung zur Wissensbeschränkung: *Was ich nicht weiß, macht mich nicht heiß.* Freilich bleiben neue Lösungswege dadurch ebenfalls verschlossen.

▶ *Wie läßt sich verantwortlich mit der folgenschweren Erweiterung von Spezialwissen umgehen? Worin liegen die Möglichkeiten zum Mißbrauch? Läßt sich durch eine Begrenzung des Wissens die Eingrenzung von Verantwortung erreichen?*

Vorgeburtliche Diagnose von Behinderung

- Der Diagnose muß eine persönliche Begleitung der Eltern nachfolgen, die ihnen Raum gibt, die plötzliche und einseitige „Wissenserweiterung" anzunehmen und zu verkräften.
- Hinzukommen muß eine Beratung, die ihnen die Möglichkeiten und den Wert des Zusammenlebens mit einem behinderten Kind erschließt.
- Das einseitige Wissen aus der Diagnose muß ergänzt werden durch Kenntnisse der nötigen Vorsorgemaßnahmen, evtl. Therapiemöglichkeiten und verfügbarer Hilfen zur Gestaltung eines menschenwürdigen Lebens für das Kind und die Familie.
- Durch die Wahrnehmung entsprechend behinderter Menschen muß ein realistisches Bild der zu erwartenden Behinderung gefördert werden.
- Die geprüfte Gewissensentscheidung der Eltern ist zu respektieren.

Ein solches Vorgehen fußt auf folgender allgemeiner Erfahrung:

Spezielles Wissen wird nicht durch weitere Steigerung zur Weisheit, sondern durch seine bedächtige Anwendung auf eine ganz konkrete Situation. Dabei wird der Blickwinkel wesentlich erweitert, menschlich-innere und äußere Rahmenbedingungen werden mitbeleuchtet, Personen und ihr unverwechselbarer Lebensweg werden wichtiger als verallgemeinerbares Wissen. Weisheit ist Einsicht in den lebendigen Zusammenhang. Sie benötigt Abstand zum konkreten Einzelwissen.

Mißbrauch von Diagnose-Wissen

Die frühzeitige Diagnose des Down -Syndroms (oder einer anderen schweren Behinderung) kann aber auch gekoppelt sein an die vorher für diesen Fall getroffene Entscheidung zum **Schwangerschaftsabbruch** Ein solcher Automatismus ist ethisch nicht gerechtfertigt. Er würde bedeuten: Das Leben eines mongoloiden Kindes ist grundsätzlich nicht lebenswert. Würde das allgemein anerkannt und in der Regel entsprechend verfahren (Abtreibung bei Diagnose des Down-Syndroms), würden solcherart behinderte Menschen bald nur noch als Ballast der Gesellschaft empfunden. Als zufällig durch das Netz der frühen Diagnostik Geschlüpfte würde ihnen das unbedingte Lebensrecht möglicherweise abgesprochen; Eltern stünden bald unter Rechtfertigungsdruck, warum sie die Möglichkeit von Diagnose und Schwangerschaftsabbruch nicht genutzt hätten und die Allgemeinheit durch behindertes Leben belasteten.

Auch ein behindertes Kind hat aber ein unantastbares **Recht auf Leben**. Selbst ein schwerstbehindertes ungeborenes Kind hat dieses Recht. Daraus ergibt sich, daß auch in der frühen Schwangerschaftsphase, in der eine Abtötung des Embryo unter klar eingegrenzten Bedingungen erlaubt sein kann, jede **Automatismusregelung** zu verwerfen ist. Bei einer schweren Behinderung gilt die Verpflichtung zur Einzelfallprüfung, zum Beratungsgespräch usw. Es geht dabei nie um eine Entscheidung zwischen lebenswert oder lebensunwert. Abzuwägen ist vielmehr zwischen dem Lebensrecht des erbgutgeschädigten Embryo einerseits sowie der Handlungsfreiheit und der Möglichkeit zu einem menschenwürdigen Leben für die betroffene Mutter, für die Geschwister und auch für das werdende Kind.

Für die schnell wachsenden Diagnosemöglichkeiten gilt also aus ethischer Sicht:
Nicht erst die Folgerungen aus neugewonnenem Wissen (hier: die Frage des Schwangerschaftsabbruchs) sind ethisch zu verantworten, sondern bereits die einseitige Wissenserweiterung. Dies ist auf andere Bereiche übertragbar.

Geschlechtsbestimmung

In Indien ist es trotz gesetzlichen Verbotes weit verbreitet, daß Geschlecht der Ungeborenen bestimmen zu lassen und die weiblichen Föten abzutreiben. Mädchen gelten als minderwertig; selbst in materieller Hinsicht werden sie aufgrund der späteren Mitgiftspflicht als Belastung ihrer Familie angesehen. Die verbreitete Verachtung und Benachteiligung der Frauen in der indischen Gesellschaft wird durch diese brutale Praxis gleichzeitig verfestigt.

Der enge Zusammenhang macht deutlich: Nicht nur diese Abtreibungspraxis ist ethisch verwerflich, sondern bereits die Wissenserweiterung durch Geschlechtsbestimmung zu diesem Zweck. So ist es nur konsequent, daß der indische Gesetzgeber inzwischen die pränatale Geschlechtsdiagnose unter Strafe stellt.

Zusammenfassung	Folgerungen
▷ Wissenserweiterung kann von quälender Ungewißheit entlasten oder eine vernünftige Problembewältigung bzw. Zukunftsvorsorge ermöglichen.	▷ Neues Wissen eröffnet zusätzliche Entscheidungs- oder Handlungsmöglichkeiten, d. h., es vergrößert die menschliche Freiheit.
▷ Wissensfortschritte werden meist durch Spezialisierung erreicht; ihre Ergebnisse sind zunächst einseitig, nicht umfassend.	▷ Die praktischen Konsequenzen können dagegen wieder umfassend und möglicherweise schädlich wirken.
▷ Die Möglichkeiten zur Früherkennung von Behinderungen bergen die Gefahr, daß bestimmte Diagnosen fest verkoppelt werden mit der Entscheidung zum Schwangerschaftsabbruch. Dadurch wird solchermaßen Behinderten allmählich der Lebenswert oder gar das Lebensrecht abgesprochen.	▷ Die Möglichkeit des Schwangerschaftsabbruchs bei eugenischer Indikation (schwerwiegende, nicht behebbare Schädigung des Kindes) ist zu akzeptieren. Sie darf freilich nicht zu menschenverachtender „Qualitätskontrolle" werden, die Schwache und Behinderte vom Leben ausschließt.
▷ Steht eine an sich neutrale Wissenserweiterung (Beispiel Geschlechtsbestimmung) regelmäßig oder voraussehbar im Dienst eines verwerflichen Zieles, unterliegen bereits der Wissensfortschritt bzw. seine Betreiber der vollen Verantwortung für das Ziel.	▷ Wissen und Verantwortung können nicht getrennt werden. Für Wissenschaft und Forschung bedeutet dies: Alle, die ihre Methoden und Ergebnisse mitverantworten, müssen ihre Ziele und (soweit voraussehbar) ihre alternative Verwendbarkeit kennen.
▷ Übermäßiger Wissenszuwachs auf einem Spezialgebiet kann den Blick für die Kehrseite verstellen. Um verantwortlich handeln zu können, ist Ernüchterung notwendig und Ergänzung durch weise Voraussicht auf Handlungsalternativen und langfristige Folgen.	▷ Verantwortung bezieht sich auf konkrete Entscheidungen und Situationen, sie kann nur von ganz bestimmten Menschen getragen werden. Weisheit erfordert Abstand zu aktuellem Wissen und Ausblick auf den ganzen Zusammenhang einer Entscheidung.

10.4 Wissenschaft und Weisheit

Tierethik
Weite Bereiche und viele Ergebnisse der Wissenschaft stehen heute unter ethischem Vorbehalt. Besonders scharf wird die Nutzung von Tieren für wissenschaftliche und andere vom Menschen gesetzte Zwecke kritisiert. Das Verhältnis von Wissenschaft und Weisheit soll daher anhand dieses besonders umstrittenen Beispiels bedacht werden.

Angesichts der teilweise tierquälerischen Massentierhaltung (z. B. Legehennen), der Käfighaltung von Wildtieren (z. B. Pelztierfarmen), der umstrittenen Tierversuche (z. B. zur Verträglichkeitsprüfung von Kosmetika) lassen sich die Grundfragen der Tierethik jedenfalls nicht mehr verdrängen. Die Benutzung und der (teilweise) regelrechte „Verbrauch" von Tieren für die Wissenschaft ist zu einem herausgehobenen Streitpunkt geworden.

Tierversuche
Ungezählte Tiere müssen dafür herhalten, in langen Versuchsreihen Verträglichkeit und (Neben-)Wirkungen neuer Medikamente und Impfstoffe zu testen. Neue Operationsmethoden oder die Manipulierbarkeit natürlicher Körperfunktionen werden im Tierversuch erprobt. Trotz weltweiter Proteste und gesetzlicher Einschränkungen werden auch immer noch Kosmetika (z. B. Haarfärbemittel oder Nagellack) und Luxusgüter (z. B. Tabakerzeugnisse) an Tieren getestet. Wachsende Bedeutung haben Eingriffe in tierisches Erbgut im Dienste gentechnischen Fortschritts.
Weniger bekannt ist, daß ganze Herden von Rhesusaffen für wehrtechnische und wehrmedizinische Zwecke zu Tode gebracht werden, um etwa die tödliche Giftigkeit bestimmter Stoffe oder Strahlen auszutesten. Für Crash- oder Abgas-Tests der Autoindustrie wurde in der Vergangenheit das Leben zahlreicher Menschenaffen geopfert. Unzählige Kaninchen haben die Haut- und Schleimhautverträglichkeitstests von Farben, Waschmitteln usw. mit schlimmen Schmerzen und Schäden bezahlt.
Die Entwicklung der Tierversuche scheint aber ihren Höhepunkt überschritten zu haben: Zu Beginn dieses Jahrhunderts begann die Zahl der jährlichen Tierversuche in Deutschland in die Hunderttausende zu steigen. In den folgenden Jahrzehnten wuchs sie stetig an. Auf dem Höhepunkt der 70er und 80er Jahre wurden in Deutschland jährlich zwischen 7 und 14 Millionen Tierversuche durchgeführt. 1989 gab es dagegen „nur" noch 2,6 Mio registrierte Experimente, 1990 2,3 Mio, 1991 in Gesamtdeutschland 2,4 Mio und 1993 1,92 Mio.

▶ *Darf der Mensch zu seinem Nutzen frei über die Tiere verfügen? Unter welchen Bedingungen sind Tierversuche ethisch gerechtfertigt? Welche Erkenntnisweisen führen zu einer angemessenen Bewertung von Tieren; was bedeutet Weisheit gegenüber Tieren?*

Ethische Bewertung von Tierversuchen
Allgemein werden Tierversuche definiert als
"Eingriffe oder Behandlungen zu Versuchszwecken 1. an Tieren, wenn sie Schmerzen, Leiden oder Schäden für diese Tiere oder 2. am Erbgut von Tieren, wenn sie mit Schmerzen, Leiden oder Schäden für die erbgutveränderten Tiere oder deren Trägertiere verbunden sein können."
(Tierschutzgesetz von 1986 in seiner novellierten Fassung von 1990)

Ihre ethische Bewertung ist strittig; im Anschluß an den amerik. Philosophen **WILLIAM K. FRANKENA** (*1908) lassen sich vier Ansätze unterscheiden:

	Grundaussage	*Folgerung für den Tierschutz*	*Hauptvertreter*
1. der Ansatz beim besonderen Wert des Menschen **(anthropozentrischer Ansatz)**	Einen Eigenwert besitzt ausschließlich der Mensch; er allein setzt den Maßstab für die Nutzung der übrigen Natur.	Unnötige Tierquälerei führt zur Verrohung des Menschen. Im Umgang mit Tieren können Menschen ihre Fähigkeit zum Mitgefühl einüben und Humanität entwickeln. Tierversuche werden gebilligt, wenn sie die Humanität nicht beschädigen.	**TH. VON AQUIN** (Philosoph und Theologe des Mittelalters), **KANT**
2. der Ansatz bei den leidensfähigen Lebewesen **(pathozentrischer Ansatz)**	Alle empfindungs- und leidensfähigen Lebewesen haben einen Eigenwert; der Mensch darf nicht frei über sie verfügen.	Der Mensch darf den Tieren nicht zu eigenem Nutzen Angst, Streß, Schmerzen und Leiden zufügen. Er muß vielmehr ihr Wohlbefinden und ihre Unversehrtheit achten und schützen.	**J. BENTHAM**, viele Ethiker der Gegenwart: **U. WOLF, D. BIRNBACHER, T. REGAN** u.a.
3. der Ansatz bei allem Leben **(biozentrischer Ansatz)**	Sämtliche Lebewesen haben Eigenwert und moralischen Status. Eine Wertabstufung zwischen den verschiedenen Arten (Spezismus) ist nicht zulässig.	Die allgemeine Ehrfurcht vor dem Leben verbietet nicht nur schmerzverursachende Tierversuche. Mit ihr ist auch nicht vereinbar, Tiere für die menschliche Ernährung oder zu irgendeinem anderen Zweck zu töten.	**A. SCHWEITZER, H. JONAS, G. ALTNER**; die buddhistische und die hinduistische Religion; viele Christen
4. der Ansatz beim Ganzen der Natur **(holistischer Ansatz)**	Auch die nichtlebendige Natur hat einen moralischen Status; alles, was in der Natur existiert, ist wert, daß es fortbesteht.	Der Mensch ist eingebunden in seine natürliche Mitwelt – er ist nicht Zentrum einer ihm zugeordneten Umwelt. Tiere sind daher wie „Geschwister" zu behandeln.	**K. MEYER-ABICH**; Vertreter indianischer und anderer naturreligiöser Denkweisen.

Geschichte der Tiernutzung

Diese verschiedenen Ansätze der Tierethik sind ausgelöst durch eine lange und differenzierte Geschichte der Tiernutzung durch den Menschen:

Seit den frühesten Kulturen werden Tiere genutzt als Nahrungsquelle (Jagd, später Tierhaltung), als Opfergabe (zur Besänftigung der Götter oder als Sühne für die Tötung von Menschen und Tieren), später als Arbeitsmittel (z. B. Zugtiere) und Hausgenossen (Haustiere), als Forschungsobjekte und als Freizeitvergnügen (z. B. zoologische Gärten). Auch Tierversuche zum Nutzen der humanmedizinischen Forschung sind keine Erfindung unserer Zeit: Bereits im letzten Drittel des 19. Jh. gab es einen breiten wissenschaftlichen Streit um die sog. **Vivisektion** (lat. – *Schnitt am lebenden Körper*) von Versuchstieren. Tierversuche fanden aber bereits im Mittelalter und in der Antike statt.

Rechtfertigung von Tierversuchen

Geht man vom traditionellen **anthropozentrischen Ansatz** aus, der noch den weitesten Raum für Tierversuche läßt, sind die ethischen Minimalforderungen zu nennen und zu begründen, hinter die in keinem Fall zurückgegangen werden darf. Nach vorne, hin zu einer stärkeren Selbstbegrenzung im Gebrauch von Tieren und übriger Natur, ist die Entwicklung freilich offen.

Auf diesem Hintergrund ist zunächst festzuhalten:

- Der *Mensch* nimmt (idealtypisch) in vielerlei Hinsicht den höchsten Rang in der Ordnung des Lebendigen ein:

  - Er hat nicht nur Bedürfnisse, sondern vielfältige Interessen, mit denen er sich der Welt zuwendet.
  - Seine Vernunft gewährt ihm Einsicht in die Zusammenhänge seiner Umgebung, sie läßt ihn ein ausgeprägtes Selbstbewußtsein entwickeln und die Fähigkeit zu Sinnentwürfen.
  - Er kann sich von der Außenwelt distanzieren für Zeiten der Reflexion, der Vergangenheitsbesinnung und der Zukunftsplanung.
  - Er kann sich bewußt und willentlich für dieses und gegen jenes entscheiden – ggf. bezogen auf seinen ganzen Lebensweg.
  - Er kann Verantwortung für sich und andere übernehmen, nicht zuletzt für die übrige Natur.

- Das *Tier* hat all dies nicht, aber vieles andere mit dem Menschen gemeinsam:

  - Es ist eingebunden in die Evolutionskette, Nutznießer und zugleich nutzbringend für die übrige Natur.
  - Es ist empfindungs- und leidensfähig, in begrenztem Maße auch erinnerungs- und kommunikationsbegabt.
  - Es hat ein natürliches Bedürfnis zu leben und sich zu entwickeln, unverletzt zu bleiben und sich wohlzufühlen.

Diese Gegenüberstellung zeigt: Menschen und Tiere können nicht insgesamt als gleichwertig angesehen werden. Es bleibt eine Differenz und eine Überlegenheit des Menschen, die es nach sich zieht, daß er sich die Tiere zunutze machen kann und es auch tut. Eine vergleichbare Über- und Unterordnung durchzieht den gesamten „Organismus" der Natur.

Als Mindestbedingungen für den verantwortlichen Umgang mit Tierversuchen können die folgenden ethischen Leitlinien gelten. Solange weitergehende Einschränkungen nicht durchsetzbar sind, müssen sie im Sinne von **Vorzugsregeln** die konkreten Entscheidungen in den Forschungs- und Versuchslabors bestimmen:

1. Eingrenzung der Ziele, die Tierversuche rechtfertigen können	• Grundlagenforschung an Tieren ist nur vertretbar, wenn dadurch ein Beitrag zur Lösung wichtiger menschlicher Probleme (z. B. unheilbare Krankheit) in Aussicht steht. Die Übertragbarkeit der Ergebnisse auf den Menschen muß daher gesichert oder mindestens wahrscheinlich sein. • Tierversuche zur Entwicklung oder Erprobung von Waffen oder Kosmetika, zur Giftigkeitsprüfung von Stoffen, die in der Industrieproduktion gebraucht werden (z. B. Autolacke) oder zur Befriedigung reiner Forscherneugier sind ethisch nicht vertretbar.
2. Verminderung der Versuchszahlen	• Wo immer möglich, müssen Tierversuche durch alternative Methoden ersetzt werden; ihre Entwicklung ist zu fördern. • Um Doppel- und Wiederholungsversuche zu vermeiden, muß ihre Veröffentlichung verpflichtend sein; im Dienste einer allgemeinen Zugänglichkeit ist die Einrichtung zentraler, international zugänglicher Datenbanken moralisch geboten. • Tierversuche zur Ausbildung sollen auf das unbedingt Notwendige beschränkt bleiben; zu den Ausbildungszielen sollte auch die Vermittlung der ethischen Problematik gehören.
3. Einschränkung der Belastung für das einzelne Versuchstiere auf das Unvermeidliche	• Tierversuche erfordern vom Forscher besondere Aufmerksamkeit für die Belange der Tiere, da diese weder über den Forschungszweck aufgeklärt werden können noch ihre Einwilligung möglich ist. • Die artgerechte Haltung, Nahrung und Pflege (einschl. der Rücksicht auf tierische Gemeinschaftsbedürfnisse) müssen selbstverständlich sein. • Ethisch gerechtfertigt sind Tierversuche nur dann, wenn alle Kenntnisse und Vorkehrungen zur Minimierung von Schmerzen, Leiden und Schäden bei jedem einzelnen Tier genutzt werden; die Tötung von Tieren muß möglichst schonend geschehen.

Entscheidend bei all diesen Überlegungen ist, daß der Mensch die Fähigkeit und daher auch die Pflicht hat, Verantwortung dafür zu tragen, daß die ureigenen „Interessen" der Tiere dabei nicht ohne Not verletzt werden, etwa das „Interesse" an einem schmerzfreien Leben. Letzteres ist unbedingt schützenswert; seine Verletzung ist in jedem Fall rechtfertigungsbedürftig. Diese Rechtfertigung ist nur auf dem Wege der **Güterabwägung** möglich.

Eine ganze Reihe von Versuchskaninchen zu quälen, um ein kosmetisches Produkt zu verbessern, kann z. B. niemals gerechtfertigt sein. Die Erprobung einer neuen Operationsmethode am Tier könnte dagegen gerechtfertigt sein, wenn die Möglichkeiten der Schmerzvermeidung und artgerechten Behandlung ausgeschöpft werden und lebensrettende Neuerungen erwartet werden können.

Weisheit gegenüber Tieren
Dem Ziel der Wissenserweiterung können Tierversuche offenbar beträchtliche Dienste leisten: Der durch sie erprobte medizinische Fortschritt kommt vielen Menschen zugute, der verbundene wirtschaftliche Gewinn für die entsprechenden Unternehmen ist gesellschaftlich erwünscht. Die genannten ethischen Bedenken und Einschränkungen gelten heute allgemein als wichtige „Begleiter" und teilweise auch als Antrieb dieser Fortschrittsbewegung.

Das bei sehr vielen Menschen wachsende Unbehagen gegenüber jeder Form von Tierversuchen läßt aber weiterfragen nach einer bisher vernachlässigten Sichtweise: der Perspektive menschlicher Weisheit (gr. *sophia* – Erfahrung, Einsicht, Klugheit); sie beruht auf *Erfahrung* und *Weitblick*.

● Weisheit faßt die vielfältige menschliche Welterfahrung in einem sicheren und lebensklugen Urteil zusammen und hält sie dem oft hochspezialisierten, doch eng gefaßten Forscherwissen entgegen.

> *Käfighaltung*
> *Der Journalist und Pionier der Tierschutzbewegung **Horst Stern** (*1922) berichtete vor Jahren in der Zeitschrift „natur" von seinem Kampf gegen die Käfighaltung bei Legehennen. Er habe sich durch dickleibige Forschungsberichte hindurchgearbeitet, die sich mit wissenschaftlichen Argumenten für diese sog. „Batteriehaltung" aussprachen: Nahrung, Klima, Hygiene könnten optimal angepaßt werden; überkommene Verhaltensweisen wie Sandscharren und Flügelstrecken könnten den Tieren abgezüchtet werden; die Verlustquote sei geringer und die Eiqualität höher als bei der Freilandhaltung usw.*
> *Vom Gegenteil überzeugt habe ihn ein erfahrener Praktiker auf seinem Hühnerhof mit der schlichten Wahrheit: Ein Huhn gehört nicht in den Käfig. Ein solch einfaches Urteil sei bei der Beobachtung der Tiere unmittelbar einsichtig. Gleichzeitig seien in ihm lebenslange Beobachtung, die Erfahrung zahlreicher Generationen von Hühnerhaltern und eine große Portion an Wissen über die entwicklungsgeschichtliche Herkunft und Eigenart von Hühnern eingegangen.*

- *Ich weiß, daß ich nichts weiß* - in diesen Satz mündete für **SOKRATES**, den Ahnherrn abendländischer Weisheit, alle Erkenntnissuche. Das paradox klingende Bekenntnis erinnert in anstößiger Kürze daran, daß menschliches Wissen auf jedem Niveau die eigenen Grenzen mitbedenken muß. Und immer bleibt das nicht Gewußte oder falsch Eingeschätzte unendlich viel größer als der Bereich sicheren Wissens. Erst der radikale kritische Vorbehalt gegenüber dem eigenen Wissensfortschritt eröffnet den Ausblick auf bisher Verdrängtes oder Vergessenes, treibt an zu immer neuem Hinschauen und Überdenken.

Beispiel: Die Massentierhaltung oder der massenhafte quälende Transport von Schlachttieren quer durch Europa mag aus ökonomischer Sicht vernünftig erscheinen; beides dient dem Interesse von Menschen. Doch was wissen wir von den Interessen des einzelnen Tieres, das diese nicht artikulieren kann?

Zeichen weiser Rücksicht wäre es

- sich durch das offensichtliche Leiden eines jeden Tieres verunsichern zu lassen in dieser scheinbar selbstverständlichen Praxis;

- die bekannte Fähigkeit von Tieren zu freundschaftlicher und treuer Bindung untereinander oder gegenüber Menschen ernstzunehmen, auch wenn wir deren Eigenart und Ausmaß noch nicht genau kennen;

- sich von großen Weltreligionen (Buddhismus und Hinduismus) sowie von bewußten Gegenbewegungen (Vegetarismus) zur Neubesinnung anregen zu lassen, auch wenn man deren Natur- und Tierverständnis nicht ohne weiteres teilt;

- sich durch die Nähe der hochentwickelten Tiere zum Menschen innerhalb der Naturordnung zum Innehalten anregen zu lassen, zur Achtung der besonderen Tierwürde und zur Selbstbegrenzung der menschlichen Fähigkeit zur Tierbeherrschung.

Abgesehen von diesen ethischen Bedenken: Auch aus ökologischer und ökonomischer Sicht wachsen die Zweifel, ob es auf Dauer tragbar ist, jährlich 250 Mio. Schlachttiere durch Europa zu fahren; allein in Deutschland sterben jedes Jahr ca. 450 000 der streßanfälligen Tiere beim Transport.

Durch das Übergewicht menschlicher Herrschaft und Naturausbeutung droht das ganze „Gebäude" (gr. *oikos*, daher Ökologie) zu kippen. Durch die Erniedrigung der Tierwelt zum Ge- und Verbrauchsgut wird den nächsten natürlichen „Verwandten" des Menschen ihr Recht und ihre Würde genommen.

In poetischer Dichte ist die entgegenstehende Wahrheit z. B. in den Zeugnissen indianischer Weisheit überliefert. Der folgende Text stammt aus einer Rede des Duwarmish-Häuptlings **Seattle** von 1855:

Der weiße Mann muß die Tiere des Landes behandeln wie seine Brüder. Ich bin ein Wilder und verstehe es nicht anders. Ich habe tausend verrottende Büffel gesehen, vom weißen Mann zurückgelassen – erschossen aus einem vorüberfahrenden Zug. Ich bin ein Wilder und kann nicht verstehen, wie das qualmende Eisenpferd wichtiger sein soll als der Büffel, den wir nur töten, um am Leben zu bleiben. Was ist der Mensch ohne die Tiere? Wären alle Tiere fort, so stürbe der Mensch an großer Einsamkeit des Geistes. Was immer den Tieren geschieht – geschieht bald auch den Menschen. Alle Dinge sind miteinander verbunden.

Zusammenfassung	Folgerungen
▷ Traditionell wird dem Menschen eine weit höhere Würde zugesprochen als den Tieren. Zudem gelten Tiere nicht als Träger eigener Rechte. Andererseits kann die Empfindungs- und Leidensfähigkeit von Tieren nicht bestritten werden; aus ihr folgt eine Mitleids- und Schutzpflicht.	▷ Gegen tierquälerisches Verhalten und schrankenlose Tiernutzung richtet sich vielfacher ethischer Einspruch. Soll dies zu einer schonenderen Praxis führen, sind die verschiedenen menschlichen Interessen und natürlichen Werte gegeneinander abzuwägen.
▷ Die wichtigsten Ansätze zur Bewertung von Tierversuchen sind: – anthropozentrische Ansatz: Tierquälerei führt zur Verrohung des Menschen; – der pathozentrische Ansatz: er verbietet die Zufügung von Schmerzen um der leidensfähigen Tiere willen; – der biozentrische Ansatz: er wendet sich gegen die Bevorzugung des Menschen auf Kosten anderer Lebewesen; – der holistische Ansatz: er fordert die „geschwisterliche" Behandlung der natürlichen Mitwelt.	▷ Tierversuche unterliegen einer strengen Rechtfertigungspflicht; und zwar nach folgender Vorzugsregeln: – Allgemeine, unsichere, kommerzielle oder militärische Forschungsziele sind geringer zu bewerten als die Unversehrtheit von Tieren. – Menschliches Leben und Gesundheit sind höher zu bewerten als die Unversehrtheit von Tieren. – Es sind immer die schonendsten Versuchsformen zu wählen.
▷ Am Beispiel Tierethik zeigt sich die Zweischneidigkeit der Wissensperspektive. Sie bedarf der Ergänzung durch Traditionen menschlicher Weisheit: Diese drängt auf Begrenzung menschlicher Herrschaft um des ganzen *oikos* willen.	▷ Wissenserweiterung kann den Natur- und Tierschutz verbessern. Sie kann aber auch Zerstörung oder Grausamkeit bewirken. Das Weisheits-Korrektiv fördert – die Einsicht in Zusammenhänge und – die Rücksicht auf Schwächere.

11. Autorität und Selbstverwirklichung

11.1 Vorverständnis

ZEICHNUNG: MESTER

Sich an der **Autorität** (lat. *auctoritas* – Vollmacht, Ansehen) eines anderen Menschen, einer Idee oder eines Amtes zu orientieren, kann sehr unterschiedliche Folgen haben:
- Autoritäten können begeistern und zu eigenem Engagement ermutigen. So hat beispielsweise das Ansehen und das Vorbild **GANDHIS** zunächst seine Landsleute und schließlich Generationen von jungen Menschen aus verschiedenen Ländern zum gewaltlosen und zähen Widerstand gegen Unrecht und Unterdrückung motiviert.
- Autoritäten können aber auch verführen zu Scharlatanerie und menschenverachtendem Unrecht. So genießen z. B. die Anführer religiöser Sekten oft unumschränkte Vollmacht gegenüber ihren Anhängern. Etliche Fälle kollektiver Selbsttötung innerhalb solcher Gruppen werfen ein Schlaglicht auf die Gefahren absoluter Autorität.

Die Abbildung von „abgehängten" Autoritäten politischer Reform- und Befreiungsbewegungen – zu erkennen sind Willy Brandt, Martin Luther King, Mahatma Gandhi und Che Guevara - macht deutlich: Die Unterscheidung zwischen begeisternden und verführenden Autoritäten genügt allein nicht:

- Autorität besitzt ein Mensch, eine Macht oder eine Idee immer nur unter ganz bestimmten historischen Bedingungen. Den südamerikanischen Revolutionär *Che Guevara* (1928-1967) mögen die meisten Jugendlichen heute nicht einmal mehr dem Namen nach kennen; die sog. „68er Generation" feierte ihn dagegen als Leitfigur politischer Befreiung (besonders der „Dritten Welt").

- Anders als bloße Machtausübung setzt Autorität immer ein Gegenüber voraus, das ihr Anerkennung und **Vertrauen** oder Unterordnung und Loyalität entgegenbringt. Die katholische Kirche z. B. mag ihr Prinzip geistlicher Autorität noch so hoch halten: Je mehr Menschen ihr das Vertrauen und die Unterordnung entziehen, um so mehr schrumpft ihr autoritativer Einfluß.

- Autorität beruht meist auf einem tatsächlichen Vorsprung von Wissen und Können oder der Überlegenheit einer gezeigten Praxis bzw. leitender Ideale. Schwindet dieser Vorrang, geht auch die Autorität zurück oder sie wandelt sich in bloßen **Autoritarismus**: sie beruht nur noch auf erzwungener Anerkennung und damit letztlich auf Macht und Stärke. Jede Form der Autorität steht in der Gefahr einer solchen Verwandlung – sei es in der Familie oder auf der politischen Ebene.

Autorität ist ein wertungsoffener Begriff: Sie kann entlasten oder entmündigen, Wege oder Irrwege aufzeigen.
Wer sich aber von politischen oder fachlichen, religiösen oder staatlichen Autoritäten abwendet, steht letztlich sich selbst gegenüber: Wie soll ich selbst entscheiden? Was kann ich selbst leisten? Was will ich selbst verantworten?

Selbstverwirklichung, die Ausschöpfung und Entfaltung persönlicher Anlagen, faßt mögliche Antworten auf diese Fragen zusammen.

Das Ziel der Selbstverwirklichung ist gerichtet
- gegen eine übertriebene oder unnötige Fremdbestimmung sowie
- gegen jede Verkürzung des Menschseins, etwa auf Arbeit und Leistung, auf eine bestimmte Familienrolle oder Schichtzugehörigkeit usw.

Positiv angezielt ist entweder vornehmlich
- die Verwirklichung der persönlichen Begabungen, Kräfte, Gefühle und Hoffnungen oder
- die ethische Vervollkommnung des einzelnen im Sinne einer persönlichen Orientierung am Guten und Schönen, an einer religiösen Bestimmung oder an der mitmenschlichen oder gesellschaftlichen Solidarität.

Auch das Ziel der Selbstverwirklichung kann entarten zum engherzigen Egoismus, zum geschmäcklerischen Konsumverhalten oder gar zum verführerischen Etikett für die Produktwerbung. Trotzdem ist der Begriff nicht in gleicher Weise wertungsoffen wie der Autoritätsbegriff:

- **Autorität** kann zwar hilfreich, entlastend oder notwendig sein. Autoritätsorientierung ist aber nie das eigentliche Ziel menschlichen Strebens, bestenfalls ein gangbarer Weg.

- **Selbstverwirklichung** dagegen ist das natürliche Ziel eines jeden Menschen, in seinen Inhalten zwar oft mißverstanden oder umstritten, als Wert aber fraglos anerkannt. Welche Dienste ihm die verschiedenen Autoritätsverhältnisse leisten, bleibt zu diskutieren.

11.2 Autorität und Gehorsam

> Gehorsam scheint etwas Unzeitgemäßes, Altmodisches zu sein. Wir kennen den Begriff aus der religiösen Tradition als Gehorsam gegenüber Gott und seinen Geboten oder als Gehorsamspflicht des Beamten oder des Soldaten gegenüber einer Anordnung bzw. einem Befehl des Vorgesetzten. Die Verpflichtung der Kinder, ihren Eltern gehorsam zu sein, scheint dagegen vergangenen Generationen anzugehören. Schon in dem Wort Gehorsam schwingt das Negative mit, das in der Verbindung „blinder Gehorsam" ausdrücklich wird: ungeprüfte Unterordnung, die auf eigener Schwäche beruht oder der unbedingten Macht des Gegenübers.
>
> Ohne gehorchendes Gegenüber gibt es aber keine Autorität. Sie ist darauf angewiesen, daß man auf sie hört und ihr folgt. Anderenfalls wird sie zur Macht, die sich notfalls mit Gewalt durchsetzt, oder zur Scheinautorität.

▶ *Gibt es ethische Anforderungen an das Autoritätsverhältnis zwischen Eltern und Kindern? Wo endet die Pflicht zu gehorchen? Kann Gehorsam eine Tugend sein? Wie sind Autorität und Verantwortung verbunden?*

Eltern-Autorität (I)
Es ist 15 Uhr. Der dreizehnjährige Sven hatte heute seinen langen Schultag; er hat eben erst sein Mittagessen beendet und der Mutter widerwillig einige Fragen zum Vormittag beantwortet. Draußen spielen bereits zwei Klassenkameraden Straßenfußball, Sven möchte sich ihnen möglichst schnell anschließen. Obwohl sich dadurch ein heftiger Streit anbahnt, besteht seine Mutter darauf, daß zuerst die Hausaufgaben sorgfältig erledigt werden. Auf die umgekehrte Reihenfolge (zuerst Fußball) will sie sich nicht einlassen. Schließlich gibt Sven enttäuscht nach.

Der Sohn beugt sich in diesem Beispiel der Mutter. Ob es sich um ein Gehorchen im Sinne von *„auf die Mutter hören"* handelt, bleibt allerdings unklar. Sein Gehorsam könnte ganz verschiedene Motive haben:

- Ohnmacht: Die Macht der Mutter erscheint unumgehbar.
- Abhängigkeit: Die Erfahrung lehrt, daß es mehr Vorteile bringt, der Autorität der Mutter zu folgen, als den eigenen Wünschen.
- Vertrauen: Die mütterliche Entscheidung wird in der Überzeugung angenommen, daß sie letztlich richtig ist – auch wenn es im Moment schmerzt.
- Einsicht: Die mütterlichen Argumente sind einsichtig, die momentanen Wünsche werden bewußt hintan gestellt.

Diesen Motiven entsprechen unterschiedliche Beziehungsformen. Sie werden in jedem Fall von beiden Seiten mitgeprägt. Daher sind an beide Seiten ethische Kriterien anzulegen. Ethisches Ziel ist freilich nicht allein die Rechtfertigung des eigenen Verhaltens, sondern die positive Beeinflussung der Beziehung:

Anforderungen an die elterliche Autorität	... und entsprechend an den kindlichen Gehorsam
• Abhängigkeit muß frühestmöglich durch die Ermöglichung von Einsicht ergänzt (später ersetzt) werden.	• Blinder Gehorsam ist dem Kleinkind angemessen; er mag auch später bequem sein, schützt aber nicht vor unangenehmen Folgen.
• Autorität muß glaubwürdig sein: sie muß der inneren Überzeugung und der eigenen Praxis entsprechen.	• Gehorsamsvorbehalte sollten sich nicht nur am vordergründig Angenehmen orientieren (Fußball macht mehr Spaß als Hausaufgaben).
• Autorität muß konsequent sein: das als richtig Erkannte ist auch bei Widersprüchen und eigenen Mühen durchzuhalten.	• Ein Vertrauensverhältnis zu Autoritätspersonen ist wertvoll. Zweifel an ihren Vorgaben rechtfertigen und erfordern allerdings angemessene Kritik.

Diese Anforderungen gelten in altersgemäßer Abstufung. Es wäre z. B. unsinnig, ein Kind im ersten Schuljahr eigenverantwortlich entscheiden zu lassen, wieviel Zeit und Kraft es für das Fußballspiel, für die Hausaufgaben, für das Fernsehen usw. aufwendet. Die Fähigkeit zur selbständigen Einschätzung bildet sich erst an den Vorgaben und dem Überblick von Autoritäten – in Verbindung mit eigenen Erfahrungen.

Im Jugendalter erfordert die Entwicklung zur Selbständigkeit ein Zurücknehmen von Autorität oder ihre Verwandlung in Beratung und Unterstützung.

Vielen Erwachsenen fehlt der Mut, Kindern und Jugendlichen als Autorität gegenüberzutreten. Dies ist auch eine Folge von Mißbrauch in der Vergangenheit: Bis in die 60er Jahre hinein und teilweise bis heute haben viele Menschen ihre Eltern oder andere Autoritäten als Wächter spießbürgerlicher Regeln erfahren, die teilweise direkt gegen die Kinder und ihre Entfaltung gerichtet schienen.

Bert Brecht hat einige dieser Regeln in zugespitzter Weise zusammengestellt:

Der liebe Gott sieht alles. **Was ein Kind gesagt bekommt**
Man spart für den Fall eines Falles.
Die werden nichts, die nichts taugen.
Schmökern ist schlecht für die Augen.
Kohlentragen stärkt die Glieder.
Die schöne Kindheit, die kommt nicht wieder.
Man lacht nicht über ein Gebrechen.
Du sollst Erwachsenen nicht widersprechen.
Man greift nicht zuerst in die Schüssel bei Tisch.
Sonntagsspaziergang macht frisch.
Zum Alter ist man ehrerbötig.
Süßigkeiten sind für den Körper nicht nötig.
Kartoffeln sind gesund.
Ein Kind hält den Mund. **Bert Brecht**

Eltern-Autorität(II)
Der Vater fordert seinen 18jährigen Sohn auf, die Fahrt zu einem Jugendtreff in der Nachbarstadt mit öffentlichen Verkehrsmitteln anzutreten und nicht wie geplant mit dem Motorrad. Er sei noch zu unerfahren auf dem Motorrad. Außerdem bestehe die Gefahr, daß Alkohol getrunken werde oder daß es zu gefährlichen Wettfahrten komme. Der Sohn hält dem entgegen, mit 18 Jahren habe er nicht mehr zu gehorchen, sondern selbst zu entscheiden. Er werde mit seiner „Maschine" fahren. Der Vater wendet sich schimpfend ab.

Autorität gegenüber Jugendlichen
Die Argumente des Vaters sind möglicherweise sehr wirklichkeitsnah. Andererseits möchte der Achtzehnjährige nicht ohne Not auf seine kaum gewonnene Freiheit verzichten; die Gefahren kennt er zudem selbst. Eine Verständigung scheint nicht möglich.
Hätte der Vater dagegen seine Autorität in einer altersangemessenen Weise angebracht, wäre das Gespräch vermutlich nicht so schnell in die Sackgasse geraten:

– Die altersgemäße Entscheidungsfreiheit des Sohnes wäre eher respektiert worden, wenn der Vater nicht eine Forderung, sondern eine Bitte oder in freilassender Weise seine Bedenken geäußert hätte.

– Das freiwillige Vertrauen in seine Autorität wäre gestärkt worden, wenn er seinem jungen Gegenüber ein entsprechendes Zutrauen entgegengebracht hätte: Der Vater hätte z. B. offen und ehrlich von seiner Angst um den Sohn sprechen können und dadurch dessen Verantwortungsbewußtsein und Einfühlungsvermögen gestärkt.

Ein Achtzehnjähriger hat weder rechtlich noch moralisch die Pflicht, dem Vater zu gehorchen. Die Autorität der Eltern macht es aber aus ethischer Sicht sehr wohl erforderlich,

– daß er ihre Empfindungen (z. B. Angst) respektiert;

– daß er ihre Bedenken ernstnimmt und prüft (z. B. im vertiefenden Gespräch);

– daß er sich seine Verantwortung und seine Erfahrungsgrenzen bewußt macht;

– daß er schließlich eigenverantwortlich entscheidet.

Eine reine „Macht-Entscheidung" genügt diesen Anforderungen nicht. Das Gegenteil, die bequeme oder hilflose Unterordnung, ist ebenfalls keine Lösung: Sie beschädigt die eigene Persönlichkeit und deren Entwicklungsmöglichkeiten.

Im Extrem wird die letztgenannte Gefährdung deutlich beim Blick auf die Biographie zahlreicher NS-Schergen: Sie wurden als ordnungsliebende, pflichtbewußte und autoritätshörige „Normalbürger" erwachsen; als Ausführungsorgane der Menschenvernichtung beriefen sie sich immer noch auf die Anweisungen von „Autoritäten", ohne die eigene Verantwortung zu sehen.

Rudolf Höss, Kommandant in Auschwitz, berichtet aus seiner Kindheit und Jugend:
Von meinen Eltern war ich so erzogen, daß ich allen Erwachsenen und besonders Älteren mit Achtung und Ehrerbietung zu begegnen hätte, ganz gleich aus welchen Kreisen sie kämen. Überall, wo es notwendig ist, behilflich zu sein, wurde mir zur obersten Pflicht gemacht. Ganz besonders wurde ich immer darauf hingewiesen, daß ich Wünsche oder Anordnungen der Eltern, Lehrer, Pfarrer usw., ja aller Erwachsenen bis zum Dienstpersonal unverzüglich durchzuführen bzw. zu befolgen hätte und mich durch nichts davon abhalten lassen dürfe. Was diese sagten, sei immer richtig.
M. Broszat (Hrsg.): Kommandant in Auschwitz, München 1985

Gehorsam als Tugend
*In vielen Fällen versprechen Menschen, die einer christlichen Ordensgemeinschaft beitreten, ihren Oberen neben Armut und Ehelosigkeit auch Gehorsam – für ein ganzes Leben. Ein solches **Gehorsamsversprechen** hat seinen Grund im festen Glauben, daß Gott die ganze Ordensgemeinschaft auf einem guten Weg führt, solange sie sich an der Nachfolge Christi orientiert.*

Religiös motivierte Autoritätsverhältnisse hat es in allen Jahrhunderten gegeben, nicht nur im Rahmen der christlichen Religion. Innerhalb der christlichen Kirchen hat sich das prägende Verständnis der Gehorsamspflicht seit dem Zeitalter der Aufklärung allerdings stark gewandelt:

- **IGNATIUS VON LOYOLA** (1491-1556) forderte von den Mitgliedern des von ihm gegründeten Jesuiten-Ordens noch einen **„Kadavergehorsam"**:

   „Um in allen Stücken sicherzugehen, müssen wir immer festhalten, das, was in unseren Augen weiß erscheint, sei schwarz, sobald die hierarchische Kirche so entscheidet. Wir müssen bedenken, daß alle, die unter dem Glauben gehorsam leben, sich von der göttlichen Vorsehung durch den Orden so tragen und lenken lassen müssen, als wären sie ein Leichnam, der sich nach überallhin versetzen und in jeder Weise behandeln läßt."
   (Aus den Regeln des Ignatius)

- **JOHANN BAPTIST METZ**, eine Autorität der gegenwärtigen katholischen Ordenstheologie, bindet den Gehorsam dagegen an den praktischen und öffentlich nachprüfbaren Erweis **religiöser Kompetenz** und Christusnachfolge:

   „Die rigorose Forderung nach Gefolgschaft und Gehorsam innerhalb der Orden muß unbedingt im Zusammenhang mit der religiösen Strahlkraft solcher Nachfolgeautorität gesehen werden. Beide sind unteilbar, beide müssen einander entsprechen, wenn der Ordensgehorsam nicht (…) zur menschenfeindlichen Unterwerfung herabsinken soll."
   Metz, Zeit der Orden, Freiburg 1977

Heute gilt also auch für die religiöse Tugend des Gehorsams:
- Die Autorität muß sich im Gespräch, im Offenlegen überzeugender Gründe legitimieren.
- Ohne kritische Prüfung, wem und welchem Ziel man sich zur Verfügung stellt, wäre Gehorsam unverantwortlich. Methoden unterschwelliger Gehirnwäsche, wie sie z. B. die „Scientology Church" zur „Bewußtseinsklärung" („Clearing") ihrer Mitglieder anwendet oder der entmündigende Führungsstil zahlreicher Sektengurus entsprechen diesen Kriterien nicht. Im weiten Feld religiöser Gehorsamsanforderungen bleibt daher Wachsamkeit geboten: Die Entscheidung für eine extreme Autoritätsorientierung und das Maß der vorausgehenden Prüfung hat zunächst jeder persönlich zu verantworten.

Zusammenfassung	Folgerungen
▷ Autorität und Gehorsam sind zwei Seiten einer Beziehungsform. Autorität kann zur bloßen Machtausübung, Gehorsam zur blinden Unterordnung verkommen. Im positiven Fall ermöglichen sie Ergänzung zwischen ungleichen Partnern.	▷ Autoritätsverhalten bedarf den Überprüfung – auf Altersangemessenheit, – auf überzeugende Echtheit, – auf Widerstandsfähigkeit. Gehorsam erfordert Vertrauen, Bemühen um Einsicht und Bedenken von Handlungsfolgen.
▷ Die über Generationen gesammelten Erfahrungen mit inhaltsleerer Regel-Autorität und die Entwicklung autoritär erzogener Menschen zu willfährigen Mordgehilfen während der NS-Zeit werfen ein grelles Licht auf die Gefahren autoritärer Erziehung. Dadurch und durch das andere Extrem der antiautoritären Pädagogik sind bis heute viele Eltern verunsichert.	▷ Vertrauen, persönliche Gesprächsoffenheit, gegenseitiger Respekt sind Voraussetzungen eines lebendigen Autoritätsverhältnisses. Mit zunehmendem Alter erwächst den Jugendlichen eine steigende Verantwortung für die Pflege dieser Beziehung. Bequeme Anpassung oder bloßer Trotz beschneiden dabei Möglichkeiten der eigenen Entwicklung.
▷ Als religiöse Tugend ist Gehorsam nur legitimiert – gegenüber einer überzeugenden Autorität, – nach reiflicher Überlegung, – durch bewußte persönliche Entscheidung.	▷ Diese Kriterien widersprechen der bedingungslosen Gefolgschaft gegenüber Gemeinschaften, deren innere Struktur undurchsichtig bleibt und die sich der Rechtfertigung entziehen.
▷ Autoritätsverhältnisse müssen von der jeweiligen Autorität legitimiert und verantwortet werden.	▷ Die Verantwortung des Gehorchenden wächst mit dem Maß der Mündigkeit.

11.3 Kritik und Selbstverwirklichung

> Kritik (gr. – *kritikē*) bedeutet: Kunst der Beurteilung. Umgangssprachlich wird der Begriff oft im Sinne von Ablehnung oder Distanzierung gebraucht. Es ist aber weit mehr darin enthalten: die überlegte Prüfung und Bewertung von Gegebenem mit der Möglichkeit, es begründet abzulehnen oder bewußt anzuerkennen oder gezielt zu verändern. Eine Theaterkritik z. B. kann durchaus in vorbehaltlosem Lob und Anerkennung münden; entscheidend ist allein die sorgfältige Abwägung der erlebten Aufführung und die Offenlegung der Beurteilungsmaßstäbe.

Entsprechendes gilt für die **Autoritätskritik**:
- Sie kann in die Loslösung von einer bisherigen Autorität einmünden, wenn diese z. B. die eigene Entfaltung behindert oder einen als falsch erkannten Weg weist. Der Loslösungsprozeß Jugendlicher von ihren Eltern ist oft (bewußt oder unbewußt) von diesem Motiv bestimmt.
- Sie kann aber auch das Autoritätsverhältnis auf eine höhere Reifungsstufe heben: Entweder werden die Orientierungs- und Hilfsmöglichkeiten der Autorität besser verstanden oder die Autorität wird zu weiterführenden Lernschritten angetrieben. Auf diesem zweiseitigen Prozeß fußt jedes lebendige Autoritätsverhältnis in Familie, Schule, Betrieb, Partei usw.

▶ *Welchen Zielen ist eine ethisch verantwortliche Autoritätskritik verpflichtet? Welche Bedeutung kommt der Erweiterung der Selbstwahrnehmung zu, auf welche Weise ist sie erreichbar? Was bedeutet Selbstbestimmung und durch welche Bedingungen wird sie gestärkt? Was unterscheidet Selbstverwirklichung von Egoismus und vom sog. „Leistungsdenken"?*

> *Protestbewegungen*
>
> *Als sich 1966 die beiden weitaus größten Parteien, CDU/CSU und SPD, auf Bundesebene zu einer Koalitionsregierung zusammenfanden und im Parlament nur noch eine schwache Opposition vertreten war, entstand in der Studentenschaft eine außerparlamentarische Opposition (APO), die den autoritären Staat heraufziehen sah: Parteienherrschaft und Pressekonzentration, doch auch hierarchische Strukturen in allen Bereichen der Gesellschaft (vom Militär bis zu den Hochschulen) galten ihr als freiheits- und demokratiegefährdend. Radikale Kritik der Autoritäten war angesagt, von der Diskussion über die Massendemonstration bis zur Protestaktion.*
>
> *In den 70er und 80er Jahren wuchsen mit der Wirtschaft auch Umweltprobleme. Schon bald war von den Grenzen des Wachstums die Rede. Allerorten entstanden Bürgerinitiativen gegen Atomenergie und Chemieproduktion, gegen den Bau von Straßen oder Fluglärm, gegen militärische Anlagen oder Tierversuche. Der Aufruf, sich an der Autoritätskritik zu beteiligen, begann meist mit der Feststellung: Dieses oder jenes Sachproblem ist viel zu wichtig, als daß wir es den Experten überlassen könnten.*

Diese beiden Bewegungen gesellschaftlicher Autoritätskritik markieren wichtige Schritte der Demokratie-Entwicklung in der Bundesrepublik Deutschland. Sie konnten ihre konkreten Anliegen zwar in vielen Fällen nicht oder nur teilweise durchsetzen, sie haben aber dazu beigetragen,
- sich verfestigende Autoritätsstrukturen nachhaltig zu hinterfragen;
- hinter politischer Autorität verborgene Einzelinteressen aufzudecken;
- Reformbewegungen (z. B. Schul- und Hochschulreform) voranzutreiben;
- die Bürgerbeteiligung bei lokalen und regionalen Planungen zu stärken;
- Umweltbewußtsein und -politik zu fördern;
- neue soziale Bewegungen (Alternativkultur, Frauenbewegung, Friedensbewegung, Ökologiebewegung, Dritte-Welt-Bewegung) als basis-demokratische Orte der Selbstbestimmung und Mitwirkung anzustoßen.

Trotzdem bleibt der ethische Wert radikaler Autoritätskritik umstritten: Zu oft haben ihre positiven Absichten zu einem negativen Ergebnis geführt (z. B. persönliche Haltlosigkeit als Folge einer extrem antiautoritären Erziehung).

Wert und Chancen der Autoritätskritik	... und ihre Gefährdungen
- Verhinderung oder Begrenzung von Machtmißbrauch	- Auch berechtigte, aber unangenehme Autoritätsentscheidungen gelten als Machtmißbrauch.
- Stärkung der eigenen Urteilsfähigkeit und Initiative	- Autoritätskritik wird zum Selbstzweck, Widerstand und „Randale" werden zum Spaß.
- Zwang zu Lernprozessen bei allen Beteiligten	- Auch negative Autoritäten (z. B. Rechtsradikale) lernen sich anzupassen.
- Entlarvung von scheinbaren Sach-Zwängen als interessegeleitet	- Oft lauern neue, nicht durchschaute Ideologien: hinter der Technikkritik z. B. eine überzogene Natürlichkeitsideologie.

Auf Kritik und Aufklärung verborgener Macht- und Herrschaftsstrukturen kann freilich nicht verzichtet werden. Entscheidend ist die Einbeziehung der Selbstkritik und die wiederum nachfolgende kritische Vernünftigkeitsprüfung, wenn sich neue Selbstverständlichkeiten „eingespielt" haben.

„Dialektik der Aufklärung" haben die Begründer der sogenannten **Kritischen Theorie, MAX HORKHEIMER** (1895-1973) und **THEODOR W. ADORNO** (1903-1969) einen solchen fortschreitenden Prozeß von Kritik und Gegenkritik genannt: Die gegeneinanderstehenden Positionen relativieren und ergänzen sich gegenseitig und treiben so die Aufklärung von Interessen und Zusammenhängen voran, die zuvor bewußt oder unbewußt verdeckt gehalten wurden. Vernunft ist nicht mehr nur „Instrument", mit dessen Hilfe Menschen ihre Fortschrittsziele umsetzen; sie beansprucht als **kritische Vernunft**, gleichzeitig die eigenen Einbindungen (z. B. in eine bestimmte Geschlechtsrolle) zu beleuchten und entsprechende Selbstbeschränkungen aufzuheben.

Autoritätskritik kann nicht beanspruchen, nach der Autorität gleichsam das letzte Wort zu haben. Sie ist aber ein unverzichtbares Element im Prozeß vernünftigen und selbstverantworteten Zusammenlebens. Sowohl gegenüber Autoritäten als auch gegenüber bloßem Mitläufertum in antiautoritären Bewegungen gilt gleichermaßen die grundlegende Aufforderung von **KANT**:
„Habe den Mut, dich deines eigenen Verstandes zu bedienen!"

Selbstwahrnehmung
In einer Abschlußklasse gibt es unter der Schülerschaft immer wieder Frotzeleien über das überdurchschnittlich hohe Alter der in der Klasse tätigen Lehrerschaft. Der allgemeine Tenor lautet: „Die mögen ihren althergebrachten Stoff ja beherrschen, doch von dem, was heute in der Welt los ist, wie Menschen miteinander umgehen, verstehen sie nichts; die könnten mehr von uns lernen als wir von ihnen."
Bei der Abschiedsfeier hält einer der Schüler eine kurze Ansprache. Als er mit ein paar allgemeinen Bemerkungen über das Verhältnis von Lehrenden und Lernenden beginnen möchte, verspricht er sich und sagt im Tonfall tiefer Überzeugung etwas vom „selbstverständlichen Wissensvorsprung der Lernenden". Die Festversammlung bricht in ein befreiendes Gelächter aus: Die Schüler, weil sie spüren, daß ihre wirkliche Meinung über die etwas starre, weltfremde Art ihrer Lehrer herausgeplatzt ist; die übrigen, weil sie die uneingestandene Arroganz „heutiger Schüler" bestätigt sehen.

Psychologen sprechen in einem solchen Fall von einer „Fehlleistung": In das für die Öffentlichkeit bestimmte Reden oder Handeln schleicht sich ein Fehler ein. Doch handelt es sich nicht um irgendeine Nachlässigkeit oder etwas völlig Fremdes, dem man keine Beachtung zu schenken bräuchte, sondern um ein Element aus dem nicht-öffentlichen Teil derselben Person.
Der verdeckt gehaltene Teil unseres eigenen Selbst spielt dem öffentlich agierenden Teil gleichsam einen Streich.

Die Psychologen **Jo Luft** und **Harry Ingham** haben das Zusammenspiel verschiedener Persönlichkeitsbereiche sowie ihrer Selbst- und Fremdwahrnehmung in einem einfachen Modell (dem sog. „Johary-Fenster") dargestellt.

Persönlichkeitsbereiche ⟶ **mir selbst**

		bekannt	unbekannt
anderen	bekannt	**A** „öffentliche Person" Bereich des freien Handelns	**C** „blinder Fleck" Bereich des Übersehen
	unbekannt	**B** „Privatperson" Bereich des Verbergens	**D** Bereich des Unbewußten

131

Das ethische Ziel der Selbstverwirklichung hat aber zwei Voraussetzungen:
- eine möglichst umfassende und richtige Selbstwahrnehmung;
- einen möglichst ausgeweiteten Bereich freier Handlungsmöglichkeit.

Setzt man einmal voraus, daß das Unbewußte uns nicht ohne weiteres zugänglich oder gezielt veränderbar ist, ergeben sich im Modell folgende beiden Erweiterungsrichtungen für die Selbstwahrnehmung und Handlungsfreiheit (I). Im umgekehrten Fall (II) bleiben beide eng begrenzt.

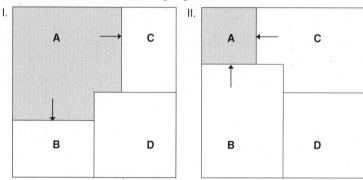

Um den Bereich des Verbergens zu verringern, sind u. a. folgende Schritte sinnvoll:
- Die offene Aussprache über unsere Wünsche und Wertungen mit denen, die es betrifft. Im eingangs angeführten Beispiel hätte eine offene und frühzeitige Aussprache über die „private" Lehrerkritik zu einer veränderten Lernbeziehung führen können; gleichzeitig wäre allerdings die Verantwortung der Schüler gestiegen, diese Beziehung mitzugestalten.
- Die Öffnung privater Lebensbereiche für Begegnung und Kommunikation. Wer z. B. an einer Sucht, einer Krankheit oder einer Behinderung leidet, kann diese in der Regel eher überwinden oder besser ertragen, wenn er seine Not (im Maße gewachsener Vertrauensverhältnisse) anderen mitteilt und mit anderen teilt. Selbstbewußtsein und innere Freiheit wachsen mit der Erfahrung, daß auch bisher verborgen gehaltene Anteile meiner Person von anderen Menschen angenommen werden. Umgangssprachlich ist in diesem Zusammenhang von einem „Abbau von Hemmungen" die Rede.

Um den Bereich des „blinden Flecks" unserer Selbstwahrnehmung zu verringern sind u. a. folgende Schritte hilfreich:
- Gewohnheiten, Zuneigungen und Abneigungen, die wir bei uns selbst gar nicht mehr bewußt wahrnehmen, können durch die wohlmeinende Rückmeldung anderer wieder zugänglich gemacht und verändert werden.
  Viele intime Partnerschaften werden z. B. durch unangenehme Gewohnheiten eines Partners oder das Kommunikationsverhalten belastet. Die frühzeitige Rückmeldung durch den anderen Partner bewirkt eine (oft unangenehme) Beleuchtung solcher „blinder Flecken" in der Selbstwahrnehmung und ermöglicht Veränderung.

- Vorurteile beruhen oft auf einem Gemisch von Erfahrungen, ihrer unbewußten Übertragung auf andere Menschen oder Situationen und nicht hinterfragten Bewertungen. Durch direkte Begegnungen lassen sie sich in den Bereich bewußter Wahrnehmung heben oder gar verändern. Das gilt z. B. für Vorurteile gegenüber Ausländern oder auch gegenüber politisch Andersdenkenden.

Gelingt eine solche Erweiterung der Selbstwahrnehmung, bewirkt sie
- eine Vergrößerung des frei verfügbaren Bereichs der eigenen Persönlichkeit,
- die Eröffnung von persönlichen Veränderungs- und Wachstumsprozessen und zugleich
- die entsprechende Erweiterung persönlicher Verantwortung.

Selbstbestimmung
Erweiterte Selbstwahrnehmung und innere Souveränität garantieren noch kein genügendes Maß an Selbstbestimmung. Die äußeren Bedingungen müssen sie zunächst einmal zulassen oder begünstigen.

Demonstration und Anpassung
„Wir sind das Volk" - so lautete ein Slogan bei den Leipziger Montagsdemonstrationen vom Herbst 1989, die zum „Fall der Mauer" in der ehemaligen DDR beigetragen haben. Eingeklagt wurde das Selbstbestimmungsrecht der Bürger gegenüber einem autoritären Staat, der über Jahrzehnte hinweg wesentliche Bürgerrechte (Meinungsfreiheit, Reisefreiheit, Pressefreiheit usw.) eingeschränkt oder unterbunden hatte.

Holger, 19 Jahre, Frankfurt a. Main, erzählt:
„Als normaler Jugendlicher muß ich gewisse Gegenden und Plätze meiden, erst recht in der Dunkelheit, geschweige denn in der Nacht. Da ich keiner Jugendgang angehöre und an Gewalt gegen Schwächere nicht interessiert bin, muß ich in Frankfurt aufpassen, wer und wieviele mir entgegenkommen, wenn ich entgegen meiner Gewohnheit abends einen Fuß vor die Tür setze. Da ich abends aber auch mal ausgehen möchte und Freunde treffen will, benutze ich das Auto, auch um die kürzesten Strecken zurückzulegen. Mein Auto steht in der bewachten Tiefgarage unter dem Wohnhaus, weil ich nicht mehr die ständigen Beulen und Kratzer bezahlen wollte, die mir gelangweilte nächtliche ‚Passanten' zugefügt hatten. Wenn ich also abends ausgehen will, fahre ich mit dem Auto zur Disko oder zur Kneipe und riskiere lieber einen Strafzettel im Halteverbot als einen zu weiten Weg vom Auto zur Kneipe. Wie gesagt, es gibt gewisse Gegenden, die man als ‚normaler' Jugendlicher meidet."
aus: Kursbuch 113, Deutsche Jugend, Berlin 1993

- Diese beiden Beispiele zeigen: Ein autoritärer Staat kann zur unerträglichen Einschränkung des Selbstbestimmungsrechtes werden. Umgekehrt führt staatliche Ohnmacht gegenüber aggressiven Einzelnen oder Gruppen zur Einschränkung von an sich gegebenen Selbstbestimmungsmöglichkeiten.
- Erforderlich ist eine angemessene Balance zwischen den Polen von Individualfreiheit und Staatsgewalt, von Polizeischutz und Freiraum.

- Ohne ein gesundes Maß persönlicher Souveränität kann ein großzügig bemessenes Selbstbestimmungsrecht aber ohnehin nicht genutzt werden. Zum Beispiel können von krankhafter Angst, neurotischen Zwängen oder suchtförmigem Konsumverhalten getriebene Menschen weder die Selbstbestimmungsrechte noch die Mitgestaltungsmöglichkeiten in einer offenen Gesellschaft angemessen nutzen.

Subsidiarität
Zur flexiblen Strukturierung gesellschaftlicher Freiräume hat sich das ethisch qualifizierte **Subsidiaritätsprinzip** als hilfreich erwiesen (lat. *subsidium* – Rückhalt, Beistand, Hilfsmittel). Es räumt der jeweils unteren Ebene einen Vorrang der Selbstbestimmung und Selbstverwirklichung ein. Die jeweils höhere Ebene ist zur Unterstützungsleistung verpflichtet.

Freie Träger
Werden z. B. genügend Kindergärtenplätze von Elterninitiativen und den beiden großen Kirchen angeboten, erübrigen sich Kindergärten in städtischer Trägerschaft, nicht aber die Unterstützung durch städtische Finanzmittel oder die Freigabe von Grundstücken bzw. Gebäuden.
Richtet die Arbeiterwohlfahrt oder die Diakonie eine psychosoziale Beratungsstelle ein, arbeiten Jugend- und Sozialamt im konkreten Fall mit dieser Stelle zusammen; im besten Fall stellt die Kommune darüberhinaus ihre Informationen über die speziellen Probleme vor Ort, die Kenntnisse und Erfahrungen ihrer Fachaufsicht usw. unterstützend zur Verfügung.

Den Initiativen, Gemeinschaften und Verbänden, die ihre Konzepte im Bildungs- und Sozialbereich oder anderswo selbst in die Wirklichkeit umsetzen, eröffnet sich eine wichtige Gestaltungsfreiheit: Sie können die Einrichtungen mit ihrem speziellen Profil, ihrem „Geist", prägen.

Strukturell hat dabei die jeweils höhere Ebene eine starke Autorität: Sie entscheidet über Anerkennung und Finanzmittel, überläßt Freiräume und setzt Leitlinien. Dies ist verbunden mit einer entsprechenden Verantwortung für die Selbstbestimmungsmöglichkeiten der untergeordneten Ebene.

Demokratische Strukturelemente wie das Subsidiaritätsprinzip funktionieren auf Dauer nicht aus sich heraus: Sie leben davon, daß sie von den Bürgern und ihren Vereinigungen wahrgenommen, genutzt und kritisch weiterentwickelt werden.

Selbstverwirklichung
Nach einer Untersuchung des Zentrums für Sozialpolitik an der Universität Bremen von 1993 sehen 25% der 16- bis 20-jährigen, ca. 55% der 41- bis 45-jährigen und ca. 40% der 56- bis 60-jährigen in der Arbeit ein wesentliches Feld für die persönliche Selbstverwirklichung. Neben einem angemessenen Einkommen soll sie vor allem mit sozialer Anerkennung, Selbständigkeit, Verantwortung und Kommunikation verbunden sein.
Nach einer Umfrage der Wickert-Institute von 1994 vertraten etwa 80% der erwachsenen Bundesbürger die Ansicht, daß Kinder ihrem Leben Sinn geben.

Es scheint ein allgemeines Wissen zu geben: Persönliches Streben nach Selbstverwirklichung kann sich nicht allein in Individualismus und Selbstbezogenheit erfüllen. Nur in Mitmenschlichkeit und sozialer Verantwortung, verbunden mit Mühen und Arbeit sind auch persönliches Wachstum und Entfaltung möglich.

Ein aufgeklärtes Verhältnis zu den verschiedenen Autoritäten und ein genügender Freiraum für die eigene Selbstbestimmung läßt aber zunächst beide Möglichkeiten offen:
– das eigensüchtige Streben nach „*Genuß – sofort!*"
– das persönliche Wachsen in sinnvollen Aufgaben und Beziehungen.

Der österreichische Psychiater und Psychotherapeut **VIKTOR E. FRANKL** *(*1905)* hat sich ein Leben lang mit der Frage beschäftigt, wodurch unser Leben sinnvoll wird, wie wir uns selbst verwirklichen können:
In der Freiheit des einzelnen, in seinen unüberschaubaren Wahlmöglichkeiten sieht Frankl gerade einen Grund für vielfachen Sinnverlust: Die vielen Möglichkeiten selbstbestimmter Entscheidung zeigten, wie beliebig und letztlich bedeutungslos das jeweils Gewählte sei. Nur wer den Blick über sich selbst hinauswende, auf eine Sache, ein Projekt, einen anderen Menschen, könne wirklich er selbst werden.

Frankl nennt drei „Hauptstraßen" sinnerfüllter Selbstwerdung:
- Erleben statt konsumieren: die Natur, andere Menschen, die Einzigartigkeit eines jeden Tages bewußt wahrnehmen und als Geschenk annehmen.
- Hinwendung zu einem Projekt: sich einer Idee, einer Aufgabe, einem persönlichen „Werk" mit aller Kraft hingeben.
- Hinnehmen, was nicht zu ändern ist: Mißerfolg, Leiden, Krankheit, selbst den Tod hoffnungsvoll annehmen und den verborgenen Sinn aufspüren.

Ein solches **Sinnkonzept** führt unser Streben zunächst vom eigenen Selbst weg und rechnet mit einer sich daraus ergebenden sekundären Selbstverwirklichung. Es darf aber nicht verwechselt werden mit der (oft religiös begründeten) Aufforderung, sich der Selbstverleugnung oder Selbstaufopferung hinzugeben. Menschen, die danach leben, scheinen sich manchmal an den zweifelhaften Grundsatz zu halten: *Das Maß der Bürde bestimmt die Würde.*

Die Gegenbewegung zu dieser Leistungs- und Leidensethik wurde seit den 60er Jahren vor allem durch die humanistische Psychologie auf den Weg gebracht. Ihre Vordenker (**FRITZ PERLS**, 1893-1970; **CARL ROGERS**, 1902-1987; **ERICH FROMM** u.a.) betonen die inneren Wachstumsmöglichkeiten und die schöpferischen Fähigkeiten eines jeden Menschen. Beide werden eröffnet auf dem oft mühsamen Weg der **Selbstfindung**. Sie kann befreien von
- gesellschaftlichen Rollenerwartungen,
- zwanghaftem Leistungsdruck und
- vordergründiger Geltungssucht.

Dieser Weg hat sich nicht nur in der therapeutischen Beratung als hilfreich erwiesen, sondern auch die neuen sozialen Bewegungen der 70er und 80er Jahre entscheidend geprägt.

Gegen das idealistische Mißverständnis hat der Gestalttherapeut **BRUNO PAUL DE ROECK** die angezielten Wachstumsprozesse folgendermaßen abgegrenzt:

„Elefanten versuchen nicht, Giraffen oder Schwalben zu werden. Radieschen versuchen nicht, Rote Beete zu werden. Aber wir versuchen zu sein, was wir nicht sind. Wir ersticken in den Idealen, die unerreichbar sind oder die nur auf unsere eigenen Kosten erreicht werden können. Wir gehen auf Zehenspitzen, um ja nirgendwo anzustoßen, und wir werden schließlich ärgerlich auf unsere Zehen, wenn sie uns weh tun."

Und doch weist das menschliche Ziel der Selbstverwirklichung hinaus über die Grenzen der inneren Veranlagung oder der äußeren Sinngebung. Zu unserem Selbst gehört auch das, was sich nicht in rationalen Kategorien, sondern nur in Bildern ausdrücken läßt: Das Überschwengliche, die unerfüllte Sehnsucht, das „Mehr" zu all dem, dessen Verwirklichung uns gelingt.

Was ich mir wünsche

Die Unermüdlichkeit der Drossel, da es dunkelt, den Gesang zu erneuern.
Den Mut des Grases, nach soviel Wintern zu grünen.
Die Geduld der Spinne, die ihrer Netze Zerstörung nicht zählt.
Die Kraft im Nacken des Kleibers.
Das unveränderliche Wort der Krähen.
Das Schweigen der Fische gestern.
Den Fleiß der Holzwespen, die Leichtigkeit ihrer Waben.
Die Unbestechlichkeit des Spiegels.
Die Wachheit der Uhr.
Den Schlaf der Larve im Acker.
Die Lust des Salamanders am Feuer.
Die Härte des Eises, das der Kälte trotzt, doch schmilzt im Märzlicht der Liebe
Die Glut des Holzes, wenn es verbrennt.
Die Armut des Winds.
Die Reinheit der Asche, die bleibt.

Rudolf Otto Wiemer

Zusammenfassung	Folgerungen
▷ Ebenso wichtig wie Autorität ist ihre Kritik für die Entwicklung – von persönlicher Mündigkeit, – von sozialer Selbständigkeit, – einer tragfähigen Demokratie. Kritik kann den Mißbrauch von Autorität verhindern. Wahllose Ablehnung jeder Autorität führt zu Beliebigkeit oder neuen, nicht durchschauten Abhängigkeiten.	▷ Verantwortliche Autoritätskritik gehört zum Prozeß wechselseitiger Aufklärung: Sie bleibt auch kritisch gegen sich selbst, gegenüber antiautoritärem Mitläufertum und gegenüber neu entstehenden Autoritätsstrukturen. Autorität und ihre Kritik sind unverzichtbar für den Prozeß gelingenden Zusammenlebens.
▷ Selbstwahrnehmung und Handlungsfreiheit sind begrenzt durch – verborgen gehaltene Anteile unseres Denkens und Tuns; – durch eingespielte Gewohnheiten, Denkweisen und Vorurteile; – durch den Bereich des Unbewußten, zu dem wir nur im Traum oder mit therapeutischer Hilfe Zugang finden können. Die Ausweitung der Wahrnehmung führt zu mehr Selbstsicherheit und Handlungsfreiheit.	▷ Selbstverantwortung und bewußte Lebensgestaltung verpflichten zur Selbstaufklärung. Vertrauen, offene Kommunikationsformen, Mut zur kritischen Rückmeldung ermöglichen einen solchen Weg. Für Gruppen und ganze Gesellschaften gilt analog: Veränderungs- und Wachstumsprozesse, die Verhinderung von Unterdrückung bedürfen der kritischen und bewußt vorangetriebenen Selbstwahrnehmung.
▷ Weite Wahrnehmung und innere Souveränität sind Voraussetzung für die sinnvolle Nutzung von Selbstbestimmungsrechten. Diese wiederum bedürfen des staatlichen Schutzes und der gesellschaftlichen Pflege.	▷ Subsidiarität ist dazu ein bewährtes Strukturprinzip: Es nimmt den von unten nach oben gegliederten Gesellschaftsaufbau ernst und fordert eine von oben nach unten verlaufende Unterstützung.
▷ Menschliche Hoffnung auf Selbstverwirklichung ist meist verbunden mit einem Leben in sinnvollen Aufgaben und Beziehungen, mit Berufsarbeit oder dem Blick auf Kinder. Sie ist zweifach gefährdet: – durch die allmähliche Verkehrung in übertriebenes Leistungsdenken oder äußeren Leistungs- bzw. Leidensdruck; – durch das Abdriften in Genußsucht oder übertriebene Ich-Bezogenheit.	▷ Selbstverwirklichung gelingt nur – in Solidarität mit anderen; – in der Hingabe an sinnvolle Lebensprojekte; – bei genügender Achtsamkeit auf persönliche Wachstums- und Entfaltungsbedürfnisse. Jede Form und jedes Stadium der Selbstverwirklichung wird überschritten durch weitergehende Träume, Wünsche oder Pläne und ist begrenzt durch Mißlingen, Enttäuschung, Leid und Tod.

12 Freiheit und Verbindlichkeit

12.1 Vorverständnis

„Wenn ihr Schiß habt vor der Freiheit, geht zurück in euern Stinkstall und laßt euch verwursten."

Freiheit ist gefährlich. Die Schweine scheinen zu überlegen: Sind es die Abenteuer, die Lust, die Chancen der Freiheit wirklich wert, sich auf die mit ihr verbundenen Risiken einzulassen? Wartet der Metzger nicht eher draußen, sie zu verwursten, als im warmen „Stinkstall"?

Die offene Tür bedeutet jedenfalls noch nicht Freiheit: Die Angst vor dem Neuen muß erst überwunden, tatsächliche Gefahren müssen gemeistert werden. Und in welche Richtung soll man sich überhaupt wenden?

Freiheit ist zunächst nur der unverzichtbare „Spielraum" verantwortlichen Handelns, der notfalls erkämpft werden muß. Das eigentliche Ziel besteht gleichwohl nicht in der Freiheit, sondern in der verbindlichen Festlegung auf das als gut und richtig Erkannte.
Solche **Verbindlichkeit** steht zwar für die Einschränkung der Freiheit, gleichzeitig aber für die zuverlässige, verantwortliche und vertrauenswürdige Verwirklichung einer der in vorausgehender Freiheit angelegten Möglichkeiten.

Diese beiden Seiten der Freiheit, ihre *Voraussetzungen* (die offene Tür) und ihre *Verwirklichung* (die Wahl und Bewältigung des Weges) werden traditionell unterschieden unter den Stichworten „Freiheit wovon" und „Freiheit wozu".

Die Freiheit von ...	sowie die Freiheit zu ...
– von engen Bewegungsgrenzen (z. B. eingesperrt sein) →	– zur eigenständigen Wahl des Aufenthaltsortes (z. B. bezüglich Wohnen und Arbeiten)
– von überwiegender Fremdbestimmung (z. B. der Sklavenstatus früherer Jahrhunderte oder die Situation des Kleinkindes) →	– zu selbstbestimmtem Handeln und unabhängiger Lebensgestaltung (z. B. freie Verfügung über eigenes Einkommen und Vertragsfreiheit)
– von gewalttätiger Unterdrückung (z. B. Oppositionelle in autoritären Staaten) →	– zu eigener Willensbildung und freimütiger Meinungsäußerung (z. B. Kritik der Regierungspolitik oder sozialer Mißstände)
– von massiver körperlicher oder geistiger Beschränkung (z. B. Schwerstbehinderung) →	– zu selbständiger körperlicher und geistiger Bewegung (z. B. durch Reisen oder Nutzung frei gewählter Informationsquellen)
– von prägender Abhängigkeit (z. B. Suchtkrankheit; weitgehende persönliche oder vertragliche Verpflichtung) →	– zur freien Entfaltung der Persönlichkeit (z. B. durch Bildung oder religiöse Betätigung)

Menschliches Leben ist aber ohne Grenzen nicht denkbar. Bleibt das Freiheitsstreben im Aufbrechen innerer Fesseln und im Abschütteln äußerer Einflüsse befangen, wird das Freiheitsziel verfehlt: Beliebigkeit und Willkürfreiheit sind noch keine freie Entscheidung. Selbstgesetzte Regeln, soziale Bindungen, bewußte Beschränkungen und Freiheitsgrenzen erscheinen den meisten Menschen durchaus wünschenswert. Sie investieren in gewollte Festlegungen ebensoviel Kraft wie in die Befreiung aus Fremdbestimmung.

Bei genauem Hinsehen zeigt sich ein Dreier-Schritt der Freiheit:
- Befreiung (lat. **Emanzipation**) aus Bevormundung, Unterordnung und Benachteiligung
- bewußte Selbstsetzung (gr. **Autonomie**) von eigenen Entscheidungen, Gesetzen und Verantwortlichkeiten
- durchgehaltener Einsatz (frz. **Engagement**) für eingegangene Bindungen und Versprechen, für selbstgesetzte Ziele und Werte.

12.2 Freiheit zu leben

> „In den realen Kämpfen um die Freiheit geht es zunächst nicht um das bessere Leben, vielmehr um Leben überhaupt. Freiheit heißt, daß man nicht mehr straflos gequält und ermordet wird, nicht mehr, wie im Altertum, an andere Sklaven gefesselt in Bergwerken zu Tode geschunden oder, wie zu Beginn der Neuzeit, von der elenden Hütte, in der man schlief, verjagt, aufs Betteln angewiesen und wegen Bettelns aufgehängt wird.
> Ausnahmen vom elenden Tod der Machtlosen gab es nur auf kurze Strecken, in einzelnen Ländern, etwa im vielgescholtenen 19. Jahrhundert in Europa, als die schlimmsten Scheußlichkeiten jenseits der Meere begangen wurden. Freiheit hieß zu der Zeit, in der es schon besser ging, die Abschaffung der Kinderarbeit, ein Lohn, der es gestattet, unter Lebensmitteln eine Wahl zu treffen, Hilfe in Krankheit und Alter. Kriege, die im Anfang nicht zuletzt der Aneignung von Arbeitskräften dienten, sei es als Unterjochung eingesessener Bevölkerung in eroberten Gebieten, sei es als Raub von Menschen, deren man im eigenen Land bedurfte, haben ihre unmittelbaren Ziele verändert. Um Verknechtung oder die Verteidigung dagegen, Vermehrung von Reichtum, Macht und Sicherheit geht es nach wie vor. Ziel ist die Freiheit des Handelns, nicht des Willens. Tun können, was man will, unter vielem wählen können, durch möglichst wenige Umstände beschränkt sein, das ist die Freiheit, die der Kampf der einzelnen, der sozialen Schichten wie der Nationen sichern soll."
>
> aus: Max Horkheimer, Um die Freiheit. Frankfurt 1962

Freiheit ist zuerst Befreiung von Unterdrückung und elender Armut, ist die Herstellung eines Wohlstandes, der erst verschiedene Wahl- und Handlungsmöglichkeiten zuläßt.

Schon diese **Basisfreiheit** ist niemals absolut, auch nicht in einer entwickelten Konsumgesellschaft – und sie ist nicht gleichmäßig verteilt. Sie ist abhängig von persönlichem materiellen Besitz und persönlicher Verfügungsmacht, von Bildungs- und Aufstiegschancen, von der momentanen wirtschaftlichen und gesellschaftlichen Situation und vielem anderen.

▶ *Wie können heutige Einschränkungen der Freiheit durch Armut und Unterdrückung überwunden werden? Was sind die elementaren Voraussetzungen von Freiheit? Setzt Freiheit die Gleichheit aller voraus?*

Befreiung aus Armut

Der erste gesamtdeutsche **Armutsbericht** der Wohlfahrtsverbände und der Gewerkschaften von 1993 bezeichnet über sieben Millionen Menschen in der BRD als arm. Sie können sich den Lebensbedarf nicht aus eigenen Kräften beschaffen; ihr Einkommen liegt unter der Minimalgröße, die in einem noch vertretbaren Maße den Zugang zu Wohnraum und den notwendigen Konsumgütern ermöglicht. Betroffen sind vor allem die Sozialhilfeempfänger (1992 waren es 3,6 Mio) und die „verdeckt Armen", deren Einkommen den Sozialhilfesatz zum Teil bei weitem nicht erreicht, die aber keine Leistungen erhalten.

Wichtigste Ursache der Armut in Deutschland ist die anhaltende Massenarbeitslosigkeit. Sozialkritiker sprechen bereits von einer verfestigten „Zwei-Drittel-Gesellschaft"; andere wieder bezeichnen die Sozialhilfebezieher als „Trittbrettfahrer" oder „Sozialschmarotzer".
Globale Zahlen und allgemeine (Vor-)Urteile bergen allerdings die Gefahr, den Blick auf konkrete Einzelschicksale zu verdecken. In ihnen aber entscheidet sich das Maß verbliebener Freiheit und gegebener Verpflichtung zu einem verändernden Engagement.

Obdachlose
Es regnet in Strömen. Eine obdachlose Frau hat Schutz gefunden in der riesigen Halle des Frankfurter Hauptbahnhofs. Vollgepumpt mit Alkohol, kann sie sich kaum auf den Beinen halten. Zwei „Schwarze Sheriffs" packen sie an den Armen. Sie wehrt sich. Doch gegen die beiden Mitarbeiter eines privaten Wachdienstes hat sie keine Chance. Sie schleifen die Frau nach draußen und stellen sie im Regen ab. ...
Einige Straßen weiter kauert seit Tagen eine Obdachlose in einer Telefonzelle. Ihren Gepäckwagen mit der Habe hat sie vor der Tür abgestellt. Sie macht einen verwahrlosten Eindruck. Ihre Notdurft verrichtet sie in die Hose. Als die Frau blau anläuft, erbarmt sich eine Passantin und ruft eine Hilfsorganisation an. Am nächsten Tag bleibt der Fernsprecher leer. Tags darauf hockt die Frau wieder zusammengesunken in der gläsernen Zelle.
aus: Publik-Forum Nr. 11, Oberursel 1994

Solche Situationen sind im Bild heutiger Großstädte nichts Außergewöhnliches. An obdachlose Männer längst gewöhnt, wundert sich heute kaum jemand, wenn auch immer mehr Frauen ihr unwürdiges Leben zwischen Straße und Notunterkunft fristen. Selbst die Frage Halbwüchsiger „Haste mal 'ne Mark?" wird nur noch als lästig empfunden.
Dabei stehen solche Situationen in der Regel am Ende einer langen persönlichen Negativ-Karriere. Sie markieren den weitgehenden Verlust persönlicher Freiheit. Der Weg zurück, zu Wohnung und Arbeitsplatz, ist für die meisten aussichtslos. Beide Güter sind knapp und mit hohen Hürden verknüpft, Obdachlose aber haben viele persönliche Handicaps: Sie sind oft alkoholabhängig und verwahrlost, sozial entwurzelt und nicht arbeits- oder wohnfähig.

Menschen aus dieser Sackgasse zu befreien bedarf persönlicher und gesellschaftlicher Anstrengung. Vorausgesetzt dabei sind
– die genaue Wahrnehmung von Einzelsituationen und Zusammenhängen;
– eine überlegte Beurteilung der Ursachen und möglichen Auswege;
– abgestimmte Handlungsschritte auf verschiedenen Ebenen.

Ansätze zur Befreiung aus Armut bieten sich im Rahmen eines Sozialstaates auf verschiedenen Ebenen. Entsprechend dem **Subsidiaritätsprinzip** werden die bereits vorhandenen Freiheitsräume am besten gewahrt durch Nutzung und Unterstützung der auf der jeweils tieferen Ebene vorhandenen Selbsthilfekräfte. Einige wichtige Ansätze sind im Folgenden beispielhaft zusammengeordnet:

Wahrnehmung	Beurteilung	Handlungsschritte
	*staatliche Ebene*		
Langfristige Untersuchungen zeigen: 70% der Bevölkerung geraten nie unter die Armutsgrenze, 20% nur zeitweise, 10% bleiben für lange Zeit arm. Entscheidenden Einfluß haben Arbeitslosigkeit und Wohnungsnot.	Überlegung zu Ursachen und Möglichkeiten der Gegensteuerung im Bereich der – Wirtschafts- und Beschäftigungspolitik – Sozial- und Steuerpolitik – direkten Sozialhilfeleistungen und Wohnraumbeschaffung	Zum Beispiel: – Einrichtung von Beschäftigungs- und Wohnungsbauprogrammen – Finanzierung von Betreuungsmaßnahmen für Obdachlose und Suchtkranke – jährlich angepaßte Sozialhilfeleistungen
	*Ebene der Tarifpartner und Verbände*		
– auf die Armen in den eigenen Gruppen und Gliederungen, im Stadtteil usw. zugehen – die eigenen Mechanismen zur Ausgrenzung von Armen aufdecken	Überprüfung der eigenen Kräfte – zur direkten Hilfe – zur sozialpolitischen Einflußnahme – zur Berücksichtigung der Interessen von Armen in der Tarifpolitik	Zum Beispiel: – Umverteilung materieller Güter – Hilfe zur Selbsthilfe – vorbeugende Sozialarbeit – Öffentlichkeits- und Lobby-Arbeit zugunsten der Armen
	*Individuelle Ebene*		
– mit versteckter oder bisher übersehener Armut in der eigenen Nachbarschaft rechnen – bei der Begegnung mit Obdachlosen, Asylbewerbern, anderen Armen verweilen; sich auf ihre Geschichte einlassen	Erkundung der – Armutsursachen – Arbeitsweisen und Erfolg von Initiativen zur Linderung von Armut (z. B. Suppenküchen) in meiner Umgebung – Hilfsmöglichkeiten	Zum Beispiel: – Mitarbeit bei Armutsinitiativen – Spenden – Unterstützung integrativer Ansätze (etwa das Restaurant, in dem Arme zum halben Preis essen)
	*Selbsthilfe – Ebene*		
– der eigenen Armutsgeschichte und -gegenwart nachgehen – mögliche Hilfsquellen sehen – Chancen einer Aufstiegsspirale wahrnehmen	Klärung – welches Hilfsangebot annehmbar ist – wieviel eigenes Durchhaltevermögen oder welche Besserungshoffnung aufgebracht werden können – ob der Anschluß an eine Selbsthilfegruppe möglich ist	Zum Beispiel: – Annahme von Beratung und Hilfe – Nutzung von betreuten und subventionierten Übergangsangeboten – Eigeninitiative zur Suche von Arbeitsplatz und Wohnung

Straßenkinder
José Efrain Vasques Solis wird nie den 13. November 1991 vergessen, als plötzlich vier bewaffnete Männer in Zivil Jagd auf ihn machten. Sie schossen mehrmals in die Luft, bevor sie Jose schließlich in Handschellen legten und in einen Volkswagen zerrten. Ein Schlag mit einem Pistolengriff ließ den Jungen das Bewußtsein verlieren. Als er wieder zu sich kam, schlugen die Entführer erneut auf ihn ein, drückten Zigaretten auf seinen Beinen und Armen aus und brachen ihm das linke Bein: Schicksal eines Straßenkindes in Guatemala.
Auch in den Großstädten anderer lateinamerikanischer Staaten wird unbarmherzig Jagd gemacht auf Kinder, die ihre Armut zwingt, auf der Straße zu leben. In manchen Ländern Asiens sieht es ebenfalls nicht besser aus: Amnesty International veröffentlicht regelmäßig Berichte über Verfolgung, Haft, Folter und Mord (oft durch staatliche Organe) an Kindern. In zahlreichen Ländern wird den jüngsten und wehrlosesten Mitgliedern der Gesellschaft noch die letzte Freiheit abgeschnitten.

Einsatz für Gefangene und Unterdrückte
Die Möglichkeiten zur wirksamen Hilfe sind für den einzelnen gering. Immerhin setzt sich u. a. **Amnesty International** ein:

– für die Sammlung und Veröffentlichung von Informationen,
– für die Aufklärung der Schicksale von Verschwundenen,
– für die Unterstützung von Opfern und ihren Familien,
– für die Verstärkung des politischen Drucks auf die betreffenden Staaten.

1989 wurde die *Konvention der Vereinten Nationen über die Rechte des Kindes* beschlossen: Festgeschrieben wird darin u. a. der Schutz vor Folter, das Recht auf soziale Sicherheit und Gesundheit, der gemeinsame Kampf gegen Kinderarbeit, Kinderhandel, sexuellen Mißbrauch und Kinderprostitution. Über hundert Staaten haben sich inzwischen auf diese Konvention verpflichtet. Trotzdem gibt es in allen Regionen der Welt täglich eine Vielzahl von Menschenrechtsverletzungen an Kindern: Meist bleiben ihre Lebens- und Entfaltungsmöglichkeiten nachhaltig gestört oder gar endgültig zerstört.

Der Blick auf die Extrembeispiele offensichtlicher Unfreiheit läßt deutlich werden:
- Die Freiheit von einzelnen, Gemeinschaften und Staaten entsteht nicht allein in natürlicher Entwicklung. Freiheit ist angewiesen auf die Anerkennung durch andere, auf das gegenseitige Gewähren und Eröffnen von Freiräumen. Freiheit wird ermöglicht durch Freilassen.
- Erst in diesem Rahmen, im zweiten Schritt, wird Freiheit als Eigenbewegung möglich: als selbständiges Wahrnehmen, Urteilen und Handeln, als Selbstentfaltung und bewußte Wahl zwischen verschiedenen Möglichkeiten.

Freiheit und Gleichheit
Die Freiheit und die Befreiung von Menschen haben eine facettenreiche Geschichte. Der Philosoph **GEORG FRIEDRICH WILHELM HEGEL** (1770-1831) sah gar im Fortschritt der Freiheit den Sinn der Geschichte:
In den alten orientalischen Reichen habe nur *einer*, nämlich der absolute Herrscher, Freiheit besessen. Bei den Griechen und Römern seien *einige* frei gewesen, nämlich die Minderheit der Herren im Gegensatz zu den Sklaven. Im Christentum und anderen spätantiken Strömungen sei zwar bereits die Idee der wesenhaften Freiheit aller geboren worden. Als allgemeines politisches Recht beginne sie sich aber erst seit der Französischen Revolution durchzusetzen.

Doch bis heute bleibt die reale menschliche Freiheit sehr ungleich verteilt. Ja, Freiheit und Gleichheit erweisen sich eher als „feindliche Brüder": Die Unterschiede der persönlichen Kräfte und Mittel, der politischen Einflußmöglichkeiten und des materiellen Besitzes (einschl. seiner Vererbung) bieten Ansatzpunkte zur Ungleichheit. Die Möglichkeit zur freien (ungezügelten) Entfaltung von Vorteilen verschärft und dynamisiert die Ungleichheit.

Die damals wie heute wohlfeile Vertröstung der Benachteiligten auf das Jenseits oder die Verlagerung des Gleichheitsgedankens auf die metaphysische Wesensebene hat **Heinrich Heine** bereits 1844 mit Blick auf die damalige soziale Situation in Deutschland aufs Korn genommen.
In seinem Epos „*Deutschland. Ein Wintermärchen*" fordert er, den Gleichheitsanspruch an die Stelle des alten „Entsagungsliedes" zu setzen:

Heinrich Heine

Ich kenne die Weise, ich kenne den Text,
Ich kenne auch die Herren Verfasser;
Ich weiß, sie tranken heimlich Wein
Und predigten öffentlich Wasser.

Ein neues Lied, ein besseres Lied,
Oh Freunde, will ich Euch dichten!
Wir wollen hier auf Erden schon
Das Himmelreich errichten.

Wir wollen auf Erden glücklich sein
Und wollen nicht mehr darben;
Verschlemmen soll nicht der faule Bauch
Was fleißige Hände erwarben.
Es wächst hienieden Brot genug
Für alle Menschenkinder,
Auch Rosen und Myrthen, Schönheit und Lust,
Und Zuckererbsen nicht minder.

Ja, Zuckererbsen für jedermann,
Sobald die Schoten platzen! Den Himmel überlassen wir
Den Engeln und den Spatzen.

„Zuckererbsen für jedermann", d. h. die Verallgemeinerung eines relativ hohen Konsumstandards ist inzwischen in den Industrieländern Wirklichkeit. Noch um die Jahrhundertwende teilte sich die Bevölkerung in Deutschland in eine sehr kleine Konsum-Elite und ein breites Proletariat, das am Rande des Existenzminimums lebte.

Treffend wurde damals die Situation der Mehrheit charakterisiert durch den sarkastischen Spruch: „*Kartoffeln in der Früh, des Mittags in der Brüh', des abends samt dem Kleid, Kartoffeln in Ewigkeit.*"

Für den Zusammenhang von Freiheit und Gleichheit hat die Entwicklung der vergangenen zweihundert Jahre gezeigt:

- Materielle Gleichheit stellt sich als harte Forderung nur in Situationen der Knappheit bzw. der Unterversorgung.

- Bei hohem Wohlstandsniveau ist die Freiheit aller bereits dann gewahrt,
  – wenn die Teilhabe an einer Grundversorgung für jeden garantiert ist
  – und die Chancengleichheit für den Zugang zu den weiteren Gütern bzw. zu ihren Vorbedingungen (Erziehung, Bildung, Arbeitsplätze) angestrebt oder gegeben ist.

- Eine Gesellschaft bedarf permanent wirksamer Mechanismen zur (Wieder-)Herstellung von Gleichheit bzw. zum Ausgleich von Ungleichheiten. Für das gesellschaftliche Ziel, Freiheit und Gleichheit zu wahren, hat sich die Kombination von drei Strategien bewährt:

  a) Die einklagbare Garantie einer formalen **Gleichheit vor dem Gesetz,** unabhängig von Geschlecht, Abstammung, Rasse, Sprache, Herkunft, religiöser oder politischer Überzeugung. Zum Beispiel dürfen die demokratischen Mitwirkungsrechte, die Freiheit der Berufswahl oder die Möglichkeiten wirtschaftlicher Betätigung nicht aufgrund eines dieser Merkmale beschnitten werden.

  b) Konkrete Maßnahmen zur **tatsächlichen Angleichung**
  – der materiellen Lebensverhältnisse (z. B. durch ausgleichende Lohn-, Steuer- und Sozialpolitik);
  – der Chancen auf erfolgreiche Entfaltung von persönlichen Anlagen oder zum Aufstieg durch Bildung und Leistung.

  c) Beachtung und Herstellung der **Verhältnismäßigkeit von Ungleichheiten**
  – in bezug auf Arbeitsleistung und Lohn,
  – auf Bildungsleistungen und Aufstiegschancen,
  – auf staatliche Unterstützungsangebote und individuelle Chancen zu ihrer Nutzung.

Zusammenfassung	Folgerungen
▷ Freiheit setzt ein Mindestmaß an materieller und sozialer Unabhängigkeit voraus.	▷ Freiheit ist zuerst Befreiung von Zwang, von elender Armut oder Gewaltherrschaft.
▷ Auch in sog. „Wohlfahrtsstaaten" gibt es Armut und bitteres Elend. Schuldzuweisungen oder Gleichgültigkeit ändern das Los der Betroffenen nicht. Individuelle und sozialpolitische Bekämpfung der Armut erfordern – genaue Wahrnehmung, – überlegte Analyse und Beurteilung – folgerichtig abgestimmte Handlungsschritte. Die Beachtung des Subsidiaritätsprinzips dient dabei der Wahrung weitgehender Freiheit im Prozeß der Befreiung.	▷ Wichtigste Aufgabe des Staates ist es, den Zugang aller zur gesellschaftlichen Wertschöpfung offenzuhalten. ▷ Wichtigste Aufgabe der Tarifpartner ist die Berücksichtigung von systematisch ausgegrenzten Interessen. ▷ Wichtigste Aufgabe der Wohlfahrtsverbände und -initiativen ist die Ausschöpfung aller Möglichkeiten der Hilfe zur Selbsthilfe. ▷ Wichtigste Aufgabe der Betroffenen ist das Bemühen um Hoffnung und Eigeninitiative.
▷ Verfolgung, Gewalt und Folter, aber auch materielle Armut und soziale Verwahrlosung zerstören in vielen Ländern menschliche Freiheitsgeschichten bei ihrem Beginn: in der Kindheit. Die vielen Armutsbiographien zeigen: Freiheit kann nur miteinander und füreinander errungen werden.	▷ Die Verwirklichung von persönlicher Freiheit setzt einen Freiheitsrahmen voraus. Er entsteht durch gegenseitige Anerkennung. Wo diese Gegenseitigkeit zerstört ist, bleibt nur der mühsame Befreiungskampf bzw. der lange Weg von Einzelfallhilfe, Bewußtseinsbildung und internationaler Einflußnahme.
▷ Das Ideal der „Freiheit für alle" hat eine lange ethische und soziale Geschichte. Im Gefolge der Franz. Revolution ist es zusammen mit dem Anspruch auf grundlegende Gleichheit zum einklagbaren Grundbestand moderner Rechtsstaaten geworden.	▷ Die Verwirklichung von Freiheit setzt die Bereitstellung der wichtigsten Güter in genügender Menge voraus. Die Ermöglichung freier Initiative garantiert am ehesten ihre „Produktion": Konsumgüter, Bildung, Arbeitsplätze usw.
▷ Unter Knappheitsbedingungen konkurrieren aber Freiheit und Gleichheit miteinander: Die Freiheit der Stärkeren droht sich auf Kosten der Schwachen zu entfalten oder aber die erzwungene Gleichheit aller droht jede Freiheit zu ersticken.	▷ Soll das Bemühen um Gleichheit solche Freiheit nicht zu sehr beschneiden, muß es sich beschränken: Ziel ist die Herstellung von günstigen Rahmenbedingungen für eine relative Chancengleichheit und die Begrenzung von Ungleichheiten.

12.3 Willensfreiheit

Die Verwirklichung von Freiheit orientiert sich nicht allein an ihrer materiellen Basis, an gegebenen Freiräumen und persönlicher Befähigung. Zum „Können" muß notwendig das „Wollen" hinzukommen. Die Möglichkeiten der Freiheit müssen gleichsam in einem Willensakt ergriffen und können dann in der Handlung umgesetzt werden. Am deutlichsten zeigt sich dieser freie Wille in der Fähigkeit, „nein" sagen zu können. Trotzdem kann sich auch hinter solch einem Willensakt Unfreiheit verbergen, unbewußte Ängste etwa, erlernte Vorschriften der Konvention oder verborgener Egoismus. *„Das Herz hat seine Gründe, die die Vernunft nicht kennt"* bemerkte **BLAISE PASCAL** (1773-1862) in diesem Zusammenhang.

An äußerem Verhalten läßt sich das Maß der Willensfreiheit eines Menschen jedenfalls nicht ablesen:

„Einen Gefangenen nennen wir unfrei; und doch kann er in der Weise, wie er seine Strafe auf sich nimmt, ein hohes Maß von innerer Freiheit beweisen. Ähnliches gilt für den Kranken; er ist an das Bett gefesselt und also unfrei; aber er kann in freiem Entschluß sein Schicksal akzeptieren. Auch der Sklave, der seinem Begriff nach der Unfreie ist, kann doch, etwa im Bereich seines Denkens, frei sein. Einen Menschen, der nicht im Gefängnis sitzt, nennt man frei; dieser gleiche Mensch aber kann in der Art, wie er sich in seiner Mitwelt bewegt, einen höchst unfreien Eindruck machen.
Einem anderen erlauben die Lebensumstände, in fast schrankenloser Willkür zu leben; er kann tun oder lassen, was er will; er kann jeder Leidenschaft, jedem Affekt hemmungslos nachgehen. Man mag geneigt sein, in solcher Libertinage das Wesen der Freiheit zu erblicken. Aber dann entdeckt man: Dieser Libertin ist in fataler Weise den Objekten seiner Leidenschaft hörig; seine Triebe sind Herr über ihn. Wenn einer schließlich nach mühsamer Arbeit an sich selber sagen kann, er sei von seinen Leidenschaften frei, dann wird man doch fragen, ob er nicht am Ende in eine noch strengere Knechtschaft geraten ist: in die Botmäßigkeit eines rigorosen oder gar eines tötenden Gesetzes."
aus: **Wilhelm Weischedel**, Skeptische Ethik, Frankfurt 1980

Viele Beispiele moderner Konsumfreiheit ließen sich anfügen, die nach dem Maß der Manipulation durch Medien und Werbung sowie nach dem Anteil wirklich freier Entscheidung fragen.
Freiheit hat einen Januskopf: Schaut man ihr genau ins Gesicht, zeigt sich bald ein Hintergrund oder eine Kehrseite der Unfreiheit; untersucht man typische Situationen der Unfreiheit, werden umgekehrt die in ihnen verborgenen Freiheitsanteile sichtbar.

▶ *Wie unterscheiden sich Handlungsfreiheit und Willensfreiheit? Wie kommt ein willentlicher Verzicht zustande? Wodurch wird unsere Willensbildung vorbestimmt und geprägt? Lassen sich Freiheit und Gebundenheit miteinander vereinbaren?*

Urlaub (I)
Die sechzehnjährige Andrea erzählt ihrer Freundin, sie habe Streit mit den Eltern: Die wollten im nächsten Sommer mit ihr zusammen vier Wochen Urlaub in Kenia verbringen. Sie sei aber dagegen und finde es „bescheuert", jedes Jahr woanders hin zu fliegen, in immer entferntere Länder. Das sei doch bloß Flucht vor sich selbst und meistens mit Streß verbunden. Bei ihrem Vater komme außerdem eine ganz schöne Portion Imponiergehabe vor den Kollegen hinzu. Von Verzicht habe der noch nie etwas gehört. Sein Standardargument sei: „Glücklicherweise verdiene ich genug, um mit meiner Familie zusammen frei wählen zu können, wohin wir in Urlaub fliegen."
- Nun ja, so Andrea, ihre Freiheit bestehe darin, daß die Eltern in diesem Jahr ohne sie fliegen müßten. Ihr Vater sei deshalb „stocksauer".

Qual der Wahl
Vater und Tochter berufen sich in diesem Beispiel beide auf ihre Möglichkeit der freien Entscheidung. Sie treffen aber nicht nur eine gegensätzliche Wahl, sondern verstehen Freiheit in einem gegensätzlichen Sinne: Einmal als materielle Freiheit, die auch „große Wünsche" (hier: eine teure Urlaubsreise) zuläßt, die es zu nutzen und genießen gilt; auf der anderen Seite als innere Unabhängigkeit, die auch die Möglichkeit zum Verzicht eröffnet. Diesen beiden Formen der Freiheit kommt aber eine unterschiedliche Qualität zu, die bereits in der begrifflichen Unterscheidung angedeutet ist:
- **Handlungsfreiheit** meint den äußeren, d. h. materiellen und gesellschaftlichen Spielraum für selbstgewähltes Tun. Jede Handlungsfreiheit hat deutliche Grenzen, z. B. in der Einkommenssituation des Betroffenen oder in gesellschaftlich festgeschriebenen Regeln (Schulpflicht, Arbeitszeitregeln, Steuerpflicht usw.).
- **Willensfreiheit** meint dagegen den inneren Entscheidungs- und Verhaltensspielraum eines Menschen. Sie bewährt sich in der Fähigkeit, zwischen widerstreitenden Motiven und Wertvorstellungen, zwischen aktuellen Verführungen und langfristigen Zielen abzuwägen und den eigenen Weg zu wählen. Diese Entscheidungsfindung kann zur *„Qual der Wahl"* werden, ihre Umsetzung kann mit anstrengenden Verzichtleistungen verbunden sein oder auch an äußeren Handlungsgrenzen scheitern.

Verzicht
Der freiwillige Verzicht gilt als entscheidendes Kriterium der Willensfreiheit:
- Verzicht fasziniert
  - weil er in der Regel beansprucht, um „höherer" Werte willen bequemen Genuß zu verschmähen;
  - weil er zur Stärkung persönlicher Unabhängigkeit beitragen kann.

- Verzicht stößt vielfach auf Ablehnung
  - weil er mit krankmachender Verdrängung naturwüchsiger Bedürfnisse verbunden sein kann;
  - weil er mehrheitlich genutzte Handlungsspielräume nicht in Anspruch nimmt und damit stillschweigend oder ausdrücklich abwertet.

Tatsächlich kann eine starre Verzichtshaltung auch zu Unfreiheit führen, wenn sie nur von einer negativen Zielbestimmung getragen ist: z. B. sich distanzieren zu wollen von der Familie, oder von „der Welt überhaupt".

Überlegte Willensbildung

Die Vermittlung zwischen Lust und Verzicht, zwischen spontaner Neigung und Wirklichkeitserfordernis ist Aufgabe der persönlichen Willensbildung. Diese ist nicht als rein innerlicher Entscheidungsakt zu verstehen, sondern gleichsam als beziehungsreicher „Kreuzungspunkt". Die wichtigsten Elemente einer realistischen Willensbildung sind
- das Bewußtmachen der eigenen Motive, Ziele und Kräfte (**Selbstbezug**);
- deren Klärung im Austausch mit andern, z.B. mit Freunden (**Sozialbezug**);
- die Überprüfung oder Schaffung von Bedingungen, die eine Umsetzung des Gewollten ermöglichen (**Handlungsbezug**).

Diese Elemente der Willensbildung wirken wie folgt zusammen:

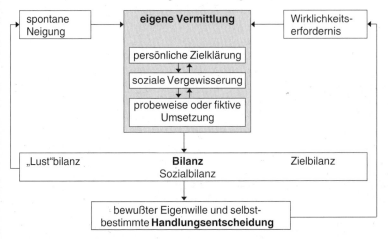

Urlaub (II)
Das Gespräch über Andreas Weigerung, weiterhin mit ihren Eltern in Urlaub zu fliegen, nimmt einen überraschenden Verlauf: Die Freundin hört sich alle Argumente an, stimmt Andrea aber keineswegs zu. Sie hält es
- *erstens für dumm, auf eine „so tolle" Reise zu verzichten, und*
- *zweitens für eine Selbsttäuschung, darin einen Akt der Freiheit zu sehen. Es handele sich hier doch um eine typische Abnabelungsentscheidung, die die meisten Jugendlichen zwangsläufig durchkämpfen. Ob es dabei um einen Urlaubsflug gehe oder z. B. um Outfit-Fragen, sei völlig gleichgültig. „Such dir doch einen billigeren Punkt für den unvermeidlichen Vater-Streit," schließt die Freundin. Andrea fühlt sich auf einmal unwohl.*

In Wahrheit hat aber die Freundin Andreas Willensentscheidung keineswegs als unfrei entlarvt, auch wenn sie das behauptet. Sie vertritt zunächst lediglich eine andere Meinung darüber, wie Andrea sich am besten bezüglich der Urlaubsreise verhalten sollte.

- Aus ihrer kritischen **Außenperspektive** entdeckt sie darüber hinaus, daß es in einem bestimmten Alter typische, d. h. immer wiederkehrende Entscheidungen von Jugendlichen gibt, die gegen die Wünsche der Eltern gerichtet sind. Sie zieht daraus den naheliegenden Schluß, daß solche Entscheidungen von der Alters- und Familiensituation mitbestimmt werden oder vorgeprägt sind. Ihr Fehlurteil besteht aber darin, daß sie die Fähigkeit zur freien Entscheidung ausgeschlossen sieht durch diese Vorprägung.

- Andreas **Innenperspektive** sieht dagegen zuerst den Freiheitsanteil: Sie weiß, daß sie sich auch anders entscheiden könnte; sie kennt die Mühe der eigenen Abwägung und der ganz persönlichen Willensbildung.

> Ein entsprechender Widerspruch durchzieht die ganze **Ethikgeschichte**:
>
> - Die sogenannten **Deterministen** (lat. – Grenze, Festlegung) sehen nur die Vorprägung des menschlichen Handelns durch sein Temperament und seine Erziehung, durch Erbanlagen oder soziale Umgebung. Sie halten die Menschen für ebenso unfrei wie Schwimmer, die von einer starken Strömung getrieben werden, ganz gleich, ob sie mal mehr oder mal weniger dagegen ankämpfen. Sehr pointiert vertrat diese Position z. B. der deutsch-französische Materialist und Aufklärer **PAUL DE HOLBACH** (1723-1789).
>
> - Die sogenannten **Indeterministen** betonen dagegen einzig die Freiheit menschlichen Wollens und Tuns. Im Hintergrund steht die Erfahrung, daß die Geschichte eines Menschen oder eines ganzen Volkes ins Unglück gelenkt werden kann durch Entscheidungen und Taten, zu denen es ganz offensichtlich bessere Alternativen gegeben hätte. Indeterministen möchten die Menschen auch nicht das kleinste Stück aus der Verantwortung entlassen für ihre Geschichte.
> So vertrat dies zum Beispiel der französische Existenzialist **JEAN PAUL SARTRE** (1905-1980).
>
> Realistisch scheint es zu sein, beide Positionen miteinander zu verbinden: Freiheit und Unfreiheit sind untrennbar miteinander verwoben in einer **Dialektik der Freiheit** (gr. – *dialegesthei*: „Rede und Gegenrede führen").

Im angeführten Beispiel heißt dies:

- Andreas Entscheidung gegen die Urlaubswünsche des Vaters enthält durchaus voraussehbare, typische, vorgeprägte Elemente der „Notwendigkeit". Durch deren Betrachtung (mit Hilfe der Freundin) kann Andreas Einschätzung der eigenen Willensfreiheit realistischer werden. Das ist eine schmerzliche, aber auf Dauer unvermeidbare Desillusionierung.

- Andreas Entscheidung entspringt tatsächlich ihrem freien Wollen, d. h. ihrer bewußten Steuerung, die zwischen verschiedenen Alternativen wählt. Dies zu leugnen, wie es die Freundin tut, ist bequem, weil sich für jede Entscheidung mitbestimmende Faktoren benennen oder vermuten lassen (Vererbung, Erziehung, Umwelt, bewußte oder gar unbewußte psychische Zwänge usw.). Es ist zugleich lähmend, da sich die eigene innere Freiheitserfahrung nicht gegen solche Einwände „beweisen" läßt.

Zusammenfassung	Folgerungen
▷ Freiheit hat verschiedene Facetten: die materielle Basis als Freiraum; die jeweilige Persönlichkeit und ihre Fähigkeit zur Freiheit; den Willen zur Freiheit und die Bereitschaft zur Verantwortung.	▷ Willensfreiheit ist auf die anderen Facetten der Freiheit angewiesen. Umgekehrt ist es unmöglich, materielle und gesellschaftliche Räume der Freiheit ohne die Pflege persönlicher Willensfreiheit zu nutzen.
▷ Auf allen Ebenen der Freiheit gibt es selbstgesetzte oder als schicksalhaft erlebte Grenzen der Freiheit.	▷ Grenzen der Freiheit werden in ungenauer Schwarz-Weiß-Wahrnehmung oft als Beweis der Unfreiheit angesehen.
▷ Willensfreiheit ist der innere Entscheidungsspielraum eines Menschen. Sie bewährt sich sichtbar im selbstgewählten Verzicht und im bewußten Widerspruch zu vorherigen Selbstverständlichkeiten. Soll Willensfreiheit nicht zur Willkür entarten, setzt sie eine bewußte Wahrnehmung von Alternativen und eine begründete Entscheidung voraus.	▷ Willensfreiheit beruht auf einem ständigen Prozeß der Willensbildung. Er beinhaltet die Wahrnehmung widersprüchlicher Antriebe, die kommunikative Klärung ihrer Wertigkeit und die Überprüfung ihrer Realisierbarkeit. Willensbildung vermittelt zwischen Wunsch und Wirklichkeit, Lust und Verantwortung, Erfahrung und Erneuerung.
▷ Die Innenperspektive einer persönlichen Willensentscheidung beleuchtet stärker den Freiheitsanteil, die Wahlmöglichkeit und die tatsächliche Entscheidung. Die Außenwahrnehmung sieht deutlicher das Typische, die Vorbedingungen und die Voraussehbarkeit einer Entscheidung. Beide Aspekte menschlichen Wollens und Entscheidens gehören aber zusammen. Sie sind unlösbar miteinander verwoben.	▷ Die Außenperspektive verhindert die Illusion völliger Freiheit. Am ehesten kann sie durch das offene Gespräch in den Prozeß der Willensbildung eingebracht werden. Andererseits verhindern entschiedene Schritte der Zukunftsgestaltung die Resignation. Nur in der Praxis eröffnet sich neue Freiheit; in der Reflexion orientiert sie sich am Notwendigen und unterscheidet dieses vom Veränderbaren.

12.4 Freiheit und Institutionen

> *Institutionen* (lat. – Einrichtung, Organisation, Anordnung) heißen alle dauerhaften Formen des sozialen Umgangs, die durch Gewohnheit oder Recht das Verhalten des Einzelnen binden.
> Die Sprache ist eine grundlegende Institution, die vernünftige Verständigung ermöglicht und regelt. Institutionen mit weitreichender Bindekraft sind aber auch Eigentum und Geld, Straßenverkehr und Gerichtsbarkeit, Freundschaft und Familie, Schule und Erwerbsarbeit. Viele Menschen werden in institutionelle Festlegungen eingebunden durch Kirchen oder Vereine, durch Cliquen oder Parteien, durch Gewerkschaften oder Verbände. Die Meinungs- und Pressefreiheit, die Versammlungs-, Demonstrations-, Kunst- und Lehrfreiheit, aber auch die Polizei, die Steuer- und Sozialpflichtigkeit von Arbeit und Eigentum usw. gehören zu den tragenden Institutionen eines freiheitlichen und sozialen Staates.

▶ *Welche Aufgaben haben Institutionen, in welchem Verhältnis stehen sie zum Ziel der Freiheit? Welcher Wert kommt der Meinungsfreiheit zu, wo liegen ihre Grenzen und wo ihre Gefährdungen? Welche Freiheits-Chancen ergeben sich durch die zunehmende Flexibilisierung der Arbeitszeit, in welchen Zusammenhang stellt sie die ethische Bewertung?*

Eigenart von Institutionen

Institutionen haben vor allem drei Aufgaben:

- Sie entlasten den Einzelnen, indem sie die Befriedigung grundlegender **Bedürfnisse** (z. B. nach Kommunikation, nach Geborgenheit, nach wirtschaftlicher Entfaltung oder Rechtssicherheit) verläßlich regeln.
- Sie stabilisieren das Zusammenleben einer Gruppe oder Gesellschaft, indem sie für alle Mitglieder bestimmte Handlungsregeln, **Wertmaßstäbe**, Erkenntnisse, teils auch Überzeugungen, Vorurteile oder Geschmacksrichtungen verbindlich machen und ihnen Dauer verleihen. Dies kann durch informelle oder allgemeine Anerkennung geschehen, aber auch durch rechtliche Festlegung.
- Sie bilden die Basis und den **Orientierungsrahmen** für sozialen und kulturellen Wandel, auch wenn dieser sich kritisch gegen eine bisher allgemein akzeptierte Institution wendet (z. B. die Frauenbewegung gegen überlieferte Familien- und Geschlechterrollen).

Institutionen sind immer auf das Allgemeine gerichtet und auf Festschreibung bedacht. Sie stehen damit grundsätzlich in Spannung oder gar im Widerspruch zum Bemühen um größtmögliche Freiheit. Die Vermittlung zwischen beiden gelingt oft nur im fortdauernden kritischen Dialog (z. B. zwischen Jugendlichen und ihren Eltern innerhalb der Institution Familie). In vielen Fällen, insbesondere auf gesellschaftlicher oder globaler Ebene, bedarf der Vermittlungsprozeß zwischen individueller Freiheit und allgemeiner Verbindlichkeit selbst noch einmal eines institutionellen Rahmens.

Meinungsfreiheit
Ein Beispiel ist die institutionelle Regelung der Meinungsfreiheit. Sie soll einerseits die entsprechende Freiheit eines jeden einzelnen schützen und andererseits durch einschränkende Regeln dafür sorgen, daß die Institution der Rechtsstaatlichkeit gewahrt bleibt.

Das Grundgesetz formuliert daher in Art. 5 zunächst (Abs. 1) ausführlich den Aspekt der Freiheit und benennt dann (Abs. 2) die Grenzen, die in den allgemeinen Gesetzen und besonders im Jugendschutz und im Recht der persönlichen Ehre bestehen.

Trotz dieser schwierigen Balance-Aufgabe funktioniert die Institution der Meinungsfreiheit nicht nur aufgrund rechtlicher Festlegung, sondern auch wegen seiner hohen und allgemeinen Anerkennung in der Gesellschaft.

Die Abwägung zwischen Meinungsfreiheit und ihren Grenzen führt in der Praxis freilich immer wieder zu Streit. Im folgenden Beispiel wurde dieser Streit erst vom Bundesverfassungsgericht entschieden:

Meinungskampf
Ein junger Mann, anerkannter Kriegsdienstverweigerer und von Beruf Sozialpädagoge, brachte während des Golfkrieges im Jahr 1991 an seinem Auto einen Aufkleber an mit der Aufschrift „Soldaten sind Mörder". Das Amtsgericht verurteilte ihn dafür zu einer Geldstrafe von 120 Tagessätzen zu je 70 DM wegen Volksverhetzung (§ 130 StGB). In der Urteilsbegründung hieß es, die Aufkleber-Aussage stemple einen Teil der Bevölkerung, nämlich die Bundeswehrsoldaten, zu Schwerstkriminellen; dadurch werde diese Bevölkerungsgruppe in böswilliger Weise beschimpft und verächtlich gemacht.

Erst in letzter Instanz wurde dieses Urteil im August 1994 vom Bundesverfassungsgericht aufgehoben. Die Verfassungsrichter sahen die Aussage durch das Grundrecht auf Meinungsfreiheit (Art. 5 GG) gedeckt; die Meinungsfreiheit erlaube es jedermann, auch überzogene Kritik oder nicht genügend begründete Meinungen frei zu äußern. Der Begriff „Mörder" könne zudem bei verständiger Lesart des Aufklebers nicht als strafrechtliche Beschuldigung der Bundeswehrsoldaten verstanden werden. Er sei vielmehr als umgangssprachliche Bezeichnung jeden ungerechtfertigten Tötens zu verstehen. Es handele sich um eine scharfe und allgemeine Mißbilligung jedes Tötens im Kriege; diese sei strafrechtlich nicht zu verurteilen, sondern gehöre in den Rahmen des öffentlichen Meinungskampfes.

Das Urteil zog harsche Proteste seitens konservativer Politiker und Medien nach sich. Von anderer Seite wurde das Urteil gelobt als Fortsetzung der demokratischen Tradition: Im Zweifel für die Meinungsfreiheit.

Aus der Urteilsbegründung und dem Vergleich mit früheren Entscheidungen geht hervor, daß sich die Verfassungsrichter von der bewährten Auslegung leiten ließen: Eine rechtliche Schranke hat die Meinungsfreiheit im konkreten Fall nur dort und nur insoweit, als es ein *höherwertiges* Rechtsgut zu schützen gilt.

Die persönliche Ehre wäre ein solches. Daher war für die Verfassungsrichter entscheidend, daß sie die persönliche Ehre von Bundeswehrsoldaten nicht verletzt sahen, trotz der polemischen, aber allgemeinen Verunglimpfung des Soldatenstatus.

Das demokratisch und ethisch qualifizierte Gut der Meinungsfreiheit ist aber nicht nur gefährdet durch seinen überzogenen Gebrauch oder Mißbrauch, sondern auch durch das Gegenteil: Duckmäusertum oder Leisetreterei. Sie führen zu einem Übergewicht institutioneller oder konventioneller Festlegung; nicht erwünschte kritische Meinungen und Ansichten werden schließlich tabuisiert.

> Teilweise wird solche Meinungstabuisierung unter dem Stichwort **political correctness** diskutiert. Als Beispiele besonders hartnäckiger Tabus nannte der Schriftsteller **Martin Walser** im „*Spiegel*" folgende Beispiele:
>
> ● den öffentlichen Druck auf Politiker, sich bei Nachfrage von dem althergebrachten Frauenbild (Kinder, Küche, Kirche) zu distanzieren;
>
> ● die Pflicht, bei jeder Gelegenheit stereotyp auf die historische Einmaligkeit der Naziverbrechen hinzuweisen;
>
> ● die Verpflichtung von Intellektuellen, die sich während der Nazi-Diktatur oder innerhalb des DDR-Kommunismus nicht (genügend) vom herrschenden System distanziert hatten, ihren politischen Irrtum oder ihre persönliche Schuld öffentlich einzugestehen.
>
> Walser bezeichnete solche erzwungenen öffentlichen Bekenntnisse zu dem, was als politisch und moralisch korrekt gilt, als „die Banalität des Guten". Damit machte er deutlich, daß Meinungsfreiheit eine solche schleichende Zensur nicht verträgt: Denn Freiheit besteht nur, solange auch unerwünschte und vermeintlich unmoralische Meinungen zugelassen sind.

Sieht man das angeführte Urteil des Bundesverfassungsgerichtes zusammen mit den Beobachtungen von Martin Walser und anderen, zeigt sich: Die Meinungsfreiheit ist heute weniger durch gerichtliche oder staatliche Einschränkungen gefährdet als durch die in den Medien, aber auch in Diskussionsgruppen verbreitete Unduldsamkeit gegenüber Äußerungen, die nicht im Trend liegen oder gar ausgesprochen nonkonformistisch sind.

Die Ethik klagt gegenüber unduldsamen Meinungseiferern die umfassende Meinungsfreiheit und die Kunst des Zuhörens ein. Deren Wahrung und Kultivierung gelingt in der Praxis aber nur, wenn möglichst viele die freie und offene Rede praktizieren und zugleich auf die Freiheit der anderen bedacht sind.

In diesem Sinne veröffentlichte der politisch engagierte britische Philosoph **BERTRAND RUSSELL** 1951 in der *New York Times* zehn Gebote unter dem Titel „*Die beste Antwort auf Fanatiker: Liberalismus*". Die wichtigsten dieser praktischen Anweisungen lauten:

- Fühle dich keiner Sache völlig gewiß.
- Trachte nicht danach, Fakten zu verheimlichen, denn eines Tages kommen die Fakten bestimmt ans Licht.
- Versuche niemals, jemanden am selbständigen Denken zu hindern; es könnte dir gelingen.
- Wenn dir jemand widerspricht, und sei es dein Ehegatte oder dein Kind, bemühe dich, ihm mit Argumenten zu begegnen und nicht mit der Autorität.
- Unterdrücke nie mit Gewalt Überzeugungen, die du für verderblich hältst, sonst unterdrücken diese Überzeugungen dich.
- Fürchte dich nicht davor, exzentrische (ungewöhnliche) Meinungen zu vertreten; jede heute gängige Meinung war einmal exzentrisch.
- Freue dich mehr über intelligenten Widerspruch als über passive Zustimmung.
- Halte dich an die Wahrheit auch dann, wenn sie nicht ins Konzept paßt.

Arbeitszeit und Freiheit
Eine der vielen Institutionen, die gegenwärtig einem starken Wandel unterliegen, ist die zeitliche Organisation der Erwerbsarbeit. Als Normalfall galt in diesem Bereich lange der Acht-Stunden-Tag und die Fünf- oder Sechs-Tage-Woche. In jedem Betrieb gab es feste Zeiten des Arbeitsbeginns und des Arbeitsendes bzw. des Schichtwechsels. Branchenspezifische Abweichungen und Unregelmäßigkeiten blieben die Ausnahme. Teilzeit-Arbeitskräfte wurden vom Normalfall her definiert, etwa als „Halbtags-Kraft".
Seit Mitte der 80er Jahre hat es jedoch einen vielfachen Wandel gegeben: z. B. allgemeine Arbeitszeitverkürzungen und vermehrte Einführung von Heimarbeit. Gleichzeitig ist die individuelle Verfügungsfreiheit über die Arbeitszeit wesentlich gesteigert worden, sowohl über ihren durchschnittlichen Umfang als auch über ihre Lage:

Gleitende Arbeitszeit
In einer schwäbischen Waagenfabrik erfreuen sich ca. 200 Beschäftigte einer besonders hohen persönlichen Arbeitszeitsouveränität: Jeder kann sich seine Arbeitszeit zwischen 6.30 Uhr und 19.30 Uhr nach eigenem Gutdünken einteilen. Vollzeitkräfte sollten auf ein halbes Jahr gesehen durchschnittlich 36 Stunden Arbeitszeit pro Woche erreichen. D. h., sie können in einer konkreten Woche auch weit (z. B. um zwei Drittel) unter diesem Soll bleiben und ein andermal darüber. Eine feste Tagesarbeitszeit gibt es nicht mehr. Um trotzdem eine verläßliche und gewinnträchtige Produktion zu gewährleisten, ist eine moderne absatzorientierte Fabrikorganisation notwendig, eine entsprechend flexible Abstimmung mit den Zulieferern sowie eine verantwortliche Arbeitsteilung und Qualitätskontrolle in den Mitarbeiter-Teams.

Das Neue in diesem vielgelobten Beispiel-Betrieb ist:
- die Übertragung der aus dem Verwaltungsbereich bekannten Einrichtung der „gleitenden Arbeitszeit" in einen großen Produktionsbetrieb. Dadurch können die Beschäftigten innerhalb eines festgelegten Variationsrahmens den individuellen Beginn und entsprechend das Ende ihrer täglichen Arbeitszeit selbst wählen.
- die Radikalisierung dieses Modells durch die computergestützte Vernetzung aller Betriebsabläufe und Arbeitserfordernisse mit den individuellen Arbeitszeitwünschen und -gewohnheiten der Belegschaft.
- die gleichzeitige Steigerung der betriebswirtschaftlichen Rentabilität durch die Fähigkeit zur flexiblen Reaktion auf die jeweilige Auftragslage.

Viele sehen hier ein Konzept der Zukunft, das es fortzuentwickeln gilt. Angestrebt wird die persönlich zugeschnittene **Wahlzeitarbeit**:

- Sie orientiert sich an einer frei gewählten Anzahl von Jahresarbeitsstunden.

- Sie erlaubt die freie Einteilung zwischen Arbeitszeit und Freizeit nach individuellen Wünschen.

- Sie eröffnet die Möglichkeit zur frei gewählten und täglich veränderbaren Gewichtung zwischen Berufsarbeit und den übrigen Lebensbereichen.

- Sie erhöht die Chance zu einer gerechteren Verteilung der Aufgaben zwischen Männern und Frauen, Alten und Jungen, Arbeitern und Intellektuellen.

- Sie steigert insgesamt die Lebensqualität durch die Befreiung aus einem nicht gewollten persönlichen Arbeitszeitkorsett.

Diesen Werten einer neuen Arbeitszeit-Freiheit stehen freilich auch Risiken und „Kosten" gegenüber. Sie sind in die sozialethische „Rechnung" miteinzubeziehen:

- Die organisierte Arbeitnehmerschaft (Betriebs- und Personalräte, Gewerkschaften) wird geschwächt: Solidarität und Vereinheitlichung zugunsten der Schwächeren werden zunehmend abgelöst durch Einzelvereinbarungen.

- Letztlich setzen Auftragslage und Arbeitsanfall die Grenzen für die persönlichen Arbeitszeitsouveränität.

- Individuelle Entscheidungsfreiheit kostet möglicherweise einen Verlust an Gemeinschaftskultur: sowohl für die Betriebsgemeinschaft wie auch für Nachbarschaften, Vereine, Parteien, Kirchen und Gewerkschaften.

- Ein allgemeiner Vorrang flexibler Berufsarbeit könnte auf Kosten der unbezahlten Familien- und Gemeinschaftsarbeit gehen (z. B. Erziehung).

- Einzelne (z. B. Jugendliche, psychisch Schwache, Alte) werden durch den Wegfall von verbindlichen Gewohnheiten und regelmäßiger Arbeitsverpflichtung überfordert.

Zusammenfassung	Folgerungen
▷ Institutionen sind festgefügte, das individuelle Verhalten prägende Regelungssysteme, in denen sich das persönliche, soziale, berufliche und gesellschaftliche Leben von Menschen bewegt. Sie entlasten den einzelnen und stabilisieren das Zusammenleben; sie unterliegen allerdings auch selbst der gezielten Kritik und dem kulturellen Wandel.	▷ Der einzelne erlebt Institutionen als vorgefundene überpersönliche Muster, in die er sich hineinbegibt bzw. derer er sich bedient. Da sie zugleich schützender Rahmen der persönlichen Freiheit und deren Begrenzung sind, kann ihre Bewertung sehr unterschiedlich ausfallen.
▷ Die Meinungsfreiheit ist in unserer Gesellschaft akzeptiertes gesellschaftliches Regelungsinstrument und festgeschriebenes Grundrecht. Diese Institution ist dreifach gefährdet: – durch staatliche Einschränkung (z. B. Pressezensur); – durch Mißbrauch (z. B. ehrverletzende Äußerungen); – durch Unduldsamkeit gegenüber nonkonformistischen Meinungsäußerungen.	▷ Wahrung und Stärkung der Meinungsfreiheit erfordern: – die praktizierte Offenheit der eigenen Rede, – die Kultivierung des Zuhörens, – eine Dialogbereitschaft, die auch unerwünschte Äußerungen nicht ausschließt. Im freien „Meinungskampf" ergeben sich die notwendigen Relativierungen.
▷ Die traditionelle Institution der Arbeitszeit unterliegt gegenwärtig einem starken Wandel zugunsten der persönlichen Arbeitszeitsouveränität. Der einzelne gewinnt dadurch an Freiheit und Lebensqualität. Die Abstimmung zwischen dem beruflichen und privaten Lebensbereich wird flexibler. Mitbetroffen sind alle Bereiche der Lebensgestaltung, die sich bisher an einem festen Arbeitszeitkorsett orientieren mußten: u. a. Partnerschaft, Erziehung, Freizeit, Bildung. Gleichzeitig stehen die positiven Funktionen eines einheitlichen Arbeitszeitmodells zur Disposition.	▷ Die einseitige Ausweitung individueller Freiheit für einen Teil der Arbeitnehmerschaft genügt ethischen Ansprüchen allein nicht. Aus Sicht eines einzelnen Arbeitnehmers mag zwar der Preis der Entsolidarisierung und Vereinzelung gegenüber dem Freiheitsgewinn kaum ins Gewicht fallen. Aus sozialethischer Perspektive auf die ganze Lebensspanne eines Menschen und auf die Gesamtgesellschaft wiegt der Verlust dieser Werte dagegen schwer: Sie sind unverzichtbar und müssen auf andere Weise wiedergewonnen und durch Institutionalisierung auf Dauer gestellt werden.

13. Fortschritt und Verantwortung

13.1 Vorverständnis

Wer hoch hinaus will, gewinnt zwar an Überblick, läuft aber Gefahr, abzustürzen. Das Foto aus den 30er Jahren kann beides vermitteln: das Gefühl, sich „über den Dingen" zu befinden oder die Angst, das Gleichgewicht zu verlieren. Die sorglos und entspannt wirkenden Arbeiter scheinen sich aber ihrer Lage nicht bewußt zu sein: Vielleicht ermöglicht ihnen gerade dies eine schlafwandlerische Sicherheit.

Das Bild der Höhe ist seit jeher **Symbol des Fortschritts**, seiner Faszination und seiner Gefahren:

- In der griechischen Mythologie steht dafür der Sturz des **Ikaros**: Sein Vater, der attische Held **Daidalos**, galt als großer Künstler und Baumeister. U. a. schuf er, so die Sage, das berühmte Labyrinth von Kreta. Auch als er von Minos, dem Bauherrn, zusammen mit seinem Sohn in diesem Labyrinth gefangen gehalten wurde, fand er eine technische Lösung: Er fertigte Flügel aus Federn und Wachs, mit denen er und sein Sohn sich in die Lüfte erheben und fliehen konnten. Ikaros flog trotz der Warnungen des Vaters zu weit in Richtung Sonne; das Wachs schmolz und er stürzte in das (nach diesem Mythos benannte) Ikarische Meer.
- Der jüdische Mythos vom Babylonischen Turm (in der Bibel: 1. Mos 11) berichtet ebenfalls von menschlicher Selbstüberschätzung und einem überzogenen technischen Machbarkeitswahn: Die Menschen wollten einen Turm bauen, der bis zum Himmel reicht. Gott verhinderte das, indem er die Sprache der Menschen verwirrte. So war keine Verständigung mehr möglich, alle liefen auseinander, der Turm blieb eine Ruine.

Die **Leitidee des Fortschritts** wird mit sehr unterschiedlichen Inhalten gefüllt. Begleitet wird sie von einer bis heute wachsenden Fortschrittskritik:

Antike und Mittelalter	sahen das Fortschrittsziel in der sittlichen Höherentwicklung oder der inneren Vervollkommnung der Menschen.
In der Neuzeit (seit 16./17. Jhdt.)	wird die zunehmende Naturbeherrschung durch Wissenschaft und Technik zum vordringlichen Fortschrittsziel.
Seit der Industrialisierung	tritt daneben das Fortschrittsziel einer wachsenden sozialen Gerechtigkeit und Humanisierung der Gesellschaft.
Seit Charles Darwin (1809-1882)	sind die Fortschrittshoffnungen verbunden mit der Evolutionstheorie; entwickelt für den Bereich der Biologie, wird sie heute als Erklärungsmodell in fast allen Wissenschaften herangezogen.
Seit Jean Jacques Rousseau (1712-1776)	ist die entgegengerichtete Fortschrittskritik nicht mehr verstummt. Rousseau sah den gesunden Menschenverstand und das natürliche soziale Gefüge verdorben durch Wissenschaft und Wirtschaft, Luxus und Abhängigkeit.
Seit den ersten Studien des Club of Rome (1972: Die Grenzen des Wachstums)	warnen die Kritiker der explosionsartig gewachsenen Erfolge von Wissenschaft und Technik, Produktion und Konsum vor einer dreifachen Gefahr: der Überforderung der natürlichen Grundlagen; der Schaffung von neuen, nicht beherrschbaren Risiken, die auf viele Generationen hin unabsehbar seien; der ungerechten Verteilung von Erträgen und Lasten bzw. Risiken des Fortschritts.

Die **Geschichte des Fortschritts** ist geprägt von der Zwiespältigkeit zwischen schrittweisen Erfolgen und katastrophalen Rückschlägen. Motor dieser Geschichte ist die gezielte Aktivität und Findigkeit von Menschen.
Daher steht es auch in der **Verantwortung** von Menschen, ob Fortschritt
– tatsächlich zu einem höheren „Vollkommenheitsgrad" oder
– zu bloßer Veränderung oder
– zu Schädigung und Zerstörung, z. B. durch unkontrolliertes Wachstum, führt.

Verantwortung setzt ein Beziehungsgefüge voraus zwischen ihrem Träger, ihrem Gegenstand und einer Wertungsinstanz:
- **Verantwortungsträger** sind immer Menschen. Sie entscheiden und handeln. Sie treffen die Wahl zwischen verschiedenen Möglichkeiten.
- **Verantwortungsgegenstand** ist das jeweils konkrete Tun (z. B. die Einführung und Nutzung einer bestimmten Technik) und ihre positiven wie negativen Auswirkungen.
- **Wertungsinstanz** (bzw. **-kriterium**) kann das eigene Gewissen sein, betroffene Mitmenschen, eine Rechtsgemeinschaft und ihre Gesetze, die Gesellschaft oder das Weltganze, die Natur oder das Lebensrecht kommender Generationen, der Schöpfer-Gott oder ein höchstes Ideal.

13.2 Wachstum und Steuerung

Auch aus der jüngeren Vergangenheit gibt es Beispiele technischer Höhenflüge, deren katastrophaler „Absturz" manchen als mythische Warnung vor technischer Tollkühnheit gilt. Etwa die Geschichte des Kampfflugzeuges *„Starfighter"*: Ca. ein Drittel dieser Maschinen stürzte ab, jeder neunte Pilot kam ums Leben.

Oder die *„Katastrophe von Tschernobyl"* im Jahre 1986: Durch das Zerbersten eines Kernreaktors wurde die unmittelbare Umgebung hochgradig radioaktiv verseucht, durch die weiträumige Ausbreitung radioaktiver Stoffe in den folgenden Tagen wurden weite Teile Europas radioaktiv belastet. Etwa 200 unmittelbar Betroffene erhielten eine tödliche Strahlungsdosis. Im Umkreis von etwa 30 km wurden rund 150 000 Menschen evakuiert. Die gesundheitlichen Folgeschäden in der weiteren Umgebung der Ukraine, Rußlands und Weißrußlands sind bis heute nicht genau benennbar. Weltweit führte „Tschernobyl" zu einem tiefgehenden politischen und psychologischen Wandel in der Bewertung der Kernenergienutzung.

▶ *Lassen sich Wachstum und Fortschritt heute noch verantworten? Wie kann ein „blinder" Fortschritt verhindert werden, und wie ist mit Fortschritts-Irrtümern umzugehen? Gibt es Bereiche, die vom Fortschritt auszunehmen sind? Welche besonderen ethischen Probleme birgt die Gentechnik?*

Qualifiziertes Wachstum
Fortschritt wird vielfach verwechselt mit Veränderung oder mit Wachstum:
– Jede Neuerung, sei es in der Pädagogik, in der Kunst, in der Arbeitsorganisation oder wo auch immer, gilt dann als fortschrittlich.
– Jedes Wachstum der Produktion, der Investitionen, des Verkehrsaufkommens usw. wird als Fortschritt oder als Erhöhung von Wohlstand gefeiert.

Solch unspezifisches Fortschrittsdenken und -handeln tappt immer wieder in die Falle, die **Mark Twain** mit dem sarkastischen Spruch beschrieben hat:

> *Nachdem wir das Ziel endgültig aus den Augen verloren hatten, verdoppelten wir unsere Anstrengungen.*

Fortschritt im qualifizierten Sinne meint dagegen den Anspruch eines „besser" im Vergleich zur vorausgehenden Situation. Ethisch ist Fortschritt ebenso wertungsoffen wie das konkurrierende Ziel, Gegebenes zu bewahren.

Die Steuerung zu qualifiziertem Wachstum ist nur möglich,
– wenn ein bewußtes Wertungskriterium zur Verfügung steht,
– wenn Steuerungsmacht und Verantwortungswille verbunden bleiben, und
– wenn Veränderung nicht zum Selbstzweck wird.

Umkehr
Seit den 60er Jahren wurden allerorts innerstädtische Straßen ausgebaut, um den schnell wachsenden Autoverkehr aufnehmen zu können. Die katastrophalen Folgen für die Lebensqualität in den Innenstädten wurden von den Entscheidungsträgern nicht vorausgesehen. Nach jahrzehntelangem Streit mit den Kritikern dieser Entwicklung gab es in den 90er Jahren den fast allgemeinen Trend zum „Rückbau" dieser Straßen und zur massiven Zurückdrängung des Autoverkehrs aus den Zentren.

In anderen Fällen lassen sich zwar Verhaltensweisen ändern, ein „Rückbau" des vorher Geschaffenen ist jedoch nicht mehr möglich: So läßt sich z. B. die Entwicklung der Atombombe nicht mehr aus der Welt schaffen. Selbst die radioaktive Belastung durch frühere oberirdische Atomwaffentests kann auf unerdenklich lange Zeit nicht mehr aus der Welt geschafft werden – auch nicht durch diesbezügliche Teststopp-Abkommen.

Begründung und Vor(aus)-Sicht
Letztlich bleibt auch ein gelenkter Fortschritt „blind" für die Zukunft, die er tatsächlich hervorbringt. Irrtümer und negative Folgen werden oft erst sehr spät sichtbar, manchmal zu spät. Wer dagegen jeden Irrtum ausschließen wollte, wäre zu völligem Stillstand verurteilt. *„Versuch und Irrtum"* bestimmen die Fortschrittsgeschichte der letzten 200 Jahre; oder, wie es der Philosoph **ODO MARQUARD** formulierte: *„Wir irren uns voran."*

Nach einem Irrtum kann aber der qualitative Fortschritt gerade darin liegen, innezuhalten, umzukehren oder Altes wieder auszugraben: In Fragen des Autoverkehrs und der Energiegewinnung scheint diese Phase erreicht zu sein.

Ob Schadensbegrenzung, ob Umkehr oder Innovation: Wachstum und Fortschritt sind heute begründungspflichtig, und zwar nach vier Seiten hin:

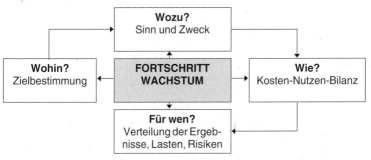

Die gewissenhafte Beantwortung dieser vier Fragen ermöglicht eine verantwortliche Steuerung. Vorausgesetzt ist dabei die Bereitschaft der jeweiligen Verantwortungsträger, für ihr Handeln und dessen Folgen einzustehen:

- *Rückblickend* beinhaltet das die Rechtfertigung von Taten sowie ggf. das Begleichen ihrer „Kosten" und das Tragen ihrer Folgen.
- *Vorausschauend* ist vor allem die gewissenhafte Folgenabwägung gemeint, bevor konflikthafte Handlungsentscheidungen getroffen werden.

Fortschrittsspirale und Fehlerfreundlichkeit
Verantwortung steht in dreifachem Verhältnis zu Wachstum und Fortschritt:
- Jeder Fortschritt erfordert Verantwortung im skizzierten Sinne.
- Je höher der „Fortschritts-Turm", desto mehr Verantwortung wird möglich,
  - weil der Überblick größer wird und die Wahrnehmung von Folgen und Risiken zunimmt;
  - weil das differenzierte Wissen um Ursachen und Wirkungen die Möglichkeiten der Zurechnung erweitert.
- Je schneller und je wirksamer sich die Fortschrittsspirale dreht, desto verheerender können sich Irrtümer und Fehleinschätzungen auswirken:
  - Um so wichtiger wird dann die vorausschauende Verantwortlichkeit.
  - Um so unerläßlicher wird zugleich die bewußte Fehlerfreundlichkeit, d. h. Systemfehler oder menschliches Fehlverhalten müssen möglich bleiben, ohne daß sogleich katastrophale und unumkehrbare Kettenreaktionen drohen.

Besonders schnell dreht sich gegenwärtig die Fortschrittsspirale auf dem Gebiet der **Gentechnik**. Die Genetik (Vererbungswissenschaft) hat in den letzten Jahrzehnten zwei revolutionäre Fortschritte erreicht:
- Es ist gelungen, die „Sprache" der Erbinformationen, der Gene, zu entziffern. Damit lassen sich alle Erscheinungen und Baugesetze des Lebendigen zurückführen auf bestimmte Anweisungs-Texte im Innersten der Zelle.
- Sie hat Verfahrensweisen hervorgebracht, mit denen sich dieser Text gezielt in seinen Einzelelementen verändern läßt (Gentechnik).

Abgesehen von veränderter Pflanzen- und Tierzüchtung oder der umfangreich praktizierten gentechnischen Herstellung von Medikamenten eröffnen sich auch für die Humangenetik viele Anwendungsmöglichkeiten. Vier Beispiele:

Humangenetik
- **Gentherapie:** Einige Formen der schweren Blutkrankheit Thalassämie beruhen z. B. auf dem Defekt eines einzigen „Buchstabens" unter den ca. 3 Milliarden Elementen der menschlichen Erbinformation. Durch den gentechnischen Austausch dieses Buchstabens könnten die Betroffenen völlige Gesundheit erlangen.
- Das sog. **Gen-Screening** ermöglicht die Analyse und Sammlung individueller genetischer Daten, um z. B. Arbeitnehmer oder Versicherungsnehmer auswählen zu können, deren Erbgut keine besonderen Krankheitsanlagen oder Anfälligkeiten aufweist.
- Möglich und verschiedentlich auch praktiziert ist die **Klonierung** menschlicher Keimzellen: Die Herstellung und Trennung eineiiger Zwillings-Keime; ein Teil kann tiefgefroren aufbewahrt werden und z. B.
  - bei zufriedenstellender Entwicklung des ersten Teils zeitlich versetzt der Mutter eingepflanzt und von ihr ausgetragen werden, oder
  - bei „Bewährung" des ersten Teils von einer anderen Frau mit ansonsten unerfüllbarem Kinderwunsch ausgetragen werden, oder
  - gentechnisch verändert bzw. für gentechnische Experimente verwendet werden.
- Die gezielte **Gen-Manipulation:** z. B. durch Austausch des Wachstums-Gens zur Anpassung von Größe und Körperbau an die Erfordernisse bestimmter Sportarten (z. B. Basketball; Gewichtheben) oder beruflicher Tätigkeiten (z. B. Astronaut).

Abwägung und Einzelfallprüfung
Gegen die Gen-Therapie als Mittel zur Linderung menschlicher Leiden ist kaum etwas einzuwenden. Die anderen drei Anwendungsbeispiele dagegen werden die meisten Menschen auf den ersten Blick ablehnen. Die Frage ist aber,
- welche Gründe sich dagegen anführen lassen, und
- ob diese so gewichtig sind, daß sich aus Gründen der Vorsicht ein völliger Ausstieg aus der Gentechnik empfiehlt.

Der zentrale ethische Einwand gegen das „Klonen" oder das genetische „Verbessern" von Menschen oder eine Auswahl aufgrund von Genscreening stammt von **HANS JONAS**. Es fußt auf der Annahme der unantastbaren Würde und Individualität (Einmaligkeit) eines jeden Menschen:

Jeder Mensch hat ein Recht auf die Offenheit seiner Lebensgeschichte
- ohne den Erwartungsdruck einer umfassenden Vor-Kenntnis seiner Anlagen
- oder gar das Vor-Leben eines erb-identischen Klons und
- ohne gezielte Festlegung oder Konstruktion seiner inneren wie äußeren Gestalt, die er im Laufe des Lebens ausbilden wird.

Heftig umstritten ist die Frage, welche Konsequenzen zu ziehen sind aus dieser Einsicht in die ethischen Grenzen der Humangentechnik.

Skeptiker fordern Unterlassung und Verbot jeder Gen-Manipulation,
- weil Mißbrauch oder Mißgeschick auf andere Weise nicht ausgeschlossen werden können;
- weil selbst die Gentherapie in der Gefahr stehe, die menschengemäße Annahme von Krankheit und Behinderung zu zerstören, indem sie das ausmerzt, was gesellschaftlich als krank definiert ist;
- weil bereits die ökologische Gefährdung durch gentechnisch veränderte Pflanzen unkalkulierbar sei (Versicherungen sind z. B. bis heute nicht bereit, gentechnische Risiken finanziell abzusichern);
- weil die Haftung für die Fern- und Nebenfolgen völlig ungeklärt sei.

Befürworter der Gentechnik halten es für unmöglich, ganz oder teilweise aus dieser Technik wieder auszusteigen. Sie sehen die Möglichkeit einer verantwortlichen Steuerung und Begrenzung gewährleistet
- durch Aufklärung, öffentliche Diskussion und gesetzgeberische Abgrenzung zwischen Erlaubtem und Unerlaubtem;
- durch die Einzelbewertung und -entscheidung der unterschiedlichen Anwendungsfälle;
- durch die Sensibilisierung der Öffentlichkeit für die ethische Problematik;
- durch die Einrichtung von interdisziplinären Ethik-Kommissionen zur Kontrolle und Bewertung einzelner Institute und Projekte;
- durch die Verpflichtung der Betreiber zu vorausschauender Risikoanalyse sowie Umwelt- und Sozialverträglichkeitsprüfungen.

Zusammenfassung	Folgerungen
▷ Fortschritt muß verstanden werden als Höherentwicklung. Bewahrung und Veränderung können dem Fortschritt dienlich sein.	▷ Wachstum oder Neuerung bewirken nicht immer Fortschritt. Sie bedürfen daher der Begründung und Verantwortung.
▷ Zur Fortschrittsbegründung gehören Ziel- und Sinnüberlegungen sowie die Abwägung von Nutzen und Lasten. Nur bei risikoarmen und umkehrbaren Entscheidungen ist eine normale Irrtumswahrscheinlichkeit hinnehmbar.	▷ Zur Fortschrittsverantwortung gehört die Bereitschaft, Kosten und negative Folgen zu tragen; d. h. sie ist nicht auf andere Menschen oder gar auf kommende Generationen oder ferne Länder abzuschieben.
▷ Auf hohem Niveau wächst mit dem Fortschritt auch die Folgenübersicht.	▷ Wissen verpflichtet zur bewußten Steuerung und zur Wahl fehlerfreundlicher Wege.
▷ Die Gentechnik eröffnet auf vielen Gebieten große Fortschrittspotentiale. Sie birgt gleichzeitig kaum überschaubare Gefahren und Mißbrauchsmöglichkeiten.	▷ Jeder neue gentechnische Anwendungsbereich bedarf der ethischen Kritik. Eingriffe in das offene Ökosystem oder das menschliche Erbgut erfordern enge Grenzen.

13.3 Folgenethik

> Wissenschaft und Technik gelten traditionell als ethisch neutral. Die Begründung: Sie stellen Mittel zur Verfügung, die zu verschiedenen Zwecken benutzt werden können. Erst die Verwendung dieser Mittel wird unter das ethische Kriterium gestellt. Dieser Grundgedanke wird gelegentlich heute noch gegen die Ausweitung der Folgenverantwortung angeführt:
> Schon die einfache Technik des Messers kann genutzt werden, um Brot zu schneiden oder um einen Menschen umzubringen. Bei einem Mord trägt aber nicht der Erfinder oder Produzent des Messers die Verantwortung, sondern der Benutzer. Ähnlich kann auch die moderne Satellitentechnik dem Umweltschutz oder militärischen Zwecken, z. B. einem grausamen Krieg, dienstbar gemacht werden.
>
> Die Gegenposition hat in den beiden letzten Jahrzehnten zunehmend an Boden gewonnen, auch bei den Wissenschaftlern selbst. Manche steigen gar aus besonders fortschrittsträchtigen Bereichen aus, weil sie die möglichen Folgen ihres Tuns nicht mehr verantworten wollen. So erklärte z. B. der franz. Mediziner **Jacques Testart**, ein Pionier der „In-vitro-Fertilisation" (Befruchtung menschlicher Eizellen außerhalb des Körpers):
>
> *„Ich, Forscher in künstlicher Fortpflanzung, habe mich entschlossen, aufzuhören ... mit jener Forschung, die auf eine radikale Veränderung des Menschen hinarbeitet... Ich fordere eine Logik der Nicht-Entdeckung, eine Ethik der Nicht-Forschung."*

Zu einem Schlüsselbegriff der neueren Ethik ist die **Folgenverantwortung** durch die Anstöße von **HANS JONAS** geworden. Er griff die wachsenden Fortschritts-Bedenken auf und setzte dem *Prinzip Hoffnung*, das das Denken früherer Jahrzehnte prägte, das *Prinzip Verantwortung* entgegen. Damit ist freilich weniger eine Problemlösung als eine Problemanzeige gegeben.

▶ *Wie läßt sich der wissenschaftlich-technische Fortschritt verantworten? Was macht die Folgenverantwortung so schwierig? Nach welchen Kriterien kann Folgenverantwortung zugeschrieben werden? Wie läßt sich Verantwortung im wissenschaftlich- technischen Bereich umsetzen?*

Drei moderne Entwicklungen machen es unmöglich, den wissenschaftlichtechnischen Fortschritt weiterhin als ethisch neutral anzusehen. Zugleich machen sie die Übernahme von Verantwortung sehr schwierig:

- **Anwendungszwang**
  Die Errungenschaften von Wissenschaft und Technik werden heute nicht einfach in frei lassender Weise zur Verfügung gestellt. Ihre Entwicklung birgt bereits den wirtschaftlichen Zwang zu einem allgemeinen oder massenhaften Gebrauch. Durch politische Vorentscheidungen oder massive Beeinflussung der Konsumenten bzw. frühzeitige Erhebung ihrer Nutzungsabsichten ist die Verwendung neuer Techniken oder Grundlagenerkenntnisse von vornherein bekannt und mitzuverantworten.

Die aufwendige Entwicklung
- *mancher elektronischer Steuerungssysteme „rechnet" sich z. B. nur durch die vorgesehene militärische Nutzung;*
- *eines neuen Automodells ist nur rentabel bei massenhaftem Verkauf, verbunden mit der entsprechenden Umweltbelastung;*
- *neuer Verfahren und Techniken im medizinischen Bereich lohnt nur bei weiträumiger Anwendung, unabhängig vom therapeutischen Nutzen. So wurden z. B. durch geschicktes Marketing sehr kostenaufwendige radiologische und labortechnische Methoden zur Massendiagnostik der Osteoporose (Knochenschwund) bei Frauen durchgesetzt, obwohl diese Krankheit bis heute nicht behandelt werden kann.*

Ein Grundsatz der Folgenethik besagt daher: Bereits bei der Entwicklung neuer Techniken oder Verfahren sind alle sicher voraussehbaren oder gar zwingenden späteren Anwendungen in die Verantwortung miteinzubeziehen. Kein Forscher oder Ingenieur, aber auch kein Betriebsleiter oder Betriebsrat dürfte demnach sagen: *Was andere mit meinen Ergebnissen bzw. mit meinen Produkten tun, geht mich nichts an.*

- **Nebenfolgen**
Ethisch entscheidend sind oft gar nicht die angezielten Fortschritts- oder Handlungsfolgen, die dem sachlichen und ethischen Streit vor einer Entscheidung zugänglich sind. Die unerwünschten, unüberschaubaren und nicht genau kalkulierbaren Nebenfolgen sind ebenfalls mitzuverantworten.

Der sogenannte **Treibhauseffekt** *(allmähliche Erwärmung der Erdatmosphäre) ist eine Nebenfolge der fortschreitenden Industrialisierung. Die Hauptursache liegt in dem explosionsartig gestiegenen Verbrauch fossiler Energierohstoffe (Erdöl, Erdgas, Kohle) und der damit verbundenen Abgabe von Kohlendioxid in die Atmosphäre. In der Folge ist der Meeresspiegel in den letzten 100 Jahren bereits global um 10-15 cm gestiegen. Bei anhaltender schneller Steigerung des Energieverbrauchs werden katastrophale Entwicklungen befürchtet: kontinuierlicher Anstieg des Meeresspiegels und weiträumige Überschwemmungen durch Abschmelzen der polaren Gletscher und Wärmeausdehnung des Wassers; lebensbedrohliche Klimaveränderungen mit weiteren nicht voraussehbaren Folgen.*

Niemand hat diese Nebenfolgen beabsichtigt, und doch sind sie nicht gleichgültig oder naturnotwendig. Die Zuordnung zu bestimmten Verursachern bzw. zu einzelnen Fortschrittsentscheidungen ist jedoch schwierig; zumal viele Zusammenhänge erst relativ spät deutlich geworden und z. T. bis heute ungeklärt sind. Nach ethischen Kriterien haben hauptsächlich die Industrieländer die Verantwortung und die „Kosten" der bisherigen Entwicklung zu tragen. Durch das gewachsene Wissen hat aber die Verantwortung für zukünftige Nebenfolgen in diesem Bereich einen höheren Grad der Verpflichtung; außerdem sind weitere Länder je nach dem Maß ihres wachsenden Energieverbrauchs in die Verantwortung miteinbezogen. In den letzten Jahren wurde auf verschiedenen internationalen Konferenzen zumindest der Versuch gemacht, diesen Anforderungen nachzukommen.

- **Unumkehrbare Fernwirkungen**
Viele nicht abschätzbare Folgen und Fernwirkungen sind nicht mehr rückholbar oder umkehrbar (**Irreversibilität**). Im Zeitalter der Hochtechnologie können sie aber eine gewaltige Wirkungsbreite entfalten.

> *Entsprechend kontrovers wird daher bis heute die Freisetzung gentechnisch veränderter Pflanzen diskutiert. Im Bereich der Humangenetik sind zukünftig genetische Eingriffe in die menschliche Keimbahn denkbar (bisher verboten), die mit einem Manipulationsakt Generationen von Menschen verändern.*

Die Verantwortungsethik fordert ein **Moratorium** (Handlungsaufschub), wenn schwerwiegende und unumkehrbare Fernwirkungen zu erwarten sind, deren Schädlichkeit sich nicht abschätzen oder ausschließen läßt.

Entscheidungsverantwortung und Handlungsverantwortung
Die konkrete Zuschreibung von Verantwortung ergibt sich nicht zwingend aus der Natur der Dinge. Sie ist immer menschliche Konstruktion und beruht auf Vereinbarung oder stillschweigendem Einvernehmen.
Kriterien für eine angemessene Zuschreibung von Verantwortung hat der Karlsruher Philosoph **HANS LENK** (* 1935), beschrieben. Er unterscheidet verschiedene Typen der Verantwortung:

- **Handlungs-Verantwortung**
Verantwortungszuschreibung folgt der Handlungszuschreibung. Das schließt die Verantwortung von jemandem ein, der das Handeln von Unmündigen direkt oder indirekt lenkt bzw. zu beaufsichtigen hat.

> So haften etwa Eltern für ihre unmündigen Kinder, d. h., ihnen wird das Handeln der Kinder zugeschrieben.

- **Ursachen-Verantwortung**
Verantwortungszuschreibung folgt dem nachweisbaren oder vorausgesetzten Ursache-Wirkung-Zusammenhang.

> *Auch ein Lehrer, der sehr schlechten Unterricht erteilt, wird nicht für den minderwertigen Schulabschluß seiner Schüler verantwortlich gemacht; viele andere Faktoren sind ebenfalls wirksam, ein zwingender Zusammenhang ist nicht nachweisbar. Wer umgekehrt bei einer Prüfung durchfällt, trägt allein die Folgen (weitgehend auf eigene Person beschränkt); ihm wird die volle Verantwortung zugeschrieben, weil alle übrigen Prüfungsbedingungen als verallgemeinerbar vorausgesetzt werden.*

- **Ergebnis-Verantwortung**
  Verantwortungszuschreibung folgt der Verfügungsmacht über das Ergebnis.

  Der Feuerwehrmann z. B., der bei notwendigen Löscharbeiten wertvolle Gegenstände durch Wasserschäden zerstört, trägt dafür nicht die Verantwortung; er hatte weder die Wahl, die Löscharbeiten zu unterlassen, noch kann er über deren Nebenfolgen verfügen. Verantwortung trägt aber der Brandstifter als indirekter Verursacher der Wasserschäden.

- **Mitverantwortung**
  Verantwortungszuschreibung folgt dem Grad der Freiheit.

  Die Autofahrerin, die bei überhöhter Geschwindigkeit andere gefährdet, trägt die volle Verantwortung für einen von ihr verursachten Unfall. Die Mitfahrerin trägt in dem Maße Verantwortung, in dem sie mäßigenden Einfluß hätte nehmen können; beim Wissen um einen nicht beeinflußbaren Hang der Fahrerin zum „Rasen" beinhaltet bereits die Entscheidung zur Mitfahrt eine gewisse Mitverantwortung für den späteren Unfall.

- **Autorität und Verantwortung**
  Verantwortung folgt teilweise informellen Autoritätsverhältnissen.

  Der sog. „elder statesman" hat Mitverantwortung für das Gemeinwesen; die langjährig Beschäftigten eines Betriebes haben Mitverantwortung für die jungen Kollegen/innen usw.

- **Unterlassung**
  Verantwortungszuschreibung trifft nicht nur Handelnde und Mit-Handelnde, sondern auch Nicht-Handelnde: die Verantwortung für Unterlassungen.

  Bei dem bisher größten Chemie-Unfall, 1984 im indischen Bhopal, kamen ca. 3 000 Menschen um, ca. 200 000 erlitten schwere Verletzungen. Hauptverantwortliche für das Ausmaß der Katastrophe waren zwei Aufseher, die angesichts eines defekten Tanks stundenlang weiter Tee tranken, weil sie nicht um die Wirkung des frei werdenden Giftgases Methylisocyanat wußten.

- **Amtsbefugnis und Verantwortung**
  Verantwortungszuschreibung folgt der Festlegung von Befugnissen.

  Als der Kapitän des riesigen Öltankers „Exxon Valdez" in betrunkenem Zustand auf einen Felsen steuerte und dadurch eine Umweltkatastrophe an der Küste Alaskas verursachte, wurde ihm im rechtlichen und moralischen Sinn die Verantwortung für alle Folgen zugeschrieben.

Technik – Ethik

Ein Techniker oder Forscher, der bei der Entwicklung oder Betreibung eines besonders umweltschädigenden Produktionsverfahrens beteiligt ist, steht vor dem Dilemma, gegen das Allgemeininteresse der Umweltschonung zu arbeiten oder seinen Arbeitsplatz zu verlieren.

In der konkreten Situation kommen meist weitere Verpflichtungen hinzu. **HANS LENK,** maßgeblicher Vordenker einer Ethik der Technik, spricht daher bezogen auf die beruflichen Tätigkeiten von Technikern, Ingenieuren oder Forschern von einem fünfstrahligen **Verantwortungskonflikt:**

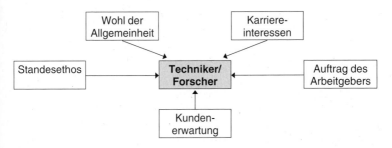

Ist im genannten Beispiel das Prinzip der Umweltschonung bereits Bestandteil des Standesethos und der Betriebsphilosophie des Arbeitgebers, fällt eine Entscheidung relativ leicht. Andernfalls bleibt die Möglichkeit der mühsamen Abwägung und der kleinschrittigen Einflußnahme. Hilfreich sind dabei klare Bewertungsmaßstäbe und Vorzugsregeln.

In der Praxis längst bewährt sind Regeln der Abwägung und des Vorzugs aus dem Bereich der Arbeitssicherheit. Dort gilt es immer, drei Ziele miteinander zu verbinden:
– die sicherheitsgerechte Gestaltung einer Anlage oder eines Ablaufes;
– eine technisch schlüssige bzw. sinnvolle Umsetzung des Schutzzieles;
– die Wahl der wirtschaftlichsten Problemlösung.

Das Sicherheitserfordernis hat dabei immer einen absoluten Vorrang vor wirtschaftlichen Überlegungen. Die Wahl der Technik unterliegt dagegen dem Wirtschaftlichkeitskriterium und dem Sicherheitsziel.

In der amerikanischen **Wirtschaftsethik** wurden in den 80er Jahren ethische **Vorzugsregel** entwickelt, um einen Ausweg aus schwer entscheidbaren Verantwortungs- und Rollenkonflikten zu weisen. Einige dieser von **H. LENK** angeführten Regeln sind im folgenden zusammengefaßt. Zu ihrem Verständnis ist die Unterscheidung zwischen Sachinteresse und moralischer Verpflichtung (verallgemeinerbarer Anspruch) notwendig.

Wie die Vorzugsregel der Arbeitssicherheit können auch diese keine konkreten Lösungen von Verantwortungskonflikten anbieten. Sie eröffnen aber die Fragen, die vor einer verantwortlichen Entscheidung im wirtschaftlichen und technischen Bereich abgewogen bzw. geklärt werden müssen.

- Die moralischen Rechte eines jeden Betroffenen sind abzuwägen.
- Bei konkurrierenden Grundwerten/-rechten muß nach einem Kompromiß gesucht werden, der alle in gleichem Maße berücksichtigt.
- Es ist die Lösung zu wählen, die für alle den geringsten Schaden bewirkt.
- Die Wahrung oder Herbeiführung von grundlegenden Werten geht vor Schadensverhinderung; letztere aber geht vor Nutzenabwägung.
- Jeweilige Nutzen und Lasten müssen annähernd gleich verteilt sein.
- Moralische Pflichten sind höherwertig als nicht-moralische Bindungen (z. B. Wahrheitspflicht vor Vertuschungsversprechen).
- Die Allgemeinverantwortung steht meist über der Aufgaben- und Rollenverantwortung (z. B. ist die Umweltverantwortung des Technikers gewichtiger als seine berufliche Pflicht, Arbeitsanweisungen zu befolgen).
- Direkte Verantwortung (z. B. gegenüber den eigenen Kindern) hat in der Regel Vorrang vor der indirekten Fernverantwortung (z. B. gegenüber kommenden Generationen). Das ist umgekehrt, wenn ein geringes Nah-Interesse einen großen Fern-Schaden verursachen würde.
- Das Gemeinwohl ist allen Einzelinteressen, soweit sie nicht eine moralische Pflicht beinhalten, vorangestellt.

Zusammenfassung	Folgerungen
▷ Im Bereich der Technik-Verantwortung lassen sich Entwicklung und Anwendung nicht voneinander trennen. Mit in den Verantwortungsbereich gehören auch Nebenfolgen und Fernwirkungen, jeweils im Maß der Einsicht in die Zusammenhänge.	▷ Es gilt der Grundsatz: Der Mensch darf nicht alles, was er kann. Bei hohem Risiko oder ungeklärter Fernwirkung ist ein Fortschritts-Verzicht gefordert, mindestens aber ein Aufschub zur vorausgehenden Sicherung oder Klärung.
▷ Entscheidungen und Handlungen sind immer mit Verantwortung verbunden. Weitere Zuschreibungskriterien sind notwendig, um immer neue „Verantwortungslücken" zu schließen.	▷ Die Bereitschaft zur Verantwortungsübernahme wächst, wenn die Prinzipien der Verantwortungszuschreibung offengelegt und einsehbar sind.
▷ Die im wissenschaftlich-technischen Bereich Tätigen tragen ein hohes Maß an Fortschrittsverantwortung. Konkurrierende Ziele verknoten sich dabei zu Verantwortungskonflikten.	▷ Die differenzierte Wahrnehmung aller Ziele und ihrer Wertigkeiten ermöglicht verantwortliche Entscheidungsfähigkeit. Ethische Vorzugsregeln bieten Leitlinien der Praxis.

13.4 Gesinnung und Ergebnis

> *Kriegsgreuel*
>
> *1991, im Jahr des Zerfalls der Sowjetunion, erklärte die kaukasische Teilrepublik Tschetschenien ihre Unabhängigkeit von der russischen Föderation. Die Moskauer Zentralmacht beharrte darauf: Tschetschenien sei ein Bestandteil Rußlands. Im Dezember 1994 ordnete Präsident Jelzin die militärische Lösung des Konfliktes an. U. a. kam es zu ausgiebigen Bombardements der Gebietshauptstadt Grosny. Tausende von Zivilisten kamen ums Leben, darunter viele Frauen und Kinder. Die Stadt wurde in weiten Teilen zerstört.*
> *Als einer der beteiligten Piloten, selbst Vater zweier Kinder, nach seiner Verantwortung gefragt wurde, wehrte er ab: „Lassen wir doch das Moralisieren. Die Fragen nach Ehre, Gewissen und Würde müssen sich schon Jelzin ... und andere Führer stellen. Ich bin nichts als eine Mordwaffe in ihren Händen. Sie sind es, die töten, nicht ich." – Am Ende des Gesprächs aber steht das Eingeständnis: „Als ich den verzweifelten Aufschrei eines der russischen Parlamentsabgeordneten hörte, die in Grosny geblieben sind, begann ich erst zu begreifen, was hier Schreckliches passiert ist. Jetzt habe ich Angst, verrückt zu werden, wenn ich die Zeitungen aufschlage oder den Fernseher einschalte."*
>
> In den Äußerungen zeigt sich ein innerer Kampf zwischen dem rationalen Abschieben von Verantwortung und der intuitiven Erkenntnis, sich nicht von dem fürchterlichen Ergebnis des eigenen Handelns lossagen zu können. Die routinierte Abwehr von Verantwortung ist nicht außergewöhnlich: Aus vielen anderen Kriegen lassen sich entsprechende Zeugnisse von Bomberpiloten oder Erschießungskommandos sammeln; die Ausführenden von staatlich angeordneten Gewalttaten haben sich zu allen Zeiten auf ähnliche Weise dem unerträglichen Druck persönlicher Verantwortung entzogen.
>
> Einen gegenteiligen Weg wählen z. B. Wehrdienstverweigerer und Pazifisten: Sie lehnen von vornherein ihre persönliche Beteiligung an jeder möglichen Militäraktion ab, ganz gleich, ob sie gerechtfertigt erscheinen sollte oder nicht.

▶ *Wer trägt Verantwortung im politischen und militärischen Bereich: die Entscheidungsträger oder die konkret Handelnden? Wie läßt sich weithin wirksames politisches Handeln verantworten? Wo liegen die Grenzen bloßer Gesinnungsethik, wo die Gefahren des politischen Pragmatismus?*

Verantwortungsträger
Die erste Antwort kann nur lauten: Im ethischen Sinne tragen Entscheidungsträger und Handelnde Verantwortung; sie wird für niemanden geringer durch komplizierte Entscheidungsketten. Bezogen auf das Bombardement Grosnys heißt das:

- Entscheidungsbefugt über das militärische Vorgehen waren der russische Präsident und die untergeordneten Befehlshaber: Ihre **Entscheidungsverantwortung** für das Geschehen verringert sich nicht dadurch, daß andere, nämlich Soldaten, die konkret Handelnden waren. Sie schieben diese Verantwortung auch nicht ab, sondern suchen ihre schwerwiegende Entscheidung zu rechtfertigen, und zwar durch das Verhalten des Gegners.

- Handelnder im Sinne eines eindeutigen Ursache-Wirkung-Zusammenhangs ist u. a. der zitierte Pilot. Hat er sich freiwillig zu seinem Auftrag gemeldet, trägt er volle **Handlungsverantwortung,** unabhängig von der Frage, ob er sein Handeln im Nachhinein ebenfalls zu rechtfertigen versucht oder angesichts der Folgen bedauert. Eingeschränkt ist seine Verantwortung möglicherweise durch Befehlsdruck (mangelnde Freiheit) oder Unwissenheit bzw. gezielte Fehlinformation – z. B. darüber, daß die Zivilbevölkerung die Stadt weitgehend verlassen hatte; das war zunächst behauptet worden.

- **Mitverantwortung** durch Unterlassen tragen aber auch die UNO oder einzelne Staaten, die es versäumten, rechtzeitig ihre Druckmittel zur Verhinderung dieses grausamen Eingreifens zu nutzen.

Politische Bewertung
Die längerfristige politische Bewertung neigt dazu, das Verhalten aller Beteiligten nur nach dem Ergebnis, d. h. nach Erfolg oder Mißerfolg zu bewerten:

- Bleibt Tschetschenien ein Unruheherd mit anhaltenden militärischen Untergrundkämpfen und Menschenrechtsverletzungen, trifft die Entscheidungsträger und die konkret Handelnden ein massiver Schuld-Vorwurf.

- Hätte die Militäraktion zu dem beabsichtigten schnellen und durchgreifenden Erfolg geführt, wäre sehr bald über die brutalen „Begleitumstände" der Kriegsführung hinweggesehen worden.

Aus ethischer Sicht ist dagegen jedes einzelne Handeln zunächst unabhängig vom Gesamtergebnis zu beurteilen. Der Zweck heiligt nicht die Mittel.

Energiegewinnung
Die Umwelt- und Alternativbewegung fordert seit den 70er Jahren mit hohem moralischen Anspruch den völligen Ausstieg aus der Energieerzeugung durch umweltschädliche Kohlekraftwerke ebenso wie durch riskante Atomkraftwerke. Die entscheidungsbefugten Politiker verweisen dagegen auf den unumgehbaren Druck, die Energieversorgung aufrechtzuerhalten und mittelfristig zu sichern. Das lasse keine maximale Umweltschonung zu, und diese sei auch nicht erforderlich.

Politische Gegensätze
Von der etablierten Politik wurde den Alternativbewegungen lange vorgeworfen, sie verharrten in einer allzu einfachen Gesinnungsethik, die für die praktische Politik unbrauchbar sei. Gegenüber zahlreichen Christen in der Alternativbewegung mündete dieser Vorwurf meist in der Formel: *„Mit der Bergpredigt läßt sich keine Politik machen."*

Diese negative Färbung des Begriffs **Gesinnungsethik** geht zurück auf den Soziologen **MAX WEBER** (1864-1920): Die Orientierung der Ethik am eigenen Wissen, Wollen und guten Gewissen (Gesinnung) biete dem politischen Handeln keine genügende Basis. Gefordert sei die Orientierung an einem verantwortlichen Gesamtergebnis und die genaue Abwägung aller Handlungsfolgen, d. h. eine politische **Erfolgsethik** mit langem Atem: *„Politik bedeutet ein starkes, langsames Bohren von harten Brettern mit Leidenschaft und Augenmaß zugleich."*

Bei dem angeführten politischen Konflikt der jüngeren Vergangenheit wurde den Verächtern der Gesinnungsethik vorgeworfen, ihnen gehe es lediglich um einen Pragmatismus der Machterhaltung.
Gleichzeitig hat sich aber seitdem eine fruchtbare Konkurrenz zwischen beiden Seiten um die angemessene politische Handhabung der bereits von M. Weber geforderten Ergebnisorientierung entwickelt.

Gesinnungsethik und politischer Pragmatismus bergen auf unterschiedliche Weise die Gefahr, in Verantwortungslosigkeit abzugleiten:
- Die Gesinnungsethik durch das Verharren in einem allgemeinen Moralismus des guten Willens. So bleibt z. B. der Appell zur „Bewahrung der Schöpfung" folgenlos, wenn er nicht auf bestimmte Personen, bestimmte Verhaltensweisen und tatsächlich leistbare Teilaufgaben eingegrenzt wird, die diesem an sich unerreichbaren Ziel dienen können.
- Der politische Pragmatismus, indem er anzielte Ergebnisse mit langem Atem, aber „ohne Rücksicht auf Verluste" durchsetzt. In dieser Weise wurde zu Beginn der 90er Jahre die Lösung bzw. Eingrenzung der Asylproblematik in Deutschland betrieben und durch Gesetzesänderung von 1993 „erfolgreich" abgeschlossen.

Zusammenfassung	Folgerungen
▷ Entscheidungsträger und Handelnde tragen Verantwortung nach dem Maß ihrer Einsichtsfähigkeit und Freiheit, Außenstehende nach dem Maß ihrer Einflußmöglichkeiten.	▷ Politische Verantwortung ist nicht aufteilbar: weder zwischen den verschiedenen Akteuren, noch zwischen Gewolltem und Bewirktem.
▷ Politische Bewertung ist meist einseitig erfolgsorientiert.	▷ Ethik mahnt die Wahrnehmung aller Ergebnisse und Zwischenergebnisse an.
▷ Die gute Gesinnung allein genügt ethischen Kriterien nicht. Sie bedarf der praktischen Phantasie zur Umsetzung ihrer Ziele. Politischer Pragmatismus ohne Gewissens- und Gesinnungsbindung, ohne unbestechliche Wertorientierung verkommt zur Machtpolitik.	▷ Eine politische Ethik setzt ihre Priorität auf die Einhaltung der vereinbarten demokratischen „Spielregeln" und Wertorientierung. Die Kriterien des Erfolges bleiben in jedem Fall an dieses Fundament gebunden.

14 Recht und Gerechtigkeit

14.1 Vorverständnis

Wir leben nicht allein auf der Welt, sondern zusammen mit anderen Menschen, mit Tieren und Pflanzen. Die Lebensmöglichkeiten sind freilich begrenzt, der Wohnraum, den wir in Anspruch nehmen, die Nahrungsmittel, die Luxusgüter, die Arbeitsplätze, aber auch die sozialen Aufstiegsmöglichkeiten, die Bildungschancen, die natürlichen Erholungsräume usw. Wir geraten daher in Konkurrenz zueinander bei der Verteilung dieser und aller anderen Güter, die nicht im Überfluß vorhanden sind.

Wie beim sprichwörtlichen Kuchen scheint **Verteilungsgerechtigkeit** darin zu bestehen, daß jeder ein genügend großes Stück abbekommt.

Nun sind die meisten Güter oder Chancen, die wir im Leben brauchen, nicht einfach vorhanden. Sie werden erarbeitet, ererbt oder durch Tausch erworben. Und zwar nicht nur materielle Güter: Wir tauschen z. B. Arbeitskraft gegen Geld (Lohn), Selbstverwirklichung und soziale Anerkennung. Entscheidend für ein friedliches und anregendes Zusammenleben ist eine allseits akzeptierte **Tauschgerechtigkeit** in den verschiedenen Lebensbereichen.

Verteilungsgerechtigkeit und Tauschgerechtigkeit ergeben sich nicht von selbst. Sie bedürfen
– einerseits einer ausgewogenen und verläßlichen rechtlichen Festlegung (**strukturelle Gerechtigkeit**) und
– andererseits der inneren und praktischen Anerkennung dieser Strukturen durch jeden einzelnen (**personale Gerechtigkeit**).

Wo sie annähernd erreicht sind, bleiben sie gefährdet durch menschliches Machtstreben oder Nachlässigkeit, durch unterschiedliches Leistungsvermögen, durch Naturkatastrophen und vieles andere.

Das **Recht** bezeichnet zusammenfassend die geschriebenen und ungeschriebenen Gesetze zur gerechten Regelung des Zusammenlebens. Ausformulierte Gesetze schreiben z. B. vor, wer wieviele Steuern zu zahlen hat, unter welchen Bedingungen Ehen geschlossen oder geschieden werden können, was jemand als sein Eigentum betrachten kann und was nicht, nach welchen Regeln gültige Arbeits- oder Kaufverträge geschlossen werden usw. Gesetze regeln aber auch, welche Freiheiten der Staat seinen Bürgern garantiert, welche soziale Unterstützung jemand notfalls von der Gesellschaft erwarten kann, welche Mitbestimmungsrechte der einzelne auf politischem Feld hat.

Viele Teilbereiche der Arbeitsverträge (z. B. Sonderleistungen aus „betrieblicher Übung"), der Naturnutzung (z. B. zu Erholungszwecken), der Eigentumszuschreibung (z. B. von Erträgen auf Grundstücksgrenzen) usw. sind durch ungeschriebenes **Gewohnheitsrecht** geregelt.

Zweck des Rechtes ist es, die Abhängigkeiten zwischen den Menschen zur Zufriedenheit aller zu regeln und Lösungswege für die zwangsläufigen Konflikte festzuschreiben. Willkürliche Entscheidungen oder gewalttätige Durchsetzung der Macht werden dadurch verhindert. Zur Rechtsetzung befugt ist allein die Gemeinschaft, d. h. in der Regel der Staat und seine Organe.

Totalitäre Staaten zeigen freilich, daß von Menschen gesetztes Recht durchaus in „Schieflage" geraten oder selbst zum mörderischen **Willkürrecht** verkommen kann: So waren z. B. die nationalsozialistischen Rassengesetze Grundlage für die Vernichtung jüdischer und anderer Mitbürger. Das Recht bedarf daher:
– einerseits einer Verankerung in unverrückbaren Grund- oder Naturrechten,
– andererseits der Fähigkeit, sich den veränderlichen wirtschaftlichen, sozialen und kulturellen Verhältnissen anzupassen,
– schließlich der notwendigen Durchsetzungsfähigkeit gegen die Bedrohung durch Macht und Gewalt.

Gelingt es, die unbestechliche Wertorientierung zu verbinden mit einer genauen Abwägung der jeweiligen Lebenswirklichkeit, wird das Recht zur Dienerin der **Gerechtigkeit**.

Die Göttin der Gerechtigkeit (lat. -*justitia*) wird daher häufig dargestellt
– mit einer Augenbinde als Zeichen des unparteiischen Urteils, das nicht auf Ansehen, Geschlecht, Stellung usw. der Person schaut;
– mit der Waage als Zeichen der genauen Abwägung oder ausgewogenen Aufteilung des Gegebenen;
– mit dem Schwert als Machtmittel, das schützt und straft.

> *Die Gerechtigkeit enthält in sich eine unüberwindliche Spannung: Gleichheit ist ihr Wesen, Allgemeinheit ist deshalb ihre Form – und dennoch wohnt ihr das Bestreben inne, dem Einzelfall und dem Einzelmenschen in ihrer Einzigkeit gerecht zu werden.*
>
> (Gustav Radbruch, Vorschule der Rechtsphilosophie)

14.2 Personale Gerechtigkeit

> Bei der Verteilung oder beim Tausch von Gütern, die im Überfluß vorhanden sind, gibt es in der Regel kein Problem: Jeder kann nach Wunsch und Bedarf teilhaben. Bei knappen Gütern stellt sich dagegen die Gerechtigkeitsfrage:
>
> *Eltern suchen ihre begrenzte Zeit und Zuwendung zwischen mehreren Kindern aufzuteilen; knappe Ausbildungs- und Studienplätze werden nach komplizierten Bewerbungs- und Auswahlverfahren vergeben; die Lohnsumme eines Betriebes wird nach einem tariflich ausgehandelten Schlüssel von Lohn- und Gehaltsgruppen aufgeteilt; wer etwas zu verkaufen hat, kann sich um einen vergleichsweise gerechten Preis bemühen oder das maximal Durchsetzbare verlangen usw.*
>
> Kaum einmal bedeutet Gerechtigkeit einfachhin Gleichheit. Soll sie andererseits nicht in der bloßen Beliebigkeit oder in zufälligen „Seilschaften" untergehen, muß sie sich an einem verantwortlichen Richtmaß orientieren.

▶ *Was unterscheidet dieses Maß von Gleichheit, was von Wohlwollen? Kann Gerechtigkeit im Bereich persönlicher Verfügung liegen? Wie unterscheiden sich gerechte Haltung und Handlung von der ungerechten?*

Jedem das seine
An einem extremen Beispiel aus der jüdisch-christlichen Mythologie werden Maß und Weg zur Gerechtigkeit deutlich.

> *Zu König Salomon kommen zwei Frauen, die zusammen wohnen. Beide haben jüngst ein Kind geboren. Eines der Kinder ist in der vorherigen Nacht gestorben, eines überlebte. Beide behaupten nun, das überlebende Kind sei ihres. Salomon soll urteilen. Da er den Sachverhalt nicht aufklären kann, befiehlt er, den überlebenden Säugling mit dem Schwert entzwei zu schneiden und ihn so gerecht aufzuteilen. Daraufhin verzichtet die eine der Frauen und will das Kind der anderen überlassen, um so sein Leben zu retten. Gerade darin erkennt aber der König die wahre Mutter und spricht ihr das Kind zu.*

Diese archaische Geschichte zeigt,
- wie absurd es sein kann, das Prinzip Gleichheit auf die Spitze zu treiben;
- daß die Erfordernisse der Gerechtigkeit im Interessenstreit verdeckt sein können und erst durch menschliche Bindung und Beziehung ans Licht gebracht werden;
- daß nicht allein objektive Überlegung der Gerechtigkeit dient, sondern auch das Einfühlen in die subjektive Situation eines jeden Beteiligten.

Letztlich geht es in der Geschichte nicht um eine gerechte Entscheidung, sondern um das Aufdecken dessen, was rechtmäßig ist.

Tatsächlich gerecht ist aber das hier maßgebende Eltern-Recht,
- weil es der natürlichen Zugehörigkeit des Kindes zu einer der Frauen folgt,
- und weil nichts entgegensteht, wodurch dieses natürliche Recht der Mutter verwirkt sein könnte.

Die gerechte Bewältigung persönlicher Konfliktsituationen erfordert also,
- die rechtmäßigen und angemessenen Ansprüche aller beteiligten Personen und Gruppen zu benennen, und
- nach Kräften ihre Umsetzung zu betreiben, gegen bestehende oder drohende Ungerechtigkeit.

Voraussetzung dazu ist, von eigenen Interessen und Vorlieben abzusehen. Denn der Nutznießer des gerechten Handelns soll nicht von der Gunst oder dem Wohlwollen des Handelnden profitieren. Er erhält vielmehr das, was ihm zusteht. Die ethische Tradition nennt dieses althergebrachte Prinzip:
Suum cuique reddere – jedem das seine geben.

Wucher
Am Prüfungstag hat W. ihr Formelheft vergessen, das bei der Prüfung mitbenutzt werden darf. Die Kolleginnen und Kollegen möchten das eigene Heft nicht leihweise aus der Hand geben, da sie selbst darauf angewiesen sind. Bei manchen spielt Schadenfreude mit, da W. allgemein als abweisend und arrogant gilt. P. bietet ihr schließlich an, sein Exemplar für die gesamte Prüfungszeit zur Verfügung zu stellen, allerdings gegen eine Leihgebühr von 50 DM. Mit Tränen in den Augen willigt W. ein.

Personale Gerechtigkeit ist die Tugend des Stärkeren. P. verletzt sie, indem er die Not einer Kollegin schamlos ausnutzt zum eigenen finanziellen Vorteil. Zwar hat W. kein Recht darauf, die Unterlage eines Kollegen mitzubenutzen. Andererseits ist sie nicht frei, mit P. über einen fairen Tausch zu verhandeln.

Personale Gerechtigkeit beinhaltet
- den Verzicht auf die Möglichkeit, jemanden zu übervorteilen;
- die Nutzung der eigenen Stärke zur Einhaltung von Rechts- und Fairneßregeln sowie zum Schutz von Schwachen.

Mit dem Ausmaß persönlicher Macht steigt die Verantwortung für Gerechtigkeit oder Ungerechtigkeit der jeweils herrschenden Verhältnisse. Die entsprechende persönliche Tugend kann damit oft nicht Schritt halten.

Flüchtlings-Nothilfe
Im Stadtteil H. hat sich ein Verein „Flüchtlingsnothilfe" gebildet. Die örtlichen Kirchengemeinden, Gruppen verschiedener Wohlfahrtsverbände und zahlreiche Einzelpersonen sind Mitglieder. Der Verein bietet Beratung, Gruppengespräche und Einzelhilfe. U. a. stehen jährlich ca. 80 000 DM an Spendengeldern zur Verfügung. Über die Verteilung dieses „Nothilfe-Fonds" entscheidet ein gewählter Kreis von fünf Vereinsmitgliedern. Bisher wurden unterschiedliche Summen auf Antrag von Betroffenen vergeben.

> *Inzwischen wächst der Unmut: Das sei ungerecht gegenüber denen, die aus unterschiedlichen Gründen keinen Antrag stellten, obwohl sie besonders bedürftig seien. Verärgert verläßt Frau O. daraufhin das Entscheidungsgremium: Sie habe sich doch überhaupt nur wählen lassen, um für eine gerechte Verteilung Sorge zu tragen.*

Zunächst gilt es, die Ebene einzugrenzen, auf der in einem solchen Fall überhaupt von Gerechtigkeit bzw. Ungerechtigkeit gesprochen werden kann. Das Gebot der Gerechtigkeit erfordert ja gerade nicht Sympathie, Freundschaft oder Nächstenliebe. Es beschränkt sich auf das, was man anderen schuldet. Ungerechtigkeit beginnt dort, wo dies vorenthalten wird.

Auf die Leistungen der „Flüchtlings-Nothilfe" hat aber zunächst niemand ein Anrecht. Lediglich die Spender haben einen Anspruch darauf, daß ihr Geld verwendet wird „für Flüchtlinge, insbesondere Flüchtlingsfamilien, die sich in einer akuten Notlage befinden" - wie es in der Vereinssatzung heißt. Wie die Verteilung im einzelnen aussehen soll, ist in die Hand des Fünfer-Kreises gelegt. Verbunden ist dieser Auftrag mit dem Vertrauen, daß diese Menschen Gerechtigkeit gegenüber den Bedürftigen walten lassen. Erst dadurch und in diesen Grenzen entsteht indirekt ein Anspruch der notleidenden Flüchtlinge.

Ungerecht wäre es daher, die Mittel
- nach persönlichem Gutdünken und Belieben oder
- nach dem Zufallsprinzip zu vergeben.

Es stehen vielmehr Kriterien der Gerechtigkeit zur Verfügung, die zwingend anzuwenden sind, weil sie den Spendern wie den Bedürftigen geschuldet werden:

- Satzungsgemäß vorgegeben ist lediglich die Beschränkung auf notleidende Flüchtlinge und der Vorrang für Familien.
- Hinzu kommt das allgemein anerkannte ethische Kriterium, daß Menschen in den gleichen Umständen nicht willkürlich ungleich behandelt werden sollen
- sowie die jedem Menschen geschuldete Ermöglichung eines menschenwürdigen Lebens.

Im konkreten Fall kann Frau O. vermutlich nicht der gute Wille zur Gerechtigkeit abgesprochen werden. Die Regel *„geholfen wird nach Prüfung des Einzelantrages"* ist allerdings ein ungenügendes Gerechtigkeitskriterium:

- Bekannte Fälle menschenunwürdiger Lebensumstände werden offenbar durch die fragwürdige Hürde der Antragspflicht ausgeblendet.
- Die Verpflichtung zum Familienvorzug bleibt unbeachtet.
- Da eine allgemeine Selbstverpflichtung zur Nothilfe vorliegt, muß sich die Ungleichbehandlung am Maß der jeweiligen Not orientieren. Das erfordert einen allgemeinen Überblick und die Würdigung des Einzelfalles durch Vergleich.

Der Wille zur Gerechtigkeit ist demnach notwendige, aber nicht allein genügende Voraussetzung gerechten Handelns. Hinzu kommen muß die Orientierung an einem gerechtfertigten **Maßstab der Gerechtigkeit**.

Die wichtigsten, oft miteinander konkurrierenden Faustregeln für einen solchen Maßstab lauten:

Jedem das Gleiche	– eignet sich für den Zugang zu grundlegend notwendigen materiellen Gütern sowie für die Zuteilung von weitergehenden Rechten, Regeln und Chancen.
Jedem nach seinen Bedürfnissen	– eignet sich für die ausgleichende Verteilung von sozialer Hilfe und menschlicher Unterstützung, für den Zugang zu geistigen, kulturellen und religiösen Gütern.
Jedem nach seiner Leistung	– eignet sich für den Zugang zu Wohlstand und Luxus, zu herausgehobenen Positionen und besonderer Entscheidungsbefugnis.

Der Umkehrschluß ist nicht zulässig: Nicht jeder Entscheidungsbefugte hat sich durch besondere Leistungen auf dem betreffenden Gebiet qualifiziert; nicht jeder Dauerkonsument der allgegenwärtigen Werbung hat entsprechend beschränkte kulturelle Bedürfnisse usw.

Zusammenfassung	Folgerungen
▷ Gerechtigkeit ist bei der Verteilung knapper Güter gefordert. Sie ist die stets gefährdete Alternative zum „Recht" des Stärkeren.	▷ Gerechtigkeit ist angewiesen auf einsehbare Maßstäbe und auf den persönlichen Gerechtigkeitswillen aller Beteiligten.
▷ Der Maßstab findet sich weder im Prinzip Gleichheit, noch kann er beliebig ausgehandelt werden. In vielen Fällen ergibt er sich aus naturgegebener Zuordnung, aus vernünftiger Überlegung oder aus der Anerkennung der unverfügbaren Menschenwürde.	▷ Personale Gerechtigkeit setzt wie die Rechtssetzung an bei der Aufdeckung von – naturgegebener Zusammengehörigkeit und den – Erfordernissen der Menschenwürde. Sie berücksichtigt die konkrete Situation jedes Beteiligten.
▷ Personale Gerechtigkeit ist die Tugend des Stärkeren. Sie bindet ihn an allgemeine Rechts- und Fairneßregeln.	▷ In bewußtem Machtverzicht enthält sie sich regel-, natur-, oder vernunftwidriger Vorteilsnahme.
▷ Das Erfordernis der Gerechtigkeit beschränkt sich auf das jeweils Geschuldete, unabhängig von persönlicher Sympathie.	▷ Eine gerechte Handlungsweise orientiert sich je nach Entscheidungsebene an den Prinzipien Gleichheit, Bedürfnis oder Leistung.

14.3 Soziale Gerechtigkeit

> Soziale Gerechtigkeit bezeichnet den angemessenen Ausgleich zwischen allen, die in einer Gemeinschaft leben, z. B. in einer Familie, in einer Gesellschaft oder in der *„Einen Welt"*.
> Auf zwei, sich ergänzenden Wegen wird Ausgleich angezielt:
> - **Gerechte Strukturen** lenken soziale Verhältnisse in eine ausgewogene Wechselbeziehung. Gemeint sind die Gepflogenheiten in der Familie, die Regeln zur Aushandlung von Arbeitsbedingungen und Lohn, die Wirtschafts- und Marktregeln, die Verteilung von Bildungs- und Kulturangeboten usw.
> - Die **ausgleichende Gerechtigkeit** korrigiert Benachteiligungen und Härten, die trotzdem noch entstehen
>   - durch sozialstaatliche Auffang-Mechanismen (z. B. Sozialhilfe);
>   - durch Ausgleich individueller Härten, die eine allgemeine Gerechtigkeitsregel verursachen kann (z. B. Eingliederungshilfen für Aussiedler);
>   - durch die Verpflichtung, für verschuldete Schäden Ersatz zu leisten und für Rechtsverletzungen eine angemessene Strafe zu ertragen.

Soziale Gerechtigkeit kann nicht ein für alle mal verordnet oder zentral geregelt werden. Ihre (Wieder-)Herstellung entscheidet sich immer wieder neu an den Schlüsselfragen der Verteilung von wirtschaftlicher Macht und Selbst- bzw. Mitbestimmung, von Arbeit und Einkommen.

▶ *Welchen Stellenwert hat die gerechte Verteilung der Arbeit und wie kann sie erreicht werden? Welche Gerechtigkeits-Chancen bergen die moderne Wirtschafts- und Führungsethik? Welche ungerechten Strukturen begünstigen die wachsende Kluft zwischen armen und reichen Ländern? Gibt es Perspektiven einer weltweiten Gerechtigkeit?*

Arbeitslosigkeit
Marion V., alleinerziehende Mutter, hat sechs Jahre lang als MTA im Labor eines großen Krankenhauses in kirchlicher Trägerschaft gearbeitet. Anfang letzten Jahres wurde das Haus umstrukturiert: Träger ist nicht mehr die Kirchengemeinde, sondern eine GmbH. Um den Sparzwängen des Gesundheitsstrukturgesetzes gerecht zu werden, wurden Essensversorgung und Putzdienste an kostengünstigere Fremdfirmen vergeben; mehrere Abteilungen wurden mit dem Nachbarkrankenhaus zusammengelegt und jeweils nur in einem der Häuser aufrechterhalten, u. a. das Labor.
Fünf Arbeitsplätze wurden allein durch die Laborzusammenlegung eingespart. Frau V. nahm das Angebot an, mit einer Abfindung von zwölftausend DM auszuscheiden. Ihre Hoffnung, schnell einen neuen Arbeitsplatz zu finden, erfüllte sich nicht. Die Arbeitsmarktchancen für MTA's sind nicht rosig und nach fast einem Jahr Arbeitslosigkeit sinken sie weiter.

Grundrecht auf Arbeit und Arbeitslosigkeit

Marion V.'s Dauerarbeitslosigkeit ist weder in ungenügender Qualifikation noch in mangelndem Arbeitseifer begründet. Sie fällt in den Bereich der sog. *strukturellen* Arbeitslosigkeit, die auf einer bleibenden Verringerung bzw. Verschiebung des Arbeitsplatzangebotes in bestimmten Branchen (hier des Gesundheitswesens) oder Regionen beruht. Sie ist von der kurzfristigen, *konjunkturell* bedingten Arbeitsmarkt-Entwicklung zu unterscheiden.

Betrachtet man die langfristige Entwicklung des Arbeitslosenproblems in den letzten zwanzig Jahren, zeigt sich über die konjunkturelle Wellenbewegung hinweg eine stetige Steigerung der Arbeitslosenquote von weniger als einem auf mehr als acht Prozent. Hauptursache ist nicht die Schwächung der Wirtschaftskraft, sondern der technische Fortschritt als Motor der strukturellen Änderungen. Trotz einer gewaltigen Steigerung der gesamten Güterproduktion ist der Arbeitskräftebedarf nicht entsprechend gestiegen. Im Gegenteil: Während die bundesdeutsche Volkswirtschaft 1960 im Durchschnitt noch 40 Erwerbstätige benötigte, um Waren und Dienstleistungen im Werte von 1 Mio. DM herzustellen, genügten dazu im Jahre 1990 bereits weniger als 10.

Wachstumspolitik und Sonderprogramme für von Arbeitslosigkeit Betroffene (ABM, Umschulungen usw.) können diese Entwicklung seit langem nicht mehr ausgleichen. Der einzelne kann aber die Rahmenbedingungen nicht ändern. Doch auch die Entscheidungsträger in Wirtschaft und Politik scheinen machtlos zu sein oder allein auf Wachstum und Gewinn bedacht.

Diese Lage stößt sich hart an den Grunderfordernissen sozialer Gerechtigkeit:

- In der modernen Industriegesellschaft sind Einkommen, soziale Beziehungen, Ansehen und Selbstwertgefühl weitgehend über die Erwerbsarbeit vermittelt. Sie muß daher so verteilt werden, daß jeder daran teilhaben kann.

- Arbeitslosigkeit drängt die Betroffenen an den Rand der Gesellschaft; sie ist eine schwere Belastung. Soweit unvermeidbar, muß ihre Last auf alle Schultern verteilt werden und dadurch für die einzelnen auf einen überschaubaren Zeitraum begrenzt bleiben.

- Die gerechte Verteilung der Arbeit kann nicht allein nach dem Leistungsprinzip gelingen. Auch Jugendliche, Ältere oder wodurch auch immer „Leistungsgeminderte" haben ein Recht auf Beteiligung an der Erwerbsarbeit und den mit ihr verbundenen Werten.

- Das menschliche Grundrecht auf Arbeit hat Vorrang vor Wirtschafts-, Markt- oder Wachstumserfordernissen. Letztere werden zwar für Unternehmer und Kapitaleigner durch die Gewinnaussichten definiert. Gesellschaftlich gerechtfertigt sind sie aber nur, wenn sie Arbeitsplätze schaffen bzw. sichern, die mit
  - einem existenzsichernden Einkommen und
  - sinnvollen Arbeitsergebnissen (Produkt) verbunden sind.

Bekämpfung der Massenarbeitslosigkeit

Soll die offensichtlich mit der Massenarbeitslosigkeit verbundene Gerechtigkeitslücke verkleinert bzw. geschlossen werden, sind auf allen wirtschaftlichen und gesellschaftlichen Entscheidungsebenen deutliche Akzentsetzungen notwendig. Als zentrale Ansatzpunkte sind u. a. in der Diskussion:

- Die Verteilung vorhandener Arbeit durch Arbeitszeitverkürzung erhält Vorrang vor einer weiteren Steigerung der höheren Einkommen.
- Die Schaffung und Finanzierung neuer sinnvoller Arbeitsplätze erhält Vorrang vor rein finanziellen Ersatzleistungen (Arbeitslosengeld u.a.)
- Die produktive Nutzung von Eigentum und Kapital erhält Vorrang vor einer maximalen Rendite. Das kann z. B. geschehen durch eine gesetzliche Ausführung der im Art 14f., GG verankerten Sozialbindung des Eigentums oder der notfalls möglichen Überführung in Gemeineigentum.
- Investitionen, die Arbeitsplätze schaffen, erhalten Vorrang (z. B. durch Entlastung von Steuern und Sozialabgaben) vor Rationalisierungsinvestitionen, die Arbeitsplätze abbauen.

Wie für die meisten Arbeitslosen gilt auch für Marion V.: Persönliche Anstrengungen sichern ihr keinen neuen Arbeitsplatz; auch nicht die begonnene Umschulung zur Krankenschwester. Persönliche Tugenden wie Lernwilligkeit und Fleiß verbessern zwar die Chancen, in der Konkurrenz mit anderen Arbeitslosen vorne zu liegen. Sie entbinden Politik und Wirtschaft aber nicht von der Verpflichtung, strukturelle Verteilungs-Ungleichgewichte zu verändern.

Eine Wohlstandsgesellschaft, die Millionen von Arbeitslosen weitgehend von der Teilhabe an ihrem Reichtum ausgrenzt, verliert ihre ethische Legitimation.

Frage eines arbeitslosen Jugendlichen

Christus starb für die Rettung meiner Seele am Kreuz.
Mein Opa starb für meine Zukunft an der Westfront.
Mein Vater kämpfte für meine Freiheit an der Ostfront.
Meine Mutter opferte meiner Erziehung ihre Karriere.
Meine Lehrer wollen nur mein Bestes.
Warum also geht es mir so dreckig?

Klaus Peter Wolf

Wirtschaftsethik

Gerechtigkeitsappelle an einzelne Wirtschaftsakteure überfordern diese,
– weil sie in einer Wettbewerbssituation stehen und vorrangig nach Konkurrenzprinzipien handeln;
– weil die Wirkungen ihres Handelns auf andere Akteure und die weitreichenden indirekten Folgen nur schwer kalkulierbar sind.

Daher wirbt die Wirtschaftsethik für Rahmenbedingungen, Anreize und Selbstverpflichtungen, die das ethisch Wünschbare begünstigen:

> *Zum Beispiel können Unternehmen Entscheidungen für umstrittene gentechnische Produktionsverfahren über den gesetzlichen Rahmen hinaus an das Votum einer gemischten Ethik-/Sicherheitskommission binden. Die Umstellung von der Rüstungsproduktion auf zivile Produktion kann an eine gesteigerte Mitbestimmung und Risikobeteiligung der Belegschaften und der öffentlichen Hände gebunden werden. Freiwillige Rationalisierungsschutzabkommen mit den Arbeitnehmervertretungen können der Arbeitsplatzsicherheit den ersten Stellenwert bei allen unternehmerischen Entscheidungen einräumen usw.*

Die Wirtschaftsethik richtet sich
- sowohl auf das Innere eines Betriebes, eines Unternehmens oder einer Branche (Unternehmenskultur, Führungsstil, Mitbestimmung, Leistungsbewertung), als auch
- nach außen, auf die Kunden, die Öffentlichkeit, die Politik, die Weltwirtschaft (Geschäftsgebaren, Umweltverträglichkeit, öffentliche Transparenz, Verbands- und Lobby-Arbeit).

Folgende Ziele kristallisieren sich inzwischen als vorrangig heraus:

- die faire und offengelegte Regelung von wirtschaftlichen Konflikten um Vermögens- und Einkommensverteilung, um Steuer- und Sozialpolitik
- die Wiedereinführung von ethischen Gesichtspunkten in die Wirtschaftswissenschaften, die Wirtschaftspolitik und die unternehmerische Denkweise
- die Bekämpfung ethisch bedenklicher Handlungsweisen, wie die verbreitete Zahlung von Bestechungsgeldern oder die Umgehung von Umweltauflagen und die Errichtung entsprechender neutraler Kontrollinstanzen
- die Anbindung sog. „externer Effekte" des Wirtschaftens (z. B. die Verbreitung umweltschädlicher Produkte, die Erhöhung des LKW-Verkehrs oder die Belastung von Luft und Wasser) an die Verantwortung der Verursacher
- die Zurückdrängung der weitverbreiteten Haltung, jedes wirtschaftliche Handeln sei moralisch erlaubt, das rechtlich/tariflich nicht verboten und marktlich möglich ist
- freiwillige Abkommen zum Schutz bestimmter Arbeitnehmer, Branchen oder ganzer Länder
- die Pflege offener und dialogischer Kommunikationsformen auf allen Ebenen mit den jeweils Beteiligten und Betroffenen

Wirtschaftsethik kann weder rechtliche Grenzsetzungen (z. B. des Kündigungsschutzes oder des Umweltschutzes) noch die tarifliche Regelung der Interessengegensätze zwischen Unternehmen und Arbeitnehmern (z. B. Lohn- oder

Arbeitszeitvereinbarungen) ersetzen . Sie kann auch nicht die Spielregeln des Marktes (Angebot und Nachfrage, Konkurrenzdruck) außer Kraft setzen. Wirksam wird die Wirtschaftsethik lediglich dort, wo diese Handlungs- und Entscheidungsspielräume offenlassen. Für diese Lücke ist sie allerdings eine notwendige Ergänzung.

Als Angelpunkt der Wirtschaftsethik gilt die **Führungsethik:** eine verbesserte ethische Sensibilität der Leitungsverantwortlichen in Wirtschaft und Verwaltung. Nur wenn ihr Führungsverhalten systematisch auf die Mitverantwortung aller, auf immer neue Lern- und Verständigungsprozesse angelegt ist,
– können vorhandene Handlungsspielräume entdeckt und optimal genutzt werden, und

– kann die Verfestigung moralischen oder wirtschaftlichen Fehlverhaltens verhindert werden. Der verdeckte Mißbrauch würde unmöglich gemacht.

Dritte-Welt-Ethik
Die Summe der von den Entwicklungsländern zu zahlenden Kreditzinsen steigt jedes Jahr. Sie hat inzwischen etwa die Höhe der jährlich neu gewährten Kredite erreicht. Um überhaupt reale Einkommen verbuchen zu können, müssen Rohstoffe, Holz, Fisch und Fleisch, Baumwolle, Kaffee, Bananen usw. exportiert werden, statt diese Möglichkeiten für das eigene Land zu nutzen. So kann kaum neuer Investitionsspielraum geschaffen werden.
Etwa 85% des Welteinkommens geht heute an knapp 25% der Weltbevölkerung. Mehr als eine Milliarde Menschen müssen dagegen ihren Lebensunterhalt mit einem Tageseinkommen von weniger als einem US-Dollar bestreiten.

Solche globalen Gegenüberstellungen deuten an,
– daß der Entwicklungsstand einzelner Länder oder Kontinente nicht isoliert, sondern im Zusammenhang der gesamten Weltwirtschaft gesehen werden muß;

– daß Entwicklung und Unterentwicklung sich gegenseitig bedingen, weil nur ein begrenzter „Kuchen" an Natur, Rohstoffen, Energie usw., aber auch an Markt-, Absatz- und Einkommenschancen zu verteilen ist;

– daß diejenigen, die über Geld und Technik verfügen, die Verteilungsformel bestimmen.

Nicht genügend in den Blick kommt dabei die notwendige Unterscheidung
- zwischen völlig verarmten „Vierte-Welt-Ländern" (z. B. Bangladesh oder Ruanda) und aufstrebenden Schwellenländern (z. B. Mexiko oder Indonesien);
- zwischen übermäßiger Verschuldung und anderen Gründen der Verarmung (z. B. Überbevölkerung oder Kriege);
- zwischen Oberschicht und verarmter Bevölkerung innerhalb der Entwicklungsländer;
- zwischen kaum übersehbaren Reichtümern und Verarmungstendenzen innerhalb der Industrieländer usw.

Als hilfreiche Annäherung an den tatsächlichen Entwicklungsverlauf erweist sich das „Zentrum-Peripherie-Modell" von Rudolf H. Strahm.

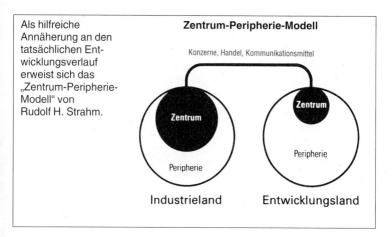

Die Zentren sind geographisch die Ballungsgebiete, wirtschaftlich die Industriegebiete, sozial die Oberschichten.
Die Peripherie bilden die Großstadt-Slums und das vernachlässigte Hinterland, die Landwirtschaft, Arbeitslose und „Randgruppen".
Zwischen den Zentren gibt es einen regen Austausch, auch zwischen Industrie- und Entwicklungsländern, allerdings mit einer deutlichen Asymmetrie zugunsten der ersteren.
Die Peripherie ist vom jeweiligen Zentrum abhängig. Vielfach öffnet sich die Einkommensschere zwischen beiden in dramatischem Ausmaß und Tempo.

Das Ziel einer weltweiten sozialen Gerechtigkeit scheint angesichts der gegenläufigen Tendenzen eine Illusion zu sein. Der Versuch, arme Länder durch international unterstützte Industrialisierung in den freien Weltmarkt miteinzubeziehen, ist im Sinne des Gerechtigkeitszieles gescheitert. Durch den Verfall der Rohstoffpreise, den schuldenbedingten Zwang zur Exportwirtschaft, die Landflucht und Verstädterung im Gefolge fadenscheiniger Entwicklungsversprechen ist die eigenständige Überlebensfähigkeit in vielen Ländern zerstört.

Nimmt man die ethische Grundannahme von der Würde eines jeden Menschen trotzdem weiterhin ernst, ist eine neue Weichenstellung nach Vorzugsregeln der sozialen Gerechtigkeit erforderlich. Einige Beispiele:

- Der Erhalt oder Aufbau einer genügenden Produktion von Grundnahrungsmitteln für den eigenen Bedarf hat absoluten Vorrang vor der Exportproduktion für die Schuldendienste.

- Der Erhalt oder Aufbau einer internen Grundstoffproduktion zur Selbstversorgung hat Vorrang vor dem Interesse internationaler Konzerne an Billiglohn-Produktionsstandorten und neuen Absatzmärkten.

- Der Aufbau einer angepaßten Industrie zur eigenständigen Produktion von Massenkonsumgütern hat Vorrang vor der Öffnung für den „Weltmarkt".

- Die flächendeckende Versorgung der Bevölkerung mit Lebensmitteln, Wohnraum, Gesundheitsfürsorge, Arbeit und Einkommen hat Vorrang vor der langfristigen, doch vagen Aussicht auf die Segnungen des Marktes.

- Für die jeweils reicheren Länder und Konsumenten hat die Zahlung gerechter Preise Vorrang vor Spenden und Almosen. Preise sind gerecht, wenn sie mindestens den Lebensunterhalt der Produzenten und ihrer Familie sichern und ihnen Möglichkeiten zur Risikoabsicherung eröffnen.

- In den Industrieländern hat die Einschränkung des eigenen Energie- und Rohstoffverbrauches sowie der Schadstoffemission Vorrang vor ihrem Export. Ziel ist ein Maß von Naturverbrauch und -belastung, das jedem Land, jedem Menschen und auch zukünftigen Generationen zugestanden werden kann, ohne eine ökologische Katastrophe heraufzubeschwören.

Zusammenfassung	Folgerungen
▷ Gerechte Verteilung der Arbeit heißt: Alle haben teil an der Erwerbsarbeit und den mit ihr verbundenen Werten. Die Last von Arbeitsplatzverlusten ist ebenfalls auf alle Schultern verteilt.	▷ Ansätze zur Gerechtigkeit sind: Arbeitszeitverkürzung; Einsatz von öffentlichen Geldern für die Schaffung sinnvoller Arbeitsplätze; Begünstigung von arbeitsplatzschaffenden Investitionen.
▷ Wirtschaftsethik bewegt sich im Rahmen der gesetzlichen/ tariflichen Vorgaben und des marktlich Möglichen.	▷ Sie entwickelt und fördert Gesichtspunkte zur fairen Verteilung von Nutzen und Lasten, zum Schutz Schwächerer usw.
▷ Angelpunkt der Wirtschaftsethik ist eine lernfähige Führungsethik.	▷ Sie eröffnet Wege zur allgemeinen Mitverantwortung und zu gemeinsamen Lernprozessen.
▷ Entwicklung und Unterentwicklung sind voneinander abhängig. Für das Ziel weltweiter Gerechtigkeit müssen dieser Zusammenhang und typische Verarmungs-/ Bereicherungsmechanismen aufgedeckt werden.	▷ Notwendige Schritte sind: Selbstbegrenzung der reichen (starken) Länder, Regionen, Gruppen usw. sowie die Chance zur eigenständigen (unabhängigen) Entwicklung der Armen (Schwachen).

14.4 Politische Gerechtigkeit

> Insoweit eine Rechts- und Staatsordnung im Dienst und Einklang mit der Gerechtigkeit steht, sprechen wir von *politischer Gerechtigkeit*. Das Gegenteil ist ein (z. B. diktatorisches) Unrechtssystem. Umstritten ist, welche konkreten Ausgestaltungselemente der Rechtsordnung dem Ziel der Gerechtigkeit dienlich und welche schädlich sind.

▶ *Was sind die Fundamente politischer Gerechtigkeit? In welchem Verhältnis stehen das Rechts- und das Sozialstaatsprinzip zueinander, wie dienen sie der Gerechtigkeit? Kann es politische Gerechtigkeit jenseits der konsequenten Einforderung des geltenden Gesetzes geben?*

Gleiche Rechte
Vor dem Gesetz sind alle Bürger gleich. Formale rechtliche Gleichheit garantiert aber längst noch nicht Gerechtigkeit. Den Unterschied spitzte der französische Schriftsteller *Anatole France* vor hundert Jahren mit der ironischen Formulierung zu:

> *Das Gesetz in seiner erhabenen Majestät verbietet es Armen und Reichen gleichermaßen, unter Brücken zu schlafen, Brot zu stehlen und an Ecken betteln zu gehen.*

Aufgabe der Politik kann es offenbar nicht allein sein, ein Recht zu schaffen,
– das in seiner Entstehung demokratisch legitimiert ist,
– das in seinen Inhalten auf formale Gleichbehandlung ausgerichtet ist, und
– dessen Anwendung von unabhängigen Gerichten überwacht wird.

Sie muß darüber hinaus
– die Gewährung der Grundrechte garantieren, über die sie nicht durch Gesetzgebung verfügen kann: z. B. Persönlichkeitsschutz, Gleichbehandlung von Frauen und Männern, Willkürverbot, Garantie des rechtlichen Gehörs;
– Mittel und Wege bereit stellen bzw. ihre Bereitstellung fördern, die allen einen Zugang zu den wichtigsten sozialen Gütern ermöglicht: vor allem zu Bildung und Arbeit, Wohnraum und Gesundheitsfürsorge, innerer und äußerer Sicherheit usw.

Sozialpolitik
Hinzukommen muß die gezielte inhaltliche Steuerung
- zur materiellen Hilfe in Not und Armut;
- zum Ausgleich allzu großer Einkommens- und Wohlstandsunterschiede;
- zur Absicherung von Risiken und Belastungen, die sich aus den unterschiedlichen Wechselfällen des Lebens ergeben: Krankheit, Alter, Arbeitslosigkeit, Kindererziehung usw.
- zum Schutz Benachteiligter und in ihrer Entfaltung Behinderter.

Soziale Sicherung

Das System dieser Sozialen Sicherung wird in Deutschland von drei gesetzlich verankerten Säulen getragen. Hinzu kommt das Fundament der sog. „Sozialhilfe", die als unterste Auffanglinie alle Sicherungslücken schließen soll:

Staatliche Leistungen	Sozialversicherungen	gesetzliche Schutzbestimmungen
– Wohngeld – Spar- und Wohnungsbauförderung – Ausbildungsförderung – Kindergeld und Kinderfreibeträge	– Unfallversicherung – Krankenversicherung – Pflegeversicherung – Rentenversicherung – Arbeitslosenversicherung	– Betriebsverfassungs- und Tarifrecht – Kündigungsschutz – Mietschutz – Mutterschutz

Sozialhilfe (nach dem Bundessozialhilfegesetz):
– materielle Ermöglichung eines menschenwürdigen Lebens für jeden durch eine am Mindestbedarf angepaßte „Hilfe zum Lebensunterhalt" (HLU), und
– die vorrangig als Sach- oder soziale Dienstleistungen gewährte „Hilfe in besonderen Lebenslagen"

Politisch umstritten und immer wieder unter dem Gerechtigkeitskriterium zu überprüfen ist

– die angemessene Höhe und Verteilung der Leistungen;

– die Verteilung der entsprechenden Lasten: zwischen den verschiedenen Einkommensgruppen und Wertschöpfungsquellen; zwischen den Generationen;

– die Legitimation der jeweils geltenden Regelungen: durch Gesetzgeber und Justiz (Gefahr der „Gerechtigkeitsexpertokratie") oder durch öffentlichen Konsens (Gefahr des „billigen Populismus").

> **Amnestie**
> *In den Jahren 1994/95 gab es zahlreiche kontroverse Diskussionen über eine Teilamnestie für „DDR-typische Straftaten" wie Denunziantentum (Stasi-Tätigkeit), Wahlfälschung, West-Spionage, Verletzung des Postgeheimnisses oder das unbefugte Betreten von Wohnungen. Während die einen von einer „Geste der Versöhnung" sprachen, sahen andere mangelndes Unrechtsbewußtsein am Werk: Wie nach 1945 werde erneut die Verdrängung der Vergangenheitsbewältigung vorgezogen.*

Bei einer *Amnestie (gr. – Vergebung, Vergessen)* verzichtet der Gesetzgeber durch ein Straffreiheitsgesetz nachträglich auf die Strafverfolgung bestimmter Vergehen gegenüber einer unbekannten Zahl von Betroffenen.

Während die Weimarer Zeit noch zahlreiche Amnestiegesetze kennt, wurde in der Geschichte der Bundesrepublik nur sehr sparsam von dieser Möglichkeit Gebrauch gemacht. Zuletzt scheiterte der Versuch, in die Parteispendenaffäre verwickelte Personen zu amnestieren (1984). Mit gutem Grund: Die Verfolgung und Bestrafung von Gesetzesverletzungen ist eine wichtige Regel des Rechtsstaates. Sie stellt u. a. das gerechte Gleichgewicht wieder her zwischen dem, der sich rechtswidrig Vorteile verschafft hat und dem, der diese Vorteile aufgrund seiner Rechtstreue nicht erlangt hat. Die ggf. damit verbundene Schadensersatzpflicht schafft den Ausgleich zu demjenigen, der durch den Rechtsverstoß direkt geschädigt wurde.

Im Sinne von Recht und Gerechtigkeit ist eine Amnestie für „DDR-typische Straftaten" nur insoweit ethisch gerechtfertigt,

- als schwerwiegende Unrechtsfälle und Willkürakte ausgeschlossen bleiben;

- als direkt Geschädigte bzw. Betroffene ihre Ersatzansprüche weiterhin einklagen können;

- als die Verstrickung in ein kollektives Zwangs- und Unrechtssystem die korrekte Zuweisung individueller Schuld unmöglich macht;

- als Straffreiheit nicht nachträglich mit Rechtmäßigkeit gleichgesetzt wird;

- als der allgemeine Rechtsfrieden und die Rechtssicherheit des einzelnen Bürgers auf anderem Wege nicht wiederhergestellt werden kann.

Zusammenfassung	Folgerungen
▷ Politische Gerechtigkeit ist nicht nur auf die Einhaltung von „Recht und Ordnung" bedacht, sondern auch auf den Zugang zu den wichtigsten sozialen Gütern für alle.	▷ Gerechtigkeit wird erreicht durch die politisch angestoßene Herstellung annähernd gleicher Lebensverhältnisse und sozialer Chancen.
▷ Sozialpolitik korrigiert materielle und soziale Ungleichgewichte und unterstützt Schwächere. Gerechtigkeit ereicht sie dann, wenn ihr Ausgleich, Absicherung und Schutz tatsächlich so gelingen, daß keine soziale Minderheit ins Abseits gerät.	▷ Ein differenziertes System der sozialen Sicherung gegen die Wechselfälle des Lebens ist ein Weg, aber noch keine Garantie gesellschaftlicher Gerechtigkeit. Das tatsächliche Ergebnis muß sich am Kriterium der Gerechtigkeit messen lassen.
▷ Vorrangige Ziele der politischen Gerechtigkeit sind sozialer Ausgleich und Rechtsfrieden. In deren Dienst ist der Allgemeinheit notfalls auch ein Verzicht auf an sich bestehende Ansprüche (z. B. auf Strafverfolgung) zumutbar.	▷ Das kann im Extremfall auch die Abweichung von ansonsten geltenden Gesetzen oder Gepflogenheiten rechtfertigen. Ein Amnestiegesetz beinhaltet eine solche Abweichung.

15. Eigennutz und Solidarität

15.1 Vorverständnis

Nach deutschem Mietrecht kann ein Hausbesitzer seinem Mieter kündigen, wenn er den Wohnraum für sich und seine Familie benötigt (Eigenbedarf). Entsprechendes gilt für jede andere Habe: Eigentum berechtigt zur eigenen Nutzung und Verfügung über den betreffenden Gegenstand. Und zwar auch dann, wenn andere das Nachsehen haben, deren Bedarf dringender ist.

Die Zeichnung überspitzt diesen Zusammenhang ins Irreale: Selbst wenn jemand aus Not in meiner Mülltonne wohnen wollte, könnte ich ihm das aufgrund irgendeines „Eigenbedarfs" verwehren. Das Erschreckende dieser Situation zeigt sich im zweiten Hinschauen: Der bedrängte, nicht sichtbare „Müllmensch" wendet sich gar nicht gegen diesen Skandal, sondern fragt lediglich, ob die rechtlichen „Spielregeln" eingehalten sind.

Eigennutz als Streben nach dem eigenen Vorteil, als Beharren auf dem eigenen Recht, als Ausnützen von Besitz und Stärke usw. ist ethisch neutral:
- Einerseits ist er notwendige Antriebskraft des Wirtschaftslebens, Triebfeder für Fortschritt und Wohlstand.
- Andererseits gilt er als anfällig für rücksichtslosen Egoismus oder gar für die Ausbeutung anderer.

Dem ethischen Ziel der Gerechtigkeit widerspricht das Streben nach Eigennutz solange nicht, als es den Besitz, die Chancen und die Freiheit anderer nicht übermäßig oder regelwidrig beschneidet. Wer also z. B. ein großes und einträgliches Mietshaus besitzt, handelt nicht ungerecht gegenüber seinen Mietern, solange er keinen Wucher betreibt mit dem Mietzins oder eine bestimmte Bevölkerungsgruppe (z. B. Ausländer) bei der Wohnungsvergabe nicht benachteiligt.

Trotzdem kann es sinnvoll sein, daß sich diejenigen zusammenschließen (*solidarisieren*), die sich durch das eigennützige und erfolgreiche Streben eines Stärkeren bedrängt oder benachteiligt sehen (hier: die Mieter). Dadurch wird die eigene Position gesichert oder verbessert. Möglicherweise läßt sich ein günstigerer Mietzins aushandeln oder ein neues Mietrecht durchsetzen.

Solidarität (frz. *solidarite* von lat-*solidus,* gediegen, fest, ganz) weist über die Pflicht zur Gerechtigkeit hinaus. Sie bezeichnet
- den freiwilligen Zusammenschluß,
- das nicht geschuldete Mittragen von Schwächeren,
- den gemeinsamen Einsatz und die kollektive Haftung für Risiken.

Solidarisierung
- ist in der Regel ein Zusammenschluß von Schwächeren oder sozial Benachteiligten (z. B. der Arbeitnehmer in ihrer Gewerkschaft);
- kann auch von Stärkeren ausgehen in Richtung der Schwächeren (z. B. von Deutschen in Richtung von Asylbewerbern);
- geht aber in der Regel nicht vom Schwachen zum Starken.

Der Begriff Solidarität hat bis heute einen emotional aufgeladenen, auffordernden Beiklang. Begründet liegt dies in seiner Geschichte:

Die französischen Frühsozialisten (18./19. Jh.)	wendeten den juristischen Haftungsbegriff gezielt auf das Wirtschaftsleben an: Die Verbundenheit aller Menschen beinhalte die politisch-moralische Aufforderung zur Solidarität. Die Lage der Notleidenden müsse durch Sozialpolitik sowie durch eine entschieden andere Eigentums- und Wirtschaftsordnung verbessert werden.
Die Arbeiterbewegung	formierte sich im Gefolge der wachsenden Verelendung einer neu entstandenen Schicht der abhängigen Lohnarbeiterschaft: Ihr Solidaritätsbewußtsein richtete sich auf Reform oder Revolution dieser Lage.
Karl Marx (1818-1883) und Fr. Engels (1820-1895)	entwickelten die Perspektive einer internationalen Arbeiterbewegung: Deren Klassen-Solidarität gründe in ihrer sozialen Lage und gemeinsamen Interessen. Sie werde zum Motor des revolutionären Klassenkampfes.
In der Sozialdemokratie und in der christlichen Sozialethik	wurde Solidarität zum Zentralbegriff: Er benennt das Ziel, soziale Ungleichheit zu verringern, aber auch die allgemeine Verpflichtung zur gegenseitigen Verantwortung und Hilfe.
Im heutigen Sprachgebrauch	bezeichnet Solidarität das aktive Zusammenstehen von Menschen in einer ähnlichen sozialen Lage. Sie ist meist an konkreten Zielen orientiert und bewirkt gleichzeitig intensive emotionale Bindung untereinander. Allgemeiner wird heute Solidarisierung gefordert mit bestimmten Gruppen (z. B. mit Behinderten), mit zukünftigen Generationen oder mit der Natur.

15.2 Aufgeklärter Eigennutz

> Wir sollen Verantwortung übernehmen für die Zukunft, für die Natur, für die kommenden Generationen, für das Überleben der Menschheit ...
> Ein Kritiker der Verantwortungsethik, wie sie **HANS JONAS** begründete, hat einmal gefragt: *"Und was hat die Nachwelt für mich getan?"*
> Ähnlich provozierend fragt **Max Frisch** in seinen Tagebüchern:
> *„Sind Sie sicher, daß Sie die Erhaltung des Menschengeschlechts, wenn Sie und alle Ihre Bekannten nicht mehr sind, wirklich interessiert?"*
>
> Es scheint, daß menschliches Interesse in der Regel gerade nicht sehr weit reicht: Einbezogen in das Eigeninteresse ist noch die Generation der Kinder, abgeschwächt die der Enkel. Darüber hinaus reicht unser Vorstellungsvermögen kaum, geschweige denn ein wirkliches konkretes Interesse.

▶ *Ist Eigennutz die entscheidende Gegenkraft zu Verantwortung und Gemeinsinn? Wie läßt sich der Eigennutz aufbauend in das menschliche Zukunftsstreben einfügen? Lassen sich verschiedene Eigennutz-Ziele in eine Rangfolge bringen? In welchem praktischen Verhältnis stehen Eigennutz und weltweite Solidarität?*

Egoismus
Die Tierverhaltensforscher **Wolfgang Wickler** und **Ute Seibt** beschreiben in ihrem Buch *„Das Prinzip Eigennutz"* u. a. das Verhalten von Krähen:
„Beim Nestbau in einer gemeinsamen Kolonie bestehlen sich die Krähen gegenseitig. Während die einen unterwegs sind Zweige zu suchen, zupfen andere bereits eingefügte Zweige aus den Nestern der Abwesenden, um sie für den eigenen Bau zu verwenden. Markierungen beweisen, daß die Zweige zum Teil einen umständlichen Weg durch die ganze Kolonie nehmen. Ohne dieses gegenseitige Bestehlen wäre der Nestbau weit weniger aufwendig. Würde allerdings eine einzige Krähe auf den Diebstahl verzichten, würde sie von allen anderen ausgebeutet. Würden sich umgekehrt alle Krähen aufs Stehlen beschränken und keine neuen Zweige heranschaffen, könnte kein einziges Nest fertig werden."

Menschliches Verhalten läßt sich ebenfalls oft vom vordergründigen Eigennutz leiten, auch wenn es den Forderungen des Gemeinsinns widerspricht:
- *Für den finanziellen Vorteil, den eine „Ungenauigkeit" bei der Steuererklärung erbringt, wird die Schädigung der Gemeinschaft in Kauf genommen.*
- *Die Bestechung eines amtlichen Entscheidungsträgers ist schnell vergessen, wenn sich damit ein gewinnträchtiger Auftrag „ergattern" läßt.*
- *Die hohen Müll-Kosten einer Entrümpelungsaktion lassen sich leicht umgehen, indem man einen nahen Wald als nächtlichen Abladeplatz nutzt.*
- *Die bequeme Ausdehnung der Hausaufgabenzeit erbringt vielleicht Verschonung von unangenehmer Hausarbeit, die inzwischen andere erledigen.*

Selbstschädigung

Solche Formen des Eigennutz sind getragen von Selbstsucht und Egoismus. Sie schwächen zweifellos den Gemeinsinn. Entgegenwirken läßt sich auf dreierlei Weise:
- durch Verweis auf den Schaden anderer, auf die Verpflichtung zur Rücksicht und auf die Verantwortung aller;
- durch Androhung und Verhängung angemessener Strafen und Schadenersatzforderungen;
- durch (Selbst-)Aufklärung, welcher Anteil des Eigennutzes langfristig nur in Gemeinschaft errungen oder bewahrt werden kann.

Wäre den Krähen die Veränderung ihres Nestbau-Triebes durch eine vernünftige Verhaltenskultur möglich, würden sie vielleicht den letztlich nutzlosen Diebstahl durch überlegte Zusammenarbeit ersetzen. Zwingend ist diese Vermutung jedoch nicht, denn
– der scheinbare Vorteil des Stehlens ist zwar leicht als objektive Illusion durchschaubar,
– andererseits könnte ein neues Verhaltensmuster nur durch gemeinsamen Beschluß, nicht durch Einzelabweichung durchgesetzt werden.

Im gleichen Zwiespalt stehen die genannten Beispiele egoistischen menschlichen Verhalten: Steuerbetrug, Bestechung, Müll-Vandalismus, Drückebergerei usw. sind objektiv unvernünftig, weil sie die jeweilige Gemeinschaft schädigen oder zerstören, zu der auch die Verursacher selbst gehören. Andererseits ist der unmittelbare Vorteil für den Betrüger größer als die anteiligen Kosten, die er als Gemeinschaftsmitglied zu tragen hat.
- Daher ist die Aufklärung über diesen Zusammenhang nur wirksam, wenn zugleich die Verpflichtung zu Rücksicht und Verantwortung innerlich anerkannt wird.
- Als weiteres Mittel zur Durchsetzung der Gemeinschaftsinteressen bleibt nur die Veränderung der individuellen Kosten-Nutzen-Rechnung mittels einer starken „Verteuerung" der persönlichen Abweichung von der Gemeinschaftsregel: durch Strafe, Schadensersatz und Erhöhung der Wahrscheinlichkeit, daß diese Kosten tatsächlich zu Buche schlagen werden.

Gemeinsinn

Andere Eigennutz-Anteile sind eng gekoppelt an den Gemeinschaftsnutzen. Ihr Zusammenhang ist durch unmittelbare Erfahrung deutlich, oder er ist zumindest einer allgemeinen Aufklärung zugänglich:

> *So ist z. B. der Nutzen unmittelbar erfahrbar, den wir durch ruhigen Schlaf und saubere Luft haben. Leicht einsichtig ist, daß sich dieses Eigeninteresse nur gemeinschaftlich erreichen läßt: u. a. durch Zurückdrängen des Individualverkehrs. Dem steht aber das Ziel entgegen, sich jederzeit mit dem eigenen Auto an einen beliebigen Ort begeben zu können. Doch welches dieser beiden eigennützigen Ziele höher steht, d. h. mehr und längerfristige Lebensfreude verspricht, läßt sich aufklären.*

Rangfolge der Interessen
Ziel der Ethik kann es nicht sein, eigennütziges Handeln zurückzudrängen, sondern aufzuklären über die Rangfolge verschiedener Nutzen und Wertgehalte.

Aufklärung beginnt bei der Unterscheidung zwischen momentanem Reiz und wirklichem Nutzen.
Beispiel Rauchen:

> *Wenn sich z. B. Raucher und Nichtraucher einen Pausenraum teilen, stehen sich nicht zwei Parteien mit gleichwertigen Interessen gegenüber, zwischen denen einfach mehrheitlich abgestimmt werden könnte. Auch die Raucher wissen in diesem Fall, daß ihr Tun niemandem nützt, am wenigsten ihnen selbst. Der Nutzen des Nichtrauchens, den die eine Partei vertritt, rangiert eindeutig vor dem Rauchgenuß, der die anderen anzieht.*

Aufklärung unterscheidet zwischen Selbstsucht und Wertschätzung.
Beispiel Tourismus:

> *Angesichts der zunehmenden Umweltzerstörung genießen Gebiete unberührter Natur höchste Wertschätzung. Werden Schönheit und ökologischer Wert einer Landschaft in den Massenmedien hervorgehoben, laufen sie allerdings zugleich Gefahr, durch einen schnell wachsenden Touristenstrom zerstört zu werden. Unaufgeklärte Selbstsucht macht blind für die optimale, d. h. angemessene Nutzung gegebener Werte.*

Aufklärung umfaßt die Unterscheidung zwischen Leidenschaft und Liebe.
Beispiel Musik-Liebe:

> *Es vermittelt nicht eine gleichwertige Lebensfreude (Eigennutz), ob jemand sich mitreißen läßt vom immer neuen „Kick" der aufeinanderfolgenden Musikmoden, oder ob jemand Liebe zur Musik, vielleicht zu einer ganz bestimmten Musikrichtung, entwickelt. Liebe zur Musik beinhaltet ein tieferes Nachvollziehen und Verstehen – neben der Begeisterung auch die Eigentätigkeit, das eigene Musizieren wie das bewußte Hören. Bloße Leidenschaft bleibt dagegen relativ passiv, ihre Objekte sind austauschbar.*

Was jemand als Eigennutz anstrebt, ist oft ein Ergebnis des zufälligen Geschmacks, der äußeren Anreize und nächstliegenden Bequemlichkeit. Höherrangige Nutzen sind in der Regel schwieriger erreichbar:
- Gute Musik zu hören und zu verstehen will gelernt sein.
- Freundschaft wächst langsam und meist nur bei sorgsamer Pflege.
- Ein gutes Gespräch erfordert Zeit, Aufmerksamkeit und ganzen Einsatz.

Ethik möchte für höherrangige Werte interessieren, indem sie den Eigennutz über sich selbst aufklärt.

Hilfe aus Eigennutz
Der Eigennutz bedarf heute einer *weltweiten* Aufklärung:
- Jeder weiß heute z. B. oder könnte wissen, daß es in unserem unmittelbaren Eigeninteresse liegt, wenn russische Atomkraftwerke sicherer werden. Unser Eigennutz ruft nach entsprechenden finanziellen und technischen Hilfen an die russischen Betreiber.
- Wenn ganze Völker auf dem afrikanischen Kontinent hungern, kann uns das nicht gleichgültig sein: Durch Ausbreitung der Wüsten im Gefolge der Armut ändert sich auch unser Klima; Hungerflüchtlinge drängen in die reicheren Länder usw. Hilfe zur Selbsthilfe ist ein Gebot des Eigennutzes.

Überlebensfähigkeit und Nutzen-Unterscheidung
Unaufgeklärter Eigennutz steht sich selbst im Wege oder frißt sich schließlich selbst auf. Zum Vergleich erzählte **Hoimar von Ditfurth** gelegentlich das Beispiel der Cholera-Bakterien: Sie befallen einen Organismus und durchdringen ihn mehr und mehr; dabei berücksichtigen sie nicht, daß sie mit der vollständigen Durchsetzung ihres Lebensraumes diesen und damit sich selbst das Leben nehmen: Sie siegen sich zu Tode.

Aufgeklärter Eigennutz achtet auf die eigene Überlebensfähigkeit und auf eine qualifizierte Nutzen-Unterscheidung. In immer mehr Bereichen drängt bereits das Eigennutz-Kalkül zu solidarischem Handeln.

Zusammenfassung	Folgerungen
▷ Menschliches Streben nach Eigennutz ist oft allzu kurzsichtig. Manchmal verkommt es zu blindem Egoismus, der sich aufs Ganze gesehen selbst schädigt.	▷ Dadurch wird die notwendige Handlungsverantwortung sträflich vernachlässigt. Der Sinn für die Gemeinschaft wird ausgehöhlt oder gar zerstört.
▷ Ein Entgegenwirken ist möglich – durch Aufklärung der Kosten-Nutzen-Rechnung; – durch Aufklärung über den langfristigen Zusammenhang von Eigennutz und Gemeinschaftsnutzen.	▷ Das Streben nach Eigennutz läßt sich nicht zurückdrängen durch Appelle zur Verantwortung. Sinnvoller ist die Aufklärung zur weit- und umsichtigen Unterscheidung verschiedener Nutzen.
▷ Der Anschein des Eigennutzes wird geweckt durch momentane Reize, außergewöhnliche Konsumchancen, mitreißende Moden und bloße Bequemlichkeit.	▷ Deren Relativierung durch langfristige Ziele, verborgene Werte usw. weisen den Weg zu einer haltbaren Rangfolge der verschiedenen Eigennutz-Ziele.
▷ Zunehmend viele Eigennutzanteile sind nur gemeinsam erreichbar. Denn die Welt wächst zu immer stärkerer Abhängigkeit zusammen.	▷ Das Eigeninteresse bedarf daher letztlich einer weltweiten Aufklärung. Eigennutz ohne Überlebensperspektive ist Selbstbetrug.

15.3 Lernziel Solidarität

> Der Psychoanalytiker **Horst E. Richter** veröffentlichte 1974 ein Buch unter dem Titel *„Lernziel Solidarität"*. Es wurde schnell zum Bestseller. Die Epoche des Wachstums und der Rivalität schien erstmals an ökologische, soziale und psychische Grenzen zu stoßen. Richter plädierte für ein neues Leitbild, das Leitbild der Solidarität: zwischen Männern und Frauen, zwischen Eltern und Kindern, mit gesellschaftlichen Randgruppen.

▶ *Wie entsteht solidarisches Handeln, und welche Lernschritte können mit ihm verbunden sein? Welche ethische Bedeutung hat organisierte Arbeitersolidarität? Was bedeutet Solidarität zwischen den Geschlechtern, und welchen Beitrag leistet dazu die Frauenbewegung? Durch welche Schritte kann eine weltweite Solidarität praktisch vorangebracht werden?*

Armen-Suppe
Anfang 1993 beschlossen drei Berliner Frauen, die Not in ihrer Stadt nicht einfach hinzunehmen: Ca. 20 000 Obdachlose, fast ein Viertel davon Kinder; gleichzeitig würden, so hörten sie, etwa 20% der Lebensmittel täglich weggeworfen. Sie gründeten die „Berliner Tafel". Zusammen mit einer wachsenden Zahl von weiteren Freiwilligen sammelten sie übriggebliebene Nahrungsmittel auf Märkten und Fruchtbörsen, in Hotels und Bäckereien. In Obdachlosenheimen und Suppenküchen, in Wärmestuben und Bahnhofsmissionen ließen sie das Gesammelte jeweils am gleichen Tag verteilen. Bereits zwei Jahre später wurden täglich ca. 2 000 Obdachlose von der „Berliner Tafel" mit Nahrung versorgt. In etlichen anderen Städten entstanden ähnliche spontane Initiativen zur Armenspeisung.

Daß es gut ist, wenn auch Obdachlose täglich eine warme Mahlzeit erhalten, bedurfte für die Frauen keiner langen Begründung. Sie folgten ihrer unmittelbaren Betroffenheit. Nach ihrem Motiv befragt zitierte eine der Helferinnen **Erich Kästner**: *„Es gibt nicht Gutes – außer man tut es."*
Überraschend viele Geschäftsleute und ehrenamtliche Helfer ließen sich dadurch zu praktischer Solidarität anregen.

Spontane Hilfeleistung
- zeigt die Lücken des staatlich organisierten Sozialsystems.
- macht den Sinn von persönlichem sozialen Engagement erfahrbar.
- schärft den Blick für die Ursachen von Notlagen.
- macht hellhörig für typische benachteiligte Lebensgeschichten.
- macht einerseits das Maß des eigenen Wohlstandes bewußt und andererseits die persönlichen Grenzen des Helfen-Könnens.
- weckt die solidarische Phantasie und das Verständnis für die Rangfolge der Bedürfnisse.

Gewerkschaft

In der Mitglieder-Zeitschrift der *Gewerkschaft Öffentliche Dienste, Transport und Verkehr ÖTV* war in der Ausgabe vom März 1995 zu lesen:

> *In Thüringens privatem Personenverkehr begann am 15. Februar 1995 ein Streik der Busfahrerinnen und -fahrer. Sie fordern Stundenlöhne von 15,70 DM, der Arbeitgeberverband aber will nur 13,20 DM zahlen. Die Gewerkschaft ÖTV hatte zum Streik aufgerufen, um die Schere zu den Einkommen im öffentlichen Personenverkehr zu schließen. 86,5% der Gewerkschaftsmitglieder hatten bei der Urabstimmung für den Streik votiert.*

Ähnliche Meldungen prägen in jedem Jahr die Berichterstattung über Tarifauseinandersetzungen in den verschiedenen Branchen und Bezirken. Gelegentlich werden die entsprechenden Verhandlungen uned Kampfmaßnahmen als überholte und nutzlose Rituale abgetan. Kritisiert wird zudem der gewerkschaftliche Apparat, der an althergebrachten Forderungen und Organisationsformen festhalte.

Innergewerkschaftliches Machtgebaren und Mißwirtschaft in eigenen Unternehmen (besonders der „Neue-Heimat"-Skandal in den 80er Jahren) schmälerte Ansehen und Glaubwürdigkeit der Gewerkschaften in Deutschland beträchtlich.

Trotzdem ist der gewerkschaftliche Beitrag entscheidend für das bis heute erreichte Maß gesellschaftlicher Solidarität:

- Gewerkschaftliche Solidarität sichert Jahr für Jahr die Beteiligung der lohnabhängigen Bevölkerung an der allgemeinen Wertschöpfung.
- Sie sichert den Arbeitsfrieden durch Beschränkung ihrer massiven Kampfmittel (u. a. Streik) auf die regelgerechte Tarifauseinandersetzung.
- Sie füllt das grundgesetzlich garantierte Koalitionsrecht (Art. 9) aus zugunsten breiter, in der Vereinzelung schwacher Bevölkerungsgruppen.
- Sie stellt sich den schwierigen Gegenwartsaufgaben Arbeitsplatzerhaltung und Verteilung der Arbeit: Vor allem durch Arbeitszeitverkürzung und neue Arbeitszeit-Lohn-Modelle (z. B. Vier-Tage-Modell bei VW).
- Sie bestimmt mit bei der menschengerechten Gestaltung von Arbeitsplätzen und entsprechendem Technikeinsatz (Humanisierung der Arbeit).
- Sie bringt die speziellen Arbeitnehmerinteressen in die Organe der Sozialversicherung und in die Rechtsprechung ein.
- Sie verstärkt die Stimme der arbeitenden Bevölkerung durch vielfältige Bildungsarbeit, Öffentlichkeitsarbeit und politische Einflußnahme.

Als **organisierte Solidargemeinschaft** verkörpern die Gewerkschaften eine zweite Stufe auf dem Lernweg zur Solidarität: Sie lehren die Balance zwischen der gezielten Interessenvertretung einer Großgruppe und der Berücksichtigung allgemeiner Zukunftserfordernisse.

Frauenbewegung

„Teilen, Jungs!" lautete das knappe Motto eines internationalen Frauentages vom März 1995. Es läßt das gegenwärtig wichtigste Ziel einer Solidarität zwischen den Geschlechtern anklingen, nämlich die gerechte *Verteilung*
- der knapper werdenden bezahlten Erwerbsarbeit,
- der Führungspositionen und Aufstiegschancen,
- der unbezahlten Hausarbeit,
- der unbezahlten sozialen Arbeit in Nachbarschaft, Schulen, Kirchen usw.,
- der Erziehungs- und Pflegeaufgaben in der Familie.

Zwei Drittel der weltweit geleisteten Arbeiten werden von Frauen bewältigt – so ein UN-Bericht von 1991. Gleichzeitig erhalten sie aber nur ein Zehntel des Einkommens. Auch in Deutschland gibt es entsprechende Ungleichgewichte: „Frauenberufe" sind immer noch schlechter bezahlt und genießen nur geringes Ansehen; Hunderttausende von Frauen arbeiten als sog. „geringfügig Beschäftigte", d. h. bei minimaler Bezahlung und ohne soziale Absicherung.

Auf diesem Hintergrund hat die *Frauenbewegung* eine zentrale Bedeutung für das ethische Lernziel Solidarität:

- Denn sie steht quer zu den sonstigen, meist männerorientierten Solidaritätsbewegungen, indem sie die in ihnen enthaltene Frauenbenachteiligung aufdeckt.
- Denn sie hat in ihrer zweihundertjährigen Geschichte die Gleichberechtigung der Frauen auf sehr vielen Gebieten mühsam erstritten bzw. vorbereitet: Wahlrecht der Frauen, das Recht auf Bildung und Ausbildung, auf Studium und freier Berufswahl, das Recht auf sexuelle Selbstbestimmung und auf freigewählte Mutterschaft usw.
- Denn sie hat eine vielschichtige und lebendige Kultur der Frauensolidarität geschaffen: Frauenhäuser und Selbsterfahrungsgruppen, Frauenprojekte und Frauenausschüsse in Parteien, Gewerkschaften usw.
- Denn sie hat alle anderen sozialen Bewegungen wesentlich mitgeprägt, von der Arbeiterbewegung des letzten Jahrhunderts bis zur Friedens- und Ökologiebewegung unserer Zeit.
- Denn ihre Geschichte ist eine Kette mühsam errungener und vielfach gebrochener Solidarisierungspraxis.

Als dritte Stufe der Solidarität kann die Frauenbewegung insofern bezeichnet werden, als ihr immer wieder eine breite und wirksame Vernetzung der sehr unterschiedlichen basisdemokratischen Ansätze und Bewegungen gelungen ist, ohne ihre Kraft in einer starren Organisationsstruktur zu verlieren.

Eine-Welt-Bewegung

Die Eine-Welt-Bewegung setzt internationaler Ausbeutung mit alternativen Handelsstrukturen eine langfristige Solidarität entgegen. Ihre Grundsätze:
- Statt kurzfristiger Spenden ist es sinnvoller, wenigstens im kleinen Maßstab gerechte Handelsstrukturen über die Kontinente hinweg aufzubauen.

- Der im beschränkten Rahmen praktizierte gerechte Handel wird verbunden mit Informationen und Bewußtseinsbildung zu den üblichen Handelsstrukturen sowie möglichen Alternativen.
- Ansatzpunkte für einen fairen Handel sind:
  - direkte Partnerschaft mit den benachteiligten Kleinproduzenten;
  - Unterstützung der Genossenschaftsbauern bei der Herstellung und Vermarktung ihrer Produkte;
  - längerfristige Garantie von Abnahmemengen und Preisen.

Dritte-Welt-Importe

„In der Region von Itapolis im Bundesstaat Sao Paolo sind von 80 000 Arbeitern in den dortigen Orangenplantagen etwa 16 000 zwischen vierzehn und achtzehn Jahren und 3 200 zwischen zehn und vierzehn Jahren alt.(...) Diese Kinder sind die Opfer eines enorm expandierenden Wirtschaftssektors. Während in Deutschland die Streuobstwiesen eingehen, weil die Verbraucher anstatt Apfel- oder Birnensaft lieber Orange-Juice trinken, blühen in Brasilien immer mehr Orangenbäume. Ein profitables Geschäft (...)
So weiteten sich dort, wo einst Grundnahrungsmittel wie Gemüse und Bohnen wuchsen, riesige Plantagen aus. Kleinbauern wurden schnell zu Landarbeitern und Tagelöhnern, während einige mächtige Konzerne kräftig an der „O-Saft"- Nachfrage in den Industrieländern verdienen."
aus: Uwe Pollmann, Brasilien: Kakao, Orangen, Kaffee – zum Wohl der reichen Länder arbeiten Kinder auf den Plantagen; in: DIE ZEIT, 42/1993

Für die faire Vermarktung von Kaffee gibt es bereits eine jahrzehntelange Tradition des alternativen Dritte-Welt-Handels. Inzwischen wird auch in normalen Supermärkten „fair gehandelter" Kaffee verkauft. Die Verbindung von fairem Handel, Aufklärung und politischem Engagement wird gleichzeitig von immer zahlreicheren Initiativen gepflegt: Die vielfach vernetzte Solidaritäts-Szene in Europa umfaßt mittlerweile rund 2500 sog. „Weltläden".
Mit höheren Preisen und speziellen Qualitätssiegeln ist die Kinderarbeit im Kaffeeanbau zurückgedrängt worden; viele Genossenschaften von Kleinbauern haben eine solide Überlebensfähigkeit erreicht. Für Orangen, Kakao und andere Produkte stehen ähnliche Erfolge noch aus.

Eine-Welt-Solidarität

- beginnt mit der Wahrnehmung der Herkunft und Entstehungsbedingungen unserer Konsumgüter,
- setzt sich fort in der bewußten Konsumentscheidung für „fair gehandelte" Waren (auch bei höheren Preisen),
- geht über die aktive Beteiligung an der Aufklärungsarbeit und der Werbung für die Ausweitung gerechterer Strukturen, und
- mündet im facettenreichen Engagement für unzählige Projekte und politische Entscheidungen zugunsten solidarischer Wirtschaftsbeziehungen.

Diese vierte Stufe der Solidarität zeichnet sich aus durch eine radikale Hinwendung zu Benachteiligten aus der Position des Stärkeren heraus:

- Der Verlust eigener Vorteile und Bequemlichkeit wird dabei bewußt in Kauf genommen.
- Angezielt ist nicht nur Hilfeleistung, sondern eine grundlegende Veränderung der Verhältnisse, d. h. der Unrechtsursachen.
- Solche Solidarität hat den Charakter des Aufwachens und des Aufbruchs aus einer Unrechtssituation.

Vom Wert einer solchen Praxis spricht **Günther Eich** (1907-1972) in seinem Gedicht „*Wacht auf, denn eure Träume sind schlecht*":

> *Schlaft nicht, während die Ordner der Welt geschäftig sind!*
> *Seid mißtrauisch gegen die Macht,*
> *die sie vorgeben für euch erwerben zu müssen!*
> *Wacht darüber, daß euere Herzen nicht leer sind,*
> *wenn mit der Leere eurer Herzen gerechnet wird!*
> *Tut das Unnütze, singt Lieder,*
> *die man aus eurem Mund nicht erwartet!*
> *Seid unbequem, seid Sand,*
> *nicht Öl im Getriebe der Welt!*   **Günther Eich**

Zusammenfassung	Folgerungen
▷ Solidarische Hilfeleistung lindert akute Not und führt auf einen weitergehenden Lernweg: Sie schärft die soziale Wahrnehmung, stärkt die persönliche Befähigung und weckt die solidarische Phantasie.	▷ Ohne lebenspraktische Erfahrung von empfangener und geleisteter Hilfe wird Solidarität nicht zum Lernziel. Der Zwang zu Konkurrenzverhalten und egoistischer Revierverteidigung erschwert solidarisches Lernen.
▷ Gewerkschaften verkörpern die zweite Stufe solidarischen Verhaltens: die organisierte Form der Solidar- und Interessengemeinschaft, die sich gleichzeitig für das Ganze verantwortlich weiß.	▷ Auf ihren Beitrag kann nur schwerlich ohne Schaden verzichtet werden. Organisierte Solidargemeinschaften stehen andererseits in der Gefahr, Nicht-Beteiligte (hier: die Arbeitslosen) zu „vergessen".
▷ Die Frauenbewegung hat auf vielen Gebieten die Gleichberechtigung der Geschlechter vorangebracht und andere Solidaritätsbewegungen mitgeprägt.	▷ Als Lernort der Solidarität hat sie eine dauernde Zukunftsaufgabe. Durch neue Selbsthilfe- und Solidarisierungsformen läßt sich Erreichtes ausweiten.
▷ Die „Eine-Welt-Bewegung" fördert das Lernziel weltweiter Solidarität durch Aufklärung über Ungerechtigkeiten des Welthandels und durch den Aufbau fairer Alternativen.	▷ Eine hohe ethische Anforderung ist auf dieser Ebene die Verbindung kleiner konkreter Schritte mit der praktischen Hoffnung auf ein weit entferntes Solidaritätsziel.

16. Menschsein und Humanität

16.1 Vorverständnis

Was Menschsein bedeutet, läßt sich nur schwer umschreiben. Sowohl der tatsächliche Lebensalltag als auch die mit dem eigenen Menschsein verbundenen Wünsche und Leitideen können sehr unterschiedlich sein: je nach persönlicher Lage und Stimmung, je nach sozialer Umgebung und kulturellen Interessen, je nach Alter und Lebensstand.

Menschsein umfaßt aber in jedem Fall eine doppelte Erfahrung:
– die der Begrenzung und Hinfälligkeit, der Sterblichkeit, des Versagens oder der Bosheit,
– und die der Kraft und des besonderen Selbstwertes, der Gestaltungs- und Beziehungsfähigkeit.

In der Regel hat die alte Generation der jungen voraus, daß sie beide Seiten erlebt und im Blick hat. Entsprechend abgeklärt ist oft die rückblickende Lebensbetrachtung. Für das Verständnis der konkreten Situation eines Jugendlichen genügt das möglicherweise trotzdem nicht: Zu sehr haben sich die Lebensweisen und Träume, die Sorgen und Nöte gewandelt.

Aus dem Munde eines Jugendlichen klingt der Anspruch, das eigentliche Leben besser zu kennen, freilich befremdlich oder gar belustigend. Dabei kann er in seinen fünfzehn oder zwanzig Lebensjahren vieles erlebt haben, was einem alten Menschen unverständlich bleibt.
Oder wird dem distanzierten Blick des Alters von der jungen Generation zu wenig zugetraut?
Wichtige Facetten des Menschseins zeigen sich jedenfalls erst hinter der Fassade aktueller Trends und Moden:

> *kürzlich traf ich*
> *eine Brille*
> *von Christian Dior*
> *einen Pullover*
> *von Hugo Boss*
> *eine Jacke*
> *von Barbour*
> *und eine Hose*
> *von Levis*
> *mit einem Menschen drin* **Christian Wütig**

Humanität (lat. *humanitas* – Menschennatur, Menschlichkeit) bezeichnet dagegen das, was den Menschen im positiven Sinne auszeichnet:
- seine je eigene und allen gemeinsame Würde (**Personalität**);
- seine Fähigkeit zu Achtung und Toleranz gegenüber der Fremdheit des anderen (**Individualität**);
- seine Offenheit für Beziehung und Freundschaft (**Sozialnatur**);
- seinen Respekt und seine Fürsorge gegenüber Menschen in Lebenskrisen, zur Bewältigung ihrer Schwächen und Gebrechen (**Solidarität**).

	Personalität	
Individualität	**HUMANITÄT**	Sozialnatur
	Solidarität	

Einige wichtige Stationen und Vorkämpfer auf dem Weg zu einer Ethik, die sich der Humanität in diesem umfassenden Sinn verpflichtet weiß, waren:

• Der Stoiker **SENECA** (4 v. Chr. – 65)	– entwickelte und begründete den Gedanken einer gleichen und gemeinsamen Würde aller Menschen.
• Das **Christentum** der ersten Jahrhunderte	– radikalisierte die Mitmenschlichkeit zum Gebot der Nächstenliebe. Gleichzeitig widersprach es dem Optimismus der Stoiker: der Mensch bleibe ein unvollkommenes Geschöpf Gottes.
• Die **Renaissance** (15./16.Jhd.)	– verband Antike und Christentum: Das Selbstwertgefühl wuchs; wahres Menschsein schien vor allem auf dem Weg der Bildung möglich.
• **J. G. HERDER** (1744 – 1803)	– verstand sich als Lehrer der Humanität: Anzustreben sei die Vervollkommnung des Menschseins als Ziel der universalen Geschichte.
• **I. KANT** (1724 – 1804)	– betonte als unterscheidend Menschliches: den voraussetzungslosen Wert als Person – unabhängig von Wertschätzung oder Leistung

16.2 Person und Menschenwürde

> *"Die Würde des Menschen ist unantastbar"*, heißt es im Art. 1 GG. Das heißt, diese Würde ist angeboren und unverlierbar, sie ist Eigenwert eines jeden Menschen. Weder staatliche Macht noch gesellschaftliche oder wissenschaftliche Ziele dürfen über sie verfügen. Dieser Grundsatz ist nicht nur Fundament eines jeden Rechtsstaates, sondern auch anerkanntes ethisches Prinzip.
> Alle weiteren ethischen Regeln müssen sich vor ihm rechtfertigen, alle Gewissensentscheidungen und alle ethischen Diskurse haben an ihm eine Grenze.

▶ *Wie selbstverständlich ist die Anerkennung einer allgemeinen Menschenwürde? Mit welchen Argumenten und Folgen wird sie eingegrenzt? Gibt es Abstufungen der menschlichen Würde oder andere gleichrangige Werte? Was beinhaltet die Menschenwürde vorrangig, was gefährdet sie?*

Am ehesten lassen sich diese Fragen klären mit Blick auf diejenigen, denen bis heute gelegentlich die volle Personenwürde abgesprochen oder ein gleichwertiges Lebensrecht bestritten wird.

Behinderte
"Es gibt eine lange Geschichte der Ausgrenzung schwerbehinderter Menschen aus dem Verbund des sozialen Zusammenlebens und -arbeitens. Einen wichtigen Einschnitt brachte die Industrialisierung: Wirtschaftsbereich, soziale Einrichtungen und privater Familien-/Wohnraum zerfielen in drei getrennte Systeme. Geistig, körperlich, seelisch oder sozial Behinderte konnten im sich entwickelnden Bereich von Arbeit und Wirtschaft meist nicht mehr mithalten. Durch unterschiedliche therapeutische Maßnahmen suchte man ihren Mangel zu mildern, durch sog. „sozialhygienische" Maßnahmen (Sterilisation) schließlich ihre Anzahl zu verringern.

Der damals berühmte Schweizer Psychiater und Sozialreformer August Forel schrieb z. B. um 1900: „Wir bezwecken keineswegs, eine neue menschliche Rasse, einen Übermenschen zu schaffen, sondern nur die defekten Untermenschen allmählich (...) durch willkürliche Sterilität der Träger schlechter Keime zu beseitigen, und dafür bessere, sozialere, gesündere und glücklichere Menschen zu einer immer größeren Vermehrung zu veranlassen."

Solche Vorstellungen von „sozialem Fortschritt" waren damals in allen Parteien und Bevölkerungsschichten weit verbreitet. Der Nationalsozialismus griff sie später auf und betrieb mit brutaler Konsequenz die „Ausmerzung entarteter Erbanlagen".
aus: Klaus Dörner, Tödliches Mitleid, Gütersloh 1988

Heute gibt es zwei, in gegensätzliche Richtungen zielende Bewegungen. Beide berufen sich auf das hoch im Kurs stehende Selbstbestimmungsrecht des Menschen:

- Sterbenskranke und schwergeschädigte Menschen sollen selbst über ihren Tod bestimmen können und ggf. ärztliche Hilfe zur Beendigung ihres Lebens erhalten. Schwerstbehinderte Neugeborene sollen von ihrem Leiden „erlöst" werden. Vorgeburtlich festgestellte schwere Behinderung oder genetische Defekte können (sollen) zum Schwangerschaftsabbruch führen.

- Seit den 60er Jahren gibt es vielschichtige Bestrebungen und eine wachsende Praxis, Menschen mit unterschiedlichen Behinderungen wieder in alle gesellschaftlichen Bereiche zu integrieren:
  - Körperbehinderte werden nicht mehr wie bis zur Mitte unseres Jahrhunderts in „Krüppelheimen" zusammengefaßt, sondern wo immer möglich in das normale oder ein besonders geschütztes Arbeitsleben eingegliedert.
  - Seelisch Behinderte werden zunehmend nach gemeindepsychiatrischen Konzepten lebensnah unterstützt, statt sie in Sondereinrichtungen der psychiatrischen Krankenhäuser abzusondern.
  - Die weithin wirksame Vereinigung *Lebenshilfe* ergänzt bzw. ersetzt ihre vielen Sondereinrichtungen für geistig Behinderte zunehmend durch Hilfen zur Eingliederung in das normale Wohn- und Lebensumfeld.

Ausgrenzung Behinderter
Die erste Position geht letztlich, ohne das ausdrücklich zu sagen, von einer Grenze aus. Innerhalb dieser Grenze der Unversehrtheit, Tüchtigkeit, Leidensfreiheit usw. handelt es sich um fraglos lebenswertes, würdiges Menschsein. Außerhalb handelt es sich um menschliches Leben, dessen Wert und Würde umstritten und für jeden Einzelfall zu erwägen ist.
Das Neue dieser „modernen" Position: Nicht mehr der Staat, die Gesellschaft oder eine andere Autorität sollen über das Lebensrecht Schwerstbehinderter oder Todkranker entscheiden, sondern diese selbst (bei Ungeborenen und Säuglingen ihre Eltern).

Die **Menschenwürde** verflüchtigt sich damit gleichsam zu einer Qualifikation, die erst einmal erreicht werden muß. Auf wissenschaftlicher Ebene wird diese Position seit Jahren von dem australischen Ethiker **PETER SINGER** pointiert vertreten. Sein wichtigstes Argument:
Die Unantastbarkeit und Schutzwürdigkeit menschlichen Lebens setze ein entsprechendes Lebensinteresse voraus. Schwerstgeschädigten Neugeborenen sei aber ein Interesse am eigenen Weiterleben unmöglich. Es könne ihnen auch nicht einfach unterstellt werden, im Gegensatz etwa zu höherentwickelten Tieren.

Diese Denkweise bricht mit dem idealistischen Menschenbild, das unser Grundgesetz prägt und dem Hauptstrom der abendländischen Ethik zugrundeliegt, seit seinen antiken und christlichen Wurzeln und besonders seit der neuzeitlichen Ausformulierung der Personenwürde bei **I. KANT**: der zweckfreien und von keiner Vorbedingung abhängigen Würde jedes Menschen. Relativiert wird der einzelne Mensch hier durch die Abwägung
- seines Nutzwertes mit der von ihm ausgehenden Belastung, und
- seiner Interessen mit den als gleichwertig angesehenen Interessen der übrigen Natur (z. B. der tierischen).

Unantastbarkeit der Menschenwürde
Die zweite Bewegung ist zunächst weniger eine theoretische Position als eine reflektierte Praxis. In ihr zeigt sich ein ganz anderes Menschenbild:

- Es gibt keinen vollkommenen Menschen. Jeder ist auf irgendeine Weise behindert, in ganz unterschiedlichem Maße. Zum Ausgleich ist jeder auf die Unterstützung anderer, auf Kooperation angewiesen. Jeder ist anderen sowohl Last als auch Entlastung.

- Es gibt keine Grenze zwischen behindert und nichtbehindert. Die Übergänge sind immer wieder fließend, bis hin zur Schwerstbehinderung. Um sich ein Bild vom Menschen zu machen, genügt nicht der Blick auf die Durchschnittsmenschen; alle gehören dazu, auch die schwer Belasteten und die besonders Belastenden.

- Alle Kriterien zur Aussonderung oder gar Tötung von Menschen sind willkürlich und nicht zwingend begründbar. Sie könnten prinzipiell jeden treffen, auch die Aussonderer. D. h., sie entlasten das Ganze einer menschlichen Gesellschaft nicht, sondern haben die Tendenz, sie insgesamt zu zerstören. Umgekehrt gilt: Die Unantastbarkeit der individuellen Personenwürde kann für irgendeinen Einzelnen nur dann garantiert werden, wenn sie allen zugesprochen wird, ohne jede Voraussetzung.

Allein diese zweite Position ist tragfähig für den sozialen und demokratischen Umgang unter Menschen, der die unterschiedliche Individualität aller Einzelpersonen achtet. Denn jeder ist begrenzt, als Mann oder Frau, als Kind oder Erwachsener, mit diesen oder jenen Eigenschaften und Grenzen ausgestattet. Das gilt selbstverständlich genauso für die sog. „Schwerstbehinderten".

Fredi Saal, 1935 mit einer schweren spastischen Lähmung geboren, drückt es aus der Perspektive derer, die sich oft an den Rand gedrängt sehen, folgendermaßen aus:

Als „so Geborener" bin ich ohne Behinderung nicht denkbar. (...) Die Identität von mir und meiner Behinderung kann darum eigentlich nicht als etwas Negatives aufgefaßt werden. Sie gehört unabdingbar zu mir, bedeutet sie doch meine individuelle Lebensform. Und sollte sie mir zuweilen verdächtig vorkommen, dann in der Regel durch den wertenden Einspruch der anderen.

Menschliche Reifung
Abhängigkeit, Leiden oder Behinderung sind kein Zeichen von verminderter Personenwürde, sondern Wege der Reifung: für den Einzelnen wie für die Gesellschaft. Sie entsprechend zu nutzen, nicht sie „abzuschaffen" ist Ziel eines gelingenden Lebens (der Ethik).

Dieses Ziel und diese Chance bleiben verdeckt, wenn die individuellen und gesellschaftlichen Bemühungen um Heilung und Leidensvermeidung absoluten Vorrang haben.

Zusammenfassung	Folgerungen
▷ Die unantastbare Würde der Person kommt jedem zu, „der das menschliche Antlitz trägt". Es gibt keine weiteren Voraussetzungen oder Qualifikationen für diesen Status.	▷ Dieser Grundsatz läßt keine „Verbesserung" einer menschlichen Gemeinschaft zu durch Aussonderung oder Vermeidung von besonders belastendem menschlichen Leben.
▷ Es gibt auch heute in der Philosophie wie in der Praxis gegenläufige Tendenzen: Über Menschenwürde und Lebensrecht soll danach mit Hilfe von Interessen- und Lastenabwägung entschieden werden.	▷ Als spezifisch menschlich gilt dann nur noch die Fähigkeit zur Selbstbestimmung. Dies birgt aber den Irrweg, auch über die bewußte Beendigung schwierigen Menschenlebens selbst entscheiden zu wollen.
▷ Die Menschenwürde ist unteilbar. Sie orientiert sich weder am Durchschnittsmenschen noch am Idealmenschen, sondern am „So-Sein" der jeweils Schwächsten.	▷ Die Kooperationsbedürftigkeit und Kooperationsfähigkeit aller ist erster Inhalt der Menschenwürde, nicht das Selbstbestimmungsrecht des Einzelnen.
▷ In Leiden, Abhängigkeit und gegenseitiger Belastung liegen wichtige Chancen menschlicher Reifung.	▷ Leidensvermeidung treibt den sozialen Fortschritt an. Absolut gesetzt zerstört es Menschenwürde und Lebenschancen.

16.3 Individualität und Achtung

> Jeder Mensch ist ein einmaliges, in sich geschlossenes Einzelwesen (lat. -*Individuum*). Daraus ergibt sich der Anspruch, von anderen als einzelner und ganzer geachtet zu werden, nicht nur als Teil einer Gemeinschaft (z. B. als Deutscher) oder bezogen auf eine Teilfunktion (z. B. als guter Sportler).

▶ *Wann beginnt das moralische Recht, als Individuum geachtet zu werden, wann endet es? Wie ist in diesem Zusammenhang die sog. „künstliche Befruchtung" zu bewerten, wie der Schwangerschaftsabbruch? Wie lassen sich bei Organtransplantationen die notwendige Achtung vor der Individualität der Spender und die höchstmögliche Hilfeleistung für die Empfänger miteinander verbinden? Wie ist Organhandel zu bewerten?*

Lebensgeschichte
Trotz sehr unterschiedlicher Entwicklungsstufen und Lebenssituationen, trotz sich wandelnder Handlungs- und Denkweisen bleibt jeder Mensch ein Leben lang ein und derselbe. Er wahrt seine *Identität* („Selbigkeit"). Das ist nicht selbstverständlich, wie ein Vergleich mit dem berühmten Schiffsbeispiel zeigt:

Ein Schiff kann so umgebaut werden, daß nacheinander sämtliche Teile, von den Planken bis hinauf zu den Mastspitzen, ersetzt werden. Ist das Ergebnis ein neues Schiff, oder besteht seine Identität fort?
Der Werfteigner könnte zudem aus sämtlichen alten, zur Seite gelegten Teilen getreu dem alten Bauplan erneut ein Schiff zusammensetzen. Gäbe es die Identität des alten Schiffes dann zweimal?

Eine sichere Antwort läßt sich nicht durch Nachgrübeln über „das Wesen" eines Schiffes finden; sie gelingt nur über die willkürliche Festsetzung einer Definition von „altes Schiff" und „neues Schiff".

Für den Menschen nehmen wir eine einzige Identität an, von seiner Geburt bis zum Tod, unabhängig von allen Veränderungen und Manipulationen durch medizinische Eingriffe, geistige oder seelische Veränderungen, unabhängig auch davon, ob jemand seine ganze Lebensspanne im eigenen Gedächtnis und Bewußtsein fassen kann. In bestimmten Grenzsituationen gibt diese **lebensgeschichtliche Perspektive** ethische Orientierung:

Künstliche Befruchtung
Im Mai 1994 berichtet die Presse von der 63 Jahre alten italienischen Bäuerin Rosanna Della Corte. Sie war durch künstliche Befruchtung schwanger geworden: Von einer jüngeren Frau gespendete Eizellen waren im Labor mit dem Samen ihres Mannes befruchtet und ihr dann eingepflanzt worden. Es hagelte medizinische und ethische Einwendungen. Inzwischen haben bereits viele Frauen weit jenseits der sog. „Menopause" ein Kind geboren.

Reproduktionsmedizin
Die Altersgrenze für künstliche Befruchtungen ist nur eine der ungelösten Fragen der Bio-Ethik. Viele haben sich aus der modernen Reproduktionsmedizin ergeben. Seit 1978 in England erstmals ein Kind außerhalb des Mutterleibes gezeugt wurde (**in-vitro-Fertilisation),** klaffen die praktischen Fortschritte und eine sichere ethische Orientierung immer weiter auseinander:

- Umstritten ist zunächst der ethische Stellenwert eines Kinderwunsches, der auf natürlichem Wege nicht erfüllbar ist. Das von manchen so formulierte *„Recht auf Mutterschaft"* läßt sich jedenfalls nicht begründen. D. h., an sich unzulässige, z. B. anderes menschliches Leben schädigende oder gefährdende Methoden sind zur Zeugung eines Kindes nicht gerechtfertigt.

- Für die ethische Bewertung ist zu unterscheiden zwischen der **homologen Insemination** (Befruchtung der Eizelle mit dem Samen des Ehe-Partners) und der **heterologen Insemination** (mit dem Samen eines anderen, oft anonymen Spenders). Bei der ersten Variante wird der Normalfall medizinisch unterstützt; es bestehen kaum ethische Bedenken. Bei der zweiten Variante wird massiv in die (besonders zu schützende) Familienstruktur eingegriffen. Es können langfristige und schwerwiegende rechtliche, psychische und soziale Belastungen für das Kind entstehen. Ethisch hat aber das abschätz- und beeinflußbare zukünftige Kindeswohl Vorrang vor dem Kinderwunsch der Eltern.

- Ähnliche Probleme beinhaltet auch die Praxis der **Leihmutterschaft,** bei der die Leihmutter mit dem von ihr ausgetragenen Kind genetisch nicht verwandt ist.

- Die **Zeugung in der Retorte** eröffnet zahlreiche Möglichkeiten zu humanwissenschaftlichen Experimenten, denn in der Regel entstehen bei der künstlichen Befruchtung überzählige Embryonen, die der Mutter nicht eingepflanzt werden.

Die rechtlichen Regelungen in diesem Bereich sind in den europäischen Ländern unterschiedlich. Ein erster Versuch zur Festlegung einheitlicher Grenzen ist die europäische *Bioethik-Konvention*. **Ethikkommissionen,** die über die Zulässigkeit neuer Experimente beraten sollen, gewinnen nur dann an Bedeutung, wenn ihr Urteil verbindlich gemacht wird.

Die in Ansätzen bereits gegebene Kommerzialisierung von Ei- und Samenspenden, von Embryohandel und Leihmutterschaft wird in Zukunft eine entscheidende Hürde sein für die ethisch begründete Einschränkung von an sich möglichen Forschungen und Praktiken.

Abtreibung
Trotz guter Aufklärung und relativ leichten Zugangs zu Verhütungsmitteln werden etwa ein Viertel aller Frauen in Deutschland mindestens einmal in ihrem Leben ungewollt schwanger. Die Zahl der jährlich vorgenommenen Schwangerschaftsabbrüche wird auf ca. 250 000 geschätzt. Die angemessene Fassung des betreffenden § 218 StGB ist seit Jahrzehnten umstritten.

Hilfreich für die ethische Bewertung ist eine Unterscheidung zwischen drei Phasen bei der Entstehung menschlichen Lebens. Für jede von ihnen gilt im Konfliktfall eine verschiedene Güterabwägung:

- Die Phase, in der noch keine eindeutig personale Lebensgeschichte eingeleitet ist, dauert höchstens bis zum 14. Tag nach Befruchtung der Eizelle (Einnistung und beginnende Ausbildung des sog. Kopffortsatzes). Es handelt sich bereits um schützenswertes **menschliches Leben**; allerdings im Stadium des Keimes mit einer weitgehenden Entwicklungsoffenheit. Im Konfliktfall muß der Schutz dieses Lebens zurückstehen zugunsten personaler Werte. Seine ungehemmte Verwendung als „Verbrauchsmaterial" für die gentechnische Grundlagenforschung ist dagegen ethisch höchst bedenklich.
Rechtlich gilt der menschliche Keim in Deutschland erst nach seiner Einnistung in der Gebärmutter als schutzwürdig.

- Die Phase, in der es sich unstrittig um die **vorgeburtliche Lebensgeschichte** einer bestimmten menschlichen Person handelt, ist dann erreicht, wenn der Embryo seine äußere Körperform weitgehend ausgebildet hat (12. bis 15. Woche), spätestens dann, wenn er außerhalb des Mutterleibes weiterleben könnte (ab der 22. Woche). In dieser Phase ist der Schwangerschaftsabbruch die Tötung eines Menschen. Der Unterschied zu einem bereits Geborenen liegt in der einzigartigen Abhängigkeit von der Mutter. Das allgemeine

Tötungsverbot hat seine volle Geltung. Lediglich im Falle eines vitalen Konfliktes, d. h. wenn nur das Leben der Mutter *oder* das des Embryo gerettet werden kann, ist ein Abbruch ethisch gerechtfertigt.

- Die mittlere Phase, von der 3. bis zur 12. bzw. 22. Woche ist ethisch besonders strittig:
  a. Viele, vor allem religiös motivierte Menschen betonen die volle individuelle Anlage und relativ schnelle Entfaltung des sich entwickelnden Kindes in dieser Zeit. Sie bestehen daher auf einem gleich strikten **Tötungsverbot** wie in der folgenden Phase.

  b. Die zweite Position bindet die Rechtfertigung eines Schwangerschaftsabbruchs in dieser Zeit an eine differenzierte **Güterabwägung**, die nicht allein in das Belieben der Betroffenen gestellt ist. Schwere physische oder psychische Bedrohung der Mutter, nicht abwendbare soziale Notlagen, schwere Schäden des Embryo und Vergewaltigung können dabei einen Abbruch rechtfertigen; d. h. diese Gründe können schwerer wiegen als das Leben des Embryo. Die Rechtssprechung in der Bundesrepublik schließt sich in etwa dieser Position an.

  c. Die dritte Position stellt in dieser Phase das Selbstbestimmungsrecht der schwangeren Frau über das Lebensrecht des sich entwickelnden Embryo. Das wichtigste Argument: Bei dem Embryo handele es sich noch nicht um ein vom mütterlichen Organismus trennbares Wesen, also auch um kein eigenständiges Rechtssubjekt. In der rechtlichen Diskussion entspricht dieser Position das Konzept einer **Fristenregelung**.

> *Organtransplantation*
> *Die Organverpflanzung kann in den letzten beiden Jahrzehnten einen gewaltigen Auftrieb verzeichnen. Am spektakulärsten sind die Herztransplantationen. Es gibt in Deutschland inzwischen mehr als 2 000 Zweitherzträger. Unproblematischer sind Nierenverpflanzungen. Ihre Zahl liegt weit höher. Stetig ist aber auch die Zahl derer gewachsen, die vergeblich auf eine Spender-Niere warten. Ende 1994 standen rund 8 000 Dialysepatienten auf der Warteliste. Das liegt nicht daran, daß die Bereitschaft zur Organspende dramatisch zurückgegangen wäre, wie manchmal behauptet wird. Vielmehr hat sich in den letzten zehn Jahren die Zahl der Unfallopfer mit Hirnverletzungen nahezu halbiert: Dadurch stehen entsprechend weniger geeignete Organe zur Verfügung. Selbst bei flächendeckender Spendenbereitschaft ließe sich der Bedarf nicht decken: Es gibt bundesweit nur ca. 2000 Tote jährlich, die als Organspender in Frage kommen.*

Die wichtigsten und sehr strittigen Fragen, die sich mit der Transplantationsmedizin verbinden, hängen eng mit diesem Mengenproblem zusammen:
- Nach welchem genauen Verfahren soll über das Recht zur Organentnahme unmittelbar nach dem Tod eines Menschen entschieden werden?
- Wann genau ist ein Mensch tot, und wie läßt sich das feststellen?
- Wo liegen die wichtigsten ethischen Grenzen der Transplantationsbranche?

Zur ersten Frage werden seit Jahren vier verschiedene Regelungswege diskutiert:

- Die **enge Zustimmungsregelung**: *Sie läßt eine Organentnahme nur zu, wenn der Verstorbene zu Lebzeiten ausdrücklich zugestimmt hat und dies z. B. in einem Spenderausweis dokumentiert hat.*
  Dieser Weg ist ethisch unumstritten: Wer sich freiwillig bereit erklärt, durch Organspende einem Schwerkranken zu helfen, genießt zu Recht eine uneingeschränkte Hochachtung.

- Die **erweiterte Zustimmungslösung**: *Die Zustimmung des Spenders kann ersetzt sein durch das ausdrückliche Votum von engen Angehörigen.*
  Die Praktikabilität dieses Weges ist umstritten. Voraussetzung für seine ethische Rechtfertigung wäre zumindest, daß die Angehörigen eine genügende und unbedrängte Bedenkzeit erhalten, und daß sie über die Todeszeitpunkt-Problematik (*s.u.*) informiert sind.

- Die **Informationslösung**: *Ist kein entgegenstehender Wille des Verstorbenen erkennbar, müssen die Angehörigen über die beabsichtigte Organentnahme informiert (nicht um Zustimmung gebeten) werden. Sie können innerhalb einer festgesetzten Frist wirksam widersprechen.*
  Diese Lösung ist ethisch mehr als bedenklich: Es besteht einerseits der Verdacht, daß mangelnde Kenntnis sowie die Verwirrung und Trauer unmittelbar nach dem Tode eines nahen Angehörigen ausgenutzt werden mit dem Ziel hoher Spenderzahlen. Andererseits wird vorausgesetzt, daß es sich bei dem Körper eines Verstorbenen bereits ab einem recht frühen Zeitpunkt, dem sog. „Hirntod", um eine frei verfügbare „Sache" handelt; das Hirntod-Kriterium ist aber zunehmend umstritten (*s.u.*).

- Die **Widerspruchslösung**: *Organe können entnommen werden, wenn keine Widerspruchserklärung aus Lebzeiten des Verstorbenen vorliegt.*
  Ethisch gilt das zur „Informationslösung" Gesagte verschärft: Die Einzelorgane eines Menschen werden in der Tendenz zu einem „Gemeinschaftsgut". Die körperliche Integrität (Unverletzlichkeit) würde regelmäßig durchbrochen, bevor der leibliche Organismus „abgestorben" ist.

Todeszeitpunkt
Sterben ist in medizinischer Sicht ein schrittweiser Prozeß mit aufeinanderfolgenden Schwellenereignissen: dem Ausfall einzelner Organe; dem irreversiblen Ausfall des Bewußtseins (Absterben des Großhirns); dem Ausfall der Fähigkeit zur zentralen Steuerung und Integration der Körperfunktionen (Tod des Stammhirns); dem Ausfall der Herz-, Kreislauf- und Atemtätigkeit.
Im allgemeinen Bewußtsein gilt bis heute der Stillstand von Atem und Kreislauf als Todeszeitpunkt eines Menschen. Seit diese aber mit technischen Mitteln aufrechterhalten werden können, längst nachdem das gesamte Hirn abgestorben ist, stellte sich die Frage, wie lange ein solcher Körper künstlich am Leben gehalten werden muß. 1968 wies eine internationale Mediziner-Kommission den Ausweg: Sie definierte das Absterben des gesamten Gehirns als **Todes-Kriterium**.

Damit wurde für diesen Zeitpunkt der Behandlungsabbruch gerechtfertigt, da es keinerlei sinnvolles Therapieziel mehr geben könne.

Ein solcher Behandlungsabbruch ist ethisch nicht umstritten. Ja, es gilt sogar als verpflichtend, die letzte Sterbephase eines bereits Hirntoten nicht künstlich zu verlängern. Trotzdem ist die Definition des **Hirntodes** als endgültiger Tod neuerdings wieder sehr fraglich geworden. Der Anlaß: Die Transplantationsmedizin zieht aus der Definition gegenteilige Konsequenzen. Sie verlängert die organische Vitalität von Hirntoten künstlich, um nach der notwendigen Vorbereitung lebensfrische Organe entnehmen zu können.

Ethisch unproblematisch ist diese Praxis bei vorliegender Zustimmung des Betroffenen:

- Der Hirntod ist ohne jeden fachlichen Zweifel eine entscheidende Todesschwelle, die jede Lebensaussicht nimmt.
- Seine Körperorgane in dieser letzten Sterbephase zur Verfügung zu stellen, ist ein der Ehre wertes Geschenk und kann anderen Sterbenskranken zu weiterem Leben verhelfen.

Ohne die klar erkennbare Zustimmung des Betroffenen ist die Organentnahme auch in dieser Phase ethisch nicht gerechtfertigt:

- Ob nach dem sog. Hirntod von einem bereits vollständig Toten oder von der letzten Phase des Sterbens gesprochen werden kann, ist offenbar nicht objektiv entscheidbar; es ist Definitionssache. Im Zweifel ist aber die körperliche Integrität des Wehrlosen zu wahren. Denn es handelt sich noch nicht im vollen Sinne um eine Leiche.
- Der Körper von „Hirntoten" kann noch vielfache Reaktionen auf schmerzhafte Eingriffe zeigen: Schwitzen, Blutdruckveränderung, Adrenalinanstieg usw. „Empfinden" kann er diese Veränderungen allerdings nach allem fachlichen Ermessen nicht. Trotzdem spricht auch dies gegen die freie Fremdentscheidung über den künstlich belebten Körper eines Hirntoten.

Eine auf Zustimmung der Betroffenen beruhende Organentnahme hat einen weiteren unschätzbaren Vorteil: Sie entlastet die Organempfänger von der bedrückenden Vorstellung, von einer unfreiwilligen Organentnahme für die eigene Gesundheit oder Lebensfähigkeit zu profitieren.

Organhandel
Der 56jährige Autohändler Helmut O. mußte während mehr als drei Jahren wegen einer Niereninsuffizienz dreimal wöchentlich zur Dialyse. Durch Zufall hörte er 1993 von einer Klinik in Bombay (Indien), in der man relativ schnell zu einer neuen Niere gelangen könne. Er schickte seine medizinischen Werte ein und bekam bereits nach sechs Wochen zwei Spender und einen Operationstermin genannt. Eingepflanzt wurde ihm schließlich gegen die Bezahlung von pauschal 35 000 DM die Niere eines noch lebenden 28jährigen Inders.

Anders als in Indien ist die Organspende von Lebenden in Deutschland auf Verwandte beschränkt und nur in Ausnahmen zulässig.

Im ethischen Sinne verwerflich wird das Verfahren der **Lebendspende** im Rahmen ihrer Kommerzialisierung: Der lukrative Handel mit Organen von Spendern aus Dritte-Welt- und Ostblock-Ländern hat zeitweise erschreckende Ausmaße angenommen. Menschen in materieller Not verkaufen ihre elementaren Lebenschancen oder auch – im buchstäblichen Sinn – ihr Leben, um z. B. der eigenen Familie Unterhalt zu verschaffen.

Erste Verantwortung für diese kriminelle Zerstörung von Menschenleben und Menschenwürde tragen die von diesem Geschäft profitierenden Organhändler. Verantwortung für das Unrecht tragen aber auch die Organempfänger und beteiligten Mediziner: Denn Lebensrettung, und sei es die Rettung des eigenen, kann niemals die Zerstörung eines anderen menschlichen Lebens rechtfertigen.

Zusammenfassung	Folgerungen
▷ Die Würde und Unantastbarkeit des Menschen umfaßt seine ganze individuelle Lebensgeschichte und seine ganze Person (Körper, Seele und Geist).	▷ Die Abhängigkeit von der Mutter vor der Geburt oder die Hinfälligkeit in der Phase des Sterbens rechtfertigen nicht deren Miß-Achtung.
▷ Die verschiedenen Methoden der künstlichen Befruchtung haben ihren instrumentellen Wert einzig in der Unterstützung von berechtigten Kinderwünschen.	▷ Umgekehrt schaffen sie kein erweitertes „Recht auf ein Kind". Sie rechtfertigen auch weder die Gen-Manipulation noch ihre Kommerzialisierung.
▷ Ein Schwangerschaftsabbruch nach Einnistung der Keimzelle in der Gebärmutter ist Tötung eines individuellen menschlichen Lebens. Ob und unter welchen Bedingungen der Güterabwägung dies trotzdem erlaubt sein sollte, ist ethisch und rechtlich höchst umstritten. Straffreiheit eines Schwangerschaftsabbruchs ist nicht gleichzusetzen mit der ethischen Rechtfertigung.	▷ Kenntnis und Anwendung geeigneter Methoden zur Vermeidung einer Schwangerschaft sind für Mann und Frau eine gemeinsame Pflicht, wenn andernfalls ein Abbruch erwogen würde. Gesellschaftlicher Lebensschutz erfordert nicht nur Strafandrohung bei Schwangerschaftsabbruch, sondern wirksamen Lastenausgleich für die Kindererziehung.
▷ Die Transplantationsmedizin ist auf klare Regeln zur Todesfeststellung und Erlaubnis zur Organentnahme angewiesen. Sie darf aber die körperliche Integrität auch in der letzten Sterbe-Phase nicht gegen den Willen eines Menschen verletzen.	▷ Eine Organentnahme in der letzten Sterbephase ist gerechtfertigt, wenn – sie Leben und Gesundheit eines anderen rettet, und – die eindeutige Zustimmung des Betroffenen vorliegt, und – jede künstliche Lebensverlängerung sinnlos wäre.

16.4 Beziehung und Fürsorge

> Die soziale Beziehungsfähigkeit bezeichnet ein weites Feld menschlicher Freiheit und Lebensgestaltung: Begegnung, Partnerschaft, Freundschaft, Liebe, Kollegialität, Nachbarschaft, Verwandtschaft ...
> Zugleich ist mit jedem Grad der Beziehung ein entsprechendes Maß gegenseitiger Verpflichtung verbunden. An den Grenzen der Beziehungsfähigkeit kann mitmenschliche Fürsorge lebensentscheidend sein.

▶ *Muß die Gesellschaft diese Fürsorge organisieren oder trifft sie den einzelnen als Verpflichtung? Unter welchen Mindestvoraussetzungen erfüllt die Fürsorge für Alte und Sterbende das Kriterium der Humanität? Welche Formen der Sterbehilfe gehören zur mitmenschlichen Fürsorge?*

Altenpflege
Ein Zivildienstleistender berichtet vom Alltag in der Altenpflege:
"Ich arbeite an den Körperöffnungen der Menschen, ganz am Ende. Dort, wo der einzelne aufhört zu existieren, wo er sich langsam auflöst und zu einem übelriechenden Haufen welken Fleisches wird. Meine Patienten sind gelähmt, verkalkt, verkrebst, hirnschwündig, offen und fast schon tot...
Wir schrubbten und schmirgelten diesen schlaffen Körper mit unseren Waschlappen. Und die angetrocknete Kacke hing in jeder Pore fest, wollte einfach nicht von ihm runtergehen. Nachher setzten wir den Alten auf einen Stuhl, kämmten ihn und machten ihm ein Fußbad. Jetzt kam die Feinarbeit. Ich kniete mich hin und zwängte meinen Zeigefinger in die engen Zwischenräume seiner rissigen, verwachsenen und brandigen Zehen – und puhlte auch dort die Scheiße hervor. ...
Die Medizin hat die Lebenserwartung verlängert. Doch es ist keine allzu große Erwartung, die man an so ein verlängertes Leben stellen kann. Denn man wird krank an diesem langen Leben, stinkig, offen und eitrig.
Jochen Temsch, Das wird schon wieder, in: DIE ZEIT, Nr. 48/94

Eine solche Beschreibung wirkt aus zwei Gründen erschreckend:
- Sie zerrt weitgehend verborgene oder gar tabuisierte menschliche Wirklichkeit ans Licht. Sie fixiert nüchtern-sachlich den Schmutz und das Elend.
- Sie blendet alle anderen menschlichen Facetten aus, die des Alten, die des Pflegenden und ihre Beziehung zueinander.

Ist das der einzige Blick auf einen alten Menschen, werden ihm verbliebene Lebensräume versperrt:
– die Chance zu Erinnerung und Gespräch über den vergangenen Weg;
– die Erfahrung von menschlicher Beziehung, und sei es nur durch ein Streicheln oder einen Blickkontakt;
– die Ermutigung zur Hoffnung auf eine schmerzfreie Nacht, auf ein erträgliches Sterben oder gar einen bleibenden Lebenssinn;
– die Anerkennung als ganze Person, die mehr ist als das im Vordergrund stehende Füttern, Waschen und Beherrschen der Ausscheidungen.

Am Rande des Lebens und der Würde gelingt Menschsein nur mit Hilfe der Fürsorge anderer. Auf lange Sicht beruht diese auf Gegenseitigkeit: ein Gebot der Klugheit wie der Moral. Professionell organisierte Pflege bietet dabei wichtige Entlastung, entbinden aber nicht von der persönlichen Verpflichtung.

Sterbebegleitung

Die meisten alten Menschen in Deutschland sterben heute im Krankenhaus. Sterben ist freilich keine Krankheit, sondern eine Lebensphase mit besonderen Bedürfnissen. Ein Krankenhaus ist aber vor allem auf Lebensverlängerung eingerichtet, d. h., es ist nicht der bestgeeignete Ort zum Sterben.

Aufgabe einer fürsorglichen Sterbebegleitung ist es, den Bedürfnissen des Sterbenden so weit wie möglich entgegenzukommen. Sie sind auf den unterschiedlichen Ebenen des Menschseins angesiedelt:

körperliche Ebene:	Das wichtigste ist die Angst vor unerträglichen Schmerzen bzw. das Bedürfnis nach Schmerzlinderung.
seelische Ebene:	Sehr hilfreich ist die persönliche Atmosphäre und Zuwendung, die Erleichterung wachsender Beschwernisse, ein offenes Ohr für Wünsche und Mitteilungen.
soziale Ebene:	Im Vordergrund steht der Wunsch, zuhause sterben zu dürfen, im Kontakt mit vertrauten Menschen.
geistige Ebene:	Sie beinhaltet den Wunsch nach einem offenen behutsamen Umgang; die evtl Unterstützung zur allmählichen inneren Annahme des eigenen Sterbens sowie das Angebot geistlich-religiöser Zuwendung.

In vorbildlicher Weise stellt sich die sog. „**Hospiz-Bewegung**" in den Dienst einer ganzheitlich umfassenden, d. h. humanen Sterbebegleitung. Ihr Konzept setzt bei den genannten Bedürfnissen an und sucht ihnen nachzukommen mit Hilfe ehrenamtlicher Mitarbeiter, die sich in eine verläßliche Beziehung zu den Betreffenden und ihren Angehörigen hineinbegeben.
Im Gespräch bezeugen Mitarbeiter der Hospiz-Gruppen immer wieder die Kehrseite der menschlichen „Investition" in die Begleitung Sterbender: Sie bedeutet für die Lebenden eine große Bereicherung und Hilfe zur Bewältigung der eigenen Sterblichkeit, eigener Trauer und Verlusterfahrung.
Verallgemeinert heißt das: Fürsorge ist nicht nur für die Versorgten, sondern auch für die Sorgenden ein Weg zum vollen Menschsein, zur Humanität.

Euthanasie
Herr Erich Sch., 76 Jahre alt, Bewohner eines Altenpflegeheimes, leidet an einer fortgeschrittenen „senilen Demenz" (weitgehender Ausfall aller geistigen Fähigkeiten). Während eines Klinikaufenthaltes erleidet er einen Herzstillstand mit anschließender Reanimation (Wiederbelebung). Als Folge

bleibt sein Kleinhirn schwerstgeschädigt: Herr Sch. kann nicht mehr gehen oder stehen, weder sprechen noch schlucken, er ist nicht mehr ansprechbar und reagiert auch auf starke Reize nur durch unbestimmte Gesichtszuckungen und Knurren. Er wird durch eine Magensonde ernährt; sein Zustand ändert sich über Monate nicht. Die behandelnde Ärztin schlägt den nächsten Angehörigen schließlich vor, die Sondenernährung einzustellen und nur noch Tee zu verabreichen: Der Tod werde dann innerhalb von zwei bis drei Wochen eintreten, ohne zusätzliche Leiden für den Patienten.

Ein solcher Fall führt in den Grenzbereich zwischen aktiver und passiver Sterbehilfe, zwischen Tötungsverbot und letzter Hilfeleistung.

Für eine differenzierte ethische Bewertung bietet der allgemeine Begriff *Euthanasie* (gr. – "guter Tod") keinen genügenden Ausgangspunkt. Er ist in Deutschland zudem schwer belastet als irreführende Tarnbezeichnung für die systematische Tötung von mißgebildeten Kindern und Geisteskranken in der Zeit des Nationalsozialismus.

Für eine aktuelle Ethik des humanen Sterbens sind aber zumindest die folgenden Unterscheidungen notwendig:

- **Passive Sterbehilfe**: *Sie setzt den unumkehrbar tödlichen Verlauf einer Krankheit und die unmittelbare Todesnähe voraus. Gemeint ist der Abbruch bzw. das Unterlassen einer Behandlung, die den bereits begonnenen Sterbeprozeß lediglich verlängern würde.*
  Diese Form der Sterbehilfe ist rechtlich erlaubt, bei ausdrücklichem Wunsch des Patienten sogar verpflichtend. Sie ist auch ethisch gerechtfertigt, da die künstliche Verzögerung des Sterbeprozesses der Menschenwürde widerspricht. Schwer bestimmbar ist allerdings die entscheidende Frage, ab wann von einem unumkehrbaren Sterbeprozeß gesprochen werden kann.

- **Indirekte Sterbehilfe**: *Gemeint ist die konsequente Schmerzbekämpfung unter Inkaufnahme möglicher Lebensverkürzung durch die gegebenen Mittel.*
  Dieses Vorgehen gilt als rechtlich zulässig. Ethisch ist es vor allem deshalb zu rechtfertigen, weil (so erfahrene Ärzte und Sterbebegleiter) bei Schmerzfreiheit der Wunsch nach aktiver Sterbehilfe oder nach Hilfe zur Selbsttötung kaum aufkommt.

- **Aktive Sterbehilfe**: *Sie beinhaltet die gezielte und tätige Herbeiführung des Todes eines sterbenskranken oder sterbenden Patienten.*
  Sie ist grundsätzlich strafbar. Manche Ethiker suchen sie für einzelne Fälle und bei ausdrücklichem Todeswunsch zu rechtfertigen: Der Behandlungsabbruch (passive Sterbehilfe) könne manchmal zu einem weit schmerzvolleren, d. h. inhumaneren Tod führen.
  Die Gegenposition betont: Das Grundrecht der Selbstbestimmung könne auch für den Sterbeprozeß nicht abgetreten werden.

Hinzu kommt aber im Fall eines ausdrücklichen Todeswunsches: Selbsttötung und Beihilfe zur Selbsttötung sind zwar straffrei. Ihre ethische Rechtfertigung bleibt aber mit guten Gründen umstritten.

Der angeführte Fall des Herrn Sch. fällt in den Bereich der aktiven Sterbehilfe: Die Einstellung der künstlichen Ernährung kann zwar als Behandlungsabbruch (passive Sterbehilfe) verstanden werden. Es kann aber nicht von einer „deutlichen Todesnähe" gesprochen werden. Vielmehr würde der ansonsten möglicherweise noch ferne Tod aktiv herbeigeführt.
Der Vorschlag der Ärztin ist nach den genannten Kriterien also weder rechtlich noch ethisch zulässig. Trotzdem scheint es sich um einen Akt der Humanität zu handeln, der Hochachtung verdient.
Ein sicheres ethisches Urteil ist nur aufgrund einer weit tiefer gehenden Auseinandersetzung mit dem Einzelfall möglich.

Sterbehilfe bedarf in jedem Fall neben der rechtlichen und ethischen Orientierung einer geschulten menschlichen Empfindsamkeit. Denn ob wir Hilfe zum Leben oder Hilfe beim Sterben gegeben haben, läßt sich oft erst im Nachhinein entscheiden.

Zusammenfassung	Folgerungen
▷ Am Rande des Lebens kann die vorherrschende Hinfälligkeit eines Menschen seine Personenwürde verdecken oder zerstören. Ein Mindestmaß an Humanität wird dann allein durch die ganzheitliche Zuwendung anderer gewahrt.	▷ Fürsorge umfaßt in jedem Fall mehr als Körperpflege: gemeinsame Erinnerung, Gespräch, Berührung, Ermutigung und Anerkennung. Sie kann in der Regel nicht insgesamt an professionelle Helferinnen und Helfer abgetreten werden.
▷ Sterben ist eine Lebensphase mit besonderen Bedürfnissen auf körperlicher, seelischer, sozialer und geistig/spiritueller Ebene. Humanes Sterben kann erschwert werden durch die Fixierung auf Lebensverlängerung um jeden Preis.	▷ Eine fürsorgliche Sterbebegleitung nimmt alle Bedürfnisse ernst und opfert sie nicht allein der medizinisch-technischen Versorgung. Sterbebegleitung bietet die Chance zu beglückenden Erfahrungen für Betreuende und Betreute.
▷ Die einem Sterbenden gewährte Hilfe und Erleichterung ist auch dann gerechtfertigt, wenn sie als Nebenfolge den Sterbeprozeß verkürzt. Dazu kann auch das Unterlassen aller medizinischen Maßnahmen gehören, die das Sterben lediglich verlängern.	▷ Niemand hat dagegen ein Recht, das als inhuman, sinnlos oder lebensunwert angesehene Leiden eines anderen durch gezielte Tötung zu beenden. Selbst der ausdrückliche Todeswunsch eines Betroffenen rechtfertigt dies nicht.

17 Konflikte und Frieden

17.1 Vorverständnis

Menschliches Verhalten folgt erfahrungsgemäß oft dem Grundsatz „*Wie du mir, so ich dir*". Dies gilt für die Nachbarschaftshilfe – z. B. beim Hausbau – wie auch für den dargestellten Nachbarschaftskonflikt. Die gegenseitige Hilfe kann dabei auch problematische Formen annehmen nach dem Motto „*Eine Hand wäscht die andere*" - etwa beim gegenseitigen Zuschanzen von Aufträgen oder beim gemeinsamen Vorgehen gegen dritte. Andererseits kann ein Konflikt durchaus zu positiven Ergebnissen führen – etwa zur Wahrnehmung eigener Schwächen (hier: übertriebene Grundsätzlichkeit) im Spiegel des anderen oder zur schöpferischen Veränderung einer unbefriedigenden Situation.

Konflikte sind daher wertungsoffen wie das friedliche Mit- oder Nebeneinander. Beide Beziehungsformen gehören zur Natur des Menschen, beide eröffnen unterschiedliche Möglichkeiten:
- Der **Konflikt** (lat. *Zusammenstoß*) ermöglicht es entweder,
  – vorgegebene oder neue Situationen zu überdenken und zu verändern, oder
  – in Auseinandersetzung und Streit zu verharren und evtl. in Gewalt oder Unterdrückung zu münden.
- Der **Frieden** (althochdeutsch *fridu – Schutz, Sicherheit*)
  – bietet den notwendigen Rahmen für harmonische Entwicklung und Wohlbefinden;
  – kann zum sog. „faulen Frieden" degenerieren, der vorhandene Konflikte unterdrückt oder nach außen verlagert.

Trotzdem haben beide Begriffe nicht die gleiche Wertigkeit. Sie sind von unterschiedlichen, fast gegensätzlichen Empfindungen getragen. Konflikte sind in der Regel mit Anstrengungen verbunden, sie können in Niederlage und Enttäuschung enden; daher sind sie oft angstbesetzt und werden hinausgeschoben oder abgewehrt.

Friedliches Zusammenleben wird dagegen als entspannend erlebt, es bietet einen Schutzraum für gegenseitige Anregung und persönliches Wachsen, es ist der Inhalt menschlicher Sehnsucht.

Für die richtige Zuordnung bietet sich das Bild der Polarität an:

- Konflikte als der „negativ" und „dunkel" gefärbte Pol der unausweichlichen Wirklichkeit mit seinen Nöten, Gefahren und Chancen

- Frieden als der „positiv" und „hell" gefärbte Pol des erhofften Zieles eines jeden Konfliktes mit seinen Versprechungen, schönen Erfahrungen und Gefährdungen

Jede realistische **Friedensethik** sollte diese Polarität berücksichtigen und keinesfalls den Konfliktpol ausblenden. Frieden fußt immer auf der Fähigkeit zur Konfliktbewältigung. Umgekehrt führt nicht jede Form von (scheinbarer) Konfliktbewältigung zu friedlichem Miteinander.

In einem vereinfachten Konfliktschema zwischen zwei Positionen (A und B) sind fünf Folgezustände nach einem Konfliktbewältigungsprozeß denkbar:

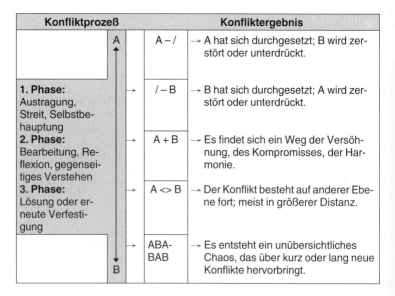

17.2 Konflikte und Konfliktbewältigung

Umweltverhalten

Frau S. möchte zur Erfüllung ihrer beruflichen und privaten Wünsche und Aufgaben möglichst beweglich sein; dazu verhilft ihr das viel benutzte Auto. Andererseits möchte sie den ihr möglichen Beitrag zur Schonung der Umwelt leisten; dazu wäre es sinnvoll, öffentliche Verkehrsmittel zu benutzen oder auf einen Teil der bisher regelmäßig zurückgelegten Fahrten zu verzichten.

Dieser typische und vielschichtige Zielkonflikt wirft zahlreiche Fragen auf:

▶ *Welche verschiedenen Konfliktebenen können unterschieden werden? Welche Lösungsstrategien sind auf den verschiedenen Ebenen sinnvoll? Welche Konfliktebene hat in einem solchen Fall Vorrang oder gar allein entscheidende Bedeutung für die erfolgreiche Konfliktbewältigung? Welche Konfliktphasen sind auf den verschiedenen Ebenen typisch?*

Konfliktebenen und Lösungsansätze

Ein solcher Zielkonflikt kann auf der **persönlichen Ebene** bearbeitet werden, indem die subjektive Gewichtung der beiden Ziele, die rationalen Argumente für das eine oder andere Verhalten und die möglichen Folgen der beiden Entscheidungsrichtungen gegeneinander abgewogen werden. Zudem können bisher nicht bedachte Motive beleuchtet und evtl. unbewußte Antriebe oder Hemmungen ins Bewußtsein gehoben werden. Vielfältige Lösungsmöglichkeiten, von der begründeten Fortsetzung des bisherigen Verhaltens über Kompromißlösungen bis zur radikalen Verhaltensänderung sind möglich. Immer handelt es sich um ein Ergebnis persönlicher Konfliktbewältigung, das auch persönlich umgesetzt und mit den unmittelbaren Folgen getragen wird.

Möglich wäre aber auch eine Betrachtung auf der **zwischenmenschlichen Ebene**. Angenommen, Frau S. lebt in einer Gemeinschaft (z. B. Familie) und arbeitet in einem größeren Betrieb. Sind die beiden Ziele individuelle Beweglichkeit und Umweltschonung für die meisten Mitglieder dieser beiden Gemeinschaften unstrittig und als Gemeinschaftsziele anerkannt, verlagert sich der Konflikt. Die Bildung von Fahrgemeinschaften oder die gerechte Verteilung der insgesamt angezielten Einschränkung der Autobenutzung könnten nun Lösungswege anbieten, aber gleichzeitig zu Regelungs- und Verteilungskonflikten führen. Das inhaltliche Gespräch über den Wert des Zieles, die bestmögliche Umsetzung und die gerechte Verteilung der Lasten würde in diesem Fall durchdrungen von Beziehungskonflikten (etwa um Macht, Prestige usw.) zwischen den Gruppenmitgliedern.

Ein strukturierter und für alle durchschaubarer Entscheidungsprozeß bietet die Chance, auch bei starken sozialen Konflikten zu einer Lösung zu kommen; eine neutrale Beratung von außen oder gar die Einigung auf eine „Schiedsinstanz" können weitere Hilfe zur Konfliktbewältigung geben.

Arbeitet Frau S. z. B. als Umweltberaterin, könnte sie durch ihre Überlegungen in einen **Rollenkonflikt** geraten. Die berufliche Rollenerwartung schließt möglicherweise eine weitgehende Übereinstimmung zwischen Beratungszielen (Alternativen zum Auto) und persönlichem Verhalten ein. Die familiäre Rollenerwartung könnte gerade in die gegenteilige Richtung gehen (schnelle Beweglichkeit zwischen Arbeitsplatz und Wohnung). Die zwei bereits genannten Ebenen der Konfliktbewältigung bestimmen diese Ebene mit. Erleichtert wird die Lösung eines solchen Konfliktes durch das Bewußtmachen der Rollenmuster und die Veränderung ausdrücklicher Rollenbeschreibungen.

Frau S.'s Zielkonflikt kann auch unter **gesellschaftlicher Perspektive** betrachtet werden. Verkehrspolitische, steuerpolitische, informationspolitische oder pädagogische Veränderungen der Rahmenbedingungen (hier: Verkehrssituation insgesamt) könnten die Ausgangslage für alle Betroffenen wesentlich verändern. Um die gesellschaftliche Konfliktbewältigung zu forcieren, sind verschiedene im demokratischen Rechtsstaat akzeptierte Strategien möglich:

- die *politische Initiative* mit dem Ziel der Gesetzesänderung;
- die *juristische Initiative* zur Überprüfung, ob eine neu entstandene Situation noch rechtmäßig ist, oder ob Veränderung erzwungen werden kann;
- die *Öffentlichkeitsinitiative* zur sachlichen Aufklärung oder mit dem Ziel der Bewußtseinsveränderung bei großen Teilen der Bevölkerung;
- die *Mobilisierungsstrategie* mit den Mitteln von Demonstration, Streik und gewaltlosem Widerstand zur Stärkung der eigenen Position und um die Gegenseite zum Einlenken zu bewegen.

Letztlich berührt das Konfliktbeispiel der Frau S. auch die **globale Ebene:** Die Luftverschmutzung durch den Autoverkehr hat ein globales Ausmaß angenommen; der Wirtschaftsfaktor Autoproduktion und die mit ihr verbundenen Arbeitsplätze müssen auf internationaler Ebene bewertet werden; der Zusammenhang zwischen individueller Mobilität, materiellem Reichtum und Verlust von Gemeinschaftskultur ist ein Menschheitsproblem.

Aus der *Perspektive der unmittelbar Betroffenen* bzw. Veränderungswilligen bietet eine enge Eingrenzung des Konfliktes am ehesten die Möglichkeit
- zu sachkundigem Beurteilen,
- zur direkten Auseinandersetzung und
- zur unmittelbar wirksamen Umsetzung.

Die Reichweite einer gelungenen Umsetzung der Ziele „Beweglichkeit" und „Umweltschonung" bleibt freilich entsprechend beschränkt auf den persönlichen und unmittelbaren sozialen Bereich.

Vorrangige Schritte der Konfliktbewältigung

Aus der *Perspektive der angezielten Werte* (Ermöglichung einer zeit- und menschengemäßen Mobilität bei größtmöglicher Umweltschonung) hat dagegen die jeweils höher bzw. weiter gefaßte Ebene größere Bedeutung, denn
- private Lösungen und verantwortliches Einzelverhalten verändern globale Probleme kaum und nur bei massivem Auftreten;
- die Verbesserung globaler Rahmenbedingungen kann dagegen Konfliktlösungen auf der jeweils tieferen Ebene entscheidend erleichtern.

Die Fristen, die zur Konfliktbewältigung und zur Verwirklichung neuer Lösungen benötigt werden, wachsen mit jeder Erweiterung der Konfliktebene erheblich. Sinnvoll und in hohem Maße glaubwürdig ist daher eine Konfliktstrategie, die auf allen Ebenen gleichzeitig oder doch zumindest auf mehreren Ebenen (je nach persönlichem Vermögen) ansetzt.

Voraussetzung einer erfolgreichen Konfliktbewältigung auf allen angesprochenen Ebenen ist:
– die Fähigkeit der Betroffenen oder eine geeignete Hilfestellung von außen, um über die typischen Strategien der Streitphase hinwegzukommen;

– die notwendige Offenheit und die Beachtung kommunikativer Regeln zur Eröffnung eines fairen und offenen Gesprächs – bzw. Verhandlungsrahmens in der Bearbeitungsphase;

– Kreativität und Zuverlässigkeit in der Umsetzung bzw. Einhaltung von Vereinbarungen und Kompromissen.

Tatsächlich vorhandene Konflikte können nicht durch Verschweigen oder Verdrängen gelöst werden. Viele Konflikte wären allerdings im Vorfeld vermeidbar, da sie allein auf falscher Selbst- oder Fremdeinschätzung, auf mißverständlicher Kommunikation, auf unfairem mitmenschlichem Umgang oder auf der Mißachtung hilfreicher Regeln beruhen.

PAUL WATZLAWICK (geb. 1921), Philosoph und Psychotherapeut, verdeutlicht dies, indem er ein Beispiel mißlungener Alltagskommunikation überspitzt:

Ein Mann will ein Bild aufhängen. Den Nagel hat er, nicht aber den Hammer. Der Nachbar hat einen. Also beschließt unser Mann, hinüberzugehen und ihn auszuborgen. Doch da kommt ihm ein Zweifel: Was, wenn der Nachbar mir den Hammer nicht leihen will? Gestern schon grüßte er mich nur so flüchtig. Vielleicht war er in Eile. Aber vielleicht war die Eile auch nur vorgeschützt, und er hat was gegen mich. Und was? Ich habe ihm nichts angetan; der bildet sich da was ein. Wenn jemand von mir ein Werkzeug borgen wollte, ich gäbe es ihm sofort. Und warum er nicht? Wie kann man einem Mitmenschen einem so einfachen Gefallen abschlagen? Leute wie dieser Kerl vergiften einem das Leben. Und dann bildet er sich noch ein, ich sei auf ihn angewiesen. Bloß weil er einen Hammer hat. Jetzt reicht's mir wirklich. -Und so stürmt er hinüber, läutet, der Nachbar öffnet, doch noch bevor er „Guten Tag" sagen kann schreit ihn unser Mann an: „Behalten Sie Ihren Hammer, Sie Rüpel!"
  aus: P. Watzlawick, Anleitung zum Unglücklichsein, München 1983

Konfliktphasen und -strategien
Entscheidender Ansatzpunkt für eine friedliche Konfliktbewältigung ist die Unterscheidung der verschiedenen Konfliktebenen und -phasen sowie die Anwendung einer jeweils angemessenen Strategie:

Konfliktebenen (Felder)	Konfliktphasen (typ. Strategien)	
internationale Ebene Politik Wirtschaft Kultur	Streitphase	Abschottung, Drohung, Krieg
	Bearbeitungsphase	Verhandlung, Verträge, Vertrauensbildung
	Entspannungsphase	Austausch, Konkurrenz, Zusammenarbeit
gesellschaftliche Ebene: Gesetzgebung Rechtsprechung öffentliche Meinung	Streitphase	öffentliche Debatte, Demonstration, Streik
	Bearbeitungsphase	Expertenanhörung, politische Debatte; Entscheidung
	Entspannungsphase	Veränderung von Strukturen; Einvernehmen zwischen Gruppen; Anwendung und Korrektur
soziale Ebene Gespräch Spiel Kampf	Streitphase	Ärger ausdrücken; Argumente konfrontieren; sich durchsetzen
	Bearbeitungsphase	sich gegenseitig anhören; Alternativen; Kompromisse
	Entspannungsphase	Versöhnung; Vereinbarung; Trennung
Rollenkonflikte (Familien-)Status Geschlecht Beruf	Streitphase	Aufeinanderstoßen unterschiedlicher Rollenerwartungen
	Bearbeitungsphase	Rollenmuster bewußt machen; Rollenbeschreibungen ändern und erproben
	Entspannungsphase	bewußte und einvernehmliche Rollenübernahme
persönliche Ebene Denken Empfinden Wollen	Streitphase	konkurrierende Wünsche, Ziele, Ansprüche
	Bearbeitungsphase	Klärung von Motiven, Vorzügen, Nachteilen
	Entspannungsphase	inneres Gleichgewicht; äußere Verhaltensänderung

Zusammenfassung	Folgerungen
▷ In einem Konflikt sind in der Regel unterschiedliche Ebenen und konkurrierende Werte miteinander verwoben; konfliktbeteiligte Personen haben meist widerstreitende Interessen.	▷ Voraussetzung einer Lösung ist in vielen Fällen die getrennte Bearbeitung von Teilproblemen, die Abwägung ihrer jeweiligen Wertigkeit und die offene Beteiligung aller Betroffenen.
▷ Die Chance zu einer kurzfristigen Konfliktbewältigung wächst – durch Eingrenzung des Problems, – durch eine genügende Sachkunde der Betroffenen, – durch faire Kommunikation und kreative Lösungssuche.	▷ Auch weitreichende Konflikte lassen sich oft auf der persönlichen Ebene einer Teillösung zuführen. Bei mangelhafter Sachkunde oder Konfliktfähigkeit der Beteiligten kann eine kompetente Hilfestellung von außen sinnvoll sein.
▷ Jede Konfliktebene kennt typische Konfliktphasen und die dazugehörenden Strategien. Sie zu kennen, ggf. auch angemessen zu nutzen bzw. bewußt zu durchleben, erweitert die eigene Konfliktfähigkeit.	▷ Konflikte bieten Lernfeld und „Motor" – für persönl. Entwicklung, – für notwendigen Wandel und soziales Einvernehmen, – für Fortschritt und Verständigung.

17.3 Krieg und Frieden

Die Folgen mißlungener Konfliktbewältigung stehen in der Regel in krassem Widerspruch zu dem Ziel gelingenden Lebens:
– Verletzung und innere Zerrissenheit auf der *persönlichen Ebene*,
– Konfrontation und Gewalt auf der *sozialen Ebene*,
– Gewaltstrukturen und Unterdrückung (oder Bürgerkrieg) auf der *gesellschaftlichen Ebene*,
– Nationalismus und Imperialismus auf der *internationalen Ebene*.

Auf der internationalen Ebene sind die Folgen einer gewaltsamen Konfliktaustragung besonders schwerwiegend, ja katastrophal; gleichzeitig bestehen die geringsten Möglichkeiten, die Konfliktparteien zwingend an gewaltfreie Streitformen zu binden.

▶ *Welche Faktoren begünstigen das Umschlagen internationaler Konflikte in kriegerische Auseinandersetzungen? Was beinhalten die verschiedenen Grundhaltungen zu Krieg und Frieden? Welche Interessen können einen Krieg rechtfertigen? Welche Bedingungen machen einen „gerechten Krieg" aus? Kann es heute noch „gerechte Kriege" geben?*

Konfliktbewältigung kann mißlingen,
- weil die verschiedenen Positionen auf der Sachebene unvereinbar und ohne Kompromißmöglichkeit bleiben;
  Zum Beispiel gilt dies für den seit Jahrzehnten andauernden energiepolitischen Konflikt um die Nutzung der Atomenergie bzw. den sog. „Ausstieg".

- weil die Kontrahenten gegensätzliche Interessen kompromißlos vertreten;
  Zum Beispiel gilt das für manche Tarifauseinandersetzungen, deren Scheitern regelmäßig nur durch Signale und reale Schritte der Kompromißbereitschaft verhindert werden kann.

- weil die Konfliktbeteiligten aus verschiedenen Überzeugungen heraus reden und handeln;
  Besonders gilt dies für Religions- und Weltanschauungskonflikte, die in der Vergangenheit zu zahlreichen Religions- und Konfessionskriegen geführt haben (z. B. in den französischen Hugenottenkriegen des 17. Jh.) und noch heute führen (Nordirland-Konflikt).

- weil die Beteiligten von konträren Wertvorstellungen ausgehen;
  Zum Beispiel stehen sich im Konflikt um eine ethisch verantwortbare Abtreibungsregelung die Streiterinnen für ein weitgehendes Selbstbestimmungs- und Selbstverwirklichungsrecht der betroffenen Frauen sowie die Verteidiger einer absoluten Unverfügbarkeit werdenden menschlichen Lebens in einem unversöhnlichen Wertekonflikt gegenüber.

- weil die Streitenden sich widersprechenden Lebenswelten (bzw. -formen) verpflichtet fühlen;
  Vor allem gilt das für Generationenkonflikte, wie z. B. innerhalb der Familie, innerhalb der Schule oder auf gesellschaftlich-politischer Ebene.

- weil den Betreffenden aufgrund emotionaler Eskalation die Befähigung zu erfolgversprechenden Konfliktbewältigungstrategien entgleitet;
  Dies kann ebenso für den Streit zwischen zwei Lebenspartnern gelten wie für große internationale Konflikte (Beispiel Golfkrieg).

- oder weil mehrere dieser Ursachen miteinander verbunden vorliegen.

Vom Konflikt zum Krieg

Innerhalb eines demokratischen Rechtsstaates können verfestigte Konflikte (z. B. zwischen streitenden Nachbarn) durch die Bindung aller Betroffenen an das geltende Recht gemildert werden. Bei rechtswidrigen Eskalationen (z. B. Gewalttätigkeit) bleibt dem Unterlegenen ein gerichtlich einklagbarer Schutz bzw. Schadensersatz. Auf internationaler Ebene fehlt dagegen bis heute eine mit entsprechender Legitimation und Machtmitteln ausgestattete Instanz zur wirksamen Regulierung zwischenstaatlicher oder innerstaatlich-ethnischer Konflikte. Zahlreiche Konfliktherde der Gegenwart zeigen, daß die UNO von der Herstellung einer solchen gleichsam weltstaatlichen Ordnung weit entfernt ist. Auf dieser Ebene spielt die ethische Rechtfertigung bzw. Verurteilung gewaltsamer Konfliktlösungswege eine entscheidende Rolle.

Golfkrieg
Am 2. August 1990 marschierten irakische Truppen in Kuwait ein; am 8. August erklärte Präsident Saddam Hussein die Annexion (gewaltsame staatliche Aneignung) des Emirates Kuwait. Hussein weigerte sich in der Folgezeit, der Resolution des Weltsicherheitsrates zur Räumung des besetzten Landes nachzukommen. Das daraufhin vom Sicherheitsrat beschlossene umfassende Wirtschaftsembargo sowie zahlreiche diplomatische Vermittlungsversuche führten ebenfalls nicht zu einem Einlenken. Nach Ablauf eines entsprechenden Ultimatums des UN-Sicherheitsrates am 15. Januar 1991 begann die Allianz westlicher und arabischer Staaten unter der Führung der USA am 17. Januar mit einem sechswöchigen Luftkrieg. Hussein reagierte u. a. mit dem Abschuß von Scut-Raketen auf Israel sowie mit dem Einleiten von Erdöl in den Persischen Golf und dem Anzünden kuwaitischer Ölquellen. Der Krieg führte insofern zum Erfolg, als Kuwait „befreit" werden konnte und Hussein die weiteren Waffenstillstandsbedingungen der Allianz (u. a. Schadensersatzleistungen; Verzicht auf biologische, chemische und atomare Waffen) akzeptieren mußte. Weitere Folgen aber waren: eine sehr hohe Zahl von Toten auf irakischer Seite (auch unter der Zivilbevölkerung); die blutige Verfolgung von schiitischen Muslimen und Kurden, die zum Aufstand gegen Hussein aufgerufen hatten; eine Umweltkatastrophe großen Ausmaßes.

Die ethische Bewertung des Golfkrieges ist bis heute umstritten. Sollen die verschiedenen Positionen gegeneinander abgewogen werden, müssen sowohl die jeweils enthaltene ethische Grundentscheidung als auch die Beurteilung der konkreten Fakten bewußt gemacht werden. Dabei erweisen sich die typischen Grundhaltungen zu diesem Krieg als durchaus traditionell und aus anderen Kriegsdiskussionen bekannt; die konkreten Kriegsumstände zeigen dagegen ein ganz spezielles Schreckensgesicht.

Grundhaltungen zu Krieg und Frieden
Die vier klassischen Möglichkeiten kriegstheoretischer bzw. friedensethischer Vorentscheidung lassen sich auch in der Golfkriegsdiskussion voneinander abheben:

- **Bellizismus** (lat. *bellum – der Krieg*): Diese Position sieht in Krieg und Kampf gleichsam den Naturzustand, in dem der Mensch für den Menschen ein Wolf ist. Das absolut Böse (hier: Saddam Hussein bzw. George Bush) kann letztlich nur auf gewaltsamem Weg besiegt oder in Schach gehalten werden. Bei tatsächlichem oder vermeintlichem schweren Unrecht am eigenen Volk wird die blutige Rache zur heiligen Pflicht.

- **Pragmatismus** (gr. *pragma – Sache, Geschäft*): Dieser Position geht es um rechtmäßige bzw. gerechtfertigte politische und wirtschaftliche Interessen. Das eigene Kollektiv, sei es das Volk, die Nation oder auch die internationale Staatengemeinschaft (UNO), hat demnach das Recht und die Pflicht, die gültige Rechtsordnung mit allen Mitteln zu verteidigen, falls notwendig auch mit militärischer Gewalt. Krieg versteht diese Position als eine bloße Fortsetzung der Politik mit anderen Mitteln.

- **Pazifismus**(lat. *pax – Friede*): Für diese Position besitzt der Friede von vorneherein höchsten Eigenwert. Kriege und Revolutionen erscheinen nur im äußersten Notfall und bei Beachtung zahlreicher ethischer Kriterien gerechtfertigt. Wichtigstes Kriterium ist die Verhältnismäßigkeit zwischen dem mit kriegerischen Mitteln bekämpften Übel und dem durch den Krieg verursachten Leid. Im Zeitalter der Massenvernichtungswaffen wird der Pazifismus daher meist zu einem begründeten Radikalpazifismus.

- **Radikalpazifismus** (lat. *radix – Wurzel*): Für diese Position kann es grundsätzlich keine Situation geben, in der die Anwendung militärischer Gewalt gerechtfertigt wäre. Oft wird dies mit einem (z. B. religiös gefärbten) Bekenntnis zur absoluten Gewaltlosigkeit begründet, auch um den Preis der eigenen Unterdrückung oder Vernichtung. Weitere Argumente sind die menschlichen Opfer sowie die sozialen und ökologischen Kosten militärischer Aktionen. Für den Fall einer bewaffneten Okkupation des eigenen Landes haben Pazifisten verschiedene Modelle sogenannter „*Sozialer Verteidigung*" und gewaltlosen Widerstandes entwickelt.

Interesse und Rechtfertigung
Die Begründungen des militärischen Eingreifens im Golfkrieg bezogen sich mit unterschiedlichem Akzent auf die drei erstgenannten Grundhaltungen:
– Der „*teuflische Agressor*"Saddam Hussein habe diese Strafaktion verdient.
– Zur Wahrung der berechtigten Interessen Kuwaits und seiner Wirtschaftspartner bleibe leider keine andere Wahl als eine massive Militäraktion.
– Auch nach Abwägung der zu erwartenden Schäden mit dem unverzichtbaren Befreiungsziel müsse man von einem „gerechten Krieg" sprechen.

Für die breite Zustimmung der Bevölkerung sorgte vor allem die dritte Argumentation. Kritiker sprachen aber von einer **Freiheitsideologie**, die der rücksichtslosen Verfolgung eigener Interessen vorgeschützt sei.
Mit zeitlichem Abstand und mit Blick auf allgemein anerkannte Kriterien ist an diesem Beispiel zu überprüfen, ob es sich tatsächlich um einen **ethisch gerechtfertigten Krieg** gehandelt hat.
Dazu sind zunächst die problematischsten Bedingungen des Golfkrieges ins Gedächtnis zu rufen:

- Die Bombardierungen des Irak trafen in hohem Maße die Zivilbevölkerung: Dadurch war die Tendenz zum Völkermord gegeben.
- Das Ziel, gegen die irakische Fremdherrschaft in Kuwait und für die Herstellung der Demokratie zu kämpfen, wurde nach Kriegsende nicht weiterverfolgt; das kuwaitische Regime erwies sich nach wie vor als undemokratisch und sogar zum Einsatz von Foltermethoden bereit.
- Die selben Länder, die gegen Irak Krieg führten (oder dies unterstützten), waren durch Rüstungsexporte an Saddam Hussein mitverantwortlich für seine Möglichkeiten der Kriegsführung und Eroberung.
- Das Ziel der Gerechtigkeit wurde lediglich mit Blick auf die eigenen Interessen verfolgt, nicht aber mit Blick auf die Lebensmöglichkeiten der kurdischen und schiitischen Volksgruppen im Irak.
- Die Bombardierungsschäden und die von Saddam initiierten Umweltschäden wurden nicht in die Erfolgs-/Mißerfolgsbilanz des Krieges miteinbezogen.

Der gerechte Krieg
Die seit dem Mittelalter diskutierten Kriterien für einen gerechten Krieg lauten:

- Nur eine *legitime Autorität* darf den Krieg erklären. In früheren Jahrhunderten war dies der Fürst oder Souverän des Volkes, heute muß dies eine auf demokratischem Weg ermächtigte Regierung oder die internationale Volksgemeinschaft sein.

- Es muß ein *gerechter und schwerwiegender Grund* vorliegen. Eine das Recht brechende Störung des Friedens durch von außen kommende Gewalt ist ein solcher den Verteidigungskrieg rechtfertigender Grund. Die Herstellung der ursprünglichen Ordnung nach der erlittenen (bereits abgeschlossenen) Unrechtsaktion rechtfertigt dagegen nicht in jedem Fall einen Angriffskrieg.

- Der Krieg muß in jedem Fall das *äußerste und letztmögliche Mittel* sein. D. h., alle nicht-militärischen Mittel und Wege zur möglichen Lösung eines Konfliktes müssen ausgeschöpft sein.

- Der Krieg muß in *gerechter Absicht* geführt werden, d. h. mit dem Ziel, Frieden und Gerechtigkeit wiederherzustellen.

- Der Krieg muß nach dem *Prinzip der Verhältnismäßigkeit* geführt werden. D. h., die durch den Krieg verursachten Leiden und Schäden dürfen nicht schwerer wiegen als das zu bekämpfende Unrecht. Ist dies nicht möglich, besteht die Verpflichtung, Rechtsverzicht zu leisten.

Wendet man diese Kriterien auf die konkreten Gegebenheiten des Golfkrieges an, ergibt sich folgende Beurteilung:
- Der Präsident der USA wurde vom amerik. Kongreß ermächtigt, Irak den Krieg zu erklären. Ob er durch das UNO-Ultimatum, das Gewaltanwendung nach dem 15.1.1991 für legitim erklärte, genügend legitimiert war, stellvertretend für die Völkergemeinschaft Krieg zu führen, ist fraglich.
  ⇒ Das Kriterium der *Legitimation* war nur teilweise erfüllt.

- Die internationales Recht brechende Besetzung Kuwaits und die brutale Unterdrückung der dortigen Bevölkerung durch das irakische Militär kann als ein genügend schwerwiegender Grund für einen Befreiungskrieg angesehen werden.
  ⇒ Das Kriterium eines rechtmäßigen und *schwerwiegenden Grundes* war erfüllt.

- Ob die Möglichkeiten wirtschaftlicher Sanktionen, internationalen politischen Drucks und erneuter Verhandlung ausgeschöpft waren, ist umstritten. Das zum schnellen Angriff drängende Argument, Irak dürfe keine weitere Zeit zum möglichen Bau einer Atombombe gewinnen, ist zwar schwerwiegend; angesichts der zunehmenden Verbreitung von Atomwaffen trifft es jedoch kein Spezifikum des hier diskutierten Konfliktes.
  ⇒ Das Kriterium der *"ultima ratio"* (letzte Möglichkeit) war nur unzureichend erfüllt.

- Die Sicherung der Ölversorgung für die westliche Welt rechtfertigt keinen Krieg. Die Absicht, den schwerwiegenden Bruch des Völkerrechtes durch den Irak rückgängig zu machen, hat dagegen einen hohen Rang. Allerdings läßt die Hinnahme ebenso schwerwiegender Völkerrechtsverletzungen in anderen Fällen vermuten, daß dies nicht die ausschlaggebende Absicht war. Das Ziel, dem kuwaitischen Volk zu seinem Recht zu verhelfen, stand offenbar nicht im Vordergrund; dies zeigt die andauernde Stützung des dortigen undemokratischen Regimes.
  ⇒ Das Kriterium der richtigen bzw. *gerechten Absicht* war nicht erfüllt.

- Die Verhältnismäßigkeit der Mittel ihrer Kriegshandlungen wurde auf Seiten der Allianz gar nicht erst wirklich reflektiert. Während des Krieges verhinderte eine strenge Zensur das frühzeitige Bekanntwerden der wirklichen Kriegsleiden der Bevölkerung und der Kriegsschäden an Natur und Kulturgütern. Setzt man das Ziel eines für die betroffenen Menschen gerechten und lebenswerten Friedens voraus, so hat der Krieg vieles von dem zerstört, was seine Befürworter zu schützen vorgaben.
  ⇒ Das Kriterium der *Verhältnismäßigkeit* wurde nicht beachtet.

Zusammenfassung	Folgerungen
▷ Der hohe Anspruch der Golfkriegsparteien, einen „gerechten" Krieg zu führen, war auf keiner Seite ethisch gerechtfertigt.	▷ Die ethische Begründung eines Krieges steht immer unter dem Verdacht, bloße Ummäntelung von Interessen zu sein. Er bedarf der detaillierten Überprüfung.
▷ Es ist fraglich, ob es heute noch „gerechte" Kriege geben kann. Das Zerstörungspotential moderner Waffentechnik schließt die Einhaltung der Verhältnismäßigkeit nahezu aus. Frieden muß heute die Überwindung der Institution des Krieges bedeuten.	▷ Die innerhalb demokratischer Rechtsstaaten bewährten Wege der Konfliktaustragung, des Rechtsschutzes für Schwächere und der Durchsetzung von Rechtsentscheidungen durch eine legalisierte Exekutionsgewalt müssen auch auf internationaler Ebene die kriegerische Konfliktaustragung ersetzen.
▷ Der Anspruch eines gemäßigten Pazifismus in den Industriestaaten erfordert den Verzicht auf Hochrüstung und auf lukrative Rüstungsgeschäfte mit den armen Ländern.	▷ Dadurch werden Mittel zur zivilen Entwicklung frei. Internationale Bemühungen um geregelte und friedliche Wege der Konfliktaustragung gewinnen an Glaubwürdigkeit und Erfolgschancen.

17.4 Geschichte und Konzepte der Friedensethik

> *Die amerikanische Forschergruppe World Priorities Inc. (WPI) zählte für das Jahr 1992 29 mit militärischer Gewalt ausgetragene Konflikte. Seit dem Zweiten Weltkrieg habe es 149 größere Kriege gegeben (mit mehr als 1 000 Toten im Jahr); 24 Millionen Menschen seien dabei ums Leben gekommen; 92% dieser Kriege haben in Entwicklungsländern stattgefunden; die Zahl der jährlichen Kriegstoten sei in diesem Jahrhundert doppelt so hoch wie im vergangenen und siebenmal so hoch wie im 17. Jahrhundert.*
>
> Würde man eine solche Aufzählung durch alle Jahrhunderte hindurch fortführen, würde deutlich: Zu keiner Zeit und in keiner historisch bezeugten Gesellschaft ist Frieden von Natur aus gegeben. Stets wurden Friedenszeiten und Friedensräume der allgemeinen Tendenz zu Kampf und Krieg im Konfliktfall abgerungen. Für die Ethik stellen sich daher die Fragen:

▶ *Gibt es eine Pflicht zum Frieden, und was ist ihre letztgültige Begründung? Was sind die wichtigsten Konzepte zur Verwirklichung der menschlichen Friedenssehnsucht? Gibt es einen Fortschritt der Friedenskonzepte? In welchem Verhältnis standen in verschiedenen Epochen die jeweiligen Friedensleitbilder und die tatsächliche Praxis?*

Die Verpflichtungen zum Frieden lassen sich in vier Kategorien einteilen:
- **kosmologisches Denken:** Der Mensch ist ein Mikrokosmos. In seiner Person und in seiner sozialen Organisation bildet er die Harmonie in der planetarischen Bewegung des Kosmos ab.
- **theologisches Denken:** Vom Schöpfergott ist die paradiesische Stimmigkeit zwischen den Menschen sowie zwischen Mensch und Natur gewollt; daher ist sie den Menschen als Zielorientierung aufgegeben.
- **naturorientiertes Denken:** Die Verträglichkeit der Artgenossen im Tierreich und das organische Zusammenspiel der Naturgegebenheiten bieten dem Menschen ein Vorbild, denn er ist Teil der Natur.
- **humanistisches Denken:** Der Mensch ist durch seine Geistbegabung und seine Fähigkeit zur freien und verantwortlichen Gestaltung der Welt aus der übrigen Natur herausgehoben. Die damit gegebene besondere Menschenwürde schließt jede Form der Gewalt gegen Menschen aus.

Beim historischen Überblick über **friedensethische Konzepte** läßt sich keine Stufenentwicklung der Menschheit von „primitiver" Kriegsfreudigkeit zu „zivilisierter" Friedensverantwortung feststellen. Doch auch die Vermutung einer umgekehrten Entwicklungsrichtung ist nicht nachweisbar. Die Geschichte der Friedensethik bewegt sich vielmehr im Spannungsfeld von Anspruch und Wirklichkeit, von Ideal und Praxis. Ihr stärkster Widerspruch äußert sich meist im Auseinanderdriften von internem Verhalten (in der Gruppe, im eigenen Staat, in der eigenen Religion) und dem Verhalten nach außen.
Der Überblick über die wichtigsten Friedensleitbilder in der abendländischen Geschichte zeigt diese Widersprüchlichkeit von Anspruch und Wirklichkeit.

Abendländische Friedensleitbilder in Antike und Mittelalter		. . . und ihre Widersprüche
frühe Kulturen	**Friedensordnung** – Friedenssicherung nach innen durch die Macht und Ordnung göttlicher bzw. menschlicher Herrschaft	Bereitschaft zur kriegerischen Selbstbehauptung nach außen
vorhellenische Griechen	**Eirene** (gr. *Frieden, Friedenszeit*) – ausnahmsweise Friedenszeiten zwischen Kriegen; mehr oder weniger herbeigesehnt	Kampf und Krieg werden als Normalfall beschrieben.
PLATON/ ARISTOTELES	**Einigkeit** – Ziel der Polis ist es, Krieg und Bürgerzwist zu vermeiden. Nur im Frieden kann der Einzelne etwas lernen und die Gemeinschaft politisch handeln.	Krieg kann notwendiges Übel sein zur Verteidigung des Gemeinwesens.
Hellenismus bis Spätantike	**Friedenssicherung** – Sie wird zur politischen Aufgabe auf verschiedenen Ebenen: in der Polis – in der ganzen hellenischen Kulturgemeinschaft – zwischen den Völkern (einschl. der Barbaren).	Für dieses Ziel können Befriedigungs- und Unterwerfungskriege gerechtfertigt sein.
röm. Reich	**pax romana** – verbindet die Ideen von Frieden und Ordnung unter der Herrschaft und dem Schutz des römischen Kaisers	rechtfertigt Unterwerfungskriege und Zwangsherrschaft: *„Wenn du den Frieden willst, rüste zum Krieg."*
alttestamentliches Judentum	**Schalom** (hebr. *Friede*) – gelungenes Leben im Einvernehmen der Bundesgemeinschaft untereinander und mit Gott; ausgehend vom Heilswillen Gottes – getragen von Gerechtigkeit und Gesetz	Erfolgreiche Kriegsführung nach außen wurde teilweise als Zeichen des Friedens mit Gott verstanden.
frühes und mittelalterliches Christentum	**Pax divina** (lat. *Friede Gottes*) – baut auf Christus als „Friedensfürsten" und Versöhner zwischen Gott und den Menschen; Erwartung des verwirklichten Friedens am Ende der Zeiten als Erlösung; in der Gegenwart Gebot des Gewaltverzichts und der Feindesliebe.	seit der Wende zur Staatsreligion (ab 313): kriegerische Mittel werden akzeptiert zur Wahrung oder Wiederherstellung der Rechtsordnung; Augustinus (354-430): Lehre vom „gerechten Krieg"

Friedensleitbilder der Neuzeit   *... und ihre Widersprüche*

beginnende Neuzeit (16. Jh.)	**Pax christiana** – verstanden als Einheit der Christen – wird das zunehmend gefährdete Ziel; humanistische Rufe nach Frieden (z. B. Erasmus von Rotterdam oder Thomas Morus) verstärken das christliche Friedensangebot.	Die grausame Geschichte der Kreuzzüge und der „Reconquista" (Wiedereroberung spanischer Gebiete) wird verdrängt; ebenso die kriegerische „Christianisierung" überseeischer Gebiete. Gegenüber nicht-christlichen Mächten erscheint Krieg gerechtfertigt.
Aufklärung (18./19. Jh.)	**Globalfrieden** – als Forderung nach Nichteinmischung, nach Abrüstung, Verbot von Eroberungen und Schaffung eines föderativen Völkerbundes; insbesondere von I. Kant in seiner Schrift *„Vom ewigen Frieden"* (1795) mit Vernunfterfordernissen begründet	Nationalismus des 19. Jh. betrachtete Krieg dagegen nicht nur als notwendig, sondern z. T. gar als Kulturideal (kriegsverherrlichender Bellizismus).
Gegenwart (20. Jh.)	**Kriegsverhinderung** wird zum wichtigsten Ziel der Politik und der Friedensforschung. Durch ein Netz internationaler Verträge und Institutionen, vor allem durch die UNO (seit 1945), sollen Konflikte begrenzt und Kriege verhindert werden. Innerstaatlich dienen die Verwirklichung der Menschenrechte und der sozialen Gerechtigkeit der Friedenssicherung.	Zwei Weltkriege sowie Dutzende von regionalen Kriegen machen die Hoffnung auf eine wirksamere Weltfriedensordnung immer wieder zunichte. Die Strategie der Abschreckung, die damit verbundene Rüstungsspirale, Waffenexporte usw. scheinen kaum begrenzbar.
Gegenwart (alternativ)	**Friedensbewegung** – entstanden in kriegsgegnerischen und pazifistischen Kreisen nach dem I. Weltkrieg; entwickelte sich am Beginn der 80er Jahre zu einer rüstungsgegnerischen Massenbewegung; Dritte-Welt-Initiativen, ökologische Werte, Gedanken der Bergpredigt, das marxistische Leitbild einer klassenlosen Gesellschaft und Konzepte der sozialen Verteidigung verbinden sich in ihr	Die Verlagerung der Kriegsgefahr vom Ost-West-Konflikt auf regionale ethnische Konflikte ließ die Friedensbewegung weitgehend verstummen. Die Ziele einer weit verbreiteten sozialen Kompetenz, freier Kommunikation und gewaltloser Konfliktaustragung sind nicht eingelöst.

Zusammenfassung	Folgerungen
▷ Je nach weltanschaulicher oder religiöser Bindung erhält die Begründung der ethischen Verpflichtung zum Frieden einen unterschiedlichen Akzent: Die weltweit größte Zustimmung hat das Konzept der Menschenwürde, die jede Form der Gewalt gegen Menschen verbietet.	▷ Die Geltung der Friedensethik ist letztlich nicht abhängig von ihrer Begründung bzw. deren unwidersprochener Hinnahme. Entscheidend ist vielmehr ihre praktische Anerkennung in einer konkreten Konfliktsituation.
▷ In Antike und Mittelalter sind die Friedensleitbilder vor allem geprägt durch religiöse oder innergesellschaftliche Hoffnungen. Hinzu kommen Strategien zur Bewältigung oder Abwehr der weit verbreiteten Erfahrung von Kampf und Krieg. In der Neuzeit stehen den ausgeweiteten Forderungen nach einem globalen Frieden wachsende militärische Möglichkeiten und ihre vielfache Anwendung gegenüber (insbesondere in zwei Weltkriegen).	▷ Der historische Überblick zeigt keinen Fortschritt der Menschheit von primitiver Kriegsfreudigkeit zu einer zivilisierten Friedenskultur. Die Entwicklung verläuft vielmehr widersprüchlich: zwischen Ideal und Praxis, zwischen Binnenverhalten und Außenverhalten, zwischen religiöser Hoffnung und weltlicher Erfahrung.
▷ Die Auflösung der Ost-West-Bedrohung hat nicht zu einer allgemeinen Entmilitarisierung geführt. Im Gegenteil: Nach dem Wegfall alter Abschreckungsmechanismen ist die militärische Lösung internationaler und ethnischer Konflikte wieder leichter praktizierbar geworden.	▷ Die Friedenspraxis und der weltweite Abbau von Gewaltpotentialen bleibt für ein zukünftiges Weltethos ein Ziel mit höchstem Vorrang.

III. Prägungen und Bedingungen ethischen Handelns

18 Erziehung und Erfahrung

18.1 Entwicklungsstufen

> *Der größte Fehler, den man bei der Erziehung zu begehen pflegt, ist dieser, daß man die Jugend nicht zum eigenen Nachdenken gewöhnet.*
> **Gotthold Ephraim Lessing**
>
> **Lessing** (1729-1781) richtete diese Kritik gegen Mißstände seiner Zeit, die jugendliches Selbstdenken behinderten: Autoritäre Erzieherwillkür und nicht endende Bevormundung. Die Rücknahme von Autorität allein garantiert freilich noch nicht das eigene Nachdenken. Unbehinderte Wahlfreiheit ist nicht gleichzusetzen mit Mündigkeit. Diese bedarf vielmehr der „Gewöhnung"; eine sittliche Grundhaltung bedarf der Einübung.

▶ *In welchen Schritten entwickelt sich das ethische Vermögen bei Kindern und Jugendlichen? Welche erzieherische Einwirkung ist auf den jeweiligen Stufen hilfreich, welche hinderlich?*

Entwicklungshemmnisse
Ein Kleinkind, das seinen Spielkameraden etwas wegnimmt oder das sich mit Fußtritten gegen etwas wehrt, empfindet dabei offenbar keinerlei moralische Hemmung. Bei Zwölfjährigen, die einen Klassenkameraden verprügeln, erwarten wir zumindest ein Unrechtsbewußtsein. Ein Achtzehnjähriger, der stiehlt oder auf andere Menschen einschlägt, muß mit Strafverfolgung rechnen: Er wird für sein Tun voll verantwortlich gemacht.

Die Unterschiede zeigen: Wir erwarten eine altersspezifische Befähigung zur verantwortlichen Handlungssteuerung. Sie ist das Ziel von Erziehung und Selbstwerdung. Dieses Ziel wird auf einem langen Weg erreicht. Pädagogik und Entwicklungspsychologie benennen dazu zahlreiche Hindernisse und Umwege:

- Wird eine weitgehende „Entscheidungsfreiheit und -fähigkeit" zu früh vorausgesetzt (wie in der antiautoritären Erziehung), scheitert der angezielte Weg an der natürlichen Selbstbezogenheit des Kleinkindes.
- Werden Konkurrenz, Leistung und Auslese einseitig betont, können sich soziale Wahrnehmung und Solidarität nur schwach entwickeln.
- Unterbleibt frühzeitig die Lenkung und Beschränkung bezüglich des werbegeleiteten Konsums (von der Ernährung bis zur Musik, von den Medien bis zum persönlichen Outfit usw.), wird die Ausbildung von Eigenständigkeit und Gerechtigkeitssinn erschwert.
- Die persönliche ethische Kompetenz wird geschwächt, wenn Jugendliche lediglich mit überzogenen Appellen konfrontiert werden, Verantwortung zu übernehmen für den Sozialstaat, für die Umwelt, für den Weltfrieden usw.

Altersstufengemäße Erziehung
Verbindet man Alltagserfahrungen mit bewährten Theorien der Moralentwicklung, zeigen sich viele Möglichkeiten einer gestuften ethischen Erziehung:

Stufen	typisches Verhalten	erzieherische Einwirkung
1. „Gut ist, was Lust bereitet"	Erprobung und Stärkung der eigenen Kräfte; „rücksichtslose" Eroberung der unmittelbaren Umgebung; Nachahmung der Erzieher	sichere und klare Begrenzung des „Betätigungsfeldes"; Anregung zur Nachahmung durch eigene Tätigkeit
2. „Gut ist, was sich durchsetzt."	gezielte Ausweitung des Aktionsradius; Nutzung der wachsenden Kommunikationsfähigkeit; Erprobung von Widerständen	Ermöglichung von Gemeinschaftserfahrung (z. B. im Kindergarten); Vermittlung von Sachautorität (z. B. Verkehrsregeln); eindeutige Führung durch persönliche Autorität und feste Gewohnheiten
3. „Gut ist, was liebenswert erscheint"	wachsende und wechselnde Aktivitäten und soziale Beziehungen: Suche nach Vorbildern, die man lieben, bewundern oder „vergöttern" kann; Bemühung, selbst zu gefallen und anerkannt zu werden	Willensstärkung durch die Zuweisung begrenzter Verantwortung (z. B. für ein Tier) und Gelegenheit zu beharrlichem Üben (z. B. im Sport.). Vorbild-Handeln durch Konsequenz und Ausdauer (z. B. im sozialen Engagement)
4. „Gut ist, was sich als glaubwürdig erweist"	gezielte Kritik von Personen und Gruppen, Verhaltensmustern und Bewertungsmaßstäben; Versuche, das eigene Urteilen und Handeln in Einklang zu bringen	partnerschaftliche Unterstützung der Einsicht in die Prinzipien von Fairneß und Gegenseitigkeit, von Rechts- und Sozialsystem; Erprobung des ethischen Urteils und des sozialen Handelns
5. „Gut ist es, selbst zu gestalten."	Entscheidung für eigene Wege und Werte (beruflich, sozial, politisch); Unterscheidung zwischen notwendiger Übereinkunft und individueller Gestaltungsmöglichkeit	Einbringen eigener Anfragen und Sorgen; Beratung und freilassende Unterstützung, wo diese gefragt sind.
6. „Gut ist, was für alle gelten kann."	Übernahme von Verantwortung in Beruf, Familie, Gemeinwesen ..; Engagement für als wertvoll erachtete Ziele, mit langem Atem und Blick auf die Zukunft	Austausch, ggf. Solidarisierung, gegenseitige Stärkung und fortschreitende Klärung

Auf der letzten Stufe kann selbstverständlich nicht mehr im eigentlichen Sinn von „ethischer Erziehung" gesprochen werden. Eher von gemeinsamer ethischer Reflexion und Klärung. Auch bei den vorausgehenden Stufen steht nicht das ethische Lehren und Lernen im Vordergrund, sondern die altersangemessene Unterstützung der persönlichen Reifung: Diese befähigt erst, überlegt und beharrlich, solidarisch und verantwortlich zu urteilen und zu handeln.

Die genannten Stufen bezeichnen keineswegs eine zwingende Entwicklung vom Kleinkind zum Erwachsenen: Es gibt durchaus Jugendliche oder Erwachsene, die z. B. der 1. Stufe zuzuordnen sind. Zudem neigen die verschiedenen Gesellschaftsformen einzelnen Stufen in unterschiedlichem Maß zu. Entsprechend variieren die Akzente bei ihrer Beschreibung.

- **Jean Piaget** (1896-1980), Schweizer Psychologe, hat grundlegend die Stufen der kindlichen Moralentwicklung beschrieben: Er unterscheidet u.a. zwischen der Praxis moralischer Regeln, die das Kind befolgt und verinnerlicht, sowie dem ethischen Bewußtsein, das sich danach entwickelt. Vgl. u. a. *Das moralische Urteil beim Kinde (1932), Frankfurt/M. 1975*

- **Lawrence Kohlberg** (1927-1987), amerikanischer Sozialpsychologe und Pädagoge, erweiterte Piagets Modell: Er sieht die Stufen der Gewissensbildung und sittlichen Erziehung nicht zwangsläufig an bestimmte Lebensalter gebunden; entscheidend sei die jeweilige soziale Umgebung und Gesellschaftsform. Vgl. u. a. *Zur kognitiven Entwicklung des Kindes, Frankfurt/M. 1974*

Zusammenfassung	Folgerungen
▷ Die Entwicklung zu eigenständiger ethischer Urteils- und Handlungsfähigkeit verläuft nicht naturnotwendig.	▷ Sie bedarf der jeweils altersangemessenen Beeinflussung und Stärkung.
▷ Die Stufen ethischer Reifung stehen freilich in einer aufbauenden Reihenfolge. Einzelne Schritte können nicht schadlos übersprungen und nur mit Mühe nachgeholt werden.	▷ Die kindliche Fähigkeit der Nachahmung bedarf der Anregung. Grenzenloser Erprobungsdrang sucht Widerstand und realistische Regeln. Eigenaktivität bedarf eines Vorbildes und der Willensstärke.
▷ Ethische Reifung gelingt weder aufgrund der bloßen Erfahrung noch allein durch die Vermittlung ethischen Wissens. Entscheidend ist die Ausrichtung des Erziehungsprozeßes an den aufeinanderfolgenden Hürden der Persönlichkeitsentwicklung.	▷ Ethische Einsicht und Übereinkunft erwachsen aus direkter Kommunikation. Entscheidung und Engagement bedürfen der Beratung und Unterstützung. Verantwortung und Gemeinsinn erfordern Dialog und Solidarisierung.

18.2 Familie und Freundschaft

> *Eine der wichtigsten Brücken, die aus der Familie in die bunte Außenwelt führen, ist die Freundschaft.* **Jörg Bopp**
>
> Die Familie oder eine familienähnliche Gruppe ist für die meisten Menschen der Ort entscheidender ethischer Prägung: Eltern sehen sich herausgefordert zu verantwortlicher Lebensraumgestaltung, zu Fürsorge und Erziehung. Kinder erfahren Bedürfnisbefriedigung und Frustration, erwerben ihre emotionale, soziale und geistige Grundausstattung. Gemeinsam werden interne Rollenzuschreibungen und der Austausch mit der „Außenwelt" erlebt und erlitten: mit Arbeitswelt, Schule, Freizeit- und Konsumangeboten, verschiedenen Gruppen, Organisationen usw.

▶ *Wo liegen die Möglichkeiten, wo die Grenzen der familiären Erziehung zu einer ethischen Grundhaltung? Welche spezifische Bedeutung haben Erfahrungen und Freundschaften außerhalb der Familie?*

Eine gute Grundlage für gelingendes und veranwortliches Leben erhalten Kinder und Jugendliche in der Familie,

- wenn sie die Erfahrung machen, daß die Wirklichkeit grundsätzlich **vertrauenswürdig** ist;
- wenn sie die Fähigkeit entwickeln, Bedürfnisse und Interessen anderer **wahrzunehmen** und sich in sie einzufühlen;
- wenn sie die **Kraft** entwickeln, spontan auftretende Wünsche sowie von außen kommende Einflüsse und Erwartungen zu disziplinieren;
- wenn sie lernen, ihr Verhalten und ihre Tätigkeiten nach **Regel und Rhythmus** zu gestalten;
- wenn sie die Bemühung um wichtige **Werte** (Fairneß, Gegenseitigkeit, Gerechtigkeit, Fürsorge, Solidarität) erleben können und das entsprechende Engagement über den Familienrahmen hinausreicht;
- wenn **Mißlingen und Scheitern** an diesen Werten oder anderen Zielen nicht verdrängt, sondern angenommen werden;
- wenn sie **Kommunikation und Konfliktregulierung** in verschiedenen Formen erproben und einüben können.

Seine Begrenzung findet ethisches Lernen in der Familie vor allem

- durch das vorgegebene Verhältnis von Überlegenheit und Unterlegenheit zwischen den Generationen sowie die materielle, psychische und soziale Abhängigkeit, die gelegentlich gar krankmachende Auswirkungen hat;
- durch die familientypische Neigung, ihre Mitglieder festzuhalten und sich nach außen abzuschließen;
- durch die familientypische Trägheit und Tendenz zu starrer Wiederholung;
- durch die Gefahr emotionaler Überhitzung und zerstörerischer Konfliktentladung als Folge engen und ständigen Zusammenlebens.

Mündigkeit und **Verantwortungsfähigkeit** erfordern zur gegebenen Zeit die Loslösung von der Familie.
Dieser Weg bedarf neuer Kommunikationsgemeinschaften, anderer Bezugspunkte und Vertrauenspersonen: z. B. in **Freundschaften**, Clubs und Cliquen, Vereinen und Gruppen, politischen und religiösen Gemeinschaften:

- Verständnisvolle Freunde helfen, die gesamte „Familienerbschaft" an Haltungen und Handlungsweisen zu **hinterfragen**, teilweise aufzugeben, zu verändern und zu ergänzen.
- Freundschaften bieten die Möglichkeit, selbst zu **wählen** und zu gestalten: die Partner und Formen sozialer Beziehung; die Projekte des Engagements; die Leitideen und Ideale.
- Freundschaften beruhen von vornherein auf **Gegenseitigkeit** und aktiver Gemeinsamkeit. Gelingt eine lebendige Beziehung unter Gleichen, dann wachsen Zufriedenheit, Selbstbewußtsein und der Mut, Schwächen und Grenzen anzuerkennen.
- Freundschaften bieten die nötige Sicherheit, sich außerhalb der Familie mit gegensätzlichen **Wertvorstellungen** auseinanderzusetzen, selbst ethische Vorstellungen zu vertreten, die nicht mehrheitsfähig sind.

Freundschaften sind freilich nicht wie die Familie „einfach vorhanden". Sie stehen ganz in der Freiheit und Verantwortung der Jugendlichen: Oft wird der Wunsch nach einer innigen Freundschaft lange enttäuscht; viele Beziehungen scheitern, bevor sie zur Freundschaft geworden sind. Wir können Freundschaften nicht erzwingen, uns aber sehr wohl um sie bemühen:

Hilde Domin
Nicht müde werden,
sondern dem Wunder leise,
wie einem Vogel die Hand hinhalten.

Zusammenfassung	Folgerungen
▷ In der Familie werden der Charakter und die seelische Kraft zur Verantwortung grundgelegt.	▷ Für die ersten Schritte zur Eigenständigkeit bietet sie Schutz und Anregung.
▷ Die Familie birgt aber auch Gefahren von Festlegung und Einengung, von macht- und gewaltförmigem Verhalten.	▷ Sie bedarf der Ergänzung durch Erfahrungen, Beziehungen und Orientierungen außerhalb ihrer Grenzen.
▷ Freundschaften sind Brücken zu Selbstbestimmung und Engagement, zu Verantwortung und Zivilcourage. Sie geben Sicherheit für Schritte der Freiheit.	▷ Sie bedürfen der Pflege, der aktiven Gemeinsamkeit und der Offenheit. Durch allzu hohe Ideale oder Ungleichgewichte scheitern sie.

19 Lebenswelt und Gesellschaft

19.1 Tradition und Erneuerung

> Gegen die Bedeutung des gesellschaftsethischen Lernens werden vor allem zwei Einwände gemacht:
> - Die Ethik sei befangen im Althergebrachten (Traditionalismus). Sie sei blind für das Neue und doch machtlos gegen die Eigendynamik des gesellschaftlichen oder wissenschaftlichen Fortschritts. Für den wissenschaftlich-technischen Komplex formulierte der Soziologe **Ulrich Beck**:
> *Die Ethik spielt im Modell der verselbständigten Wissenschaften die Rolle einer Fahrradbremse am Intercontinentalflugzeug.*
>
> - Jede Ethik sei „gesellschaftlich bedingt" und dadurch relativiert. Sie sei nicht „Leitstern" sondern Folge und Instrument der jeweiligen Kultur und Gesellschaft. Der ostdeutsche Politiker und Theologe **Richard Schröder** hielt dieser Feststellung 1995 bei einem Vortrag entgegen:
> *Wie es verschiedene Sprachen gibt, so differieren auch die moralischen Maßstäbe verschiedener Kulturen. Zweifellos ist jede Sprache gesellschaftlich bedingt, aber das hindert uns nicht am Gebrauch unserer Sprache. Auch möglicher Mißbrauch hebt den Gebrauch nicht auf.*

Hinter den beiden Einwänden steht ein ethischer Pessimismus, der heute weit verbreitet ist. Er fordert heraus zu grundsätzlichen Fragen:

▶ *Wie lassen sich Einübung und Anwendung von Bürgertugenden verbinden im Dienst von gesellschaftlicher Erneuerung? Unter welchen Bedingungen ist eine gedeihliche Balance zwischen persönlicher Freiheit und Gemeinsinn praktisch möglich und erlernbar? Welchen Stellenwert haben die sog. „Sekundärtugenden" für das Zusammenleben einer Gesellschaft? Wie werden sie weitergegeben?*

Stadtkommunikation
Spätestens seit Beginn der 80er Jahre ist vielen Städten und Gemeinden in der Bundesrepublik Deutschland die Verschuldung über den Kopf gewachsen. Seitdem „regiert" fast überall der Sparzwang. Einige Städte haben aus dieser Not eine Tugend gemacht: Sie haben Verwaltungen dezentralisiert, Hierarchien abgebaut, den Service verschiedener Ämter in einem Bürgeramt zusammengelegt usw. Vor allem aber: Sie setzen nicht auf eine von oben beschlossene Reform, sondern auf einen offenen Prozeß der Bürgerbeteiligung. Stadträte, Verwaltungsmitarbeiter, Vertreter von Vereinen und Interessengemeinschaften, Bürgerkomitees, Schulsprecher u. a. bringen ihre Ideen ein. Viele Veränderungen können in kleinen **Verantwortungs-**

> **und Risikogemeinschaften** *probeweise umgesetzt werden. Einzelne Sparten (z. B. der Sport) erhalten von der Stadt das für diesen Bereich vorgesehene Geld zur Selbstverwaltung zugeteilt. Stadtfeste werden aus den Vereinen, Gruppen und Initiativen heraus geplant und durchgeführt („von unten"). Erfahrungen sollen immer wieder ausgewertet und auf kurzem Weg in die neuen Entscheidungen eingebracht werden.*

Bürgertugenden
Solche basisdemokratischen Prozesse können (abgesehen vom Spareffekt) einen hohen sozialethischen Wert entwickeln:
- Sie dienen dem Ideal des mündigen Bürgers. Indem sie entmündigende und entwürdigende Mechanismen von Verwaltung und Bürokratie hinterfragen und auflösen, machen sie eine Stadt menschlicher und offener.
- Gemeinsinn, Dialogfähigkeit und Solidarität erhalten eine Chance sich zu entwickeln.

Die Bürgertugenden der **Mitgestaltung** und **Mitverantwortung** ergeben sich nicht automatisch aus dem Verhalten, das wir in Familie, Freundschaften und dem übrigen „privaten Kreis" erlernen. Sie bedürfen der Einübung im Raum gesellschaftlicher Gestaltung.

Und auf der gesellschaftlichen Ebene zeigt sich immer deutlicher: Die Mechanismen von Demokratie und solidarischer Gesellschaft funktionieren nicht aus sich heraus. Ihre Anpassung an neue Entwicklungen gelingt nicht allein über die Gesetzgebung. Gefragt sind Beteiligungs- und Entscheidungsverfahren, die bei den Betroffenen ansetzen. Auch eine funktionierende Stadtverwaltung rechtfertigt es auf Dauer nicht, die Bürger vornehmlich als Regelungsobjekte zu betrachten.

Der Weg des Dialogs ist freilich mühsam. So berichtet die Verantwortliche eines Stadt-Forums zu Verkehrs- und Müllproblemen:
Für die Teilnehmer aus ganz gegensätzlichen Gruppen (von der Industrie- und Handelskammer bis zur Fahrradinitiative) war es zunächst ganz ungewohnt, miteinander in einen Dialog zu treten. Sie mußten lernen, ihre Interessen offenzulegen und zu diskutieren und bis ins Detail festzuhalten, was und warum etwas ihre Interesen sind und was die anderen Beteiligten eigentlich interessiert. Wichtig war, daß jede Teilnehmergruppe gemerkt hat, daß auf der anderen Seite Menschen sitzen mit ganz bestimmten Lebens- und Berufserfahrungen, die genauso viel Wert sind wie die eigenen.

Der Speyerer Verwaltungswissenschaftler **Hermann Hill** spricht im Zusammenhang solcher Prozesse von einer „**Anstiftung zur Demokratie**".
In jedem Fall eröffnen sie ein wichtiges sozialethisches Lernfeld:

- Sie können den einzelnen zu mehr Verantwortung für das Gemeinwesen ermutigen und ermächtigen.
- Sie können zeigen, daß die Eigendynamik mächtiger Apparate der Gestaltungsverantwortung den Betroffenen nicht entzogen bleiben muß.

Gemeinsinn und Selbsthilfe

Die gesellschaftliche Balance zwischen Beteiligungsrechten und Gestaltungsaufgaben des Einzelnen macht der **Kommunitarismus** seit den 80er Jahren zum Thema einer umfassenden Neubesinnung. Ihren Namen hat diese Bewegung von der Orientierung an gemeinschaftlich (lat. -*kommunitär*) anerkannten und praktizierten Werten. Hervorgegangen ist sie in Amerika aus unterschiedlichen philosophischen, soziologischen, politik- und wirtschaftswissenschaftlichen Schulen, die sich alle gegen das liberalistische Wirtschafts- und Gesellschaftsmodell wandten: Soziale Gerechtigkeit ist nach diesem liberalen Modell beschränkt auf das allgemeine Prinzip gleicher Rechte und Freiheiten.

Die Kritik am liberalen Modell und die Gegenvorschläge zu den ethischen Grundlagen einer modernen Gesellschaft sind u.a. zusammengefaßt in einem sog. „Manifest der Kommunitarier" (*Responsive Communitarian Platform*). Im wesentlichen formuliert wurde diese von dem amerikanischen Soziologen **Amitai Etzioni**, unterzeichnet von zahlreichen führenden Kommunitaristen.
Seine wichtigsten Gedanken:

- Die historische Erfahrung zeigt, daß staatliche **Bevormundung** die Gefahren von Faschismus und Staatssozialismus birgt. Das Gegenmodell, die freie Selbstregulierung der jeweils eigennützigen Interessen, verschärft aber die **sozialen Gegensätze** und zerstört alle moralischen Normen.

- Notwendig für die Zukunft ist dagegen eine Verbindung von individueller **Freiheit** und **Gemeinsinn**. Diese ist möglich durch Gemeinschaftsbildung und die Pflege sozialer Tugenden: Jedes Mitglied einer Gemeinschaft ist dabei verpflichtet, einen Teil seiner Aufmerksamkeit, seiner Kraft und seiner Mittel in Gemeinschaftsvorhaben zu stecken.

- Nach dem **Subsidiaritätsprinzip** werden alle gesellschaftlichen Aufgaben und Entscheidungen auf möglichst niedriger Ebene angesiedelt: Was die Familie tun kann, wird ihr nicht von einer übergreifenden Institution entzogen. Was auf lokaler Ebene bewältigt werden kann, wird nicht von staatlichen Organen übernommen usw.

- Das Prinzip der **gemeinschaftlichen Selbsthilfe** wird dabei in doppelter Richtung wirksam: Der einzelne wird von der Gemeinschaft zur Selbständigkeit ermächtigt, seine Rechte werden anerkannt, sein Bestreben wird unterstützt. Die Gemeinschaft wird umgekehrt getragen, weil alle Mitglieder ihr Aufmerksamkeit und Engagement schulden.

Entscheidend an diesem Ansatz ist, daß die Kluft zwischen den privaten Interessen des Einzelnen und den mehr oder weniger gerechten Strukturen der Gesamtgesellschaft aufgefüllt werden soll durch ein ganzes Netz an bürgernahem Beteiligungs-, Gemeinschafts- und Entscheidungsprozessen.
Wo dieses Vorhaben gelingt, können Menschen lernen, selbst Verantwortung zu übernehmen für den gesellschaftlichen Wandel, ohne mit der übernommenen Kultur ihrer Lebenswelt zu brechen.

Berufsethik

Ethik kann durchaus zum Motor der Erneuerung werden, auf allen Ebenen gesellschaftlicher Praxis und Reflexion. Gleichzeitig ist sie von ihrem Selbstverständnis her immer der Tradition verbunden: der Weitergabe von Sitten und Gebräuchen, von bewährten Lebenserfahrungen und Vereinbarungen.

Diese Vermittlung traditioneller Werte wird begünstigt durch Beziehungen,
- die generationenübergreifend sind,
- die eine längerfristige Perspektive haben,
- die eine starke Bindekraft entwickeln.

Bis heute ist dies u. a. im **Berufs- und Arbeitsleben** gegeben: Neben den berufsspezifischen Kenntnissen und Fertigkeiten werden dort fachübergreifende Qualifikationen gefordert und teilweise bewußt gefördert: Kollegialität und Redlichkeit, Selbstwahrnehmung und Kritik, Verantwortungsbereitschaft und Fleiß. Hinzu kommen verstärkt neue **Schlüsselqualifikationen** wie ganzheitliches Denken, kommunikatives Verhalten, sozial- und umweltverträgliches Entscheiden, menschengerechtes und sachgemäßes Handeln.

In einer ausdrücklichen **Betriebsphilosophie** können die herrschende oder angezielte Gesinnung und Arbeitshaltung festgehalten sein. Ein entsprechendes Betriebsklima und eingespielte Gepflogenheiten begünstigen ihre „automatische" Weitergabe an neue (junge) Kolleginnen und Kollegen. Fortbildungsmaßnahmen bieten die Chance zur Verstärkung oder Korrektur.

Solche Mechanismen der Traditionsbildung, d. h. der Weitergabe eines mehr oder weniger offenen Verhaltenscodex, gibt es in allen Bereichen unserer Lebenswelt. Sie sind aber nicht unumstritten:

Carl Amery hat die Haltungen von Fleiß, Gehorsam, Pünktlichkeit, Zuverlässigkeit usw. mit Blick auf die deutsche Vergangenheit **Sekundärtugenden** genannt: Sie könnten jedem möglichen Ziel dienen.
Man könne z. B. zuverlässig sein in Schriftsachen „Juden-Endlösung" oder in der Bearbeitung von Sozialhilfe-Anträgen, pünktlich beim Dienstantritt im Pfarramt oder im Gestapo-Keller.
Amerys Hinweise sind bleibende Mahnung zur Wachsamkeit.

Trotzdem kann für Arbeit und Zusammenleben nicht auf die Sekundärtugenden verzichtet werden. Lebensdienlich bleiben sie freilich auf Dauer nur,

- wenn sie sich nicht zum zwanghaften Charakter verfestigen;
- wenn ihre Tendenz, starre Ordnungssysteme zu schaffen, korrigiert wird;
- wenn ihre Ziele dem Rechtfertigungs-Diskurs unterliegen;
- wenn abweichendes Verhalten als kritisches Korrektiv ernstgenommen und nicht verteufelt wird.

Eine gute Chance dazu bieten alle sozialen Systeme (z. B. die Belegschaft eines Betriebes), die auf Dialog und selbstregulierende Kommunikationsprozesse angelegt sind. In Hierarchien (z. B. einem autoritären Verwaltungsapparat) steigt dagegen die Gefahr, daß sich die Weitergabe von Sekundärtugenden verselbständigt oder gar in den Dienst zerstörerischer Ziele gerät.

Zusammenfassung	Folgerungen
▷ Ethik ist traditionell: Sie dient der Weitergabe bewährter Lebenserfahrungen, Wertmaßstäbe und Verhaltensweisen.	▷ Sozial- und Gesellschaftsethik erwächst aus den jeweiligen „gesellschaftlichen Verhältnissen" und deren Reflexion.
▷ Ethik kann gegenüber der herrschenden Situation kritisch oder stützend sein. Sie lebt vom offenen Dialog zwischen den Interessen und vermittelt zwischen Tradition und Erneuerung.	▷ Dieser Dialog fördert die elementaren Bürgertugenden: Risiko- und Verantwortungsbereitschaft; Beteiligungs- und Entscheidungsfähigkeit; Gemeinsinn und Zivilcourage.
▷ In vielen Städten gibt es Ansätze einer neuen Beteiligungskultur. Eine entsprechende theoretische Neubesinnung hat der Kommunitarismus eingeleitet: Er setzt auf Gemeinschaftsbildung und soziale Tugenden in den jeweiligen Lebenswelten.	▷ Autoritäre Staats- oder Verwaltungsstrukturen erschweren die Herausbildung von Gemeinsinn und Selbsthilfekompetenz; ebenso die liberale Konsumgesellschaft. Günstig ist dagegen ein Gefüge von Beteiligungs- und Gemeinschaftsprozessen.
▷ Kein Gemeinwesen kommt ohne Sekundärtugenden wie Fleiß und Zuverlässigkeit aus. Demokratische Strukturen und offene Kommunikationsformen verhindern ihren Mißbrauch.	▷ Die Einübung von Sekundärtugenden im Berufsleben kommt der Beteiligungskultur insgesamt zugute. Entmündigende Strukturen in den Betrieben wirken ebenfalls weithin.

19.2 Toleranz und Begegnung

Toleranz sollte eigentlich nur eine vorübergehende Gesinnung sein: Sie muß zur Anerkennung führen. Dulden heißt beleidigen. **J. W. v. Goethe**

Schon in der unmittelbaren Lebenswelt des Betriebes, der Schule, der Nachbarschaft oder der Clique fällt die Anerkennung der anderen gelegentlich schwer. Oft gelingt selbst dort nicht die gegenseitige Duldung.

Es ist aber heute weit mehr gefordert: Menschen ganz unterschiedlicher Sprache, Kultur und Nationalität, Angehörige konkurrierender Religionen und Lebensweisen leben zusammen in einer Stadt. Nur bei weitreichender Toleranz kann das gelingen.

▶ *Wo und auf welche Weise kann solche Toleranz gelernt werden? Wie weit soll sie reichen? Auf welchem Wege wird Toleranz zur Anerkennung, und wann ist dies erforderlich?*

Feindbilder
"Das Bild vom anderen" hieß ein Seminar, das im Herbst 1994 vom deutsch-polnischen Jugendwerk durchgeführt wurde. Schüler aus Nowa Sol, aus Hoyerswerda und aus Berlin nahmen daran teil. Angezielt war, das Bild, das Deutsche und Polen voneinander haben, zu überprüfen und zu korrigieren. Durch Begegnung und Verständigung sollte der Weg freigemacht werden für Neugier und Toleranz, für Versöhnung und Freundschaft. Vorurteile und Feindbilder wurden benannt, in gemischten Gruppen entstanden neue Erfahrungen miteinander. Über die Epochen schrecklichster Gewalt wurde gesprochen; ausgetauscht wurde auch, wie diese Geschichte in den Familien unterschiedlich überliefert wird. Allmählich wurde man miteinander vertraut...

Viele Erkenntnisse aus diesem Seminar und weiteren Schritten der Begegnung zwischen den beteiligten Gruppen lassen sich verallgemeinern:

- **Erfahrung statt Vorurteile**
  Die Geschichte der Fremdheit oder Feindschaft zwischen Gruppen oder Völkern wirft ihre Schatten auch auf junge Menschen; sie wachsen ohne eigenes Erleben in überlieferte Vorurteile hinein. Verändern können sie das Bild voneinander durch neue Erfahrungen miteinander.

- **Sicherheit und Öffnung**
  Ökonomische und soziale Ängste suchen sich in Krisenzeiten einen „Sündenbock". Meist sind es Minderheiten, Fremde oder traditionell verachtete Gruppen, die eine verstärkte Feindschaft und Aggression trifft. Die Vergewisserung eigener Sicherheit und Abgrenzung erleichtert dagegen die Achtung und Anerkennung der jeweils anderen.

- **Alltag statt Überhöhung**
  Dem verbreiteten Fremdenhaß wird heute gelegentlich eine übermäßig betonte Fremdenfreundlichkeit (gr. – Xenophilie) entgegengesetzt. Sie kann wie ihr Gegenteil zum „Versteckspiel" vor den tatsächlichen Problemen werden. Hilfreich ist dagegen eine alltägliche Annäherung, die sich auch konkreten Unvereinbarkeiten stellt.

Ausländerhaß
Ismed C. ist Schleifer von Beruf. Er lebt und arbeitet in Mölln, der Stadt in Schleswig-Holstein, in der im November 1992 drei türkische Frauen verbrannten, weil Rechtsextreme ihr Haus angezündet hatten.
Vor 25 Jahren ist er aus der Türkei nach Deutschland gekommen. Seit dem Anschlag hat er Angst um seine Familie. Er kann im Alltag zunehmende Ausländerfeindlichkeit erleben, obwohl es in Mölln keine besonders großen Probleme gibt: nur 4% der Einwohner sind Türken. Ismed C. sagt von sich: „Ich fühle mich in Deutschland gar nicht mehr als Ausländer". Und er fragt: „Was nehmen wir denn hier irgendjemand weg?"

Herkunft und Identität

Gewalttaten gegen Ausländer sind eine ethische Herausforderung ersten Ranges: Strittig ist dabei vor allem der Weg, wie junge Menschen statt gewaltsamer Unduldsamkeit ein Mindestmaß an Toleranz lernen können. Eine wichtige Rolle spielt bei dieser Frage der Begriff der **nationalen Identität**:

- Ein Teil der Ethiker, Sozialwissenschaftler und Politiker fordert eine Erziehung zum **Nationalpatriotismus** und eine Stärkung der Nationalkultur. Nachdem das Christentum seine allgemeine Bindekraft verloren habe, biete allein die Nation ein Fundament, von dem aus sich eine differenzierte Werte-Erziehung begründen und beginnen lasse. Das gelte auch für den Wert der Toleranz gegenüber anderen Nationen und gegenüber Ausländern in Deutschland. Die Verdrängung eines „gesunden Nationalgefühls" führe dagegen zu seinem gewalttätigen Ausbruch.

- Die Gegenposition tritt für eine **multikulturelle Gesellschaft** ein, in der Menschen unterschiedlichster Herkunft und Lebensart möglichst gleichberechtigt zusammenleben und sich gegenseitig bereichern. Ausländerfeindschaft müßte bekämpft und die überholte Idee des „Nationalpatriotismus" aus Erziehung und politischer Debatte herausgehalten werden.

Ethisch bewerten lassen sich diese Positionen nur, wenn man die beiden wichtigsten Funktionen des Nationalitätsbewußtseins mitbedenkt:
- Im bloßen Selbstbezug lassen sich Selbstgewißheit und persönliche Orientierung (*Identität*) nicht herausbilden. Notwendig ist der Bezug zur umgebenden Gruppe, z. B. der Nation.
- Unter der Bedingung knapper materieller und sozialer Güter bietet sich die Nationalität als Zuteilungskriterium an.

Zu fragen ist aber,
- ob der Nationenbezug diese beanspruchten Aufgaben tatsächlich erfüllt,
- und ob seine Wahl ethisch gerechtfertigt oder gar einzig möglich ist.

Zum Beispiel könnte man die Lehrstellen in Deutschland zuerst an deutsche Jugendliche verteilen und erst danach die offengebliebenen Stellen ausländischen Jugendlichen anbieten. Man hätte ein scheinbar funktionierendes Verteilungskriterium, das aber keineswegs ethisch gerechtfertigt wäre. Denn die Ethik fordert Regeln, die sich am Wohl aller Menschen orientieren; sie ist **universalistisch**, d. h., sie beansprucht Allgemeingültigkeit.

Für die Herausbildung einer Identität hat der Nationenbezug allenfalls begrenzten Wert: Schon bei der Zugehörigkeitsfrage widersprechen sich die möglichen Kriterien von gemeinsamer Sprache, Abstammung, Staatsangehörigkeit, Lebensschwerpunkt usw. Zudem ist für viele die Religion oder Konfession, die Partei- oder Gewerkschaftszugehörigkeit, die regionale oder lokale Herkunft weitaus prägender als die Nationalität.

Lokale Identität – universale Offenheit

Als alternativer Bezugspunkt für die Identitätsbildung bietet sich der Lebensbezug einer Stadt, einer Gemeinde, einer Region an. Menschen verschiedener Nationalitäten, Schichten usw. werden dadurch einbezogen in die Herausbildung des prägenden Zusammengehörigkeitsgefühls.

Freilich gerät auch jedes **lokale Identitätsbewußtsein** irgendwann in Konflikt mit dem universalen Anspruch der Ethik. Doch bleiben die Interessengegensätze lokaler Kollektive durch den alltagspraktischen Zwang zur Verständigung eher begrenzt. Staatliche und überstaatliche Politik kann sie durch faire Kompromißbildung miteinander vermitteln.

Verantwortung beginnt in der Familie, in der Nachbarschaft, in der Gemeinde. In diesen **kleinen Solidargemeinschaften** erleben und erlernen die meisten Menschen einen Grad von Bindung und Verpflichtung, der nicht auf die **ganze Weltgemeinschaft** übertragbar ist. Wer sich für alles und jedes verantwortlich fühlt, unterliegt unrealistischen Allmachtsphantasien.

Trotzdem muß ethisches Lernen letztlich über jede Gruppenmoral hinausführen: Die weltweite Arbeitsteilung der Industrie, der internationale Kapitalmarkt, die globale Reichweite von Umweltproblemen, die weltweiten Wanderungsbewegungen lassen sich nicht verdrängen. Zu unterscheiden ist aber zwischen **Handlungsverantwortung** und **Wahrnehmungsverantwortung**:

- Jeder Bereich wird im jeweiligen Maß unseres Zugangs zur Gestaltungsaufgabe. Unmittelbare Beziehungen verpflichten dazu, die bloße Toleranz zu überschreiten hin zu **Achtung und Anerkennung**. Das schließt Konfliktbereitschaft nicht aus.
- Darüberhinausgehende Zusammenhänge und Abhängigkeiten erfordern zunächst intellektuelle Einsicht, die entsprechender Vermittlung bedarf. Verstehen ist das Fundament politischer Willensbildung, diese die Vorstufe gemeinsamen Handelns. Ihre Grenze ist die Achtung vor dem Selbstbestimmungsrecht anderer Völker und Menschengruppen, auch wenn diese eigenen Interessen entgegenstehen.

Zusammenfassung	Folgerungen
▷ Feindbilder und Vorurteile sind langlebig. Durch direkte Begegnung können sie aufgebrochen werden. Bloße Freundschaftserklärungen sind nicht tragfähig.	▷ Die Versöhnung zwischen verfeindeten Völkern oder Gruppen erfordert viele Begegnungsschritte und einen langen Erziehungs- bzw. Lernprozeß.
▷ Der Bezug auf die Nationalität hat heute nur einen begrenzten Wert für Identitätsbildung und die Positionsverteilung. Die Idee des Multikulturellen kann aber bisher keine entsprechende Kraft entfalten.	▷ Einen besseren Bezugspunkt bietet die lokale Zusammengehörigkeit. Sie umfaßt von vorneherein unterschiedliche Nationalitäten und ist auf Verständigung mit anderen angelegt/angewiesen.
▷ Lokale Lebenszusammenhänge unterliegen unserer vollen Gestaltungsverantwortung. Bei weltweiten Zusammenhängen beschränkt sich persönliche Verantwortung zunächst auf die Wahrnehmungsbereitschaft.	▷ Toleranz wird in der Familie, im Freundeskreis usw. erlernt. Im Sinne von „Geltenlassen" muß sie sich schließlich auf alle Menschen und Gruppen beziehen. Zur aktiven Anerkennung wird sie in der direkten Begegnung.

20 Weltanschauung und Religion

20.1 Weltbilder und Sprache

> *An die Stelle der Weltbilder sind die Bilderwelten der Medien getreten. Wir herrschen mit unseren Bildern über die Dinge und die Bilder herrschen über uns.* **Jürgen Mittelstraß**
>
> Wie der Konstanzer Philosoph sehen viele kritische Zeitgenossen die Gefahr, daß die Flut der Fernsehbilder zusammen mit den schnell wachsenden Datennetzen die Wirklichkeit verdecken. Zumindest wird ihre eigenständige Erfahrung und Bewertung schwieriger. Wer sich aber den neuen Kommunikationsstrukturen und dem möglichen Informationszugang entzieht, kann in vielen Bereichen nicht „mithalten". Wer sich dagegen ganz auf den schier unüberschaubaren Markt der Daten und Bilder einläßt, verliert Orientierung und Maßstab.

▶ *Wie entstehen Weltbilder, und worin finden sie ihren Ausdruck? Was wird durch Weltbilder und ihre jeweilige Sprache bewirkt? Welche Bedeutung haben sie für die ethische Orientierung?*

Symbolhandlungen
Bei einem Jugendseminar erzählt der 19-jährige Lars beim Abendbrot, daß er sich gerne tätowieren lassen möchte. Doch leider sei das Wegmachen hinterher, vielleicht nach ein paar Jahren, zu teuer. Auf skeptische Nachfragen hin erläutert er:" Ich find das eben schön und ich steh auch dazu." Nein, eine bestimmte Absicht stecke nicht dahinter. Aber er habe eben keine Scheu etwas von sich zu zeigen – "warum auch?"
Lars vergleicht das mit der Anstecknadel, die er am Revers trägt; sie signalisiert für den Kenner, daß er einem Vespa-Club angehört. Jeder habe doch Sehnsucht nach Kontakt und Gemeinschaft; da müsse es Zeichen, Symbole geben, „damit man das merkt". Dann spricht Lars sein Gegenüber an: „Du hast doch auch einen Stiftenkopf, schwarzen Rolli, schwarze Hose, damit gehörst du zu einer Gruppe. Und du willst auch erkannt werden."

Tatsächlich scheint es bei aller Gleichmacherei der Medien und Moden auch eine gegenläufige Tendenz zu geben:
- Sie ist getragen von dem Bedürfnis, sich eine eigene Welt zu schaffen, die verfügbar und überschaubar ist, die unverwechselbar und für Insider wie Außenstehende erkennbar ist.
- Outfit, Sprache, Musikvorlieben, typische Freizeitbeschäftigungen, politische oder religiöse Ansichten werden zum Identifikationssymbol.
- Diese untereinander abgegrenzten „Lebenswelten" bieten nicht nur Orientierung und Geborgenheit. In ihnen wird auch gleichsam die „Brille" konstruiert, mit der die große ganze Welt (Gesellschaft) gesehen und bewertet wird.

Die so konstruierten Weltbilder beinhalten in der Regel Ordnungsmuster und Sprachregelungen, mit deren Hilfe aus der unüberschaubaren Vielfalt der Wirklichkeit eine Wahrnehmungsauswahl getroffen und eine wertende Einteilung vorgenommen werden kann. Das bewirkt notwendige Entlastung, birgt aber die Gefahr unzulässiger Vereinfachung oder Verfälschung. Ein oft kritisiertes Beispiel ist die Beschränkung politischer Wahrnehmung auf das Rechts-Links-Schema. Mit seinem schönen „*lechts wie rinks*" hat **E. Jandl** diese häufige Vereinfachung ironisiert.

Andere hilfreiche Ordnungsschemata ergeben sich z. B. aus
– der Täter-Opfer-Perspektive,
– der Männer-Frauen-Perspektive,
– der Wirtschaft-Umwelt-Perspektive,
– der Unterscheidung zwischen Pflicht- und Lustorientierung,
– der Einheimische-Fremde-Unterscheidung.

Wird eine solche Sichtweise auf das Reden und Tun anderer Menschen absolut gesetzt, schwinden Neugier und Offenheit. Alle Wahrnehmung und Erfahrung bestätigt das festliegende Welt- und Menschenbild. Die Sprache wandelt sich vom Kommunikationsmittel zum Instrument der Abgrenzung und Selbstbestätigung der eigenen Gruppe.

Ethisches Lernen und Handeln fordert zur Balance heraus:
- Gegen die Gleich-Gültigkeit der modernen Bilder- und Informationsflut gilt es vor allem für junge Menschen, einen festen Standpunkt für die Anschauung der Welt zu gewinnen. Elternhaus oder Gruppe bieten meist Gelegenheit, sich in bestimmte Leitideen, sprachliche Gepflogenheiten und Aktivitäten einzuleben.
- Ohne kritische Relativierung der so erlernten Weltanschauung und Lebensart kann Verantwortung, die über die eigene Gruppe hinausreicht, nicht gesehen, geschweige denn übernommen werden.

Zusammenfassung	Folgerungen
▷ Weltbilder dienen dem Bedürfnis nach einer überschaubaren „Binnenwelt" und einer Leitidee für das Verständnis der „Außenwelt".	▷ Sie bedürfen daher sprachlicher und anderer Ausdrucksformen, die Gruppenidentität schaffen und Erkennungszeichen sind.
▷ Die Weltbilder verschiedener Gruppen und Milieus konkurrieren miteinander und mit der Tendenz zur individuellen Beliebigkeit.	▷ Sie liefern eine vereinfachte, manchmal auch verfälschende Sicht der „Außenwelt". Sie ermöglichen einen abgegrenzten eigenen Standpunkt.
▷ Eine verläßliche Ethik bedarf der weltanschaulichen Prägung. Denn ihre Leitideen und Grundwerte können nicht täglich neu bedacht und verhandelt werden.	▷ Kritik und Relativierung sind sinnvoll, als Korrektiv verfestigter Einseitigkeit. Sie sollten zur Selbstwahrnehmung der eigenen „Brille" führen.

20.2 Ethik der Religionen

> **Die Frage, ob es einen Gott gibt**
>
> *Einer fragte Herrn K., ob es einen Gott gäbe. Herr K. sagte: „Ich rate dir, nachzudenken, ob dein Verhalten je nach der Antwort auf diese Frage sich ändern würde. Würde es sich nicht ändern, dann können wir die Frage fallenlassen. Würde es sich ändern, dann kann ich dir wenigstens noch soweit behilflich sein, daß ich dir sage, du hast dich schon entschieden: Du brauchst einen Gott."*
>
> **Bertold Brecht**

▶ *In welchem Verhältnis stehen Ethik und Religion zueinander? Welche ethische Ausrichtung haben die verschiedenen Religionen? Auf welche Quellen und Autoritäten berufen sie sich? Gibt es eine Chance zur ethischen Verständigung zwischen den Religionen?*

Brechts Text setzt Ethik und Religion in ein fragwürdiges Verhältnis zueinander: Dem Gott-Glauben als Kern der Religion wird nur insoweit ein Sinn zugesprochen, als er dem guten und richtigen Verhalten (der Ethik) dient.
Innerhalb der Religionen und Kirchen wird dieses Verhältnis meist umgekehrt gesehen: Die Aufstellung, Begründung und Einhaltung von Verhaltensnormen gilt als Teilaufgabe, die dem eigentlichen Sinn (z.B. der Vereinigung mit Gott) nachgeordnet ist. Gleichzeitig ist den meisten Religionsvertretern deutlich, daß sie keineswegs die einzigen Sachwalter der Ethik sind. Der **Dalai Lama**, Oberhaupt des tibetanischen Buddhismus, drückte das einmal in dem schlichten Satz aus: *„Ich glaube, es ist möglich, auch ohne Religion ein gütiges Herz zu entwickeln."*

Unabhängig vom theoretischen Streit, welches Verhältnis zwischen Ethik und Religion angemessen wäre, prägt eine tatsächlich erlebte religiöse Erziehung und Umgebung unsere ethische Haltung und Handlungsweise.
Im folgenden sind daher die ethischen **Grundsätze der wichtigsten Religionsrichtungen** vereinfacht zusammengestellt:

Ethik in den afrikanischen Religionen	Höchstes Gut ist das Leben: Es hat göttliche Qualität. „Sitz" sittlicher Haltungen (Güte, Mut, Selbstbeherrschung, Weisheit) und verantwortlicher Handlung ist das Herz des einzelnen. Wichtigste Richtschnur ist die Solidarität mit der Gemeinschaft, der Sippe, einschl. der verstorbenen Vorfahren. Ihre überlieferten Erfahrungen und Verhaltensregeln sind bindend.
Ethik im Hinduismus	Höchstes Ziel ist die Erlösung aus dem Kreislauf von Geburt, Tod und erneuter Geburt. Die dazu notwendigen religiösen und ethischen Pflichten sind abhängig von Geschlecht, Alter, Kastenzugehörigkeit und Stellung im Alltag. Wichtige Gebote für das soziale Zusammenleben sind u. a. Gewaltlosigkeit, Selbstbeherrschung, Freigebigkeit, Vermeidung von Diebstahl. Richtschnur bieten mythologische Vorbilder, berühmte Heilige und Lehrmeister (z. B. **GANDHI**), bekannte Texte der Heiligen Schriften (z. B. der *Bhagavadgita*).

Ethik im Buddhismus	Höchstes Ziel ist der Ausweg aus Schmerz, Leiden, Tod. Dies erfordert die Orientierung am *Dharma*, dem universalen Weltgesetz. Es besagt u. a., daß alle Erscheinungen der Welt miteinander verbunden sind und daß andererseits jeder die Vergeltung seiner Taten zu tragen habe (*Karma*). Jede Tat hat Folgen für ihren Verursacher, ihren Adressaten und das Weltganze. Mitleid und Gerechtigkeit (auch gegenüber Tieren), Heiterkeit und Gleichmut, Gewaltfreiheit und Weisheit sind die grundlegenden Tugenden. Bedeutsamer als moralische Gebote ist das Geistestraining zur Reinigung von Zorn, Haß, Gier und Unwissenheit. Wichtigster Lehrer war **Siddhartha Gautama** (*Buddha* - der Erleuchtete).
Jüdische Ethik	Oberste Orientierung ist der Gehorsam gegenüber dem göttlichen Willen. Der Schwerpunkt verlagerte sich bereits in den vorchristlichen Jahrhunderten von den kultisch-rituellen Vorschriften hin zur sozialen Gerechtigkeit und gottgefälligen Gesinnung Die jüdische *Torah* (Lebensweisung) umfaßt neben den *Zehn Geboten* viele andere Anweisungen zum Schutz der Schwachen und Fremden, zum Umgang mit Arbeit und Eigentum, mit Feinden und Freunden usw. Quelle der Ethik ist die „göttliche Offenbarung", niedergelegt in der schriftlichen Torah, ergänzt und überliefert in der „mündlichen Torah" und im *Talmud*, einer Sammlung nachbiblischer Gesetzesauslegungen und Lehrtexte.
Christliche Ethik	Oberstes Ziel ist die persönliche Teilhabe und Mitarbeit am „Reich Gottes", wie es nach christl. Glauben in den Taten und Worten des **Jesus von Nazareth**, in seinem Leben, Sterben und Auferstehen begonnen hat. Das Hauptgebot ist die Verbindung von Gottes- und Nächstenliebe. Es setzt an bei der bevorzugten Hinwendung zu den Armen, Leidenden und Entrechteten. Es zielt auf Gerechtigkeit, Frieden und Wahrhaftigkeit im Zusammenleben der Menschen. Quelle der Ethik ist die „Begegnung" mit Christus, wie er im *Neuen Testament* bezeugt ist, und die Überzeugung, durch ihn von innerem und äußerem Zwang befreit zu sein zu eigenständigem Tun. Richtschnur bieten die Texte des NT, die Morallehre der Kirchen und das Leben vorbildlicher Christen (Heilige).
Islamische Ethik	Ziel ist es, durch Einhaltung der Gebote, wie sie endgültig dem Propheten **Muhammad** offenbart wurden, vor dem Gericht Gottes zu bestehen. Gut ist all das, was Gott (*Allah*) in seinem vollkommen freien Willen bestimmt hat. Seine Gebote regeln alle Bereiche: Von den religiösen Pflichten bis zu Fragen des Rechtes, von den Regeln guten Benehmens bis zu ethischen Grundforderungen (ähnlich den *Zehn Geboten*). Einen besonders hohen Stellenwert haben die Tugenden der Gerechtigkeit und Ehrlichkeit sowie die Achtung und Fürsorge innerhalb der Familie. Zu den Grundpflichten gehören aber auch bestimmte Speise- und Fastenvorschriften, das Geben von Almosen, Gottesdienst/Gebet und die Pilgerfahrt nach Mekka. Quelle der Ethik sind die 114 Abschnitte (*Suren*) des *Koran*.

Für all diese Religionen gilt: Sie beanspruchen, mehr zu sein als die in ihnen enthaltene Ethik. Dieses „Mehr" beginnt an den Grenzen des Lebens, auch an den Grenzen von „gutem" und „bösem" Handeln: Noch im Versagen (Schuld) und im Tod sprechen sie dem Menschen neues Leben oder Leiden zu. Die Lebensgestaltung religiös gebundener Menschen kann darin ihren entscheidenden Antrieb erhalten; sie kann aber auch im negativen Sinn unter den Druck von Schuldgefühlen und Versagensangst geraten.

Auch für religiös nicht gebundene Menschen ist es ein wichtiger Schritt zur weltanschaulichen Toleranz, die verschiedenen religiös motivierten Moralkodizes zu kennen und zu verstehen.

Zusammenfassung	Folgerungen
▷ In allen Religionen spielen ethische Motive eine wichtige Rolle. Religion läßt sich aber nicht auf Ethik reduzieren.	▷ Die Haltung und Handlungsweise vieler Menschen ist entscheidend durch ihre religiöse Bindung geprägt. Dies erfordert gegenseitige Achtung.
▷ Im Bereich der Ethik weisen die großen Weltreligionen weitgehende Gemeinsamkeiten auf. Das bietet eine gute Chance zum interreligiösen ethischen Dialog. Andererseits gewinnen religiöse Ethiken ihre besondere Kraft und Autorität durch die ganz konkrete Religion, deren Teil sie sind.	▷ Die Verständigung auf eine gemeinsame Ethik ermöglicht das enge Zusammenleben verschiedener Kulturen und Religionen in einem Land. Weltweite Probleme drängen zur globalen Verständigung auf ein Weltethos.

21 Zusammenfassung: Ein Modell ethischen Lernens

Eine geglückte und verantwortete Lebensgestaltung setzt die Entfaltung und Stärkung der Einzelpersönlichkeit (*Individuation*) voraus. Den Kern ethischen Lernens bildet die persönliche Befähigung, Freude, Erfolg, Freundschaft und Gegenseitigkeit zu erleben und zu erwirken:

- **Erfolg** ist die Verwirklichung eigenen Wollens und das Gelingen eigenen Tuns (Eigensinn). Er erfordert in der Regel Arbeit, Ausdauer und Einübung der notwendigen Geschicklichkeit.
- **Freude** kann mit dem Erfolg verknüpft sein. Sie setzt die Fähigkeit voraus, sich einzufühlen: in das eigene Innere, in andere Menschen und Situationen, in die Schönheit der Natur, einer Musik usw.
- **Freundschaft** setzt Begegnung voraus und die Offenheit für andere, die Annahme eigener Schwächen und verläßliche Treue.
- **Gegenseitigkeit** schulden wir über den Freundeskreis hinaus, letztlich jedem Menschen. Sie setzt Einsicht voraus: in das Geflecht von Beziehungen und Abhängigkeiten, in die Begründung und Prinzipien der Sozialethik.

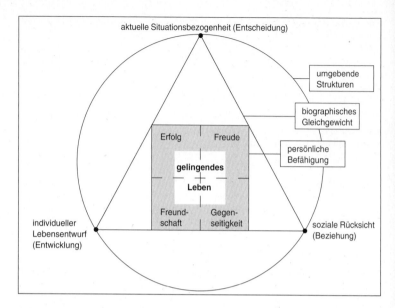

Erziehung im Kindes- und Jugendalter, aber auch die Selbsterziehung im Jugend- und Erwachsenenalter, dienen primär der Ausbildung und Pflege dieser **persönlichen Befähigung** zu einem gelingenden Leben.

Auf der Grundlage persönlicher Reife kann es gelingen, eine Balance zu finden zwischen
- einem stetigen eigenen Lebensentwurf (**Entwicklung**),
- der Bereitschaft zu überraschender Begegnung und neuem Engagement (**Entscheidung**) sowie
- dem Leben in verläßlichen Beziehungen / Gemeinschaften und einem Blick für die Bedürfnisse anderer (**Beziehung**).

Eingebunden ist das „biographische Dreieck" in vielfältige umgebende **Strukturen**: Gemeint sind politische, wirtschaftliche, umweltliche, kulturelle usw. Rahmenbedingungen sowie die ideellen Prägungen durch Weltanschauung, Religion, Zeitgeist, öffentliche Meinung usw.

Fortgeschrittenes ethisches Lernen beinhaltet freilich nicht nur die Wahrnehmung solcher Strukturen, sondern zielt auf ihre Veränderung und Gestaltung. Denn die Welt ist auf allen Ebenen veränderbar, und immer tragen Menschen Verantwortung dafür, wie sie ist.

Gleichwohl muß die oberste Stufe ethischen Lernens mißlingen, wenn die Persönlichkeitsbildung oder die biographische Balanceaufgabe übersprungen oder vernachlässigt werden. Denn ihre Kraft gewinnen auch Sozial-, Gesellschafts- und Weltethik nur aus dem „Kern-Potential": dem guten Wollen und Können **(ethische Kompetenz)** all der Menschen, die sie tragen.

Ausgewählte Literatur

Aus der Fülle ethischer Literatur sind die Werke ausgewählt, denen der Autor bei der Erarbeitung von *Grundwissen Ethik* wesentliche Anregung und Information verdankt.

a) Grundlagentexte der Ethik (chronologisch)

- **Platon**, Menon (über die Lehrbarkeit der Tugend); Philebos (Streit über das Gute); beide in: Sämtliche Werke in 10 Bden, Frankfurt/M. 1991
- **Aristoteles**, Nikomachische Ethik, Stuttgart 1994
- **Die Bibel**. Altes und Neues Testament, Freiburg u.a. 1980
- Immanuel **Kant**, Grundlegung zur Metaphysik der Sitten (1785), Stuttgart 1984; ders., Die Metaphysik der Sitten (1797), Stuttgart 1990
- Friedrich **Schiller**, Über die ästhetische Erziehung des Menschen (1795), Stuttgart 1976
- Arthur **Schopenhauer**, Die beiden Grundprobleme der Ethik (1841), Zürich 1991
- John Stuart **Mill**, Der Utilitarismus (1861), Stuttgart 1976
- Albert **Schweitzer**, Kultur und Ethik (1913), München 1990; ders., Die Ehrfurcht vor dem Leben. Grundtexte aus fünf Jahrzehnten (1919-1963), 6. Aufl. München 1991
- Theodor **Adorno**, Minima Moralia. Reflexionen aus dem beschädigten Leben (1951), Frankfurt/M. 1969
- William K. **Frankena**, Analytische Ethik. Eine Einführung (1963), München 1972
- Josef **Pieper**, Das Viergespann. Klugheit-Gerechtigkeit-Tapferkeit-Maß, München 1964
- John **Rawls**. Eine Theorie der Gerechtigkeit (1971), Frankfurt/M. 1975
- Hans **Jonas**, Das Prinzip Verantwortung. Versuch einer Ethik für die technologische Zivilisation, Frankfurt/M. 1979
- Jürgen **Habermas**, Moralbewußtsein und kommunikatives Handeln, Frankf./M 1983; ders, Erläuterungen zur Diskursethik, Frankfurt/M. 1991
- Peter **Singer**, Praktische Ethik, Stuttgart 1984
- Robert **Spaemann**, Glück und Wohlwollen. Versuch über Ethik (1989), Stuttgart, 2. Aufl. 1990
- Walter **Schulz**, Grundprobleme der Ethik (1989), Stuttgart, 2. Aufl. 1993
- Otfried **Höffe**, Moral als Preis der Moderne. Ein Versuch über Wissenschaft, Technik und Umwelt, Frankfurt/M. 1993

b) Allgemeine Einführungen und Nachschlagewerke

- Arno **Anzenbacher**, Einführung in die Ethik, Düsseldorf 1992
- Gisela **Aslam-Molik u.a.** (Hrsg), Lesehefte Ethik, Stuttgart 1991ff
- Dieter **Birnbacher**/Norbert **Hörster** (Hrsg), Texte zur Ethik, München, 3. Aufl. 1980
- Georges **Enderle u.a.**(Hrsg), Lexikon der Wirtschaftsethik, Freiburg u.a. 1993
- Nicolas **Gfeller**, Eine kleine Geschichte der Ethik, Zürich 1991
- Thomas **Gil**, Ethik, Stuttgart 1991

- Anselm **Hertz** u.a. (Hrsg), Handbuch der christlichen Ethik, 3 Bde., Aktualisierte Neuausgabe, Freiburg u.a. 1993
- Vittorio **Hösle**, Praktische Philosophie in der modernen Welt, München 1992
- Otfried **Höffe**, Ethik und Politik. Grundmodelle und -probleme der praktischen Philosophie, Frankfurt a.M. 1979
- Otfried **Höffe** (Hrsg), Lexikon der Ethik, 4., neubearbeitete Aufl., München 1992
- Herbert **Huber** (Hrsg), Sittliche Bildung. Ethik in Erziehung und Unterricht, Asendorf 1993
- Norbert **Kutschki** (Hrsg), Kardinaltugenden. Alte Lebensmaximen neu gesehen, Würzburg 1993
- Hans **Lenk,** Von Deutungen zu Wertungen. Eine Einführung in aktuelles Philosophieren, Frankfurt/M. 1994
- Annemarie **Pieper**, Einführung in die Ethik, 2., überarbeitete und aktualisierte Aufl., Tübingen 1991
- Fernando **Savater**, Ethik für Erwachsene v. morgen, Frankfurt/M. 1993
- Robert **Spaemann** (Hrsg), Ethik-Lesebuch. Von Platon bis heute, München/Zürich 1987
- Robert **Spaemann**, Moralische Grundbegriffe, München 4. Aufl. 1991
- Ulrich **Steinvorth**, Klassiche und moderne Ethik. Grundlagen einer materialen Moraltheorie, Reinbek 1990
- Ernst **Tugendhat,** Vorlesungen über Ethik, Frankfurt/M., 2. Aufl. 1994

c) Weitere Literatur zu Einzelthemen

- Eberhard **Amelung** (Hrsg), Ethisches **Denken** in der Medizin. Ein Lehrbuch, Berlin u.a. 1992
- Karl Otto **Apel**, Diskurs und Verantwortung. Das Problem des Übergangs zur postkonventionellen Moral, Frankfurt/M. 1988
- Ulrich **Beck**, Risikogesellschaft, FrankfurtM. 1986; ders., Gegengifte, Frankfurt/M. 1988
- Klaus **Dörner**, Tödliches Mitleid, Gütersloh 1988
- Amitai **Etzioni**, Jenseits des Egoismus -Prinzips. Ein neues Bild von Wirtschaft, Politik und Gesellschaft, Schäffer-Poeschel 1994
- Viktor E. **Frankl**, Der Mensch auf der Suche nach Sinn, München 1972
- Erich **Fromm**, Die Kunst des Liebens, Frankfurt/M. u.a.1977; ders., Die Revolution der Hoffnung. Für eine Humanisierung der Technik, Frankfurt/M. u.a. 1981
- Hartmut **von Hentig,** Das allmähliche Verschwinden der Wirklichkeit, München/Wien 1984
- Johannes **Hoff** / Jürgen **in der Schmitten** (Hrsg), Wann ist der Mensch tot? Organverpflanzung und Hirntotkriterium, Hamburg 1994
- Franz-Xaver **Kaufmann**, Der Ruf nach Verantwortung. Risiko und Ethik in einer unüberschaubaren Welt, Freiburg u.a. 1992
- Hans **Lenk** / Günter **Ropohl** (Hrsg), Technik und Ethik, 2. revidierte und erweiterte. Aufl., Stuttgart 1993
- Jean **Piaget**, Das moralische Urteil beim Kinde, Frankfurt/M. 4. A. 1981
- Horst Eberhard **Richter**, Umgang mit der Angst, Düsseldorf/Wien 1993
- Fritz **Riemann**, Grundformen der Angst, München 1961
- Christoph **Student** (Hrsg), Das Hospiz-Buch, 2., aktualisierte und ergänzte Aufl., Freiburg 1991

Register

Personen

Adorno, Theodor W. 130, 253
Altner, Günter. 116
Amelung, Eberhard 254
Amery, Carl 242
Anzenbacher, Arno 254
Apel, Karl Otto 33, 254
Aristoteles 17, 56, 94, 230, 253
Aslam-Molik, Gisela 254

Bandura, Albert 70
Beck, Ulrich 239
Benthem, Jeremy 89, 116
Birnbacher, Dieter 116, 254
Bloch, Ernst 30, 89
Böll, Heinrich 64
Bopp, Jörg 237
Brecht, Bertold 31, 67, 92, 125, 249

Camus, Albert 56
Cato 56
Che Guevara 122
Cicero 77

Dalai Lama 249
Ditfurth, Hoimar von 195
Dollard, John 70
Dörner, Klaus 203, 254

Eich, Günther 200
Engels, Friedrich 191
Etzioni, Amitai 241, 254

Frankena, William K. 116, 253
Frankl, Viktor E. 135, 254
Freud, Sigmund 69
Fried, Erich 57, 83
Frisch, Max 101, 192
Fromm, Erich 17, 45, 136, 254

Gandhi, Mahatma 86, 122, 249
Gautama, Siddhartha 250
Gfeller, Nicolas 254
Gil, Thomas 254
Goethe, Johann Wolfgang von 94, 243
Gutnic, Cypora 59

Habermas, Jürgen 33, 253

Hegel, Georg Friedrich Wilhelm 144
Heine, Heinrich 144
Hentig, Hartmut von 108, 254
Herder, Johann Gottfried 202
Hertz, Anselm 253
Hill, Hermann 240
Hobbes, Thomas 69
Höffe, Otfried 102, 253f.
Holbach, Paul de 150
Horkheimer, Max 130, 140
Hörster, Norbert 254
Hösle, Vittorio 254
Huber, Herbert 254
Hume, David 56
Huxley, Aldous 30

Ignatius von Loyola 127

Jandl, Ernst 248
Jesus von Nazareth 250
Jonas, Hans 17, 60, 116, 163, 165, 192, 253

Kant, Immanuel 16f., 41, 56, 116, 131, 202, 204, 253
Kaschnitz, Marie Luise 26
Kästner, Erich 196
Kaufman, Franz-Xaver 254
King, Martin Luther 86
Kohlberg, Lawrence 236
Kutschki, Norbert 254

Lenk, Hans 167, 169, 253f.
Leonardo da Vinci 3
Lessing, Gotthold Ephraim 234
Lombroso, Cesare 69
Lorenz, Konrad 69
Luft, Jo 131

Marcuse, Herbert 95
Marquard, Odo 161
Marx, Karl 191
Metz, Johann Baptist 127
Meyer-Abich, Klaus-Michael 116
Milgram, Stanley 78
Mill, John Stuard 89, 253
Mittelstraß, Jürgen 247
Morus, Thomas 29, 56
Muhammad 250
Musil, Robert 89

Nietzsche, Friedrich 17, 56

Orwell, George 30
Ovid 45

Pascal, Blaise 147
Piaget, Jean 236
Pieper, Josef 59, 94, 253f.
Platon 17, 56, 230, 253

Radbruch, Gustav 175
Rawls, John. 17, 241, 253
Regan, Tomas 116
Richter, Horst E. 57, 196, 254
Riemann, Fritz 55
Roeck, Bruno Paul de 136
Ropohl, Günter 254
Rousseau, Jean Jacques 69
Russell, Bertrand 154

Sartre, Jean Paul 150
Savater, Fernando 254
Schiller, Friedrich 88, 253
Schopenhauer, Arthur 48, 56, 253
Schröder, Richard 239
Schulz, Walter 253
Schweitzer, Albert 17, 116, 253
Seneca 56, 202
Singer, Peter 204, 253
Sokrates 17, 33, 120
Spaemann, Robert 90, 93, 253f.
Stäblein, Ruthard 59
Steinvorth, Ulrich 254
Stern, Horst 119
Strahm, Rudolf H. 186
Student, Christoph 254

Thomas von Aquin 116
Tugendhat, Ernst 254
Turrini, Peter 84
Twain, Mark 160

Voltaire 56
Vorholz, Fritz 101

Walser, Martin 154
Watzlawick, Paul 221
Weber, Max 173
Weischedel, Wilhelm 147
Wiemer, Rudolf Otto 136
Wolf, Klaus Peter 182
Wolf, Ursula. 116
Wütig, Christian 202

Fachbegriffe

Aggression 13f., 67f., 70
Angst 13, 52, 54, 68
Alternativbewegung 42
Amnestie 188
Amnesty International 143
anamnetische Ethik 28
Anteilnahme 50
anthropozentrischer Ansatz 116f.
ästhetische Moral 88
Aufklärung 56, 103, 231
Autonomie 139
Autorität 13, 122ff.
Autoritätskritik 129

Bedürfnisse 152
Begegnung 36
Bellizismus 225
Berufsethik 242
Besonnenheit 13, 88
Betriebsphilosophie 242
Bevormundung 241
Beziehung 213, 252
Bioethik 208
biozentrischer Ansatz 116
Bosheit 48
Bürgertugenden 240

Christentum 56, 202, 230
christliche Ethik 250
christliche Sozialethik 191

Deterministen 150
Diskursethik 17, 33
Doppelmoral 37
Dritte-Welt-Ethik 184

Egoismus 48, 192
Eigennutz 13, 190
Emanzipation 139
Empirismus 42, 69
Entscheidung 252
Entscheidungsverantwortung 167, 172
Epikureer 17, 42, 56
Erbtheorie 69
Erfahrungsethik 27
Erfolgsethik 90, 173
Erinnerung 26f.
Erziehung 234
Ethik der Religionen 249
Ethikgeschichte 150
Ethikkommissionen 208
Ethos 8, 28
Eudämonismus 41
Existentialismus 56

Folgenethik 165
Folgenverantwortung 165
Fortschritt 13, 158, 161
Fortschrittsutopie 30
Frauenbewegung 198
Freiheit 13, 138, 144, 152, 241
Freude 251
Friedensethik 218, 229
Frustrationstheorie 70
Führungsethik 184
Fürsorge 213

Geduld 60f.
Gegenseitigkeit 238, 252
Gehorsam 79, 127
Gemeinsinn 193, 241
gerechter Krieg 227
Gerechtigkeit 13, 175f., 180
Gesellschaftsethik 12f.
Gesinnungsethik 171, 173
Gewalt 66ff.
Gewerkschaft 197
Gewissen 24, 36, 55, 62
Gleichheit 145, 187
Glück 13, 39, 44
Grundwerte 36
Güterabwägung 119, 209

Habsucht 103
Handlungsfreiheit 148f.
Handlungsregeln 18
Handlungsverantwortung 167, 172, 246
Humanität 13, 201f

Identität 245
Indeterminismus 150
Individualethik 12f.
Individualität 202, 206
Institutionen 36, 152
Irrtumsverträglichkeit 36, 167

Kardinaltugenden 59
kategorischer Imperativ 16
Klugheit 107
Kommunitarismus 240
Konflikt 217ff., 237
Konsequentialismus 90
Konsumdenken 17
Kritik 129f.
Kritische Theorie 130

Legalitätsprüfung 22f.
Leid 43
Leidenschaft 13, 87
Leidenserinnerungen 26
Lust- und Nutzenkalkül 89

Macht 35
Medienökologie 110
Meinungsfreiheit 153
Menschenwürde 204f.
Minderheiten 35f.
Mitleid 27, 47f.
Mittel- und Zweckbewertung 14
Mitverantwortung 168, 172, 240
moralisches Empfinden 20
Mut 13, 53, 59f.

Nachhaltigkeit 101
Natursparsamkeit 104
Normen 18, 27
Nutzen-Schaden-Bilanz 104

pathozentrischer Ansatz 116
Pazifismus 226
Personalität 202
Pflichtethik 41
political correctness 154
Pragmatismus 225
Psychoanalyse 69

Recht 13, 113, 174f.
Rechtfertigung 19, 23, 226
Rechtsutopie 30
Religion 247

Sachurteil 22f.
Schuld 251
Sekundärtugenden 242
Selbstbestimmung 133
Selbstverwirklichung 13, 123, 135f.
Selbstwahrnehmung 131
Skeptiker 17
Solidarität 13, 191, 197, 202
Sophisten 17
soziale Gegensätze 241
soziale Gerechtigkeit 180
Soziale Lerntheorie 70
Sozialethik 12f.
Sozialnatur 202
Spiel 88
Sprache 247
Stoa 17, 42, 56
strukturelle Gewalt 66
Subsidiarität 134, 141, 241

Tapferkeit 59, 63
Tauschgerechtigkeit 174
Tierethik 115
Tod 43, 210
Toleranz 243
Treue 60, 63
Tugend 13, 51

universelles Moralgesetz 16
Urteilen 142
Utilitarismus 17, 89

Verantwortung 13, 159
Verbindlichkeit 13, 138
Verdrängung 56f.
Verhältnismäßigkeit 145
Verständigung 9
Verteilungsgerechtigkeit 174
Vertrauen 53, 55, 123
Verzicht 95, 148
Verzweiflung 54
Vorbilder 55
Vorurteil 244
Vorzugsregel 118, 169

Wahrheitsanspruch 21
Wahrnehmung 142, 246
Weisheit 13, 106, 107
Werte 13, 36, 237
Wertebewußtsein 9, 55
Werteethik 27
Wertmaßstäbe 20, 152
Werturteil 22f., 35
Wertvorzugsentscheidungen 20
Widerstand 83f.
Willensbildung 149
Willensfreiheit 147f.
Wirtschaftsethik 169, 182
Wissen 13, 106f., 112
Wissenschaft 106f., 115
Wohlwollen 13, 39f.

Zivilcourage 53, 61ff.
ziviler Ungehorsam 85

Problemfelder und Fallbeispiele

Abtreibung 208
Aggression und Gewalt 68, 71f
Altenpflege 213
Amnestie 189
Arbeiterbewegung 191
Arbeitslosigkeit 180
Arbeitssucht 92
Arbeitszeit und Freiheit 155
Armut 140
Ausgrenzung Behinderter 204
Ausländerhaß 244
äußere Glücksgüter 42
Autorität gegenüber Jugendlichen 126

Behinderte 203
Berufs- und Arbeitsleben 242
Betteln 26
Boykott 86

Demokratie 240
Demonstration und Anpassung 133
Drogen 91

Ehescheidung 44
Eine-Welt-Solidarität 199
Einsamkeit 54
Einsatz für Gefangene und Unterdrückte 143
Eltern-Autorität 124ff.
Energiegewinnung 172
Erziehung 75, 234f.
Eß- oder Magersucht 91
„Ethnische Säuberung" 79
Euthanasie 214

Familie 237
Familienplanung 97
Fern-Seh-Verhalten 110
Flüchtlings-Nothilfe 177
Feindbilder 244
Folter 9, 81
Freie Träger 134
Freundschaft 238, 252
Frieden 13, 217
Friedensbewegung 231
Friedenssicherung 230
Fristenregelung 209

Gehorsamsversprechen 127
Gen-Manipulation 163

Gen-Screening 163
Gentechnik 162
Gentherapie 163
Geschlechtsbestimmung 113
Geschwindigkeitsrausch 92
Gewalt als Instrument 78
Gewalt gegen Personen 66
Gewalt gegen Sachen 66
Gewalt im Alltag 75
Gewaltexperiment 78
Globalfrieden 231
gleitende Arbeitszeit 155
Golfkrieg 225

Hilfsbedürftigkeit 47
Hirntod 211
Humangenetik 163

Judenverfolgung 48

Käfighaltung 119
Kirchenasyl 23
Klonierung 163
Konfliktbewältigung 219ff.
Konsum 89
Körperliche Züchtigung 75
Kriegsgreuel 171
Kriegsverhinderung 231
Kunst des Liebens 45
künstliche Befruchtung 207

Lebendspende 212
Leihmutterschaft 208
lokale Identität – universale Offenheit 245f.
Lustexperiment 93

Massenarbeitslosigkeit 182
Medien 108f
Meinungskampf 153
Mißbrauch von Diagnose-Wissen 113
multikulturelle Gesellschaft 245

Nonkonformismus 62
Nationalpatriotismus 245
Naturverbrauch 101ff.

Obdachlose 141
Organhandel 211
Organtransplantation 209

Partnerschaft und Sexualität 96
Partnersuche 95
Polizeigewalt 77
Protestbewegungen 129

Protest und Gesetzesverletzung 85

Randale 76
Rechtfertigung von Tierversuchen 117
Reproduktionsmedizin 207
Resignation und Selbsttötung 56
Risikoschwangerschaft 112
Rollenkonflikte 220, 222
Rowdytum 76

Scheitern einer Partnerschaft 44
Schwangerschaftsabbruch 113
Selbstwahrnehmung 131
Sexualität 97
Sex-Sucht 91
Selbsthilfe 142, 240f.
Sozialpolitik 187f.
Spielsucht 92
Sponsoring 98
Stadtkommunikation 239
Sterben 43
Sterbebegleitung 214
Sterbehilfe 50, 215
Streit 32
Sucht und Zerstörung 92
Suizid 54
Symbolhandlungen 247

Tarifpartner und Verbände 142
Technik 169
Technik – Ethik 169
Tiere 51
Tierversuche 9, 115f.
Todeszeitpunkt 210
Tötung auf Verlangen 49
Treibhauseffekt 166
Tyrannenmord 79

Umkehr 161
Umweltverhalten 219
Urlaub 148f.

Wachstum 181f.
Wahlzeitarbeit 156
Weisheit gegenüber Tieren 119
Wissenschaft und Gewalt 78
Wucher 177

Zeugung in der Retorte 208
Zustimmungsregelung 210